Le Discours pédagogique féminin au temps des Lumières

LE DISCOURS PÉDAGOGIQUE FÉMININ AU TEMPS DES LUMIÈRES

SONIA CHERRAD

VOLTAIRE FOUNDATION
OXFORD

www.voltaire.ox.ac.uk

© 2015 Voltaire Foundation, University of Oxford
ISBN 978 0 7294 1159 2
Oxford University Studies in the Enlightenment 2015:01
ISSN 0435-2866

Voltaire Foundation
99 Banbury Road
Oxford OX2 6JX, UK
www.voltaire.ox.ac.uk

A catalogue record for this book is available from the British Library

The correct style for citing this book is
S. Cherrad, *Le Discours pédagogique féminin au temps des Lumières*,
Oxford University Studies in the Enlightenment (Oxford,
Voltaire Foundation, 2015)

Cover illustration: Marie-Madeleine Igonnet, *Education. Tout ce qui tend à
instruire et à corriger [...]* (Paris, *c.*1760), gravure au burin. BnF.

FSC® (the Forest Stewardship Council) is an independent organization established to
promote responsible management of the world's forests.

This book is printed on acid-free paper

Printed in the UK by TJ International Ltd, Padstow, Cornwall

Oxford University Studies in the Enlightenment

Le Discours pédagogique féminin au temps des Lumières

Si l'éducation, thème phare du XVIIIe siècle, a fait l'objet d'importantes études historiques et littéraires, de nombreux textes d'auteurs féminins sont restés dans l'ombre. Méconnus ou incompris, ils ont été considérés comme une production mineure, étrangère à l'édification d'une pensée pédagogique. En se fondant sur un corpus d'une vingtaine d'ouvrages, Sonia Cherrad démontre le rôle déterminant joué par le discours de ces femmes dans la réflexion sur l'éducation au XVIIIe siècle.

Ce discours est formé des voix d'auteurs connues comme Mmes Le Prince de Beaumont, d'Epinay et de Genlis; mais également de celles d'auteurs à découvrir ou redécouvrir telles Mmes de La Fite, de Monbart, de Miremont ainsi que Mlles d'Espinassy et Le Masson Le Golft. Sonia Cherrad met en lumière le caractère philosophique nouveau de leurs théories pédagogiques et expose les savoirs – parmi lesquels des disciplines comme l'histoire, la géographie et les sciences – qui, pour ces éducatrices, constituent le socle d'une bonne formation. Ce livre démontre en outre qu'au sein des parties fictionnelles de leurs livres, les auteurs prolongent leur réflexion au-delà des questions éducatives et proposent des analyses des situations sociale, politique et économique de leur époque.

History of education / women's studies / eighteenth-century literature

Histoire de l'éducation / études sur les femmes / littérature du dix-huitième siècle

Table des matières

Liste des tableaux

A la mémoire de mon grand-père,
à ma famille.

Abréviation

D   *Correspondence and related documents*, éd. Th.
           Besterman, dans les *Œuvres complètes de Voltaire*,
           t.85-135 (Oxford, 1968-1977).

Introduction

L'étape importante que représente le dix-huitième siècle dans l'histoire de la pensée est illustrée par les propos de D'Alembert placés en ouverture de *La Philosophie des Lumières* d'Ernst Cassirer:

> Pour peu qu'on considère avec des yeux attentifs le milieu du siècle où nous vivons, les événements qui nous agitent, ou du moins qui nous occupent, nos mœurs, nos ouvrages, et jusqu'à nos entretiens; il est bien difficile de ne pas apercevoir qu'il s'est fait à plusieurs égards un changement bien remarquable dans nos idées; changement qui, par sa rapidité, semble nous en promettre un plus grand encore. C'est au temps à fixer l'objet, la nature et les limites de cette révolution, dont notre postérité connaîtra mieux que nous les inconvénients et les avantages.[1]

A travers cette citation, le philosophe entend souligner la connaissance de ses propres actes et la conscience de soi qui caractérise l'époque de D'Alembert. Or, l'un des enjeux intellectuels des Lumières consistait à traduire cette conscience par un type de discours particulier sur l'éducation. En effet, ce siècle se distingue dans l'Ancien Régime par la place de choix accordée à cette question qui fait l'objet d'un grand nombre de parutions. Les formats vont des plus brefs aux plus longs; de l'article de périodique et de la brochure à l'ouvrage comptant sept ou huit volumes: 'essai, traité, théorie, méthode, manière, introduction, éléments, réflexion, art de, magasin, règles et règlements, système, avis, dissertation, idées, mémoires, plan et projet, livre de, maximes, conduite, abrégé, moyen d'apprendre, manuel, pratique et principes; recueil, leçons, entretiens et conversations, institution, lettre et discours',[2] auxquels il convient d'ajouter les articles de l'*Encyclopédie* parus dès les années 1750: 'Etude', 'Education', 'Collège'.[3] Les auteurs s'adressent à la fois à la société dans son ensemble et à un public spécifique d'éducateurs et indiquent les principes et méthodes permettant de mener à bien la formation des enfants. Toutefois, l'éducation pensée et décrite dans ces textes est l'élément d'un progrès qui ne concerne que la bonne société; c'est-à-dire une élite sociale, économique et intellectuelle composée des membres de la noblesse et de la grande bourgeoisie. Lorsque les

---

1. D'Alembert, *Essai sur les éléments de philosophie ou sur les principes des connaissances humaines*, dans *Mélange de littérature, d'histoire et de philosophie* (Amsterdam, 1759), t.4, p.3 et suiv., cité par Ernst Cassirer, *La Philosophie des Lumières*, trad. Pierre Quillet (1932; Paris, 1966), p.42.
2. Marcel Grandière, *L'Idéal pédagogique en France au XVIIIe siècle*, SVEC 361 (1998), p.2.
3. Denis Diderot et Jean Le Rond D'Alembert (éd.), *Encyclopédie ou Dictionnaire raisonné des sciences, des arts et des métiers, par une société de gens de lettres*, 35 vol. (Paris, 1751-1780), t. 3 et 5.

théoriciens et les philosophes réfléchissent à l'éducation du peuple, c'est dans la restriction, en fonction des besoins des différents métiers. Ainsi, l'éducation, principal instrument de la libération intellectuelle et sociale de l'homme, ne concerne au dix-huitième siècle qu'une partie relativement réduite de la population.

Le débat sur l'éducation s'amplifie dans la seconde moitié du dix-huitième siècle à la suite d'un événement qui bouleverse le paysage éducatif: la dissolution de la Compagnie de Jésus en 1762 prive la société des principaux tenants de l'éducation publique masculine en France. Cette dernière devient dès lors une ambition d'ordre 'national'[4] tandis que plusieurs traités paraissent écrits notamment par des régents de collèges et des pédagogues comme le *Plan d'éducation publique* de l'abbé Coyer.[5] Un édit royal tente, en 1763, de poser les bases d'une instruction organisée par le pouvoir; mais cette initiative ne portera que peu de fruits. Au même moment, la publication d'un ouvrage remet en cause nombre d'idées sur l'éducation privée: avec *Emile ou De l'éducation*, Rousseau renouvelle le discours pédagogique traditionnel.[6] Certes, comme ses prédécesseurs, l'auteur s'adresse au public et à des éducateurs pour leur exposer ce qui lui semble être la meilleure manière de réussir une éducation. Cependant, il ne propose pas une norme applicable mais le modèle d'une réflexion pédagogique. Il remplace la figure du narrateur-pédagogue qui indiquait à ses lecteurs des méthodes et des contenus éducatifs par celle du philosophe-pédagogue qui exhorte les siens à abandonner tout ce qu'ils ont fait et connu jusqu'alors afin de suivre une voie nouvelle. Pour Rousseau, l'éducation n'est pas seulement affaire de transmission de connaissances définies en fonction des emplois qui attendent les garçons dans le monde; pas plus qu'elle ne se résume à une formation morale destinée à modeler des sujets remplissant honnêtement leurs devoirs. Elle devient le vœu de former, en dehors de la société mais pour elle, un citoyen vertueux et libre.

C'est également une époque qui voit la multiplication d'écrits consacrés à l'éducation des femmes et des filles car le sujet commence alors à être débattu au sein de la société. Plusieurs textes, comme *De l'éducation des femmes* de Laclos[7], sont des réponses à des questions d'académies.[8] Le sujet suscite, en outre, les réflexions publiées de parents, pédagogues ou

---

4. Louis-René Caradeuc de La Chalotais, *Essai d'éducation nationale ou Plan d'études pour la jeunesse*, éd. Robert Granderoute (1763; Saint-Etienne, 1996).
5. Gabriel-François Coyer, *Plan d'éducation publique* (1770), dans *Œuvres complètes*, 7 vol. (Paris, Veuve Duchesne, 1782-1783).
6. Jean-Jacques Rousseau, *Emile ou De l'Education* (1762; Paris, 1999).
7. Pierre-Ambroise-François Choderlos de Laclos, *De l'éducation des femmes* (1783; Grenoble, 1991).
8. Besançon en 1777: 'Comment l'éducation des femmes pourrait contribuer à rendre les femmes meilleures?'; Châlon-sur-Marne en 1778: 'Quel serait le meilleur plan d'éducation

observateurs[9]. De cet ensemble de productions variées se dégagent, d'une part, le respect des modèles anciens et, d'autre part, le désir d'un renouvellement de l'éducation féminine par la constitution de schémas valides dans une société moderne. Et de fait, l'ambition d'un changement de forme et de ton est le fil directeur des ouvrages pédagogiques écrits par des femmes dans la seconde moitié du dix-huitième siècle.

Ces auteurs créent des livres particulièrement innovants sur le plan de la forme littéraire:

> La composition du livre de Mme de La Fite [*Entretiens, drames et contes moraux*] montre que la technique du 'magasin', encore appelé 'conversations' ou 'veillées' relève d'une vision encyclopédique de la littérature enfantine. Au lieu de composer des livres de contes, pièces de théâtre, d'anecdotes ou de morceaux de vulgarisation scientifique, l'auteur juxtapose ces différents genres en les insérant dans un récit-cadre, celui des leçons dispensées par un adulte.[10]

Ainsi, sont évoqués le *Magasins des enfans* (1756), le *Magasin des adolescentes* (1761) et le *Magasin des jeunes dames* (1772) de Mme Leprince de Beaumont, *Les Conversations d'Emilie* (1781) de Mme d'Epinay, *Les Veillées du château* (1782) de Mme de Genlis et, enfin, les *Entretiens, drames et contes moraux* (1778) de Mme de La Fite auxquels il faut ajouter *Eugénie et ses élèves* (1787) et *Réponses à démêler* (1791) du même auteur. La 'composition' qui permet de les rassembler dans un même ensemble est celle d'une forme cadre, le dialogue, et de formes insérées, des récits et des drames caractérisés par leur brièveté. Leur autre point commun est de participer à une nouvelle conception de la lecture enfantine dans laquelle instruction et distraction sont liées: 'Aujourd'hui, nous distinguons la littérature de loisir et de distraction (contes, histoires, romans, presse enfantine, etc.) de la littérature didactique et pédagogique formée essentiellement par les manuels scolaires. Mais jusqu'à la Révolution, où une politique nationale du manuel se met en place, les deux genres se trouvent étroitement imbriqués.'[11]

---

pour les personnes du sexe?'; et à nouveau Châlon-sur-Marne en 1780: 'Quels seraient les meilleurs moyens de perfectionner l'éducation des femmes?'

9. Guillaume-Alexandre de Mehegan, *Lettre sur l'éducation des femmes*, dans *Considérations sur les révolutions des arts* (1755; Genève, 1971, l'auteur réédite le même texte sous le pseudonyme Chevalier Ranto de Laborie en 1757); Comte Fédor de Golovkin, *Mes idées sur l'éducation du sexe, ou Précis d'un plan d'éducation pour ma fille* (Londres, s.n., 1778); André-Joseph Panckoucke, *Les Etudes convenables aux demoiselles* (Lille, Panckoucke, 1749); Pierre Fromageot, *Cours d'études des jeunes demoiselles, ouvrage non moins utile aux jeunes gens de l'autre sexe*, 8 vol. (Paris, Vincent, Prault fils et Lacombe, 1772-1775); Fèvre Du Grandvaux, *Lettre à Madame La Comtesse de*** sur l'éducation des jeunes demoiselles* (Paris, Belin, 1789).

10. Marie-Emmanuelle Plagnol-Diéval, *Madame de Genlis et le théâtre d'éducation au XVIIIᵉ siècle*, SVEC 350 (1997), p.330.

11. Françoise Huguet, *Les Livres pour l'enfance et la jeunesse de Gutenberg à Guizot* (Paris, 1997), p.13.

Les bibliothèques d'enfants avaient la réputation d'être restreintes et arides. Elles comportaient, dans la majorité des cas, des livres sur la religion adaptés à un lectorat jeune.[12] La seule note réellement divertissante consistait en quelques fictions instructives comme *Les Aventures de Télémaque* de Fénelon.[13] Progressivement, alors que la réflexion sur l'amélioration de l'éducation est approfondie, la notion de plaisir est de plus en plus associée à celle d'apprentissage. Cette idée et d'autres forment un discours théorique adressé aux éducateurs également présent dans les ouvrages 'composés' ; deux niveaux de lectures s'y trouvent donc. Bien plus, toute leur complexité et tout leur intérêt reposent sur l'association de ces deux 'voix'.

D'autres livres d'auteurs féminins aux formes différentes – discursives, fictives et épistolaires – traitent de l'éducation sur un plan principalement réflexif; partant, ils sont surtout destinés à des adultes. Ils font écho au discours théorique des formes composées et doivent, de ce fait, être étudiés en relation avec ce dernier. Mlle d'Espinassy, la première, publie anonymement un *Essai sur l'éducation des jeunes demoiselles* en 1764; elle explique qu'il s'agit d'une réponse à *Emile ou De l'éducation* et s'inscrit dans le débat sur l'éducation à partir d'une dialectique avec l'ouvrage du citoyen de Genève. De même, paraît à Berlin en 1777 un ouvrage dont le titre, *Sophie, ou De l'éducation des filles*, démarque au féminin *Emile ou De l'éducation*. Son auteur, Mme de Monbart, prend ainsi part au discours sur l'éducation dans un rapport étroit avec l'œuvre pédagogique de Rousseau. Quelques années plus tard, en 1778, est édité le premier tome du *Traité de l'éducation des femmes et cours complet d'instruction* de Mme de Miremont qui marque l'ambition de l'auteur de rompre avec les anciens modèles éducatifs. Publié peu après, en 1782, le roman-traité *Adèle et Théodore ou Lettres sur l'éducation* de Mme de Genlis constitue un discours mi-théorique et mi-fictif sur l'éducation dans la veine des formes composées. Enfin, en 1788, paraissent les *Lettres relatives à l'éducation* de Mlle Le Masson Le Golft qui se présentent comme la réponse d'une savante à la demande d'une mère noble désireuse de parfaire l'éducation de sa fille. Outre des idées similaires, l'intertextualité confirme la cohérence de cet ensemble littéraire. Mme de La Fite fait référence à Mme Leprince de Beaumont et à Mme d'Epinay comme à des

---

12. Voir par exemple, *Les Quatrains du Seigneur de Pybrac, conseiller du roy en son conseil privé. Contenans preceptes et enseignemens utiles et profitables pour tous chrestiens. Avec les Quatrains du Presidens Faure* (Paris, Anthoine Rafflé, 1661).

13. 'Pour donner quelque attrait à une matière austère, [cette éducation traditionnelle] recourait au récit, à la légende dorée, catéchisme des humbles, où la fiction occupe plus de place que la vérité [...] à une antiquité classique légendaire, à un Orient de convention, à des voyages imaginaires, enfin à la fiction pure' (Maurice Colin, 'La fiction au service de l'éducation', *Cahiers d'histoire littéraire comparée* 3, 1978, p.61-83, ici p.62-63).

prédécesseurs pour la forme 'composée' dans laquelle elle a choisi de s'exprimer. De la même manière, Mme de Genlis évoque *Les Conversations d'Emilie* dans la préface *Des Veillées du château*. Et Mme de Miremont cite Mme Leprince de Beaumont et Mme de La Fite en tant qu'auteurs qui l'ont précédée dans la voie de l'écriture pédagogique. Enfin, au-delà des questions éducatives, les fictions établissent une articulation entre l'éducatif et le politique: elles reflètent la confrontation entre les réalités sociales, politiques et économiques et les aspirations d'une société à un moment charnière de l'Ancien Régime.

Ces textes n'ont jamais fait l'objet d'une étude systématique. Pourtant, les études dix-huitiémistes sur les femmes et le féminin sont nombreuses. Elles ont, par exemple, concerné la représentation que se faisaient les auteurs et les penseurs de la femme dans l'ouvrage de Paul Hoffmann, *La Femme dans la pensée des Lumières*.[14] Plus souvent, elles ont permis de définir des types de personnages féminins: la jeune fille dans *La Destinée féminine dans le roman européen du XVIIIe siècle* de Pierre Fauchery,[15] la mère dans *Vies et images maternelles* d'Isabelle Brouard-Arends.[16] Une autre approche a consisté à considérer le 'féminin' dans des contextes génériques différents: *Espaces du féminin dans le roman français du dix-huitième siècle* de Christophe Martin[17] et *Images du féminin dans les utopies françaises classiques* de Marie-Françoise Bosquet.[18] Par ailleurs, la critique s'est intéressée à l'étude des idées pédagogiques. Ainsi, dans *Fénelon au XVIIIe siècle en France* Albert Chérel a mis en évidence la réception et la prolongation que les idées du pédagogue trouvent au dix-huitième siècle.[19] Robert Granderoute a retracé l'évolution du roman pédagogique dans *Le Roman pédagogique de Fénelon à Rousseau*.[20] Dans *Rousseau et les éducateurs*, Gilbert Py a recherché l'influence des idées de Rousseau chez ses contemporains.[21] Et, Marcel Grandière a voulu offrir le panorama le plus complet de la pensée éducative au siècle des Lumières dans *L'Idéal pédagogique en France au XVIIIe siècle*.[22] En revanche, rares sont les monographies qui concernent les œuvres pédagogiques et

14. Paul Hoffmann, *La Femme dans la pensée des Lumières* (1977; Genève, 1995).

15. Pierre Fauchery, *La Destinée féminine dans le roman européen du dix-huitième siècle: 1713-1804, essai de gynécomythie romanesque* (Paris, 1972).

16. Isabelle Brouard-Arends, *Vies et images maternelles dans la littérature française du dix-huitième siècle*, SVEC 291 (1991).

17. Christophe Martin, *Espaces du féminin dans le roman français du dix-huitième siècle*, SVEC 2004:01.

18. Marie-Françoise Bosquet, *Images du féminin dans les utopies françaises classiques*, SVEC 2007:01.

19. Albert Chérel, *Fénelon au XVIIIe siècle en France (1715-1820), son prestige, son influence* (1917; Genève, 1970).

20. Robert Granderoute, *Le Roman pédagogique de Fénelon à Rousseau* (Genève et Paris, 1985).

21. Gilbert Py, *Rousseau et les éducateurs: étude sur la fortune des idées pédagogiques de Jean-Jacques Rousseau en France et en Europe au XVIIIe siècle*, SVEC 356 (1997).

22. Marcel Grandière, *L'Idéal pédagogique en France au dix-huitième siècle*, SVEC 361 (1998).

réflexives de femmes écrivains du dix-huitième siècle en vue à leur
époque ou redécouvertes récemment. Il est possible de citer l'étude de
Marie-Emmanuelle Plagnol-Diéval, *Madame de Genlis et le théâtre d'éducation
au XVIIIᵉ siècle* et *Eagle in a gauze cage: Louise d'Epinay femme de lettres* de Ruth
Weinreb.[23] Plus nombreux sont les articles consacrés à ces auteurs et
quelques-uns tentent de proposer des études croisées de leurs ouvrages.
Mais les rapprochements se font soit autour d'une forme comme dans
'Rational fairies and the pursuit of virtue: didactic strategies in early
French children's litterature'[24] soit autour d'idées comme dans 'Le
Discours des "éducatrices" en France entre 1760 et 1830'.[25] En outre,
la critique accorde une place privilégiée aux contes merveilleux de Mme
Leprince de Beaumont.[26]

Ce qui a empêché jusqu'à présent une vision juste de la place occupée
par ces auteurs dans l'histoire littéraire, c'est une image erronée de leurs
textes ou une ignorance de leur existence. On pourrait multiplier les
exemples d'ouvrages qui définissent la littérature éducative féminine de
la seconde moitié du dix-huitième siècle comme une littérature
didactique et féminine écrite à l'intention de mères et de petites ou
jeunes filles.[27] Dans les travaux historiques également, Mmes Leprince de
Beaumont, d'Epinay et de Genlis – Mme de La Fite est plus rarement
évoquée – sont désignées comme les représentantes d'une littérature 'à
l'usage des demoiselles'.[28] Pourtant, elles abordent également la question
de l'éducation des garçons; soit dans leurs livres traitant de celle des filles
soit dans des textes qui n'étaient pas destinés à être publiés ou dont la
diffusion a été restreinte. Cet aspect de leur écriture pédagogique est
donc peu considéré et cette lacune laisse dans l'ombre des textes qui
représentent une partie de la réflexion du XVIIIᵉ siècle sur l'éducation.
Les idées des auteurs féminins se rapprochent de celles des pédagogues
et philosophes de leur époque ou s'y opposent. Mais surtout, elles

---

23. Ruth Plaut Weinreb, *Eagle in a gauze cage: Louise d'Epinay femme de lettres* (New York, 1993).
24. Penny Brown, 'Rational fairies and the pursuit of virtue: didactic strategies in early French children's litterature', *SVEC* 2000:05, p.341-53.
25. Marie-Claire Grassi, 'Le discours des "éducatrices" en France entre 1760 et 1830', *Igitur* 1 (janvier-juillet 1993), p.85-96.
26. Par exemple: Claire Debru, '*Le Magasin des enfants* (1756) ou le conte de fées selon une gouvernante: pratiques de la réécriture chez Mme Leprince de Beaumont', dans *Le Conte merveilleux au XVIIIᵉ siècle: une poétique expérimentale*, éd. Régine Jomand-Baudry et Jean-François Perrin (Paris, 2002).
27. Cette représentation est en partie construite dès l'époque de la parution des livres d'éducatrices ayant connu le plus de succès: 'c'est une madᵉ de Beaumont-le-prince qui fait des espèces de catéchismes pour les jeunes demoiselles' (lettre signée Boursier, Voltaire à Etienne Noël Damilaville, 24 juin [1767], D14235).
28. Isabelle Havelange, 'La littérature à l'usage des demoiselles 1750-1830', thèse de doctorat de 3ᵉ cycle, Paris, 1984.

constituent une réflexion indépendante destinée à transmettre un message sur l'éducation au public. Leurs textes, produits dans la même société et au contact des mêmes réalités que les grandes œuvres, apportent un témoignage supplémentaire sur leur époque; ils permettent d'appréhender des questions d'ordre littéraire, social et philosophique sous un angle différent et ainsi d'enrichir la réflexion critique. Nous avons donc voulu vérifier si les discours pédagogiques d'une femme ayant partagé la vie d'un grand lecteur de manuscrits philosophiques clandestins, Thomas Pichon Tyrrell[29] (Mme Leprince de Beaumont), d'une proche des philosophes et philosophe elle-même (Mme d'Epinay), d'une lettrée devenue gouvernante des princesses Mathilde, Sophie et Elisabeth d'Angleterre en raison de sa réputation littéraire (Mme de la Fite), d'une exilée en Prusse qui se lia d'amitié avec Jean-Paul Richter (Mme de Monbart), d'une familière de la famille d'Orléans et gouverneur d'un prince de sang (Mme de Genlis) et d'une naturaliste, formée par des savants et correspondant avec des hommes d'esprit (Mlle Le Masson Le Golft), mais également ceux de simples citoyennes (Mlle d'Espinassy et Mme de Miremont) participaient des Lumières.

L'étude générique des ouvrages des éducatrices s'impose comme l'approche initiale de ces textes qui s'offrent d'abord aux lecteurs à travers des formes soigneusement choisies pour les convaincre et les séduire. Ainsi, la première partie de ce livre analyse la manière dont les éducatrices ont cherché à établir un dialogue avec leurs lecteurs et la société grâce à des genres tels que les essais, le roman épistolaire pédagogique, les lettres et les dialogues. De plus, il était nécessaire d'analyser de façon précise les formes brèves – contes merveilleux et moraux, histoires, anecdotes, fables et drames – qui sont insérées dans ces derniers. Sur le plan des idées, et c'est l'objet de la deuxième partie, les éducatrices ont voulu indiquer quelles étaient les valeurs, les principes et les méthodes qu'il convenait de suivre pour mener à bien une bonne éducation. Elles livrent une pensée pédagogique développée à partir de la constatation des travers de l'éducation traditionnelle, de l'observation de la nature enfantine et de la société. Pour que la pratique illustre la théorie, la troisième partie est une étude systématique de l'ensemble des matières que les éducatrices jugent indispensables à une bonne formation et qu'elles présentent selon un ordonnancement relativement similaire. Enfin, les ouvrages fictionnels révèlent un discours qui dépasse le domaine de la pédagogie. Leurs auteurs ont été des observateurs et des commentateurs de leur époque; et, sous le voile

---

29. Voir Geneviève Artigas-Menant, *Lumières clandestines: les papiers de Thomas Pichon* (Paris, 2001).

d'une littérature en apparence inoffensive, elles livrent leurs considérations sur la société, la politique et l'économie.[30]

---

30. Nous avons choisi de conserver l'orthographe et la ponctuation d'origine pour les
    citations extraites d'éditions du dix-huitième siècle.

I

La naissance d'un discours pédagogique féminin

Au dix-huitième siècle, le débat sur l'éducation est un vecteur qui permet le passage du discours pédagogique féminin de l'espace privé à l'espace public. En effet, dans une tradition remontant au Moyen Âge,[1] les conseils écrits de parents à leurs enfants étaient réservés à un usage privé et cette pratique s'est conservée tard dans l'Ancien Régime pour les écrits de femmes.[2] Mais, dans la seconde moitié du dix-huitième siècle, des auteurs de textes réflexifs, Mlle d'Espinassy, Mme de Monbart, Mme de Miremont et Mlle Le Masson Le Golft adressent au public leurs conseils et plans d'éducation. Au même moment, l'enfance commence à être considérée comme un lectorat à part entière auquel on destine des discours spécifiques. Ainsi, à partir des années 1750 se développe une littérature instructive et distrayante dans des ouvrages qui ne sont ni des catéchismes, ni des livres 'pédagogique'.[3] Ces derniers contiennent également un discours théorique sur l'éducation. Mme Leprince de Beaumont est à l'origine de cette littérature nouvelle qui a connu un grand succès à son époque et qui a été reprise par d'autres auteurs féminins, Mme d'Epinay, Mme de Genlis et Mme de La Fite.

1. Voir Alice A. Hentsch, *De la littérature didactique du Moyen Âge s'adressant spécialement aux femmes* (1903; Genève, 1975).
2. Voir Mme de Lambert, *Avis d'une mère à son fils* et *Avis d'une mère à sa fille*, dans *Œuvres*, éd. Robert Granderoute (Paris, 1990) et Jeanne de Schomberg, duchesse de Liancourt, *Règlement donné par une dame de haute qualité à M*** sa petite-fille, pour sa conduite, et pour celle de sa maison: avec un autre règlement que cette dame avoit dressé pour elle-mesme* (1698; Paris, 1997).
3. Voir Dominique Julia, 'Livres de classe et usages pédagogiques', dans *Histoire de l'édition française*, éd. H. J. Martin et R. Chartier, t.2, *Le Livre triomphant, 1660-1830* (1984; Paris, 1990).

1. Ecrire sur l'éducation

i. L'épistolaire privé

Mme d'Epinay[1] est un bon exemple de la naissance à l'écriture d'un auteur féminin à travers l'épistolaire privé et le discours pédagogique. Dans les premières pages de son roman d'inspiration autobiographique, *Histoire de Mme de Montbrillant*,[2] elle se montre sous les traits d'une jeune mère préoccupée par l'éducation de ses enfants. Elle cherche alors le meilleur moyen de leur transmettre un enseignement utile; et c'est à partir de l'observation de leurs réactions à l'égard de cette forme qu'elle choisit la lettre:

> J'ai un autre [plan], que je veux vous communiquer, et que j'ai conçu d'après le plaisir qu'ont eu mes enfans à recevoir mes lettres. C'est de leur en écrire de temps en temps, où, tout en les amusant, je ferai entrer des préceptes et des leçons qui leur laissent des idées justes dans la tête sur les principaux points de la morale.[3]

Ainsi, la préoccupation d'un support adapté est dictée par l'une des convictions du dix-huitième siècle en matière de pédagogie: pour qu'une éducation soit efficace, il faut allier enseignement et plaisir. A la fin des années 1750, pendant un séjour à Genève, Mme d'Epinay fait imprimer sur la presse de l'un de ses amis genevois deux recueils qui contiennent ses réflexions et enseignements, *Mes moments heureux* (1758) et *Lettres à mon fils* (1759). Ces petits ouvrages qu'elle destinait uniquement à son entourage proche, circuleront cependant au-delà du cercle étroit auquel ils étaient destinés et les *Lettres à mon fils* seront copiées et déformées. Curieux de découvrir les écrits d'une femme qu'il admire, Voltaire réclamera à l'auteur la possibilité de lire les originales. Mais elle n'accèdera pas à cette demande: ces textes devaient rester de l'ordre du privé.

Cet épisode n'est pas sans rappeler les célèbres *Avis* de Mme de Lambert,[4] également publiés anonymement sans l'aveu de l'auteur et qui ont connu un grand succès tout au long du dix-huitième siècle. De

---

1. Louise Tardieu d'Esclavelles, marquise d'Epinay (1726-1783).
2. Le manuscrit a été retrouvé sans titre; toutefois, la première page porte la mention 'Histoire de Mme de Rambure'.
3. Mme d'Epinay, *Les Contre-confessions: histoire de Mme de Montbrillant*, éd. Georges Roth, préface d'Elisabeth Badinter (Paris, 1989), p.692-93. 'Les Contre-confessions' est un ajout d'E. Badinter.
4. Voir *Avis d'une mère à son fils* et *Avis d'une mère à sa fille*.

plus, les deux femmes appartiennent à la bonne société et ne souhaitent pas que leurs écrits soient diffusés.[5] Mais, malgré elles, ces premiers écrits les font accéder au statut d'écrivain en leur apportant une forme de reconnaissance publique. Même si les âges des enfants, et par conséquent la teneur des discours qui leur sont adressés, sont différents, la démarche est similaire. En effet, les auteurs sont des mères en charge de l'éducation de leurs enfants et, particulièrement sensibles à l'importance de cette tâche, elles pensent que ce type de transmission est susceptible de trouver un écho auprès de l'enfant.

Mme d'Epinay/de Montbrillant explique à Rousseau – rebaptisé René dans l'*Histoire de Mme de Montbrillant* – les raisons qui lui ont fait préférer la lettre comme outil de communication: il s'agit pour elle de toucher la sensibilité de son fils qui ne l'a pas été par les autres moyens mis en œuvre pour l'instruire. Mais le philosophe critique cette méthode; il estime que dans un cadre éducatif l'un des principaux ressorts du genre, faire preuve d'une entière sincérité avec son destinataire, est peu susceptible de porter des fruits:

> Mais si vous dites à Monsieur votre fils que vous vous appliquez à former son cœur et son esprit, que c'est en l'amusant que vous lui montrerez la vérité et ses devoirs, etc., etc., il va être en garde contre tout ce que vous lui direz. Il croira toujours voir sortir une leçon de votre bouche; jusqu'à sa toupie lui deviendra suspecte. Agissez ainsi, mais gardez-en bien le secret.[6]

L'un des principaux préceptes du philosophe – qui apparaîtra dans les pages d'*Emile ou De l'éducation* – est qu'il faut former les enfants en leur masquant les moyens utilisés dans ce but. Malgré cette remarque, sûre du procédé qu'elle a élu, Mme d'Epinay le développe dans douze lettres portant sur les valeurs morales et sociales qu'elle veut voir développer par son fils. En outre, dans la première de ses missives, elle insiste sur la fonction dialectique qu'elle souhaite donner à la forme épistolaire. Ayant pris conscience de la nécessité de se mettre à la portée des enfants, la mère-éducatrice a renoncé à écrire un traité rébarbatif à l'image de ceux qui existent déjà:[7] en renouvelant la forme des discours écrits, il s'agit d'inventer de nouveaux rapports entre l'éducateur et l'élève. Ainsi, l'éducatrice esquisse les principes pédagogiques qu'elle développera plus tard: réciprocité entre maître et élève et plaisir de ce dernier qui le conduit à apprendre facilement et avec profit:

5. '[le] motif [...] d'ailleurs traduit moins la [fausse] modestie d'un auteur prétendument indifférent à la gloire littéraire que le scrupule d'une femme de condition redoutant le ridicule et la honte d'être reconnue publiquement écrivain' (Robert Granderoute, 'Introduction', dans Mme de Lambert, *Œuvres*, p.10).
6. Mme d'Epinay, *Histoire de Mme de Montbrillant*, p.710.
7. 'cela leur sera plus utile que l'ouvrage que j'avais commencé, qui est sec et didactique' (Mme d'Epinay, *Histoire de Mme de Montbrillant*, p.693).

comme j'ai toujours tâché de vous présenter mes avis sous une forme naturelle et facile qui pût vous inspirer l'amour de vos devoirs, j'ai pris le parti de vous donner cet ouvrage en détail et par lettres, ayant remarqué depuis quelques tems le plaisir que vous avez à en écrire et à en recevoir. Les réflexions que vous ferez naître les miennes, pourront faire le sujet de nos conversations. Je me flatte du moins que vous ne me traiterez pas plus mal que vos autres amis. Vous me répondrez quelquefois; nous causerons, nous nous écrirons.[8]

Toutefois, alors qu'au sein de la fiction romanesque et autobiographique la méthode était initialement destinée aux deux enfants de l'auteur, elle n'est finalement appliquée qu'au garçon. Il est vrai que dans l'*Histoire de Mme de Montbrillant*, l'éducation de la petite fille est moins difficile à diriger que celle de son frère. Dans son cas, Mme d'Epinay rédige une lettre de quinze pages qu'elle adresse à sa gouvernante.[9]

Dans cette épître, la pédagogue décrit à l'institutrice son plan d'éducation pour sa fille. Si la forme épistolaire est à nouveau choisie, cette fois il s'agit d'un support manuscrit qui sert à la fois à guider la tâche de l'institutrice et de complément aux échanges entre cette dernière et la mère: 'Les avis que j'ai à vous donner sur l'éducation de ma fille d'après une longue étude de son caractere, ne sont pas, Mademoiselle, l'affaire d'une lettre ni d'une conversation. Je me bornerai donc à quelques regles generales que je vous prie de bien observer; me réservant de causer avec vous sur les cas particuliers à mesure qu'ils se présenteront.' (p.35) Comme pour le jeune garçon, Mme d'Epinay privilégie l'échange; mais cette fois, sur un plan oral. C'est une manière d'introduire le raisonnement dans la formation de la petite fille: 'Il ne faut pas la blâmer quand elle dit une chose fausse, mais sans pédanterie la convaincre du contraire par le raisonnement, par l'évidence, et non par les préceptes et les maximes. C'est surtout aux yeux des enfans qu'il faut parler plus qu'à leur esprit' (p.39). Suivant le même principe, l'apprentissage par cœur est banni; c'est la compréhension de l'élève qui doit être privilégiée. Ainsi, les formations du frère et de la sœur s'organisent comme un chiasme autour de leur mère-institutrice. En effet, l'instruction du garçon – qui doit comporter un certain nombre de matières savantes comme le latin – est nécessairement confiée à un précepteur tandis que sa formation morale est dirigée par Mme d'Epinay. Cette dernière s'occupe tout autant de l'éducation morale de sa fille tandis qu'elle confie le soin des petites connaissances à lui transmettre à une gouvernante. Pour ces textes écrits dans et pour l'intimité du foyer, la seule ambition de l'auteur est d'offrir la meilleure éducation possible à ses enfants tandis qu'à la

8.   Mme d'Epinay, *Lettres à mon fils* (Genève, De mon Imprimerie, 1759), p.2-3.
9.   Mme d'Epinay, 'Lettre à la gouvernante de ma fille', dans *Mes moments heureux* (Genève, De mon Imprimerie, 1758 et 1759).

suite de la parution d'*Emile ou De l'éducation*, plusieurs auteurs féminins formulent un discours pédagogique destiné à être diffusé auprès du public. Ainsi, dans la seconde moitié du dix-huitième siècle, des ouvrages d'auteurs féminins sont publiés dans le but de participer au débat sur l'éducation.

ii. L'adresse à la société

L'Essai sur l'éducation des demoiselles (1764) de Mlle d'Espinassy

En 1764 paraît, sans nom d'auteur, l'*Essai sur l'éducation des demoiselles* de Mlle d'Espinassy.[10] Deux ans après, elle fait publier sous son nom le premier tome d'un *Abrégé de l'histoire de France*;[11] pourtant, le commentaire figurant dans la *Correspondance littéraire* à l'occasion de cette parution: 'Je ne sais pas ce que c'est que Mlle d'Espinassy'[12] souligne l'effacement de l'auteur. Malgré cette discrétion, l'essai marque le passage de l'écriture féminine sur l'éducation du domaine privé au domaine public. En effet, dans la préface l'auteur s'adresse au public; elle y explique que sa démarche est motivée par le désir de participer à la formation de sa nièce, par ses réflexions nées de l'observation de l'éducation des demoiselles telle qu'elle est menée quotidiennement et surtout par le vide qui existe dans ce domaine alors qu'*Emile ou De l'éducation* vient de paraître. Selon elle, l'ouvrage de Rousseau apporte des idées nouvelles pour l'éducation des garçons; mais, il esquisse seulement quelques indications pour celle des filles. Finalement personne ne s'est chargé de traiter véritablement cette 'importante question': 'je ne vois pas que personne se soit mis en devoir d'écrire sur cette matiere, et de donner aux meres des leçons utiles pour élever leurs filles. Est-ce que l'ouvrage est trop difficile? ou ne trouve-t-on pas le Sexe digne des réflexions d'un homme sérieux?'[13] En effet, à l'époque il existe peu d'ouvrages réflexifs sur l'éducation des filles et la principale référence reste le *Traité de l'éducation des filles* de Fénelon. De plus, le manque que Mlle d'Espinassy dénonce concerne une éducation féminine repensée et renouvelée, correspondant aux idées des Lumières. C'est donc elle qui, la première, écrit l'ouvrage qui s'impose. Toutefois, elle le présente comme la modeste manifestation d'une entreprise qui doit être poursuivie et améliorée. C'est ainsi qu'elle justifie l'appellation 'essai' qui serait une

---

10. Adélaïde, Mlle d'Espinassy (17..-1777), *Essai sur l'éducation des demoiselles* (Paris, B. Hochereau, 1764).
11. Mlle d'Espinassy, *Nouvel Abrégé de l'histoire de France, à l'usage des jeunes gens*, 7 vol. (Paris, Saillant et Desaint, 1766-1771).
12. Grimm, Frédéric Melchior, *Correspondance littéraire, philosophique et critique, par Grimm, Diderot, Raynal, Meister, etc.*, éd. Maurice Tourneux, 16 vol. (Paris, 1877-1882), janvier 1766.
13. Mlle d'Espinassy, *Essai*, Avant-propos, p.2.

forme abrégée du 'traité'. En outre, comme nombre d'auteurs féminins, elle précise que son intervention n'est pas motivée par le désir de se distinguer en tant qu'auteur, mais par celui de faire une œuvre utile.

Tout au long des différents thèmes abordés dans son texte, Mlle d'Espinassy établit une sorte de conversation avec le principal lectorat auquel son essai s'adresse, les mères: 'Revenons à votre enfant de sept ans. C'est alors que l'éducation proprement dite commence' (p.17). Le ton devient général lorsque des sujets délicats, tels que la vertu entachée d'une femme, sont abordés: 'que [la mère] lui apprenne surtout à ne jamais mépriser une femme qui a fait une faute, mais à la plaindre' (p.51). Ainsi, ce livre possède une double caractéristique. D'une part, il décrit une éducation particulière pour répondre aux besoins spécifiques de la formation d'une jeune parente; ce qui correspond à la tradition de l'écriture féminine sur l'éducation. D'autre part, sa publication le fait participer à l'éducation des filles en général et lui confère une portée sociale; d'ailleurs, l'auteur définit sa démarche comme celle d'une 'citoyenne'. Mlle d'Espinassy donne donc un but pratique à son ouvrage; celui de proposer un modèle au plus grand nombre d'éducatrices. Cet aspect est également déterminant chez les auteurs féminins qui publient par la suite des ouvrages renouvelant le principe du traité d'éducation.

'Sophie ou De l'éducation des filles' (1777) de Mme de Monbart

Edité à Berlin, *Sophie ou De l'éducation des filles* de Mme de Monbart[14] n'a certainement connu qu'une très faible diffusion en France.[15] Il s'agit d'un ouvrage surprenant et paradoxal à plus d'un titre. L'auteur répète à maintes reprises sa dépendance à l'égard d'*Emile ou De l'éducation* où elle trouve son inspiration. Or, la première preuve d'obéissance aurait été de ne pas écrire de livre. En effet, Rousseau estime que les femmes ne peuvent ni ne doivent devenir des auteurs. Mme de Monbart reconnaît contrevenir à un précepte important du philosophe; mais elle s'explique en écartant la figure de la femme de lettre et en insistant sur l''œuvre utile' dans laquelle elle s'est engagée: 'quoique je ne prétende pas justifier ma faute, je pourrois l'excuser: la matiere que je traite est non seulement à la portée d'une femme, mais je crois qu'elle ne peut être bien traitée que par une femme' (p.68-69). De plus, la pédagogue considère qu'Emile est un personnage idéal qui n'existe pas dans la réalité; il ne peut donc constituer le modèle à partir duquel sera pensée l'éducation féminine. Partant, pour former une jeune fille apte à vivre dans un monde privé

---

14. Marie-Josèphe de l'Escun, Mme de Monbart [*puis* Mme Sydow] (1750-?), *Sophie ou De l'éducation des filles* (Berlin, G. J. Decker, 1777).

15. Il n'en existe qu'un exemplaire dans une bibliothèque publique, la bibliothèque Méjanes d'Aix-en-Provence.

d''Emiles', il faut l'instruire d'une autre manière que celle préconisée pour la Sophie de Rousseau. En définitive, tout en essayant de se conformer aux préceptes de Rousseau, ce que l'auteur retient en premier lieu c'est la forme originale de l'ouvrage du philosophe (p.36):

> Les préceptes sont souvent ennuyeux; peu de gens ont l'art de les faire goûter; il est facile de s'oublier dans un traité de morale où rien ne se passe en action; les faits n'étant pas nécessairement liés l'un à l'autre, on tombe, sans s'en apercevoir, dans des longueurs fatigantes, ou dans des répétitions désagréables. Pour prévenir des inconvéniens que je dois craindre plus qu'un autre, j'imiterai Mr. Rousseau.

Le propos de l'auteur est donc, à l'instar de Rousseau, de représenter une situation d'éducation particulière qui tienne lieu d'exemple et à partir de laquelle des principes généraux puissent être établis. C'est également une manière nouvelle de faire intervenir le narrateur, de lui donner une présence forte dans l'ouvrage et, par ce moyen, d'établir un dialogue avec le lectorat.

En effet, la complexité du 'je' du locuteur dans *Emile ou De l'éducation* participe de la séduction qu'exerce le livre sur le lecteur; toutefois, il est difficile de le définir précisément.[16] Mme de Monbart a compris que la force de la parole du narrateur de l'*Emile* est due à son épaisseur; mais elle ne peut en reproduire entièrement les spécificités. Pour sa part, elle construit une auteur-narratrice-protagoniste qui se présente sous deux aspects complémentaires qui correspondent à un 'je' auteur-narratrice et à un 'je' narratrice-protagoniste. Dans la préface, elle indique que son ouvrage a pour but de servir la société du pays dans lequel elle vit, la Prusse: 'Le zele général que j'ai remarqué dans ce pays-ci pour l'éducation des jeunes demoiselles a excité le mien; [...]. J'ai cru que des réflexions sur cet important sujet ne seroient point inutiles; qu'elles serviroient du moins à donner quelques idées des talens d'une institutrice, et préviendroient le mauvais choix qu'on est exposé à faire.'[17]

Dans le texte, ce 'je' est prolongé par le portrait en filigrane d'une jeune femme de la bonne société qui écrit pour les personnes de son rang. Malgré une modestie affichée, Mme de Monbart établit une démarche d'auteur qui repose sur ses 'idées' et sur ses 'expériences'. Par ailleurs, le 'je' narratrice-protagoniste intervient à partir du moment où l'éducation de Sophie débute. Sa nature est définie à partir de celle du personnage de mentor d'Emile: 'Jean Jacques a peint ses vertus dans le

---

16. Laurence Mall distingue cinq 'personnes' dans *Emile ou De l'éducation*: 'Le "je" auteur', 'le "je" existentiel', 'le "je" mythique', 'le "je" narrateur-protagoniste', 'Le "je" maître de la fiction' (*Emile ou les Figures de la fiction*, SVEC 2002:04, p.46-63).

17. Mme de Monbart, *Sophie*, préface, n.p.

caractere qu'il donne au gouverneur d'Emile, et [...] je vais me supposer, sans scrupule, toutes celles qui me manquent pour le difficile emploi de gouvernante de *Sophie*' (p.36). Dans le texte, il alterne avec le ' "je" auteur'. Or, dans tout système d'énonciation, un locuteur suppose un interlocuteur; en l'occurrence, les 'je' – auteur et narrateur – appellent des 'vous' lecteurs. Dans le schéma communicationnel d'*Emile*, 'la division du premier en plusieurs instances complique l'identité du second';[18] il y aura donc plusieurs destinataires du discours. Dans *Sophie ou De l'éducation des filles* également, différents lectorats apparaissent.

Le premier, clairement défini, est celui des institutrices, mères et gouvernantes; parmi elles, deux groupes sont distingués. L'un est constitué des mères qui ne s'acquittent pas du soin d'élever elles-mêmes leurs enfants et des gouvernantes qu'elles emploient à cette fin. Les mères sont exhortées à remplir leur devoir en s'occupant de l'éducation de leurs enfants: 'vous, meres de famille, qui vous défiant de vos propres forces, ou par d'autres motifs, confiez l'éducation de vos enfans à des mains mercenaires'.[19] Les gouvernantes sont généralement critiquées et invitées à exercer leur emploi avec davantage de rigueur: 'Imprudentes institutrices, de quel front défendez-vous à vos éleves des vices dont vous leur donnez tous les jours l'exemple?' (p.23). Le second groupe est formé de 'bonnes mères' qui sont des éducatrices consciencieuses; la narratrice les désigne comme ses interlocutrices privilégiées: 'C'est à vous, bonnes meres, que je m'adresse, c'est à vous que je viens communiquer le fruit de mes réflexions' (p.30). D'ailleurs, c'est avec ce lectorat que la narratrice se confond parfois dans une communauté de valeurs morales: '[L'éducation des filles] qui est généralement adoptée est évidemment mauvaise, pernicieuse, destructive des vrais devoirs de notre sexe, et de tous les sentiments avec lesquels nous naissons' (p.17). Un troisième lectorat est constitué par des observateurs extérieurs aux questions d'éducation féminine mais concernés par la portée sociale du sujet: 'Vous, lecteurs, attendez-vous à des détails longs et minutieux qui vous ennuieront, mais qui sont indispensables dans un traité d'éducation' (p.31). Enfin, un public plus large et peu défini apparaît dans des interventions paratextuelles; principalement dans des notes de bas de pages. Il représente un interlocuteur de la narratrice sur des questions qui touchent au débat littéraire et moral: 'quelques mauvais plaisants riront de ma décision; ils me demanderont si St. Preux n'avoit pas bien réussi l'éducation de Julie? Ce n'est pas seulement des leçons pratiques que je parle, c'est même de la morale' (note p.18). Ainsi, une partie des procédés permettant la représentation de la communication entre narrateur et

18. L. Mall, *Emile*, p.63.
19. Mme de Monbart, *Sophie*, p.26.

lecteur dans *Emile ou De l'éducation* sont repris dans *Sophie ou De l'éducation des filles*. Cependant, dans l'ouvrage de Mme de Monbart, cette dialectique n'est pas tout à fait binaire dans la mesure où la figure de Rousseau est évoquée et invoquée tout au long de l'ouvrage. L'échange est donc établi entre les 'je' et les 'vous' sous la tutelle d'un 'il' représentant le philosophe. Il est désigné, en outre, par des appellations variées: 'Jean Jacques' et 'Mr. Rousseau' bien sûr; mais également par des paraphrases laudatives: 'L'ami de l'humanité', 'L'auteur de la Nouvelle Héloïse', 'L'auteur célèbre que je cite si souvent, avec tant de complaisance'. Finalement, un titre calqué sur celui d'une œuvre célèbre, la mise en scène de la dialectique selon le modèle rousseauiste et la convocation du philosophe apparaissent comme des moyens efficaces d'attirer l'attention des lecteurs pour leur communiquer des idées pédagogiques et de se donner un crédit littéraire. Quelques années après la parution de *Sophie ou De l'éducation des filles*, un nouveau traité révèle également, mais dans une moindre mesure, l'influence de la pensée et du style du citoyen de Genève.

'Le Traité de l'éducation des femmes' (1779) de Mme de Miremont

De 1779 à 1789 paraissent les sept tomes du *Traité de l'éducation des femmes et cours complet d'instruction* de Mme de Miremont.[20] Le travail est ambitieux comme le révèle le contenu du cours. Dans le second tome, un chapitre portant sur la physiologie est tiré des ouvrages de Winslow, Petit, Haller et Tissot; de plus, une 'lettre sur l'entendement humain' s'inspire de Condillac. Un autre chapitre concerne l'étude de différents systèmes philosophiques dont ceux d'Héraclite, d'Aristote et de Newton. Dans les troisième et quatrième tomes se trouve un 'Cours de physique adaptée à la vie courante' établi d'après les expériences de l'abbé Nollet. Les trois derniers tomes sont réservés à l'histoire pour laquelle les références de l'auteur sont nombreuses: elle cite notamment Sainte-Foix, Montesquieu, l'abbé Mably, Hume, Robertson, Hanaut et Velly et surtout Voltaire.

L'introduction à cette somme de connaissances se trouve dans le premier tome, le traité proprement dit, consacré à la réflexion sur la pédagogie et au plan d'éducation. Mme de Miremont y expose ses idées sur les moyens d'une rénovation de l'éducation qu'elle présente comme un enjeu important pour une société moderne: 'Depuis nombre d'années, on entend répéter que cet objet est un des plus dignes de l'attention des gouvernements, on voit les puissances étrangères s'en

---

20. Anne d'Aubourg de La Bove, comtesse de Miremont (1735-1811), *Traité de l'éducation des femmes et cours complet d'instruction*, 7 vol. (Paris, P.-D. Pierres, 1779-1789).

occuper, et les gens de lettres ne rien négliger pour encourager à cet égard, le talent et l'émulation.'[21] Tout en se parant de l'habituelle modestie des femmes prenant la plume, elle insiste sur la nécessité pour elle d'écrire sur ce sujet alors que les ouvrages pédagogiques parus sont restés sans effet. Dans son discours de présentation, elle s'adresse aux élites intellectuelles et sociales qui ont les moyens de participer à un changement; il s'agit d'un premier interlocuteur, relativement implicite. Dans le texte, elle en désigne un second: les mères. Or, il s'agit de ne pas rebuter ce dernier par un livre à la forme trop austère. Il faut, au contraire, le séduire et l'intéresser par une 'causerie' presque familière. De plus, l'auteur introduit une nouvelle façon d'envisager le discours sur la pédagogie féminine, dans un esprit philosophique: 'je voulois écrire pour les meres; causer avec elles sur leurs devoirs, les leur adoucir, pour les leur rendre plus chers, et forcer leur propre sentiment à donner plus d'action à la vérité. C'est une carriere nouvelle, et qui n'eût pas été indigne d'un philosophe' (p.iv).

Par-delà ce présupposé, l'auteur poursuit un but concret à travers son ouvrage: la mise en œuvre par les lecteurs – et surtout les lectrices – de ses préceptes. Si la forme est déterminante, c'est qu'elle doit permettre de provoquer une 'application' de la part de celles qui auront été convaincues: 'L'art d'instruire les femmes, renferme avec lui le talent de leur plaire. [...] qu'on leur apprenne ensuite à connoître leurs forces; qu'on leur applanisse les premières difficultés, elles exécuteront' (p.v). Ainsi, ce n'est pas seulement un traité d'éducation que Mme de Miremont souhaite proposer au public, mais un véritable plan d'action: 'Il ne s'agit plus de s'étendre en vaines clameurs sur les maux actuels; les préceptes sur ce qu'il conviendroit de faire sont presque aussi inutiles; ce sont des moyens qu'il faut offrir.'[22] Le discours pédagogique ne se contente donc plus d'être le reflet d'une réflexion et il tend vers un renouvellement des mentalités.

Néanmoins, l'auteur sait que, pour espérer voir ses idées prises en considération dans la société, il s'agit de composer avec celle-ci et non de s'y opposer de front: 'Il faut souvent, malgré soi, céder aux tems, aux circonstances, et aux usages: qui veut les braver tous n'obtient rien; Monsieur Rousseau l'a éprouvé' (p.xxx). Si Mme de Miremont a compris que Rousseau a heurté certains préjugés par ses idées, elle a également conscience de la portée du style du philosophe qui a réussi à provoquer des réactions importantes – positives ou négatives – de la part du public. Elle s'inspire donc de la manière particulière qu'a le citoyen de Genève

21. Mme de Miremont, *Traité*, prospectus, p.iij.
22. Mme de Miremont, *Traité*, discours préliminaire, p.xxix-xxx.

de mettre en scène les instances du discours dans *Emile ou De l'éducation*. Elle fait intervenir une narratrice partagée entre la troisième personne du pluriel, qui sert à établir une communauté avec le public, et la première personne du singulier qui permet d'exposer ses convictions en matière d'éducation: 'Si l'on perd ce second âge dans l'inaction, que deviendra l'emploi du troisieme, pour lequel je voudrois qu'on se préparât une liberté d'esprit qui tournât tout au profit du cœur et du jugement?'[23]. Par ailleurs, elle représente par l'impersonnel et un ton général les opinions ou les habitudes de la société qu'il est nécessaire de combattre pour mettre en place un système moderne; et c'est également sur un ton général que sont communiqués des préceptes pédagogiques (p.7):

> ce que l'on peut avoir à dire aux enfans est si simple, qu'il semble facile de ne pas s'écarter des regles du langage: cette attention pourroit dispenser par la suite de leur apprendre leur langue par principe, et leur rendroit infailliblement l'oreille délicate: il faut aussi les exercer sur la prononciation; nombre de femmes qui parlent gras ou qui bégayent, doivent cette disgrace bien moins à la nature, qu'au tort qu'on a eu de ne les pas habituer à bien articuler. Un enfant à qui on ne donnera ce qu'il demande avec impatience que quand il parlera distinctement, réussira bientôt à se faire entendre.

Le pronom 'on' représente donc à la fois la figure de la narratrice-pédagogue et des pratiques éducatives jugées obsolètes et dénoncées. Ainsi, le choix formel de l'éducatrice permet de rendre la lecture de son ouvrage agréable et aisée parce qu'il prend l'apparence d'un discours naturel et familier qui interpelle régulièrement le lecteur. La narratrice exhorte en particulier les mères à être les principales actrices de la nouvelle éducation qui doit s'établir: 'Meres, à qui j'ose donner des conseils, ce mot si doux, dont les effets sont si précieux, doit être l'âme de toute bonne éducation, le premier ressort à faire mouvoir, et toujours le ressort dominant sur tous ceux que vous employerez' (p.10). Par ailleurs, si Mme de Miremont traite en grande partie de l'éducation particulière et domestique dans son traité, elle ne s'arrête pas à cette façon relativement traditionnelle d'envisager la formation des filles: elle reflète les préoccupations des penseurs de son époque en insérant dans son ouvrage un plan d'éducation publique.[24] Ainsi, dans les textes réflexifs, la préoccupation d'un dialogue avec le public apparaît nettement. Il est également mis en scène à plusieurs niveaux dans le projet pédagogique que représente l'un des plus grands succès d'édition de la seconde moitié du dix-huitième siècle.

---

23. Mme de Miremont, *Traité*, p.39.
24. Cette partie est analysée ultérieurement.

Adèle et Théodore (1782), un livre sur 'les éducations' des Lumières

Parmi les nombreux ouvrages de Mme de Genlis, *Adèle et Théodore*[25] est à peu près inclassable. Est-ce un roman ou un traité? Dans les préfaces de ses différents ouvrages pédagogiques, Mme de Genlis se défend de recourir au genre romanesque d'une manière traditionnelle:

> Enfin, je ne donne à mes ouvrages le titre et la forme de roman, que parce que la morale sèchement divisée en chapitres et en sections me paraît ennuyeuse, et que je trouve qu'elle vaut bien la peine que l'on cherche à l'embellir, autant qu'il est possible, par tout ce que l'imagination peut fournir de frappant et d'agréable. J'ose croire que mes romans sont des traités de morale.[26]

Illustrant cette inadéquation entre la forme et l'esprit, elle qualifie tour à tour *Adèle et Théodore* de 'roman'[27] et de 'traité'[28] jusqu'à rejeter entièrement la fiction: 'ma méthode est bonne, mon système n'est point chimérique et mon ouvrage n'est point un roman'.[29]

Les principaux personnages d'*Adèle et Théodore* sont des parents éducateurs, le baron et la baronne d'Almane, qui choisissent de quitter Paris et de se rendre sur leur terre du Languedoc pour se consacrer exclusivement à l'éducation de leurs enfants. Et de fait, dans leur correspondance, les passages qui rendent compte de leurs idées et pratiques éducatives tiennent du traité. Quant aux lettres du comte de Roseville, personnage de gouverneur d'un prince héritier d'un royaume du nord de l'Europe, elles reflètent les convictions et les méthodes de l'auteur en matière d'institution du prince, elle qui fut 'gouverneur' du futur Louis Philippe Ier. Ces trois éducateurs ont donc pour fonction de représenter les idées de Mme de Genlis en matière d'éducation particulière pour les garçons et les filles et d'éducation princière. L'aspect polymorphe du livre fait écrire à Didier Masseau que 'L'œuvre s'offre comme un roman reposant sur plusieurs intrigues juxtaposées'[30] et que la pédagogue utilise la forme épistolaire pour pouvoir 'se donner

---

25. Stéphanie-Félicité Du Crest, comtesse de Genlis, marquise de Sillery (1746-1830), *Adèle et Théodore ou Lettres sur l'éducation, contenant tous les principes relatifs aux trois différents plans d'éducation des princes et des jeunes personnes de l'un et l'autre sexe* (1782), éd. Isabelle Brouard-Arends (Rennes, 2006).

26. Mme de Genlis, *Les Mères rivales, ou la Calomnie* (Paris, 1800), préface, p.xi.

27. 'Si, à propos de ce trait de Madame d'Almane, on disait qu'il n'est pas difficile de présenter dans son roman de semblables exemples' (Mme de Genlis, *Adèle et Théodore*, note p.533).

28. Mme de Genlis, *Adèle et Théodore*, préface, p.49.

29. Mme de Genlis, *Adèle et Théodore*, p.627.

30. Didier Masseau, '*Adèle et Théodore* de Mme de Genlis', dans *Roman de formation, roman d'éducation dans la littérature française et dans les littératures étrangères*, éd. Philippe Chardin (Paris, 2007), p.122.

la liberté d'aborder tous les sujets'. Selon lui, 'L'œuvre devient ainsi un répertoire de toutes les questions débattues dans le siècle' (p.123). Certes elle aborde des thèmes très variés, mais c'est dans le but de formuler un discours sur 'les éducations'.

Ainsi, les personnages de Mmes d'Ostalis et de Limours – qui possèdent une voix relativement importante dans l'ouvrage – participent également d'un discours global sur l'éducation. La première est une jeune mère – de deux filles d'abord puis d'un garçon – qui devient dame de compagnie d'une princesse, comme Mme de Genlis dans sa jeunesse.[31] Cette dernière lui a, en outre, donné un talent qu'elle possédait, celui de la miniature. Dans les passages qui la concernent, Mme d'Almane, qui l'a élevé, continue à l'instruire pour lui permettre de faire face aux aléas du mariage et notamment aux risques d'infidélité d'un mari. Sa situation constitue également une sorte d'apologue qui enseigne aux jeunes femmes nobles assumant de hautes charges à la cour qu'elles peuvent également être les institutrices de leurs enfants. La seconde incarne la figure de la mère mondaine qui, ayant reçu une éducation négligée, a négligé celle de sa fille aînée. Grâce aux conseils de sa correspondante et amie, Mme d'Almane, elle prend en charge la formation de sa fille cadette destinée en mariage à Théodore. Il s'instaure entre les deux personnages un dialogue épistolaire qui reflète la relation éducative établie entre une mère institutrice et une mère peu compétente. De plus, à travers le personnage de la vicomtesse de Limours, Mme de Genlis peut donner une 'voix' à une conception traditionnelle et mondaine de l'éducation des filles et ainsi établir un parallèle entre celle-ci et la nouvelle éducation qu'elle propose. Par ailleurs, la vicomtesse est une chroniqueuse à la plume élégante qui rend fidèlement compte des intrigues se nouant et se dénouant dans le monde et qui commente les mœurs avec lucidité et humour. Cette analyse sert à instruire les jeunes lectrices des réalités du monde et à introduire une critique de la société. Au-delà de l'apparente polyphonie, c'est donc l'unité de voix de l'ouvrage que l'on peut relever. Car ses différents aspects servent un même objectif: établir la meilleure éducation de chacun des membres de la société, du plus modeste au plus prestigieux, pour qu'ils tiennent au mieux leurs rôles respectifs.

Enfin, un sort particulier est fait au genre romanesque pour qu'il puisse servir au discours sur 'les éducations': certaines parties qui en adoptent le ton et la forme sont destinées à illustrer les leçons faites à un lectorat adulte. C'est le cas de l'histoire de Cécile, 'sacrifiée' à la fortune d'un frère aîné par son père, M. d'Aimeri:[32] elle a été contrainte de se faire religieuse

---

31. Mme de Genlis, *Mémoires* (1825), éd. Didier Masseau (Paris, 2004).
32. Ce dernier est un personnage d'éducateur secondaire dans *Adèle et Théodore*; il est chargé de l'éducation de son petit-fils, le chevalier de Valmont, promis à Adèle.

et de renoncer à épouser son amant, le chevalier de Murville. Cette 'intéressante créature' rencontre et attendrit les deux principales correspondantes de l'ouvrage, Mme d'Almane et Mme de Limours, lorsqu'elle sort du couvent pour être soignée. Après le décès de sa fille, le chagrin et le remord mèneront M. d'Aimeri au tombeau. La leçon qui est faite aux parents à travers ce dernier est celle de la culpabilité ressentie à la suite du sacrifice de l'un de ses enfants. En revanche, l'histoire de Cécile et du chevalier de Murville penche du côté sentimental par le biais de la vicomtesse de Limours; elle est alors traitée avec ironie:

> Je vous prierai de communiquer cette lettre à ma sœur; car vous savez combien elle est curieuse de tous les détails qui ont quelque rapport au chevalier de Murville; elle m'a écrit à ce sujet six pages de questions, et voudrait que je lui rendisse compte de tout ce que le chevalier de Murville a fait et pensé depuis l'instant qu'il a été forcé de renoncer à Cécile et à sa patrie.[33]

Le chevalier s'éteint peu de temps après avoir appris la disparition de Cécile; la critique, qui était tout d'abord moqueuse, devient alors plus acerbe. Il s'agit d'énoncer une leçon sur les dangers de la passion amoureuse – thème cher aux romans – à laquelle est opposée la raison, but visé par la bonne éducation: 'Je le plains, il est sensible, il est souffrant, mais je suis bien loin de l'admirer; s'il n'eût pas pris plaisir à nourrir lui-même sa douleur, il n'y succomberait pas aujourd'hui; avec autant de sensibilité, mais avec une tête moins romanesque et plus de force d'âme, il aurait triomphé de la passion dont il est victime' (p.558). Ainsi, les parties 'romanesques' *d'Adèle et Théodore* sont destinées à faire des leçons morales aux lecteurs et à prévenir chez eux une vision trop romanesque de la vie. Les événements des narrations et les qualités des personnages structurent le texte et lui donnent un caractère démonstratif. Cet aspect ne peut intervenir dans de véritables lettres traitant d'éducation qu'à travers une rhétorique convaincante. C'est le cas avec celles de Mlle Le Masson Le Golft qui paraissent dans le dernier tiers du siècle.

'Les Lettres relatives à l'éducation' (1788) de Mlle Le Masson Le Golft

Mlle Le Masson Le Golft[34] est principalement connue pour avoir été à l'origine de théories scientifiques nouvelles. La plus célèbre apparaît dans un ouvrage intitulé *Balance de la nature*[35] où elle propose une évaluation comparative d'animaux, de végétaux et de métaux. Son

---

33. Mme de Genlis, *Adèle et Théodore*, p.258.
34. Voir Noémi-Noire Oursel, *Une Havraise oubliée: Marie Le Masson Le Golft, 1749-1826* (Evreux, 1908).
35. Marie Le Masson Le Golft, *Balance de la nature* (1784), éd. Marc Décimo (Dijon, 2005).

intervention dans le domaine de l'écriture pédagogique avec les *Lettres relatives à l'éducation*[36] est une réponse à la demande de la comtesse de Puget,[37] une mère institutrice qui souhaite parfaire l'instruction de sa fille. C'est en raison de sa culture et de la qualité de son travail scientifique que la savante est ainsi sollicitée et c'est à ce titre qu'elle s'engage dans un dialogue épistolaire avec sa correspondante. Néanmoins, respectant les conventions de modestie liées à l'écriture féminine, elle insiste sur son rôle de conseillère pour amoindrir celui d'auteur: 'Il sera facile de s'apercevoir à la lecture des lettres qui composent ce volume, que ce sont des réponses à celles par lesquelles Madame MM. De B.. comtesse de.., m'a invitée à une correspondance relative à l'éducation de Mademoiselle sa fille.'[38] Mais, au-delà de cette relation privée, l'écrit possède une portée générale. Son propos est bien de définir le cadre et les contenus de l'éducation souhaitable pour des filles de la bonne société.

Dans la méthode pédagogique proposée par Mlle Le Masson Le Golft, le dialogue est, une nouvelle fois, mis en avant. D'une part, il est établi entre des adultes qui cherchent à déterminer ensemble quelle peut être la meilleure éducation: 'vous voulez que sur un sujet de cette importance, je vous dise ma façon de penser; ainsi vous permettez, Madame, qu'il s'établisse entre vous et moi une correspondance habituelle. En vous présentant mes idées vous voudrez donc bien me faire connoître si j'aurai été assez heureuse pour qu'elles s'accordent avec les vôtres' (p.4). D'autre part, l'échange oral doit être privilégié entre la mère-institutrice et sa fille-élève. Il apparaît que le dialogue est un moyen de répondre à l'une des ambitions pédagogiques du dix-huitième siècle, celle de former les élèves à la réflexion: 'Dans des conversations familières, par des questions adroites, il me semble qu'on pourroit mettre aussi sur la voie, et procédant avec méthode, sans paroître le faire, suivre la trame de nos connoissances, et accoutumer ainsi son élève à penser d'après soi-même' (p.8-9). A presque trente ans de distance, cette proposition reprend la prescription que Mme d'Epinay formulait à l'intention de la gouvernante de sa fille. Ainsi, sous l'Ancien Régime, des écrits qui étaient de l'ordre du privé peuvent passer dans l'espace public à travers la publication. De ce point de vue, les lettres de Mlle Le Masson Le Golft jouent le même rôle que les ouvrages de Mlle d'Espinassy et de Mme de Miremont ou l'œuvre fictionnelle de Mme de Genlis. Et cette littérature révèle une intention de proposer, à partir d'expériences ou d'exemples particuliers, un modèle qui puisse être appliqué à un groupe partageant des valeurs et

---

36. Marie Le Masson Le Golft, *Lettres relatives à l'éducation* (Paris, Buisson, 1788).
37. N.-N. Oursel, *Une Havraise oubliée*, p.44.
38. Marie Le Masson Le Golft, *Lettres*, p.x-xj.

des objectifs similaires; mais ce groupe, constitué par les élites sociales et financières, est relativement réduit. Or, le changement de société impliqué par la Révolution va entraîner une modification du discours sur l'éducation.

'Le Discours sur la suppression des couvents de religieuses' (1790) et le 'Projet d'une école rurale pour les filles' (1801) de Mme de Genlis

Le *Discours sur la suppression des couvents de religieuses*[39] de Mme de Genlis naît des bouleversements que connaît la société française après 1789: il fait notamment suite à la décision de l'Assemblée nationale d'abolir les ordres religieux en 1790 car cette mesure entraîne la disparition des couvents, lieux traditionnels de l'éducation publique féminine. Le 'discours' assez bref de Mme de Genlis est donc une réponse, dans l'urgence, à une situation nouvelle. C'est également une adresse quelque peu officielle à la société et une espèce de sollicitation à l'égard du pouvoir. Face aux impératifs temporel et contextuel, l'éducatrice n'utilise plus le détour de la fiction; elle abandonne la position d'une auteur féminin produisant une littérature éducative pour répondre aux besoins d'une partie de la société et prend une position publique au sujet de l'"éducation nationale' sur la 'tribune' qu'elle se constitue grâce à son texte:

> C'est à l'assemblée nationale à donner ce plan, avec tous ses détails. La patrie attend d'elle ce nouveau bienfait, sans lequel ses longs travaux deviendroient peut-être inutiles, ou du moins seroient imparfaits. Un excellent plan d'éducation nationale ne peut être fait que par des législateurs, parce qu'il faut nécessairement que les lois, bien loin de mettre des obstacles à la bonté de ce plan, concourent à sa perfection.[40]

Mais tout en affirmant faire une proposition nouvelle, Mme de Genlis tente en réalité de convaincre son auditoire de la nécessité de maintenir des structures éducatives traditionnelles. Son inquiétude à l'idée d'une récupération de la clientèle des couvents par des autorités non religieuses est perceptible. De plus, ses propositions pour une éducation publique féminine restent empreintes d'élitisme. En outre, elle rappelle qu'elle a été une mère éducatrice suggérant qu'il s'agit du meilleur modèle. C'est d'ailleurs dans cette perspective qu'elle fait allusion à Rousseau dans sa préface. Ces différents facteurs montrent que ses conceptions restent liées à un modèle d'Ancien Régime. En revanche, la parution du *Projet pour une école rurale pour les filles* en 1801[41] témoigne de la nécessité pour Mme de Genlis d'inscrire ses conceptions

39. Mme de Genlis, *Discours sur la suppression des couvents de religieuses et l'éducation publique des femmes* (Paris, Onfroy, 1790).
40. Mme Genlis, *Discours sur la suppression des couvents*, p.17.
41. Mme de Genlis, *Projet d'une école rurale pour l'éducation des filles* (Paris, 1801).

pédagogiques dans la réalité politique et sociale post-révolutionnaire. Il démontre également sa capacité à faire correspondre le type de discours employé au nouveau contexte. En effet, elle utilise un moyen d'expression né de la Révolution: l'adresse aux autorités politique et à l'opinion publique.[42] Sans se départir totalement des anciens préjugés de son rang, l'éducatrice tente d'élaborer le modèle d'une 'école nationale' qui prend en compte le mélange des classes sociales. Toutefois, dans le but de préserver les valeurs de la noblesse, elle reprend l'organisation de l'éducation conventuelle alors qu'elle la condamnait dans *Adèle et Théodore*.[43] Ainsi, les formes littéraires choisies par les éducatrices sont révélatrices d'un projet éducatif adapté à la société au sein de laquelle elles sont utilisées. Le dialogue, qui est l'une des formes phares de la littérature éducative de la seconde moitié du dix-huitième siècle; en est emblématique.

42. Dans le même temps, des auteurs expatriés conservent la forme 'composée' des ouvrages pédagogiques féminins de l'Ancien Régime. Voir Kate Astbury, 'Les éducatrices françaises à Londres pendant la Révolution', dans *Femmes éducatrices au siècle des Lumières: discours et pratiques*, éd. Isabelle Brouard-Arends et Marie-Emmanuelle Plagnol-Diéval (Rennes, 2007).

43. Voir Lester Gilbert Krakeur, 'A forgotten participant in the attack on the convent: Madame de Genlis', *Modern language notes* 2 (1937), p.89-95.

2. Les dialogues

i. Du dialogue aux dialogues des éducatrices

Le dialogue a longtemps été considéré comme une forme et non comme un genre parce qu'il ne bénéficiait pas d'une poétique clairement énoncée.[1] Après avoir été négligé par la critique, il a été étudié pour différentes époques et l'on peut retracer son évolution dans la littérature française. A la Renaissance, il est utilisé dans le domaine éducatif avec les colloques scolaires[2] ainsi que dans celui de la vulgarisation scientifique.[3] Représentatif de la sociabilité à l'âge classique, il a été étudié à la fois en tant que 'dialogue'[4] et en tant qu'"entretien';[5] à bien des égards, il incarne la 'conversation' des salons. A la fin du dix-septième siècle, il devient une forme propice à la communication de différents propos, qu'il s'agisse de critique littéraire avec, par exemple, les *Conversations sur la critique de la Princesse de Clèves*[6] ou des prémisses de la vulgarisation scientifique destinée à un public élargi représentées, en particulier, par les *Entretiens sur la pluralité des mondes*.[7] Mais c'est surtout le dix-huitième siècle qui est son âge d'or: il continue alors à être l'ornement des salons et un instrument de sociabilité. En outre, il est investi par les philosophes des Lumières et devient dialogue philosophique. Enfin, dans la seconde moitié du dix-huitième siècle naissent les dialogues pédagogiques des éducatrices. Maurice Roelens considère qu'ils représentent un infléchissement du genre qui avait connu son apogée grâce à son utilisation par les philosophes:

> Comme le dialogue des morts, la formule dégénère et devient entre les mains de pédagogues professionnels, d'abord des prêtres, puis des femmes, un simple outil pédagogique. Sous cette forme, le type subsistera dans la deuxième moitié du XVIIIe siècle et fort avant dans le XIXe siècle, dans

---

1. Voir Suzanne Guellouz, *Le Dialogue* (Paris, 1992).
2. Mustapha Kémal Bénouis, *Le Dialogue philosophique dans la littérature française du seizième siècle* (Paris, 1976).
3. Toutefois, les destinataires de ces ouvrages sont peu nombreux.
4. Bernard Bray, 'Le dialogue comme forme littéraire au XVIIe siècle', *Cahiers de l'association internationale des études françaises* 24 (1972), p.9-29.
5. Bernard Beugnot, *L'Entretien au XVIIe siècle* (Montréal, 1971).
6. Jean-Antoine de Charnes, *Conversations sur la critique de la Princesse de Clèves* (Paris, Claude Barbin, 1679).
7. Bernard Le Bovier de Fontenelle, *Entretiens sur la pluralité des mondes* (1686), éd. Alexandre Calame (Paris, 1991).

des œuvres comme celles, parmi d'autres, de Mme de La Fite: *Eugénie et ses élèves, ou Lettres et dialogues à l'usage des jeunes gens* (1787).[8]

Ce jugement est sévère; les dialogues des éducatrices ont un véritable intérêt littéraire. D'ailleurs, le choix qu'elles font de cette forme pour écrire sur l'éducation apparaît comme ayant été mûrement pensé.

En effet, si 'à partir du dix-septième et encore au dix-huitième siècle, trois termes principaux sont en concurrence dans l'intitulé des ouvrages: dialogue, conversation et entretien',[9] ils sont tous trois utilisés par les éducatrices dans les titres et les textes de leurs livres dans un sens équivalent. Mme Leprince de Beaumont, la première, publie un *Magasin des enfans ou Dialogues d'une sage gouvernante avec ses élèves* (1756).[10] Il sera suivi du *Magasin des adolescentes ou Dialogues d'une sage gouvernante avec ses élèves de la première distinction* (1761)[11] puis du *Magasin des jeunes dames qui entrent dans le monde et se marient; leurs devoirs dans cet état, et envers leurs enfans: pour servir de suite au Magasin des adolescentes* (1772).[12] Ces trois 'magasins' mettent en scène des échanges entre une gouvernante et ses élèves. Le personnage de la gouvernante, Mlle Bonne, définit la nature de ces échanges avec les deux termes à la fois parents et concurrents de celui-ci: 'Il faut pourtant auparavant vous avertir, mesdames, que ceci est plutôt une conversation qu'une leçon. Nous sommes une petite société d'amies, qui nous amusons à nous entretenir'.[13]

Ce champ sémantique de la dialectique se retrouve dans *Les Conversations d'Emilie* de Mme d'Epinay;[14] dans la préface, l'auteur utilise tour à tour les termes 'conversations' et 'entretiens' (p.vj, vij, viij, x) pour désigner les discussions qu'elle a mises en scène entre une mère et sa fille. Cependant, dans sa correspondance avec l'abbé Galiani, elle n'a recours qu'au terme 'dialogues' pour parler de son texte à l'état de

---

8.   Maurice Roelens, 'Le dialogue d'idées au XVIIIe siècle', dans *Histoire littéraire de la France*, VI, 1715-1794 (Paris, 1976).

9.   Claire Cazanave, 'Le dialogue des Lumières au miroir de l'âge classique: l'enseignement des dictionnaires', dans *Correspondance, dialogues, history of ideas*, SVEC 2005:07, p.115.

10. Jeanne-Marie Leprince de Beaumont (1711-1780). Mme Leprince de Beaumont, *Magasin des enfans, ou Dialogues d'une sage gouvernante avec ses élèves* (1756), 4 vol. (Paris, 1807; 2e éd, 1815).

11. Mme Leprince de Beaumont, *Magasin des adolescentes, ou Dialogues d'une sage gouvernante avec ses élèves de la première distinction* (1760), 4 vol. (Londres, J. Nourse, 1761).

12. Le dernier des 'Magasin' pédagogique de Mme Leprince de Beaumont est initialement intitulé *Instructions pour les jeunes dames qui entrent dans le monde, se marient, leurs devoirs en cet état, et envers leurs enfans. Pour servir de suite au Magasin des adolescentes* (Londres, J. Nourse et Paris, Dessaint et Saillant, 1764). Le changement de titre de l'édition de 1772 se fait au bénéfice de celui qui a fait la fortune des deux précédents: *Magasin des jeunes dames qui entrent dans le monde et se marient; leurs devoirs dans cet état, et envers leurs enfans: pour servir de suite au Magasin des adolescentes*, 4 vol. (Paris, Bassompierre, 1772).

13. Mme Leprince de Beaumont, *Magasin des adolescentes*, t.1, p.42-43.

14. Mme d'Epinay, *Les Conversations d'Emilie*, SVEC 342 (1996).

genèse. De plus, elle établit un parallèle entre celui-ci et les *Dialogues sur le commerce des bleds* de son correspondant[15] qu'elle a corrigés et fait éditer en compagnie de Diderot alors que leur ami commun était contraint de rentrer à Naples: 'Imaginez que je fais aussi des dialogues, mais ce sont des dialogues entre ma petite-fille et moi.'[16] Ce commentaire confère à son livre une place paradoxale dans la littérature; il est à la fois l'équivalent d'autres œuvres par le genre et dans la position d'une création mineure par le thème.

Enfin, Mme de La Fite utilise et désigne dans ses livres la même forme que ses contemporaines: les personnages des *Entretiens, drames et contes moraux, à l'usage des enfans*[17] qualifient leurs échanges de 'conversations'. En outre, 'dialogue' est employé pour un ouvrage à la composition plus originale qui réunit les débats d'une gouvernante avec son élève princière et un dialogue épistolaire entre la gouvernante et une ancienne élève: *Eugénie et ses élèves, ou Lettres et dialogues à l'usage des jeunes personnes*.[18] Le même principe dialectique se retrouve dans un livre au titre évoquant des exercices de type scolaire et qui s'y apparente en partie par la méthode d'apprentissage particulière qu'il propose: *Réponses à démêler, ou Essai d'une manière d'exercer l'attention. On y a joint divers morceaux qui ont pour but d'instruire ou d'amuser les jeunes personnes.*[19] Là encore, les parties réunissant les personnages 'pédagogiques' sont intitulées 'dialogues'. Pour mettre en scène les commerces de leurs personnages, ces trois auteurs élisent le 'dialogue dramatique'[20] inspiré du genre théâtral: les noms des personnages sont placés à la tête de leurs propos et sont éventuellement suivis de didascalies. Or, la nouveauté introduite par les auteurs dans la présentation de la forme dialogique est annoncée dès les titres. En effet, celle-ci peut être associée à des âges de la jeunesse: 'Magasins des enfans, adolescentes et jeunes dames ou dialogues', à un prénom féminin: 'Conversations d'Emilie' ou encore à d'autres genres: 'Entretiens, drames et contes moraux'. Enfin, les trois éléments peuvent se retrouver dans une seule formule: 'Eugénie et ses élèves, ou Lettres et dialogues'. Ces différentes combinaisons annoncent aux lecteurs une forme et suggèrent un contenu qui est de l'ordre de l'éducatif et du didactique et également de la lecture variée et agréable.

15. Ferdinando Galiani, *Dialogues sur le commerce des bleds* (Paris, Merlin, 1770).

16. Ferdinando Galiani et Mme d'Epinay, *Correspondance*, I, 1769-1770 (Paris, 1992), p.57.

17. Marie-Elisabeth Bouée, Mme de La Fite (1750-1794). *Entretiens, drames et contes moraux, à l'usage des enfans* (1778), 2 vol. (La Haye, Detune, 1783).

18. Mme de La Fite, *Eugénie et ses élèves, ou Lettres et dialogues à l'usage des jeunes personnes* (Paris, Née de La Rochelle et Onfroy, 1787).

19. Mme de La Fite, *Réponses à démêler, ou Essai d'une manière d'exercer l'attention [...]* (Lausanne, Hignou, et A. Fischer, 1791).

20. S. Guellouz, *Dialogue*, p.82.

Mme de Genlis suit le même principe dialectique mais propose une application légèrement différente dans *Les Veillées du château, ou Cours de morale à l'usage des enfans*.[21] Tout d'abord, elle préfère le 'dialogue narratif'[22] qui intègre les paroles des personnages au récit principal. De plus, des récits étaient initialement destinés à occuper une place centrale et prédominante dans l'ouvrage,[23] ce qui pourrait être révélateur d'un désir de l'auteur de consacrer ce livre à un lectorat enfantin. Finalement, dans la préface des *Veillées du château*, Mme de Genlis annonce qu'il y aura une équivalence entre dialogues et histoires ou contes: '[la forme que j'ai choisie] m'a parue plus intéressante qu'aucune autre. Des entretiens sans événemens et sans histoires, ont trop de sécheresse; des histoires détachées, sans interruption, sans conversation, n'auroient point assez de clarté pour des enfans' (p.v).

Dans la recherche de la formule la plus adéquate pour la création de livres instructifs et distrayants, Mme de Genlis occupe donc une position intermédiaire parmi les éducatrices. Toutefois, en 1801, la 'gouverneur' des enfants d'Orléans reprendra le principe des dialogues dramatiques associés à d'autres genres en la présentant comme 'nouvelle': *Méthode d'enseignement pour la première enfance, contenant, 1°. Une nouvelle méthode d'instructions et de lectures morales pour les enfans de cinq ou six ans; 2°. Des dialogues et un conte; 3°. Des maximes détachées; 4°. Des modèles de compositions; 5°. Une nouvelle méthode pour enseigner aux enfans à dessinner et à peindre*.[24] Ce qui atteste de l'innovation représentée par ce type d'ouvrages dans la seconde moitié du dix-huitième siècle et laisse penser qu'elle n'a été parfaitement comprise du public et des littérateurs qu'après la Révolution. En effet, en s'exprimant en tant qu'éditeur dans la préface d'*Eugénie et ses élèves*, Mme de Genlis dépeint une situation dans laquelle les dialogues des éducatrices sont en butte aux critiques des journalistes:

> Je ne sais pourquoi depuis quelques années certains journalistes affectent de parler avec un extrême dédain des ouvrages faits en forme de dialogues: ce dédain ne peut m'offenser personnellement, car je n'ai point fait de dialogues. Pourquoi ce mépris? Seroit-ce parce que d'autres femmes ont fait plusieurs ouvrages dans cette forme? Mais des hommes célèbres ont fait aussi des dialogues; le père Bouhours, Fontenelle, M. Pluche, etc. Ne sait-on pas encore que les Anciens ont souvent travaillé dans ce genre, et qu'ils aimoient particulièrement cette forme d'ouvrage, qui donne en effet tant d'agrément et de clarté aux raisonnemens? Ajoutons à ces grands exemples que les deux

21. Mme de Genlis, *Les Veillées du château, ou Cours de morale à l'usage des enfans, par l'auteur d'Adèle et Théodore* (1782), 3 vol. (Paris, Lambert et Baudouin, 1784).
22. S. Guellouz, *Dialogue*, p.84.
23. 'la forme de petits contes détachés est la seule qui me paraisse convenable [...]. Je vous dirai sans détour que j'en suis l'auteur et qu'il a pour titre, *Les Veillées du château*' (Mme de Genlis, *Adèle et Théodore*, p.94-95).
24. (Paris, 1801).

seuls ouvrages que l'Académie française ait couronnés, comme les plus utiles et les mieux écrits, sont des dialogues de petites filles et de petits garçons.[25]

En 1787, Mme de Genlis écrit donc ne pas avoir 'fait de dialogues' alors que *Les Veillées du château* datent de 1782. Il y a une relative ambivalence de cette littérature qui séduit le public et qui, dans le même temps, est mise à distance par les commentateurs parce qu'elle est taxée de minorité et d'absence de sérieux. Pourtant, elle a bien apporté un souffle nouveau dans la réflexion et l'écriture sur l'éducation.

L'une des particularités de la littérature éducative, alors qu'elle a surtout été étudiée sous l'angle d'une littérature pour la jeunesse,[26] est de viser deux lectorats. Didactique et récréatif, le discours des éducatrices s'adresse aux enfants; théorique et prescriptif, il concerne les adultes: 'j'ai cédé au desir d'offrir aux bonnes mères mes réflexions, et aux enfans quelques leçons utiles'.[27] Cette double destination apparaît dans les présentations liminaires des ouvrages. Mmes Leprince de Beaumont et d'Epinay ont évoqué à mots voilés la nature de leurs ouvrages tout en préférant mettre au premier plan une œuvre de pédagogue plutôt que de théoricienne. Dans le *Magasin des jeunes dames*, Mme Leprince de Beaumont passe rapidement sur la compréhension de ses théories par les mères-institutrices auxquelles elle s'adresse dans la préface: 'J'exhorte mes lectrices à se pénétrer de ces grandes vérités avant de lire mon ouvrage; alors elles ne m'accuseront pas d'avoir présenté aux jeunes personnes des devoirs trop austeres.'[28] De même, Mme d'Epinay n'évoque qu'au détour d'une phrase les conseils que les lecteurs adultes trouveront dans son ouvrage:

> souvent il n'a fallu qu'un soin léger et de la mémoire pour rédiger ces conversations d'après celles qui ont eu lieu entre la mere et la fille. Envisagées sous ce point de vue, elles peuvent indiquer aux personnes chargées de l'instruction des enfans, plus d'un sentier ignoré dans cette carriere importante et difficile. Les préceptes généraux sont dans la science de l'éducation, comme dans toute autre science, de peu de ressource.[29]

---

25. Mme de Genlis, préface d'*Eugénie et ses élèves, ou Lettres et dialogues à l'usage des jeunes personnes* de Mme de La Fite, p.viii-ix. Dans sa dernière phrase, Mme de Genlis fait allusion aux prix décernés aux *Conversations d'Emilie* de Mme d'Epinay en 1783 et à *L'Ami des enfants* de Berquin en 1784.

26. I. Havelange, 'La littérature à l'usage des demoiselles'; Isabelle Havelange et Ségolène Le Men, *Le Magasin des enfants: la littérature pour la jeunesse, 1750-1830* (Montreuil, 1988); Isabelle Havelange, 'Des livres pour les demoiselles, XVIIe siècle-1re moitié du XIXe siècle', dans *Lectrices d'Ancien Régime* (Rennes, 2003); Didier Masseau, 'La Littérature enfantine et la Révolution: rupture ou continuité?', dans *L'Enfant, la famille et la Révolution française*, éd. Marie-Françoise Lévy (Paris, 1990).

27. Mme de Genlis, *Les Veillées du château*, Avertissement, p.x.

28. Mme Leprince de Beaumont, *Magasin des jeunes dames*, Avertissement, p.xj.

29. Mme d'Epinay, *Les Conversations d'Emilie*, Avertissement, p.vj-vij.

Ainsi, dans les *Magasins, Conversations d'Emilie, Veillées du château, Entretiens, drames et contes moraux, Eugénie et ses élèves* et *Réponses à démêler*, la théorie, insérée dans le cours de la fiction, doit être démêlée par l'esprit exercé des adultes. Elle se retrouve principalement dans le discours des personnages d'institutrices lorsqu'elles répondent aux questions des élèves ou leur exposent leurs plans d'éducation. C'est donc dans ce sens que les auteurs utilisent quelquefois les termes 'essai' ou 'traité' pour qualifier leurs livres. Elles sont conscientes de l'efficacité de la forme qu'elles établissent et, partant, d'apporter une solution réellement innovante dans le domaine de l'écriture sur l'éducation:

> Il n'y a point de sujet moral qu'on ne puisse traiter avec agrément, et il n'y a point de livre de morale qui puisse être utile s'il est ennuyeux. Cette vérité n'est pas assez généralement sentie; c'est pourquoi les moralistes ont produit tant de traités, tant de pensées, tant de réflexions, dissertations, discours, essais, etc. On peut admirer un ouvrage de ce genre; mais s'il a plus de cent pages, il est impossible de l'aimer et de le lire avec plaisir. [...] Les ouvrages qui ont le plus influé sur les mœurs, ont tous une forme agréable et intéressante, et c'est particulièrement à cette forme qu'on doit attribuer le bien qu'ils ont produit.[30]

Partant, les indications sur les méthodes se mêlent aux discours simples, instructifs et ludiques visant les enfants. Cette présentation nouvelle, qui porte un discours pédagogique novateur et original, a visiblement séduit le public. Dans leurs préfaces – convention ou réalité? – Mmes Leprince de Beaumont et de Genlis décrivent le même genre de réactions de la part de leurs lecteurs qu'il s'agisse d'enfants ou d'adultes. Ainsi, au discours de la préface du *Magasin des enfans*:

> J'achevai enfin, l'été passé, de remplir la pénible tâche que je m'étais imposée; et, pleine de défiance du succès, je communiquai mon manuscrit à un grand nombre de personnes. Quelle fut ma surprise! Plusieurs d'entre elles, dont le goût éprouvé peut servir de règle, m'avouèrent qu'il les avait amusées assez, pour n'avoir pu le quitter avant de l'avoir achevé. Ce succès inespéré me découragea absolument. J'ai voulu travailler pour les enfans, me disais-je; j'ai manqué mon but, puisque les personnes faites s'amusent de mon ouvrage. Cette crainte me fit suspendre l'impression: il me fallait d'autres juges, et je les cherchai parmi mes écolières de tous les âges. Elles ont toutes lu mon manuscrit. L'enfant de six ans s'en est divertie aussi bien que celle de dix et de quinze. Plusieurs d'entre elles, à qui je désespérais de faire naître le goût pour l'étude, en ont écouté la lecture avec une avidité qui ne me laisse rien à souhaiter, et qui me répond du succès.[31]

répond celui des *Veillées du château*:

---

30. Mme de Genlis, *Les Veillées du château*, p.vij-viij.
31. Mme Leprince de Beaumont, *Magasin des enfans*, Avertissement, p.2-3.

Au reste, avant de faire imprimer cet ouvrage, j'ai désiré savoir positivement si mes lecteurs pourroient comprendre, sans effort, ce que j'ai voulu dire. J'ai rassemblé chez moi une société assez nombreuse: j'ai fait des lectures. Ce n'est pas la personne la plus judicieuse de ces assemblées que j'ai consultée; elle avoit onze ans: mais j'ai vu, avec plaisir, que celles qui n'étoient âgées que de huit et de neuf, m'écoutoient de manière à me prouver que rien ne leur échappoit, et qu'elles recevoient l'impression que j'ai voulu produire.[32]

En revanche, c'est sous le sceau de la confidence amicale, dans l'une de ses lettres à l'abbé Galiani, que Mme d'Epinay s'étonne de la réaction tout aussi enthousiaste de l'ensemble du public lors de la parution des *Conversations d'Emilie*:

Vous n'avez pas encore reçu mes dialogues, ils sont publics ici malgré les précautions que je croyais avoir prises pour rester ignorée. Ils ont un succès fou, réellement à mourir de rire, parce que cela n'était pas fait pour tourner les têtes qui n'ont ni enfants ni petits-enfants. Il n'y a pas jusqu'à la mère Geoffrin qui est obligée d'en dire du bien, elle en est bien fâchée je crois.[33]

La faveur du public s'accompagne ici de celle de connaisseurs en matière de littérature. D'après ces témoignages, on comprend que les dialogues pédagogiques des éducatrices ont intéressé leurs contemporains sans, peut-être, qu'ils perçoivent complètement leur originalité. Or, cette utilisation du dialogue à des fins didactique et théoricienne apparaît déjà au dix-septième siècle dans les écrits de Mme de Maintenon.

La pédagogie de la 'première institutrice de France'[34] se caractérise par le souci de la dialectique: ses différents écrits 'trouvent leur unité moins dans la matière qui y est mise en œuvre que dans le fait qu'ils sont tous conçus sous le signe de l'échange. *Lettres, Avis, Entretiens, Conversations,* sinon *Proverbes: les titres sont à cet égard éloquents*'.[35] Destinés aux maîtresses et pensionnaires de Saint-Cyr, ces ouvrages témoignent de la réflexion de l'éducatrice sur le vecteur le plus propice à la transmission de deux messages; l'un didactique à des enfants et l'autre sur l'éducation à des adultes. Pour les demoiselles, la forme dialogique a été préférée; or, telle qu'elle apparaît sous la plume de Mme de Maintenon, elle participe du genre dramatique.[36] En effet, lorsque les élèves jouent les *Conversations*

---

32. Mme de Genlis, *Les Veillées du château*, Avertissement, p.iv-v.
33. F. Galiani et Mme d'Epinay, *Correspondance*, IV, juin 1773-mai 1775 (Paris, 1996), p.214.
34. Jacques Prévot, *La Première Institutrice de France, Mme de Maintenon* (Paris, 1981).
35. Suzanne Guellouz, 'Mme de Maintenon et le dialogue', *Albineana* 10-11 (1999), p.229.
36. M.-E. Plagnol-Diéval, *Madame de Genlis et le théâtre d'éducation*, p.44-80. Voir également Christine Mongenot, 'Les *Conversations* de Mme de Maintenon: dire et parler pour apprendre le monde', dans *Théâtre et enseignement XVIIᵉ-XXᵉ siècles* (Créteil, 2003), et 'De Mme de Maintenon aux auteurs de théâtres d'éducation: avatars ou mutations de la "conversation pédagogique"', dans *Femmes éducatrices au siècle des Lumières: discours et pratiques* (Rennes, 2007).

pour un public venu de l'extérieur ou uniquement pour les membres de
la communauté de Saint-Cyr, il s'agit bien de représentations à caractère
théâtral. Par ailleurs, les *Entretiens*[37] – transcriptions des échanges entre
Mme de Maintenon et les maîtresses sur les moyens d'appliquer la
théorie pédagogique saint-cyrienne – et les *Conversations*,[38] qui
représentaient également des lectures pour les pensionnaires, peuvent
occasionnellement avoir la même application.[39] Enfin, les dialogues de
Mme de Maintenon empruntent une troisième voie:

> Ajoutons que la méthode favorite de Mme de Maintenon a quelque chose de
> socratique: elle procède par une série de questions-réponses-reprises qui
> devaient rendre ses leçons très vivantes et qui, faisant constamment appel à
> la raison des interlocutrices et leur communiquant la conscience du pour et
> du contre, combattait paradoxalement ce qu'il y aurait pu avoir de
> dogmatique dans les présupposés idéologiques de son système éducatif.[40]

C'est, en effet, une forme qui permet de mettre en scène une initiation
progressive à la réflexion. Les éducatrices, qui l'ont choisie en grande
partie pour cette raison, peuvent être considérées à cet égard comme des
héritières de Mme de Maintenon. Or, elles ont enrichi ce legs littéraire
en complexifiant le dialogue pédagogique.

ii. Le renouvellement du dialogue pédagogique par les éducatrices

Le dix-huitième siècle voit paraître de nombreux livres dont le propos
est de transmettre des enseignements selon un modèle dialogique. C'est
ainsi que *L'Ecole du monde*[41] – mettant en scène les conversations d'un
père et son fils sur les vertus sociales et morales souhaitables – est un
succès de librairie de la fin du dix-septième siècle et sera réédité à
plusieurs reprises au dix-huitième. Il peut également s'agir d'exposer une
ou plusieurs des matières généralement prévues pour l'éducation des
garçons comme l'illustre le titre d'un ouvrage visiblement inspiré de ceux
de Mme Leprince de Beaumont: *Magasin des adolescents, ou entretiens d'un
gouverneur avec son élève*.[42] Mais la plupart de ces dialogues se révèlent

---

37. Mme de Maintenon, *Lettres et entretiens sur l'éducation des filles*, éd. Th. Lavallée (Paris, 1854).
38. Mme de Maintenon, *Conversations* et *Conseils et instructions aux demoiselles pour leur conduite dans le monde*, éd. Th. Lavalée (Paris, 1857).
39. S. Guellouz, 'Mme de Maintenon et le dialogue'.
40. J. Prévot, *La Première Institutrice*, p.53.
41. Eustache Le Noble, *L'Ecole du monde, troisième entretien. De la complaisance et du bienfait* (Paris, Martin Jouvenel et Claude Mazuel, 1694).
42. Pons-Augustin Alletz, *Magasin des adolescents, ou Entretiens d'un gouverneur avec son élève. Dans lequel on retrace aux yeux des jeunes gens qui sortent de Rhétorique, 1°. Les règles de la langue françoise dans la plûpart des cas douteux. 2°. Les principes de l'éloquence et les divers genres de style. 3°. Des exemples servant d'application aux règles, et tirés, soit de Cicéron, soit des orateurs françois les plus*

déséquilibrés: la part accordée à la parole de l'élève est très réduite et celle du maître occupe presque entièrement l'espace textuel. Derrière l'apparence d'un échange, l'objectif est donc de faire une leçon fondée sur de longs développements savants. Or, l'absence d'une norme établie en matière de savoirs à acquérir par les filles a laissé aux éducatrices la liberté nécessaire pour respecter le principe dialogique. Les 'dialoguistes' ont en effet pu introduire des connaissances, attendues ou pas dans le cadre de l'éducation féminine, en les coulant dans un cadre renouvelé. C'est ainsi que Mme de La Fite présente le dialogue d'inspiration catéchistique par demande et réponse[43] sous forme de jeu: les questions et les solutions sont données dans le désordre; c'est au lecteur de trouver la bonne réponse. Dans ce cas, soit la leçon a déjà été apprise par l'élève soit l'exercice se fait en compagnie d'un adulte:

> 52.
> Quelle invention nous rend visibles la puissance et la sagesse de Dieu dans les objets jusqu'alors invisibles?
> [...]   55.
> Qu'est-ce que le gouvernement monarchique?
> [...]   58.
> Qu'est-ce qu'un état démocratique?
>   59.
> Qu'est-ce qu'un gouvernement mixte?
>   I – 2.
> Le gouvernement d'un seul.
> [...]   L – 2.
> Celui qui est gouverné par un certain nombre de citoyen.
>   F – 2.
> Celle du microscope.
>   N – 2.
> C'est un mélange des deux autres, et on l'appelle aristo-démocratique.[44]

Ainsi, au sein de ce qui apparaissait bien souvent comme d'utiles et charmants ouvrages adressés aux enfants à certains et des 'catéchismes pour les jeunes demoiselles'[45] à d'autres, on trouve un véritable renouvellement des moyens de la pédagogie non institutionnelle:

> il m'a paru très original, et très nouveau à cause du genre. Il y a une infinité de dialogues didactiques, mais tous prennent l'écolier quelques tons plus haut. Vous le prenez au bégaiement pour ainsi dire, ce qui n'avait pas été

---

estimés, tant de la Chaire que du Barreau. Le tout entremêlé de réflexions propres à former et les mœurs et le goût (Paris, Guillyn, 1765).

43. Par exemple: 'D. En quel temps commencez-vous l'histoire d'Espagne? / R. Au temps du débris de l'empire romain sous Honotius, vers l'an 412' (Claude Buffier, *Abrégé de l'histoire d'Espagne, par demandes et par réponses*, Paris, Jean Mariette, 1704, p.1).

44. Mme de La Fite, *Réponses à démêler*, p.60-61.

45. Lettre signée Boursier, de Voltaire à Damilaville du 24 juin [1767], D14235.

encore fait par personne, mais au fond en touchant par le ré-sol-ut vous prenez la base fondamentale de tout le savoir humain.[46]

Cette analyse des *Conversations d'Emilie* par Galiani s'applique également aux ouvrages des autres éducatrices. Finalement, le changement apporté par ces auteurs réside dans leur façon d'introduire des connaissances dans des textes réellement accessibles aux enfants et tout autant utiles aux adultes. Et pour toucher ces publics, elles travaillent à donner de l'épaisseur et de la diversité aux échanges qu'elles mettent en scène.

De fait, les dialogues des éducatrices possèdent plusieurs facettes dont certaines caractéristiques de la conversation et notamment la liberté, le naturel et la spontanéité; d'ailleurs, la narratrice des *Magasins* qualifie ses leçons de 'société d'amies'. Les voix des élèves et des institutrices qui interrogent, répondent et s'interrompent sur un rythme assez soutenu sont destinées à représenter la polyphonie et l'apparente confusion de discussions réelles. De même, des traits stylistiques tels que l'hésitation et l'exclamation permettent de donner l'impression que le texte mime la parole orale. En outre, la place accordée à la politesse rappelle le vernis de la conversation mondaine; l'enseignement ainsi acquis concerne des règles de sociabilité:

MME DE VALCOUR

Julie! vous montrez de l'impatience [...]. Comme on est sujet d'ordinaire à oublier ses fautes, je vous conseille afin de vous souvenir plus long-temps de celle-ci, de nous quitter aussi-tôt que l'histoire commencera.[47]

Néanmois, l'indication d'un ordre de prise de parole révèle qu'au-delà de son apparente liberté, le texte est fortement structuré, ce qui l'inscrit du côté du dialogue. Ce dernier, tout en étant éloignée des échanges artificiels du type 'demande et réponse', est relativement ordonnancée. Par ailleurs, grâce à la mise en scène du langage et à d'autres éléments empruntés au genre dramatique, des scènes assez précises peuvent se dessiner. En effet, des didascalies décrivent quelques gestes et ex-pressions de visages ce qui confère un certain relief aux personnages. Or, ce vœu d'apporter une autre dimension que celle de la parole peut être mis au crédit de la conversation car c'est la variante du dialogue qui tend le plus à 'donner vie' aux personnages. Par ailleurs, cette 'drama-tisation' du texte donne lieu à des saynètes de type théâtral. Ainsi, dans le *Magasin des jeunes dames* Mlle Bonne s'emploie à sauver l'une de ses élèves, Miss Molly, du danger qu'elle encourt en étant tombée amoureuse d'un aventurier. La gouvernante indique que la seule parole est inefficace face à la passion ressentie par la jeune fille. Pour lui faire entendre raison, il

---

46. F. Galiani et Mme d'Epinay, *Correspondance*, IV, p.215.
47. Mme de La Fite, *Entretiens*, t.1, p.121.

s'agit donc autant – voire davantage – d'agir que de parler. Cette
nécessité se traduit au sein des dialogues par un recours accru aux
didascalies:

> MLLE BONNE, *faisant signe à Lady Spirituelle de sortir.*

Nous voilà seule, ma chere, calmez ces mouvements furieux. Je suis sûre que
votre état n'est pas aussi pénible que vous le dites; mais, quel qu'il soit, il n'est
pas sans remede. Ouvrez-moi votre cœur; (MLLE BONNE *se jette à ses pieds*) je ne
quitterai point vos pieds, que vous n'ayez déchargé le noir poison qui vous
suffoque.

> MISS MOLLY *se mettant aussi à genoux.*

Ah, mon Dieu! ma Bonne, vous me faites mourir de honte; levez-vous, je vous
en conjure.[48]

Cette action est exceptionnelle et correspond à une situation extrême.
Elle est, toutefois, représentative des différents aspects que peuvent
prendre les dialogues pédagogiques. Finalement, on peut dire que les
éducatrices ont réuni dans leurs ouvrages les caractéristiques des dialogues et des conversations: 'il y aurait d'un côté l'entretien agréable et
facile, qui reste, au dire des contemporains eux-mêmes, le règne de la
"conversation"; de l'autre, celui de la discussion didactique ou savante,
qui appartiendrait en propre au "dialogue" '.[49] Leur manière d'aborder
le dialogue correspond donc à leur époque et elles y apportent des
innovations propres à leur projet de pédagogues.

iii. Les caractéristiques des dialogues d'éducatrices

Les personnages

Les institutrices sont l'élément premier de la dialectique pédagogique.
Ces personnages se confondent avec les narratrices qui représentent
invariablement les auteurs eux-mêmes. Cette caractéristique éloigne
d'ailleurs le dialogue du traité et le rapproche du roman: 'le narrateur
du dialogue ressemble vraiment au narrateur du roman: il est unique et
non présent dans le récit'.[50] Malgré les opinions très différentes et même
opposées quelquefois défendues par les personnages, le lecteur ne peut
donc hésiter sur les idées de l'auteur reflétées en grande partie par celles
du personnage principal. D'autant plus que pour élaborer leurs fictions,
les auteurs s'inspirent de leurs expériences personnelles. Mme Leprince
de Beaumont a été pendant plusieurs années la gouvernante de filles de
bonnes familles de Londres; son personnage porte-parole dans les
Magasins est donc une gouvernante au service de la gentry anglaise.

---

48. Mme Leprince de Beaumont, *Magasin des jeunes dames*, t.3, p.47.
49. Stéphane Pujol, *Le Dialogue d'idées au XVIIIe siècle*, SVEC 2005:06, p.52-53.
50. S. Guellouz, *Dialogue*, p.63.

Mme d'Epinay a été celle de ses enfants, de membres de sa famille et a décidé de diriger également l'éducation de sa petite-fille, Emilie de Belzunce. A partir de cette dernière expérience, elle choisit un personnage de mère-institutrice pour *Les Conversations d'Emilie*. Dans *Les Veillées du Château*, Mme de Genlis donne aux filles de son personnage de mère-institutrice, Mme de Clémire, les prénoms de ses propres filles, Caroline et Pulchérie. On possède peu d'informations sur la vie de Mme de La Fite; on sait toutefois qu'elle a eu une fille[51] et qu'elle a occupé des emplois de gouvernante. Ce qui établit un lien certain avec les personnages d'éducatrices que l'auteur choisit de mettre en scène. C'est une mère – qui est également une tante – dans *Entretiens, drames et contes moraux*, une gouvernante dans *Eugénie et ses élèves* et à nouveau une mère dans *Réponses à démêler*. Malgré la source d'inspiration que représente la réalité, un phénomène de 'déréalisation'[52] a lieu dès la mise en place des personnages. Dans les trois ouvrages de Mme de La Fite et dans *Les Veillées du château*, les noms à particules des personnages sont destinés à illustrer la noblesse des personnages. Dans les *Magasins*, la gouvernante, selon une formule originale de Mme Leprince de Beaumont, porte le nom de son emploi: Mlle Bonne.[53] De même, dans *Les Conversations d'Emilie*, la 'Mère' est uniquement désignée par cette qualité. A travers ces choix, les auteurs tendent à donner une dimension théorique à leurs ouvrages.

Les personnages d'institutrices sont évidemment la source principale de l'enseignement. Cependant, elles sont loin de représenter les figures omniscientes des dialogues pédagogiques traditionnels. D'ailleurs, dans tous les ouvrages dont la forme-cadre est le dialogue dramatique, les éducatrices font – à un moment donné – l'aveu d'une ignorance ou d'une formation incomplète:

MME DE VALCOUR

Je ne suis rien moins que savante, je vous assure; pour l'être il faut savoir à fonds [sic] mille choses que je ne sais que très imparfaitement, mais tous les jours je travaille à diminuer un peu mon ignorance, à m'éclairer davantage, afin de devenir meilleure et utile aux autres.[54]

51. 'Je suis mère d'une fille qui tout enfant qu'elle est encore, répand mille douceurs sur mes jours actuels' (Mme de La Fite, 'Lettre de la traductrice à Mr. Wieland', dans Sophie de La Roche, *Mémoires de Mlle de Sternheim*, trad. de Mme de La Fite, La Haye, Gosse, 1773, p.x).
52. 'un [...] vaste mouvement de *déréalisation* qui nous donne nettement à entendre que, dans la discussion qui fait la matière du dialogue, l'identité et *a fortiori* la personnalité des locuteurs, pour n'être pas sans importance aucune, n'en sont pas moins secondaires' (S. Guellouz, *Dialogue*, p.122).
53. Le personnage de l'enseignante est dénommé 'La Bonne' dans le *Magasin des pauvres, artisans, gens de la campagne*, 2 vol. (Saint-Malo, L. H. Hovius, 1784) et dans *La Dévotion éclairée ou le Magasin des dévotes* (Lyon, Pierre Bruyset Ponthus, 1779).
54. Mme de La Fite, *Entretiens*, t.1, p.123.

Ces lacunes ne sont pas pour autant honteuses et permettent de suggérer que l'apprentissage doit idéalement se poursuivre tout au long de la vie. L'institutrice est également celle qui organise la prise de parole: elle décide du commencement et de la fin d'un dialogue et de la possibilité de s'exprimer pour les élèves. Toutefois, on relève qu'à différentes reprises ce pouvoir relatif à la parole est en partie délégué à certaines élèves. Et de manière générale, la progression du dialogue pédagogique donne une place de plus en plus importante à la voix de ces dernières. C'est ainsi que Mlle Bonne permet parfois à sa principale écolière, Lady Sensée, de répondre à sa place; elle va jusqu'à organiser des dialogues entre les jeunes filles, jouant simplement un rôle d'arbitre:

MISS CHAMPÊTRE

Au reste, n'allez pas croire que je haïsse la vie; non, elle m'est seulement fort indifférente, et je ne donnerois pas une épingle pour mourir à un âge plutôt qu'à un autre. [...]

MLLE BONNE

Qu'avez-vous à répondre à cela, mesdames? Ne pensez-vous pas que mademoiselle a raison?

LADY LUCIE

Non, ma Bonne [...] on ne doit point s'ennuyer en remplissant les devoirs même les plus pénibles. Je trouve que cette pensée, j'obéis à Dieu, j'exécute sa sainte volonté, est capable de nous faire goûter du plaisir dans les occupations les plus insipides.[55]

Les dialogues des éducatrices accordent donc une place nouvelle aux personnages d'écolières et leur donnent un rôle plus complexe que celui qui leur était habituellement attribué.

Le nombre d'élèves varie d'un ouvrage à l'autre: il n'y en a qu'une dans *Les Conversations d'Emilie* et *Eugénie et ses élèves*. Il s'agit de la fille de l'éducatrice dans le premier cas et d'une princesse dans le second. Elles sont deux, une fille et une nièce, dans les *Entretiens, drames et contes moraux* et deux sœurs dans les *Réponses à démêler*. Ils sont trois dans *Les Veillées du château*: un jeune garçon et ses deux sœurs. Enfin, leur nombre ne cesse de croître tout au long des *Magasins*. L'élève en titre de Mlle Bonne, Lady Sensée, bénéficie de l'enseignement de cette dernière en compagnie de camarades et, régulièrement, une nouvelle jeune fille vient agrandir le groupe. Ainsi, de sept au début du *Magasin des enfans*, le nombre d'écolières passe à vingt-trois à la fin du *Magasin des jeunes dames*. L'une des fonctions de ces personnages est de servir de modèle aux lectrices: les plus instruites – Lady Sensée dans les *Magasins*, Julie dans les *Entretiens*,

---

55. Mme Leprince de Beaumont, *Magasin des adolescentes*, t.3, p.62-64.

drames et contes moraux – représentent un exemple à imiter, un but à atteindre. Les autres reflètent la plus ou moins grande ignorance qui est la norme chez les enfants de la bourgeoisie et de la noblesse – en particulier parmi les filles – et éveillent par leurs discours le désir d'apprendre. Lady Sensée possède le trait de caractère le plus important aux yeux de Mme Leprince de Beaumont, la raison, et elle est à peu près parfaitement accomplie. Cultivée mais modeste, bonne sans affectation, elle a un rôle intermédiaire entre sa gouvernante et ses compagnes. D'une part, elle partage quelquefois le rôle pédagogique de Mlle Bonne dont elle complète alors les explications ou les démonstrations. D'autre part, elle continue à bénéficier de l'enseignement de la gouvernante aux côtés de ses camarades. Toutes les autres enfants doivent se perfectionner, que leur principal défaut soit reflété par leur patronyme comme pour Lady Violente ou qu'il soit plus complexe à déterminer. Miss Champêtre, par exemple, représente le goût pour la vie à la campagne; mais elle doit également corriger une propension à juger trop vite et selon les apparences. Le même type de partage entre éducation reçue et éducation donnée par une élève apparaît dans les *Entretiens, drames et contes moraux*: face à Julie qui a bénéficié d'une formation éclairée et relativement complète, sa cousine Annette représente le parangon d'une petite fille dont l'éducation a été menée de manière traditionnelle, c'est-à-dire mondaine et très superficielle. L'acte d'enseignement qui consiste à répondre aux questions du personnage ignorant, Annette, est donc quelquefois récupéré par Julie:

JULIE

A présent je comprends cela à merveille.

MME DE VALCOUR

Pourrois-tu donc achever ce qu'il me reste à dire?

JULIE

Maman, j'essayerai.[56]

Cette valorisation des connaissances des élèves, en leur attribuant un discours didactique et informatif, ne sont possibles que si elles sont au moins deux. Lorsque les textes mettent face à face une institutrice et une seule élève, les progrès de celle-ci sont mis en lumière grâce à l'évolution des relations entre les deux personnages.

Dans *Les Conversations d'Emilie*, la portée éducative des dialogues est illustrée par la progression de la pensée et de la parole d'Emilie dans le temps. Au cours des premiers échanges, elle se contente d'interroger sa mère sur ce qu'elle ne connaît ou ne comprend pas et de répondre aux

56. Mme de La Fite, *Entretiens*, t.2, p.287.

questions que cette dernière lui pose pour lui faire trouver certaines réponses par elle-même. Mais, dans la dernière conversation, elle s'oppose à la Mère sur plusieurs points. Cette évolution, qui donne un poids à la parole de l'enfant et la place dans un rapport à peu près égal vis-à-vis de l'adulte, permet à Mme d'Epinay de mettre en scène l'alternance inhérente à la construction d'un véritable dialogue:

MÈRE

Dès qu'il aura formé une école publique d'après ses principes, je me sentirai un grand fardeau de moins, et Emilie sera la premiere à prouver les avantages sans nombres d'une institution si désirable.

EMILIE

Ah, nous y voilà encore! Je sais au bout des doigts tout ce que vous m'allez dire des avantages de l'éducation publique sur l'éducation domestique et particuliere; mais vous savez bien aussi, ma chere Maman, que sur ce chapitre jamais je ne serai de votre avis.[57]

Aussi, dans les dialogues des éducatrices, les personnages d'élèves ont-elles une dimension qui en fait des interlocuteurs à part entière. Adolescente, la princesse d'*Eugénie et ses élèves* possède déjà une solide instruction et les leçons de sa gouvernante tendent surtout à lui transmettre un enseignement sur des questions morales. Elles discutent de différents sujets sociaux et politiques sur lesquels la princesse a des idées arrêtées. Leurs échanges s'apparentent à un débat d'idées et finissent par dépasser le cadre strictement éducatif. Quant aux enfants des *Veillées du château*, ils possèdent moins d'autonomie et leurs questions et commentaires ne se démarquent pas vraiment des propos de leur mère-institutrice comme si le dialogue narratif se prêtait moins à des prises de positions tranchées. Toutefois, il y a bien une forme de séparation entre l'éducatrice et les élèves: ils décident seuls d'un acte de bienfaisance. Ce qui atteste de leur acquisition progressive de connaissances au fil des 'veillées'. On peut donc considérer que les éducatrices ont renouvelé un genre qui était devenu schématique lorsqu'il traitait d'éducation. D'une part, elles lui ont rendu sa fonction dialectique en plaçant face à face deux interlocuteurs avec des discours différenciés. D'autre part, elles l'ont modernisé en l'ancrant spatialement et temporellement dans un contexte réaliste.

Les lieux et les temps du dialogue pédagogique

Dans les dialogues se trouve toujours – à quelques exceptions près – l'indication du lieu où ils se déroulent. En effet, les éducatrices donnent

---

57. Mme d'Epinay, *Les Conversations d'Emilie*, p.402.

des renseignements sur le cadre qui accueille les conversations des éducatrices et des élèves. C'est la maison et plus précisément la chambre de Lady Sensée dans les *Magasins*, la maison familiale et très souvent la chambre de la mère dans *Les Conversations d'Emilie*. De même, Mme de La Fite choisit une maison à la campagne pour les *Entretiens, drames et contes moraux* et même 'une campagne solitaire' dans les *Réponses à démêler*;[58] et, plus particulièrement, la chambre de la mère. En revanche, à l'instar des dialogues philosophiques de l'antiquité ou des Lumières, les discours de la princesse et de sa gouvernante dans *Eugénie et ses élèves* ne donnent aucune précision sur le lieu dans lequel ils se tiennent; on peut toutefois supposer qu'il s'agit de la chambre de la princesse. Ainsi, lorsqu'il s'agit de filles, les dialogues investissent les lieux privés traditionnellement destinés à la tenue des leçons: la chambre de l'éducatrice ou celle de l'élève. La seule exception est illustrée par *Les Veillées du château* où c'est le salon du château de province – lieu intermédiaire entre le privé et le public – qui rassemble le cercle mixte des intimes, mère, grand-mère, enfants et abbé précepteur.

Par ailleurs, cet univers dialogique n'est pas totalement statique: 'beaucoup de textes jouent sur les déplacements qui conduisent les interlocuteurs de l'extérieur à l'intérieur et vice versa. [...] cette distinction entre intérieur et extérieur, qui double, sans se confondre avec elle, celle qui est établie entre ville et campagne, est plus formelle que réelle'.[59] Dans les dialogues des éducatrices, ces déplacements accompagnent – dans des proportions variables selon les auteurs – le propos éducatif. Mlle Bonne et ses élèves vont quelquefois se promener et, à deux reprises, se rendent à la campagne. Mais ces apartés chapêtres sont uniquement annoncés; ils ne sont pas intégrés dans le cours des 'journées'. Par contre, les séjours de la mère et de la fille des *Conversations d'Emilie* sur les terres de la famille servent de cadre à quelques dialogues entre la mère et la fille qui porteront donc sur la vie champêtre. Pour les personnages des ouvrages de Mme de La Fite et de celui de Mme de Genlis, les déplacements sont davantage d'ordre symbolique. Dans les *Entretiens, drames et contes moraux*, la cousine s'éloigne puis revient. Son absence donne lieu à un dialogue épistolaire qui fait voyager par la pensée les personnages de la mère et de ses filles. Dans les *Veillées du château* et *Réponses à démêler*, le déplacement a lieu dès l'ouverture des ouvrages; conformément aux idées de Rousseau, il s'agit de s'éloigner du monde corrupteur en se rendant à la campagne, lieu de vertu. De fait, les membres de la famille de Mme de Clémire doivent résider au château durant le service de son époux auprès du roi et pour offrir le meilleur

---

58. Mme de La Fite, *Réponses à démêler*, Introduction, p.2.
59. S. Guellouz, *Dialogue*, p.103-104.

cadre à l'éducation des enfants. Ils se déplacent dans la campagne alentour, ce qui permet d'apporter une matière nouvelle aux leçons. En définitive, l'indication du lieu dans lequel se situent les dialogues confèrent à ces derniers une certaine vraisemblance; les déplacements, quant à eux, sont plutôt destinés à en renouveler le contenu et à apporter un peu de variété aux thèmes abordés.

Les divisions temporelles des dialogues concernent, en premier lieu, les âges de l'éducation. La réflexion sur la pédagogie de la seconde moitié du dix-huitième siècle a conduit les pédagogues et philosophes à prendre en compte les différents moments de la jeunesse à partir desquels est établie une gradation dans la difficulté des enseignements. Or, les grandes étapes de la formation sont globalement identiques chez les éducatrices.[60] Mme Leprince de Beaumont a divisé le temps de l'instruction en trois moments correspondant à ses *Magasins*: l'enfance, l'adolescence et la jeunesse. Certes, les groupes d'écolières de Mlle Bonne sont loin d'être homogènes: le *Magasin des enfans*, par exemple, compte des fillettes de cinq à treize ans. Lorsque certains points débattus doivent être soustraits aux oreilles des plus jeunes, notamment dans le cas d'entretiens sur le mariage, la gouvernante organise des 'conversations particulières'. Néanmoins, ils possèdent une unité à l'égard de l'acquisition des premiers savoirs; la différenciation intervient surtout sur les plans sociaux et moraux. Mme d'Epinay instaure un partage similaire entre les différents âges de l'apprentissage:

> l'éducation doit être divisée, comme dans un système bien conçu et bien lié, en plusieurs époques, et il faudrait faire un travail différent pour chacune. On peut en remarquer trois principales. La première finit à l'âge de dix ans; la seconde à quatorze ou quinze ans; la troisieme doit durer jusqu'à l'établissement de l'enfant.[61]

Les Conversations d'Emilie correspondent à l'étape initiale: dans la première conversation Emilie a cinq ans tandis que dans la dernière, elle en a dix. L'auteur avait prévu d'écrire deux nouveaux livres pour illustrer les autres 'époques' de la formation; mais elle n'en a pas eu le temps. Dans *Adèle et Théodore*, Mme de Genlis permet de suivre le frère et la sœur de l'enfance – ils ont six et sept ans au début de l'ouvrage – jusqu'à l'entrée dans la vie d'adulte qui correspond au temps du mariage. En revanche, elle développe *Les Veillées du château* autour d'un seul moment, celui de l'enfance: César a neuf ans tandis que ses deux sœurs sont plus jeunes. Enfin, Mme de La Fite traite deux âges: l'enfance dans les *Entretiens, drames et contes moraux* et l'adolescence dans *Eugénie et ses*

---

60. On retrouve ce même découpage dans les ouvrages en forme de traité comme ceux de Mme de Miremont et de Mlle d'Espinassy.
61. Mme d'Epinay, *Les Conversations d'Emilie*, p.50.

élèves et *Réponses à démêler*. Ce choix, bien compris à l'époque, induit qu'une troisième étape existe. A travers la structure des ouvrages des éducatrices, l'idée est donc insufflée qu'à chaque âge correspondent des besoins éducatifs.

La seconde division temporelle est celle des unités de temps dédiées aux leçons. Dans les *Magasins*, elles sont organisées en 'journées' elles-mêmes composées de 'dialogues'. Mme d'Epinay numérote les différentes 'conversations' d'Emilie et de sa mère de une à douze dans la version de 1774 et jusqu'à vingt dans celle de 1781. Quant aux *Veillées du château*, les enseignements sont répartis à différentes heures de la journée; ils ne correspondent pas à des moments marqués. Seules les fins de soirées, consacrées à la narration, s'inscrivent dans une délimitation précise du temps et recoupent une intention de leçon. En outre, la particularité des dialogues narratifs des *Veillées* entraîne une division spécifique dans le cours du récit: 'Ici finit la dixième veillée'.[62] Les leçons de Mlle Bonne sont donc celles qui laissent le plus clairement apparaître leur organisation. Elles débutent après le dîner – au sens du dix-huitième siècle – et se terminent en soirée: 'Comme il est sept heures passées, nous n'aurons pas le temps de parler de géographie aujourd'hui.'[63] Même si certaines questions passionnent particulièrement les élèves, Mlle Bonne ne les laisse pas dépasser le temps imparti aux leçons et repousse les réponses ou développements aux rencontres ultérieures. En revanche, s'il reste quelques minutes, la gouvernante n'hésite pas à les occuper: 'Comme il nous reste un demi-quart-d'heure, je vais vous raconter comment se font les mariages en Chine' (t.4, p.67). Dans le cadre ainsi fixé, le nombre des matières abordées est important. Et, il s'agit de déléguer à chacune un temps précis même si leur durée n'est pas indiquée exactement: 'Mais, les enfans, je m'aperçois qu'il est tard; nous nous sommes amusées à parler; et je crains que nous n'ayons pas le temps de dire nos histoires. Disons un mot de la géographie. Lady Sensée, quelles sont les principales rivières d'Angleterre?' (t.3, p.31).

Mme de La Fite reprend le modèle de la division par 'dialogues' des *Magasins* et s'en inspire également pour indiquer avec vraisemblance les bornes temporelles des leçons dans *Entretiens, drames et contes moraux*: 'Il est temps de nous séparer, mes chères amies, mais nous reprendrons cette conversation une autre fois.'[64] Toutefois, l'auteur ne semble pas s'inquiéter de favoriser la vraisemblance dans la succession des échanges dans *Eugénie et ses élèves* et dans *Réponses à démêler*. En effet,

---

62. Mme de Genlis, *Les Veillées du château*, t.1, p.230.
63. Mme Leprince de Beaumont, *Magasin des enfans*, t.2, p.187.
64. Mme de La Fite, *Entretiens*, t.2, p.218.

l'intérêt de ces ouvrages réside dans la formation morale et politique
d'une princesse pour le premier et l'application d'un exercice scolaire
pour le second. Leur structure repose donc sur l'alternance entre les
dialogues et les éléments qui les complètent tels que les lettres ou les
exercices. Dans le cas des *Conversations d'Emilie*, avec un nombre de
personnages réduit au minimum, l'organisation du temps est beaucoup
moins formelle. Cependant, on peut reconstruire la composition d'une
journée à partir des quelques indications données dans le texte: elle
débute par de brèves prières après lesquelles suivent la toilette et le
déjeuner; la fin de la matinée est consacrée à l'étude. Le temps prevu
pour cette dernière, qu'il s'agisse d'écriture ou de lecture, est très bref:
il est réduit à 'une petite demi-heure'.[65] Après le 'dîner', la petite fille
occupe son temps auprès de sa mère en 'travaillant' (travaux d'aiguille)
ou en jouant. Dans l'après-midi, des maîtres lui donnent des leçons en
présence de sa mère ou de sa gouvernante. Puis c'est la promenade, en
compagnie de la première lorsque celle-ci est en assez bonne santé pour
cela ou de la seconde. Une occurrence indique que ces promenades se
déroulent parfois avec les frères d'Emilie et le précepteur de ces
derniers (p.263).

Enfin, l'apprentissage des enfants est quelquefois doublé par l'étude
des institutrices qui doivent compléter leurs formations lacunaires.
Partant, la journée des élèves peut être réorganisée et prolongée. C'est
ce qui est planifié dans le quatrième et dernier tome du *Magasin des
adolescentes* où Mlle Bonne doit perfectionner ses connaissances en
physique avant de pouvoir enseigner cette matière:

LADY SPIRITUELLE

Dans la leçon de l'après-midi, nous répéterons les histoires de la sainte
Ecriture, et celles de l'histoire ancienne, avec quelques petits contes de
temps en temps, et un peu de physique quand vous serez assez bonne pour
cela.[66]

C'est donc une étude en commun de l'institutrice et de ses écolières que
ce type de programme esquisse. Une tentative de réorganisation de la
journée de travail pour le même motif apparaît dans *Les Conversations
d'Emilie*. Mais la proposition que la petite fille fait à sa mère de recourir à
des maîtres pour qu'elles étudient ensemble toute la journée[67] est
refusée par cette dernière parce que cela implique une trop lourde
charge de travail pour une enfant encore jeune. Ainsi, derrière

---

65. Mme d'Epinay, *Les Conversations d'Emilie*, p.241.
66. Mme Leprince de Beaumont, *Magasin des adolescentes*, t.4, p.57-58.
67. Mme d'Epinay, *Les Conversations d'Emilie*, p.239.

l'apparence de naturel et de spontanéité que permettent les dialogues c'est une organisation assez rigoureuse du temps qui apparaît dans les livres des éducatrices. Or, les ressources de cette structuration sont exploitées d'un point de vue philosophique.

iv. Un dialogue pédago-philosophique

Le dialogue antique

Les auteurs qui ont choisi la forme du dialogue dramatique – Mmes Leprince de Beaumont, d'Epinay et de La Fite – font régulièrement référence à la philosophie antique. Socrate, surtout, est évoqué comme un représentant de l'exercice dialectique:[68]

> Il étoit si fin, qu'il cachoit admirablement son intention, et leur faisoit d'abord les demandes les plus simples; et leurs réponses devenant des principes souvent faux, il les faisoit tomber en contradiction avec eux-mêmes, ce qui excitoit de grands éclats de rire parmi le peuple; alors Socrate disoit d'un air niais; je suis bien malheureux de n'avoir pas assez d'esprit pour comprendre ce que disent de si habiles gens, et les Athéniens apprenoient par là, que ces hommes n'étoient pas de vrais savants.

> LADY CHARLOTTE

> Ma Bonne, je ne comprends pas bien cette façon de disputer de Socrate; voudriez-vous nous en donner un exemple?

> MLLE BONNE

> Ce sera pour la premiere fois, ma chere; Platon, disciple de ce grand homme a laissé quelques uns de ses Dialogues.[69]

De même, Mme de La Fite reproduit dans *Eugénie et ses élèves* un dialogue de Meissner entre Platon et Alcibiade.[70] Quant à Mme d'Epinay, c'est implicitement qu'elle fait référence au grand philosophe en mettant en scène tout au long des *Conversations d'Emilie* sa célèbre 'maïeutique'.[71] Il s'agit de solliciter la réflexion de l'élève qui est progressivement conduite à répondre elle-même à ses interrogations. L'inspiration que l'éducatrice trouve dans l'antiquité est également illustrée par l'évocation d'une école de pensée associant deux des principaux éléments de sa pédagogie, le dialogue et l'exercice physique: 'nous pourrions renouveller l'école des

---

68. Des mentions de ce philosophe apparaissent également dans les ouvrages des autres éducatrices. Voir par exemple Mme de Monbart, *Sophie*, p.73-74.
69. Mme Leprince de Beaumont, *Magasin des jeunes dames*, t.1, p.166.
70. Mme de La Fite, *Eugénie*, t.1, p.46-57. August Gottlieb Meissner, *Alcibiades* 1 [-4] Theil, (Leipzig, J. G. I. Breitkopf, 1781-88, 4 vol).
71. Voir Olivier Tonneau, 'Diderot et Socrate: la maïeutique et ses entraves', dans *Correspondance, dialogues, history of ideas*, SVEC 2005:07, p.125-34.

péripatéticiens'.[72] Par ailleurs, on retrouve dans les dialogues des éducatrices trois caractéristiques propres au dialogue philosophiques.

Le questionnement

Constitutif du dialogue, le questionnement existe de part et d'autre du couple pédagogique. Dans un premier temps, c'est l'enfant qui interroge son instructrice à propos de ce qu'elle ignore ou ne comprend pas; le dialogue est alors surtout pédagogique. Dans les *Magasins*, les élèves sont invitées par la gouvernante à poser autant de questions qu'elles le souhaitent dès qu'un point leur semble obscur: 'Au reste, mesdames, ne vous contraignez point quand vous aurez quelques questions à faire. Nous sommes ici pour nous amuser et nous instruire.'[73] En tant que principe de la 'causerie' pédagogique, ce procédé se retrouve dans *Les Conversations d'Emilie* où le nombre de questions de la part d'Emilie est très important. Mais ces échanges sont réservés à l'éducatrice et à son élève car une personne extérieure risquerait d'altérer la dialectique éducative:

EMILIE

Et pourquoi Maman, ne faut-il demander qu'à vous?

MÈRE

C'est que je ne conais persone qui prene à vous un aussi grand intérêt que moi. C'est que les questions des enfans fatiguent et importunent communément tout autre que leur mere; et pour s'en débarrasser, on leur répond souvent la premiere chose qui vient en tête, qu'elle soit juste ou non.[74]

Les auteurs ont mis dans la bouche des personnages d'élèves des questions sur les sujets les plus variés. Ce spectre thématique large a deux buts; d'une part, il permet de refléter les préoccupations et les ignorances des jeunes lecteurs. C'est ainsi que Mme Leprince de Beaumont insère une note dans le *Magasin des jeunes dames* pour justifier la demande d'une écolière fictive: 'Qu'on ne soit point surpris que je traite cette question, c'est la répétition d'une question qui m'a été faite par mes écolieres l'hiver passé, et sur quoi, par conséquent, elles ont besoin d'être instruites, sur-tout en Angleterre' (t.1, p.27). D'autre part, il représente une leçon faite aux éducateurs. En effet, certaines interrogations procèdent du dialogue implicite établi entre l'auteur et les lecteurs: 'Expulsé du dialogue en tant qu'acteur, le lecteur peut réapparaître de deux façons: 1. Comme destinataire immédiat [...]. Au dialogue des

---

72. Mme d'Epinay, *Les Conversations d'Emilie*, p.401.
73. Mme Leprince de Beaumont, *Magasin des adolescentes*, t.4, p.160.
74. Mme d'Epinay, *Les Conversations d'Emilie*, p.96.

personnages s'ajoute ainsi un dialogue d'auteur à lecteur, par procuration. 2. Comme destinataire second: la place du lecteur est quelquefois occupée par des figures de substitution.'[75] Cet 'échange' sert à donner des indications concrètes sur la manière de traiter certaines situations et notamment les plus épineuses. Ainsi, face à une question sur la circoncision, les paroles de Mlle Bonne montrent comment il est possible de ne pas éluder des demandes gênantes:

LADY SPIRITUELLE

Je vous prie, ma Bonne, dites-moi ce que c'est que la circoncision.

MLLE BONNE

C'était une cérémonie que Dieu avait ordonnée pour les enfans des Israélites, et qui était la marque qui les distinguait des autres nations; ainsi, quand un étranger voulait se faire Israélite ou Juif, car c'est la même chose, il fallait cette cérémonie.[76]

Certes, l'exercice se révèle plus aisé lorsqu'il concerne la religion. Cependant, avec un esprit philosophique, la narratrice ne prend jamais la voie de la facilité qui consisterait à donner des réponses d'ordre purement catéchistique. D'ailleurs, les trois ouvrages de Mme Leprince de Beaumont mêlent les questions les plus simples à d'autres, plus complexes, portant par exemple sur les sciences et la théologie.

Dans un second temps, les questions émanent des instructeurs. Elles s'inscrivent alors dans un dialogue de type philosophique inspiré de la méthode socratique. Comme l'a remarqué Meister, dans *Les Conversations d'Emilie*, Mme d'Epinay a adapté le dialogue socratique à la pédagogie.[77] La Mère, dans une succession de questions accessibles à la compréhension enfantine, fait en sorte de mener progressivement son élève à découvrir des vérités:

MÈRE

Mais qu'est-ce que c'est que le monde?

EMILIE

Mais, Maman, c'est tout cela. C'est Paris, c'est le bois de Boulogne, c'est Saint-Cloud. Voilà tout.

MÈRE

Voilà tout? En ce cas ce monde n'est pas trop vaste. Vos quatre élémens font donc aller Saint-Cloud et le bois de Boulogne? Et comment cela?

75. S. Pujol, *Dialogue*, p.174-75.
76. Mme Leprince de Beaumont, *Magasin des enfans*, t.2, p.126-27.
77. *Correspondance littéraire*, éd. Tourneux, t.12, p.503, cité par S. Pujol, *Dialogue*, p.5.

EMILIE

Ah, je ne sais pas.

MÈRE

Bon, voilà déja notre science un peu en défaut. Tâchons de nous remettre sur la voie. Voyons ce qu'il y a dans le monde que vous connaissez. De quoi est-il composé? qu'est-ce que vous y voyez?

EMILIE

Mais des champs, des maisons, des rivieres, des hommes, des animaux. Est-ce cela, Maman, qui est le monde?

MÈRE

Oui, il y a de tout cela dans le monde. Mais si vous regardez au-dessus de vous, le ciel, les astres, beaucoup d'autres choses dont je ne vous parlerai pas encore, en font aussi partie.[78]

Ce dialogue socratique apparaît également dans les livres de Mme de La Fite, mais de manière beaucoup plus ponctuelle. En revanche, dans les *Magasins*, il est récurrent et peut être signalée comme tel: 'Je vais vous convaincre à la Socrate, ma chere.'[79] Ainsi, les dialogues des éducatrices reflètent la fascination des Lumières pour la manière dont les philosophes de l'antiquité avaient traduit le mouvement réflexif par le dialogue. Enfin, dans *Les Veillées du château* ce sont surtout les dialogues pédagogiques qui dominent: les questions proviennent principalement des enfants. Seules quelques occurrences du dialogue d'inspiration philosophique apparaissent; l'une d'entre elle semble être calquée sur les échanges des *Conversations d'Emilie* comme s'il s'agissait d'une citation indirecte de cet ouvrage contemporain:

D'ailleurs demanda la Baronne, quand vous avez bien joué, bien sauté, vous reste-t-il des pensées bien agréables? Oh, non, ma bonne Maman, répondit César, je suis fatigué, et voilà tout. – Et quand vous avez bien étudié? Ah, je suis enchanté! Je pense que M. l'Abbé le dira à Maman, que je serai bien carressé, bien aimé, que tout le monde fera mon éloge.[80]

Le dialogue philosophique peut donc être à la fois un moyen d'éveiller la curiosité et la réflexion des enfants et de leur faire une leçon morale. Un autre élément, la contestation, est caractéristique d'un dialogue nourri d'esprit philosophique.

---

78. Mme d'Epinay, *Les Conversations d'Emilie*, p.91.
79. Mme Leprince de Beaumont, *Magasin des jeunes dames*, t.1, p.178. On retrouve la même chose au t.2, p.12: 'Traitons ce sujet à la *Socrate*, Mesdames.'
80. Mme de Genlis, *Les Veillées du château*, t.1, p.6.

La contestation

L'étude des 'parlures' des personnages a permis d'établir que les éducatrices donnent un véritable statut aux élèves dans leurs dialogues. Les enfants ont donc le droit de contredire et de contester ce qui leur est enseigné et cet acte langagier participe de la construction d'une véritable altérité.[81] La contestation – qui prend le relais du simple questionnement – est en premier lieu, un outil pédagogique destiné à former la réflexion des élèves. Celles-ci sont particulièrement encouragées à exprimer leurs idées lorsqu'elles sont en contradiction avec celles des éducatrices:

ANNETTE

Me permettez-vous de faire une objection?

MME DE VALCOUR

Tant que vous voudrez.[82]

Ainsi, l'opposition et la complémentarité des voix des éducatrices et des élèves donnent au dialogue pédagogique une dynamique réflexive qui le fait tendre du côté du dialogue philosophique.[83] En second lieu, la contestation peut renvoyer aux réticences que pourraient avoir les lectrices elles-mêmes, adultes ou jeunes filles, à l'égard d'idées ou de méthodes exposées dans les ouvrages:

LADY SINCERE

Permettez-moi de vous interrompre un moment. De quelle utilité peut être pour nous cet examen perpétuel. Vous voulez nous faire vivre comme on dit que les religieuses vivent dans les couvents; mais, ma Bonne, nous sommes nées pour vivre dans le grand monde: à quoi bon nous alambiquer l'esprit depuis le matin jusqu'au soir, sur nos motifs secrets; faisons le bien tout bonnement, sans tant de recherches.[84]

D'ailleurs, l'idée que la forme du dialogue philosophique fait une place, dans ses lignes, au lectorat comme destinataire du discours est complexifiée par celle d'une réponse implicite de la part de ce dernier:

le dialogue philosophique a ceci de spécifique qu'il intègre à sa propre trame [...] la présence et l'activité du lecteur, spectateur, destinataire et juge. [...] en face du détenteur principal du savoir, que ce soit positif ou négatif, l'Autre,

---

81. La condition d'une réelle altérité est que 'l'autre' 'existe pour lui-même' (S. Guellouz, *Dialogue*, p.89).

82. Mme de La Fite, *Entretiens*, t.2, p.215.

83. Mme de Genlis, au contraire, bannit la contestation de l'élève: 'je sens bien à présent que j'ai tort d'avoir une opinion qui n'est pas celle de ma chère Maman. – En effet, vous devez croire que votre opinion ne vaut rien quand elle diffère de la mienne' (*Les Veillées du château*, t.1, p.161-62).

84. Mme Leprince de Beaumont, *Magasin des adolescentes*, t.3, p.105-106.

le ou les interlocuteurs, est partiellement au moins, la figure du lecteur, le lieu où sont anticipés ses objections et ses doutes, l'image de ses réticences ou de ses acquiescements.[85]

C'est donc très habilement que Mme Leprince de Beaumont donne une place au sein de ses dialogues à cette contestation, qu'elle sait exister chez certaines de ses lectrices, pour y répondre immédiatement durant la lecture. Par ailleurs, ce procédé permet d'exposer des idées libres répandues dans la société et de les combattre par un discours qui se présente comme construit et raisonnable. De cette manière sont introduites dans l'espace du dialogue des opinions et des discours considérés comme dangereux pour les jeunes filles et principalement les idées irréligieuses:

LADY SPIRITUELLE

J'ai pourtant entendu un gentilhomme qui disait que Moïse était un malhonnête homme, qu'il n'a jamais fait de miracle. Il disait encore que la mer Rouge se retire de temps en temps sans miracle, et que Moïse, qui savait cela, avait pris ce temps pour la passer.

MLLE BONNE

Il fallait donc qu'il fût bien adroit pour faire durer le passage des Israélites justement jusqu'au temps où la mer devait revenir à sa place, afin de faire noyer les Egyptiens. [...] Si jamais vous voyez cet impertinent gentilhomme dites-lui cela.[86]

En définitive, à l'instar du modèle socratique, il s'agit de placer en dernier lieu la vérité du côté de l'institutrice et de montrer des élèves finalement convaincues par ses arguments. Toutefois, l'auteur ne tombe pas dans le travers qui consisterait à rallier systématiquement toutes les écolières aux vues de Mlle Bonne. Elle a soin de tenter de conserver un certain réalisme en mettant en scène la démission d'élèves qui craignent d'être gagnées par la morale exigeante de la gouvernante[87] et les concessions en demi-teintes d'autres:

LADY LUCIE

[...] je renonce de bon cœur à un divertissement qui pourroit tôt ou tard me faire offenser Dieu.

LADY LOUISE

Je n'ai pas tant de courage; mais je prends résolution de n'aller qu'aux tragédies, et de me retirer avant la petite pièce.[88]

85. Maurice Roelens, 'Le dialogue philosophique, genre impossible?', *Cahiers de l'association internationale des études françaises* 24 (mai 1972), p.43-58 (p.56).
86. Mme Leprince de Beaumont, *Magasin des enfans*, t.2, p.153-54.
87. Mme Leprince de Beaumont, *Magasin des jeunes dames*, p.106-107.
88. Mme Leprince de Beaumont, *Magasin des adolescentes*, t.2, p.78.

Ainsi, tandis que le questionnement confère un statut à chaque interlocuteur, la contestation apporte une dimension supplémentaire au dialogue pédagogique: en reprenant des éléments au dialogue philosophique, il acquiert le statut de dialogue pédago-philosophique. Le troisième élément caractéristique de ce dialogue est la digression.

La digression

La digression, que Maurice Roelens a hissée au rang d'"art' telle qu'elle apparaît dans l'*Entretien d'un père avec ses enfants*,[89] est un outil différemment employé selon les éducatrices. Mme Leprince de Beaumont en fait un ressort important des dialogues de ses *Magasins*. Fréquemment, les élèves interviennent pour poser des questions sur la leçon en cours; la gouvernante donne alors des explications qui peuvent recourir à des domaines très variés ce qui entraîne une 'ouverture' au sein du dialogue. Et les nouveaux thèmes introduits peuvent finalement s'éloigner du premier. Celui-ci est soit repris immédiatement après soit reporté à une prochaine rencontre. C'est ainsi qu'une leçon de minéralogie du *Magasin des adolescentes* en appelle une autre d'histoire naturelle:

LADY MARY

Comment, ma Bonne, les guinées se trouvent-elles dans la terre, comme les choux dans le jardin?

MLLE BONNE

Pas tout à fait, ma chere; l'or est d'abord mêlé avec de la terre. Quand on a découvert qu'il y a des mines d'or dans un endroit, ou qu'on le soupçonne, on fait des trous fort profonds dans la terre; on y fait descendre des hommes, et ces misérables sont quelquefois écrasés sous la terre qui s'éboule, c'est-à-dire, qui retombe sur eux. On tire de grands paniers de cette terre qui est mêlée avec l'or, que l'on en sépare. [...]

MISS BELOTTE

Mon Dieu, ma Bonne, que ces pauvres gens qui travaillent dans les mines, sont à plaindre!

LADY SPIRITUELLE

Ceux qui vont chercher des perles au fond de la mer, ont encore plus de peine. J'ai lu il y a quelque temps, qu'ils y trouvent de gros poissons qui les mangent.

LADY MARY

C'est pour rire qu'on a écrit cela, madame; est-ce qu'il y a des poissons assez grands pour manger les hommes?

89. Maurice Roelens, 'L'art de la digression dans l'*Entretien d'un père avec ses enfants*', *Europe* 405-406 (1963), p.172-82.

MLLE BONNE

Vraiment, ma chere, il y a des poissons aussi grands comme cette chambre, d'autres aussi grands qu'une maison, ce sont les baleines; mais ce ne sont pas ceux-là qui font du mal aux pauvres pêcheurs de perles; il y en a une quantité d'autres qui sont beaucoup plus petits, et qui sont extrêmement dangereux. Le requin, par exemple, il n'est pas plus grand qu'un veau: mais il a des dents tranchantes comme des rasoirs, et il coupe d'un seul coup la jambe ou la cuisse d'un homme. Heureusement on les voit venir de loin.[90]

Cette extension et cette variété des thèmes, autorisées par la forme dialogique, permettent d'enrichir l'enseignement proposé aux élèves de Mlle Bonne et, partant, aux lecteurs des *Magasins*. La même technique est utilisée dans les *Entretiens, drames et contes moraux*, mais elle y est plus modeste. Mme de La Fite, dans un ouvrage beaucoup plus court, a davantage tendance à traiter entièrement un sujet avant de passer à un autre.

Dans *Les Conversations d'Emilie*, les 'ouvertures' dans un sujet sont rares et brèves; l'auteur évite que les échanges ne dévient. La liberté des leçons en forme de conversations entre une mère et sa fille entraîne plutôt un renouvellement de la manière d'introduire de nouveaux thèmes. Le passage d'un sujet à un autre se fait par un glissement qui apparaît comme une technique dérivée de la digression. C'est ainsi qu'une conversation débute par la définition d'un élément:

MÈRE

Qu'est-ce que c'est que des rivieres?

EMILIE

C'est de l'eau.

MÈRE

Mais voilà de l'eau dans cette carafe, est-elle une riviere?

EMILIE

Non, Maman; mais une riviere c'est pourtant de l'eau.

MÈRE

C'est-à-dire qu'il y a de l'eau dans une rivière: mais pour que cette eau forme une rivière, qu'est-ce qu'il faut?

EMILIE

Ah, je le sais, je m'en souviens, ma bonne me l'a dit. D'abord l'eau sort de la terre, elle forme un petit ruisseau; et puis ce petit ruisseau augmente, augmente; et puis, quand il est bien grand, on l'appelle riviere. N'est-ce pas cela, Maman?

---

90. Mme Leprince de Beaumont, *Magasin des adolescentes*, t.2, p.98-100.

MÈRE

A la bonne heure. Une riviere est donc composée d'une grande quantité d'eau qui suit son cours.[91]

Puis, la définition de la rivière conduit à l'exploration d'une question d'anatomie; celle de la coexistence de la chaleur et de l'eau dans le corps humain (p.96):

MÈRE

Qu'est-ce qui vous réchauffe quand vous avez froid?

EMILIE

C'est le feu; mais on n'a pas de feu dans le corps.

MÈRE

Pardonnez-moi, on y a du feu; et si l'on n'en avait pas, on ne pourait pas vivre; le sang se glacerait dans les veines, et l'on mourrait. [...]

EMILIE

Et moi, je suis donc un brasier?

MÈRE

Sans doute.

EMILIE

Cependant je ne sens pas mon corps embrâsé?

MÈRE

C'est que vous y avez aussi de l'eau.

Cette façon de présenter plusieurs sujets dans un espace aussi réduit que celui des dialogues ne permet évidemment pas de les développer tous; cela permet, du moins, de souligner l'infinité des domaines existants. La finalité du procédé de Mme d'Epinay est donc la même que celle de Mme Leprince de Beaumont: il s'agit d'envisager une même question sous différents angles pour permettre à l'élève – et finalement au lecteur – de construire une réflexion élaborée: 'La liberté de la composition permet d'éviter l'affrontement de thèses figées et toujours partielles, d'examiner le problème sous tous ses angles et dans toutes ses implications, de maintenir présentes à la pensée du lecteur, toutes les données fournies par la réalité à la réflexion.'[92] Ainsi, l'introduction de la digression et de ses variantes dans la forme dialogique permet la convocation de nombreux savoirs et leur appréhension d'une façon réflexive et non dogmatique.

91. Mme d'Epinay, *Les Conversations d'Emilie*, p.91.
92. M. Roelens, 'L'art de la digression', p.178.

Finalement, les éducatrices écrivant des dialogues inventent une forme nouvelle mêlant un discours didactique et distrayant – destiné aux enfants – et un discours sur les méthodes pédagogiques et les plans d'éducation – adressé aux adultes. Elles sont particulièrement à l'origine d'un véritable dialogue pédago-philosophique. Des auteurs féminins, qui reprendront le principe dialogique par la suite, se cantonneront à une utilisation plus modeste, catéchistique, du genre. C'est le cas de Mlle Loquet qui, dans le dernier tiers du siècle, fait paraître les *Entretiens d'Angélique*[93] et, en guise de suite, les *Entretiens de Clotilde*.[94] Dans ces ouvrages, il s'agit uniquement de transmettre un enseignement chrétien à de jeunes pensionnaires de couvents. L'auteur propose une formule s'inspirant des dialogues des éducatrices pour le traitement des questions religieuses; mais elle se limite presque exclusivement à cet aspect. De même, une maîtresse de pension, Mlle de Los Rios, écrit pour un public très jeune un *Magasin des petits enfants*.[95] Le titre est une référence explicite aux *Magasins* de Mme Leprince de Beaumont; pourtant, il n'obéit pas au même schéma et annonce plutôt l'apparition d'une littérature enfantine. En effet, les personnages sont exclusivement des enfants et les dialogues miment la parole et des propos enfantins. Ainsi, la littérature éducative créée par les éducatrices a eu une existence très brève et n'a pas réellement connu de postérité alors qu'elle proposait une combinaison originale entre plusieurs discours et plusieurs formes. De fait, la seconde originalité des ouvrages des éducatrices a résidé dans l'association des dialogues et de formes brèves.

---

93. Marie-Françoise Loquet, *Entretiens d'Angélique, pour exciter les jeunes personnes du sexe à l'amour et à la pratique de la vertu* (Paris, Benoît Morin, 1781).
94. Marie-Françoise Loquet, *Entretiens de Clotilde pour exciter les jeunes personnes du sexe à la vertu, et servir de suite aux Entretiens d'Angélique* (Paris, Benoît Morin, 1788).
95. Angélique de Los Rios, *Magasin des petits enfants, ou Recueil d'amusemens à la portée de leur age, suivi de deux traités instructifs et édifians* (Anvers, J. B. Grangé, 1770).

3. Les contes avec merveilleux insérés dans les dialogues

Reflets de l'exploration des ressources des genres au dix-huitième siècle, les récits insérés peuvent être regroupés autour d'une caractéristique commune, la brièveté:[1]

> la notion de récit court est plus opératoire que celle de nouvelle, de conte, d'histoire, etc. qui ont un sens, mais qui ne sont pas déterminées, comme celle de récit court, par le mode de publication et par le mode de lecture [...] le récit court appartient au domaine public, on peut le plagier, le défigurer, le reproduire sous un autre titre, etc.[2]

Ainsi, la récupération induite par la forme brève est la seconde caractéristique des narrations insérées. Les éducatrices puisent en effet largement dans les ressources de leur époque et font peu appel à leur imagination. L'alternance des dialogues et des parties insérées, le lien établi entre eux illustrent donc le projet pédagogique que représentent les formes 'composées'.

i. La critique du merveilleux traditionnel

Né à la fin du dix-septième siècle dans les salons et destiné à un lectorat adulte, le conte de fées connaît un certain déclin dans la seconde moitié du dix-huitième siècle[3] notamment avec l'apparition de formes critiques, les contes parodiques et libertins. Néanmoins, il conserve une bonne part de séduction à l'égard du public comme en témoigne la réédition de la plupart des contes de fées des dix-septième et dix-huitième siècles dans la collection du *Cabinet des fées* (1785-1786).[4] De plus, il est devenu une lecture courante pour les enfants voire un outil pédagogique; or, les éducatrices s'élèvent contre cette habitude. Elles critiquent unanimement un genre qu'elles jugent en inadéquation avec les objectifs

---

1. Le genre narratif est principalement représenté; toutefois, Mme de La Fite introduit de courts drames dans ses dialogues qui ont la même fonction que les narrations morales.
2. Henri Coulet, 'Le récit court en France au XVIIIe siècle', dans *Anecdotes, faits-divers, contes, nouvelles (1700-1820)*, éd. Malcolm Cook et Marie-Emmanuelle Plagnol-Diéval (Bern, 2000), p.24-25.
3. Voir notamment Jacques Barchilon, *Le Conte merveilleux français de 1690 à 1790: cent ans de féerie et de poésie ignorées de la littérature française* (Paris, 1975); Raymonde Robert, *Le Conte de fées littéraire en France de la fin du XVIIe à la fin du XVIIIe siècle* (Nancy, 1981; Paris, 2002); Jean-Paul Sermain, *Le Conte de fées, du classicisme aux Lumières* (Paris, 2005).
4. *Cabinet des fées, ou Collection choisie des contes de fées, et autres contes merveilleux, ornés de figures*, 41 vol. (Paris, Rue et hotel Serpente, 1785-1786).

de l'éducation. Mme Leprince de Beaumont vise particulièrement le *Cabinet des fées*: 'En pourrais-je trouver autant dans les douze volumes que j'ai cités? Le peu de morale qu'on y a fait entrer, est noyé sous un merveilleux ridicule, parce qu'il n'est pas joint nécessairement à la fin qu'on doit offrir aux enfans: l'acquisition des vertus, la correction des vices.'[5] Selon elle, seuls les contes de Perrault peuvent représenter une lecture instructive car ils comportent une morale susceptible de faire quelques leçons utiles. Mais de manière générale, ces courtes fictions d'apparence 'brillante' risquent de compromettre la formation des petites filles les plus crédules. En effet, le monde et les personnages purement merveilleux qu'elles mettent en scène suggèrent qu'il peut être facile et rapide d'obtenir ce que l'on désire. Ce qui va à l'encontre des notions d'effort sur soi et de travail dispensées par l'enseignement:

> sitôt qu'on souhaite véritablement d'être bonne et vertueuse, on commence à le devenir. Remarquez, mes enfans, ces paroles: Quand on souhaite véritablement, c'est-à-dire, quand on travaille à le devenir, et qu'on prend toute la peine nécessaire pour cela; car il n'y a personne, même parmi les plus méchantes, qui ne souhaitât de devenir vertueuse tout d'un coup, pourvu que cela ne donnât aucune peine; mais si l'on souhaite véritablement de devenir bonne, on en prend les moyens.[6]

Mme Leprince de Beaumont s'évertue donc à dénoncer les dangers du message véhiculé par les contes merveilleux. Quant à Mme d'Epinay, elle les condamne autant du point de vue du contenu que de la forme.

L'auteur des *Conversations d'Emilie* reproche plus particulièrement aux récits brefs merveilleux de manquer de structure et de logique. Elle souligne, notamment, l'écart important qui existe entre le monde mis en scène dans les féeries et le modèle de la nature. Par ailleurs, l'absence de règles précises pour encadrer ce sous-genre permettrait aux auteurs de prendre des libertés avec l'intrigue, le dénouement et la vraisemblance:

> MÈRE
>
> Je pense que l'auteur est à peu près aussi drôle que ses personnages; qu'il l'a écrit dans un moment de désœuvrement, sans autre objet que de s'amuser ou de passer son temps, et sans s'inquiéter où sa plume ou sa tête vagabonde le menerait. En conséquence, il s'est permis toutes les folies, toutes les extravagances qui se sont présentées à son imagination. [...] il a voulu se moquer des auteurs, ses confreres, qui donnent souvent à leurs personnages les plus beaux noms et les plus beaux caracteres et paroles, sans avoir la force de les représenter réélement tels qu'ils voudraient nous les montrer.[7]

5.   Mme Leprince de Beaumont, *Magasin des enfans*, t.1, Avertissement, p.7.
6.   Mme Leprince de Beaumont, *Magasin des enfans*, t.2, p.117.
7.   Mme d'Epinay, *Les Conversations d'Emilie*, p.300.

La critique systématique du genre est doublée par celle, implicite, que représente l'écriture d'un conte parodique qui, dès l'édition de 1781 des *Conversations d'Emilie*, remplace le conte de fées de l'édition de 1774. Cette seconde version est indubitablement destinée à un lectorat adulte.[8] Le seul aspect merveilleux se trouve dans des personnages de fées qui, au demeurant, sont davantage dotés de sagesse ou de bêtise que de pouvoirs magiques. Dans un esprit similaire, tous les écrits de Mme de Genlis concernant la pédagogie enfantine sont dépourvus de féerie traditionnelle.

L'auteur d'*Adèle et Théodore* dénonce dans ce roman-traité la trop grande part qui est faite dans les contes de fées à l'amour et au merveilleux ainsi que leur invraisemblance.[9] Cette idée est également illustrée dans *Les Veillées du château* où *Le Prince Percinet et la Princesse Gracieuse*, conte de Mme d'Aulnoy lu par Caroline et Pulchérie, est critiqué par leur mère: 'vous savez bien que tout ce merveilleux n'a rien de vrai? – Sûrement, Maman, ce sont des contes? – Comment donc cette seule idée ne vous en dégoûte-t-elle pas?'[10] Ainsi, les contes insérés dans *Les Veillées du château* sont toujours qualifiés de 'moraux'. Bien plus, Mme de Genlis – à travers son porte-parole Mme de Clémire – propose au lectorat enfantin un long conte, *Alphonse et Dalinde, ou la Féerie de l'art et de la nature, conte moral*, reposant sur des éléments en apparence merveilleux et dont le caractère naturel est démontré.[11] Quant à Mme de La Fite, elle critique les contes insérés dans les *Magasins*, reprochant à Mme Leprince de Beaumont d'avoir fait appel à un merveilleux malvenu dans le cadre de l'enseignement: 'Les dialogues de Mad. de Beaumont ont eu sans doute un succès mérité, cependant je n'ai pas cru devoir la prendre entièrement pour modèle. Le merveilleux qu'elle a mis dans presque tous les contes, s'il est fait pour amuser de jeunes lecteurs, me paroît propre aussi à leur donner des idées fausses.'[12] Cette déclaration montre que l'éducatrice a ignoré les précisions que Mme Leprince de Beaumont apporte dans la préface du *Magasin des enfans* à propos de ses contes. Pourtant, elle défend la même position que sa contemporaine et, dans *Réponses à démêler*, on trouve ce qui devient presque un *topos* de la littérature éducative des éducatrices, la critique des contes de fées traditionnels est suivie de l'annonce de l'insertion d'un récit comprenant un traitement 'pédagogique' du merveilleux:

8. Le titre du conte est vraisemblablement une citation de l'une des seules pièces du théâtre d'éducation de Mme de Genlis qui comporte une référence à la féerie, *L'Ile heureuse*, dans *Théâtre d'éducation* (1779-1780), 4 vol. (Paris, 1829), t.2.
9. Mme de Genlis, *Adèle et Théodore*, p.94.
10. Mme de Genlis, *Les Veillées du château*, t.1, p.373.
11. Ce conte sera également étudié dans le chapitre consacré aux contes moraux, ch.4, p.77.
12. Mme de La Fite, *Entretiens*, préface, p.v-vi.

PAULINE

Vous souvient-il, Maman, que [Lady Louise] aime encore les contes de fées?
Elle vouloit nous en donner quelques volumes, mais vous désapprouviez
cette lecture.

SOPHIE

Et, pour la consoler du refus d'en lire avec nous, vous promites, Maman, à
Lady Louise de composer un conte des fées exprès pour elle.[13]

En outre, par rapport aux autres éducatrices, Mme de La Fite ajoute une
donnée pédagogique intéressante: la mise en scène de personnages
enfantins. A cet égard, sa réflexion sur les moyens de rendre l'éducation
efficace s'apparente à ses sources prises dans la littérature enfantine
allemande:

> Pour rendre la leçon plus sûre et non moins intéressante, il faut ce me
> semble, éviter avec soin toute invraisemblance, toute exagération, peindre
> des caractères vrais, offrir des situations analogues à celles où peuvent se
> trouver les enfans pour lesquels on écrit. [...] C'est par la même raison qu'un
> enfant retirera plus de fruit d'un conte dont les personnages se rapprochent
> de lui par l'âge et les circonstances, que d'une histoire où il ne voit agir que
> des hommes faits.[14]

Finalement, malgré l'utilisation de la traditionnelle dénomination
'contes des fées' pour les désigner, les récits des éducatrices n'en sont pas.
    Dans leurs ouvrages, elles opposent notamment le merveilleux aux
sciences. Ainsi, elles tendent à privilégier un domaine de connaissance
qui peut combattre la séduction qu'exerce le surnaturel sur les enfants:

> si vous aimez le merveilleux, vous pourrez beaucoup mieux satisfaire ce goût
> en faisant des lectures utiles. [...] je m'engage à un conte le plus frappant, le
> plus singulier que vous ayiez jamais entendu, et dont cependant tout le
> merveilleux sera vrai. [...] tout ce qui vous paroîtra prodige, enchantement,
> sera pris dans la nature, sera véritablement arrivé, ou même souvent existera
> encore.[15]

Le choix de l'explication rationnelle et scientifique contre le merveilleux
est ici clairement énoncé. En revanche, dans la version parodique de *L'Ile
heureuse* de Mme d'Epinay, l'opposition entre sciences et merveilleux est
évoquée brièvement et de manière symbolique: les deux principales fées
du conte se sont livrées à un acte irrationnel; elles ont rendu l'oracle 'le
plus pompeux, le plus diffus, le plus obscur, le plus entortillé, le plus
insignifiant, le plus long, dont l'histoire ait conservé la mémoire'.[16] En

---

13. Mme de La Fite, *Réponses à démêler*, p.83.
14. Mme de La Fite, *Entretiens*, t.1, p.vi-vii.
15. Mme de Genlis, *Les Veillées du château*, t.1, p.373-74.
16. Mme d'Epinay, *Les Conversations d'Emilie*, p.281.

plus d'apparaître sous un jour ridicule et de prononcer une prémonition sans queue ni tête, elles sont confrontées au détenteur d'une science moderne, la médecine (p.282):

> Tandis que toute la cour s'empressait autour [des fées], pour les complimenter sur leurs succès, le premier médecin, plus outré qu'un autre, de la cérémonie assommante qu'il venait d'essuyer, s'avança, tâta le pouls des deux énergumenes; et pour s'en venger, quant à sa part, leur ordonna de se mettre immédiatement au lit, sans prendre, pour le moment d'autre nourriture.
>
> [...] comment oser désobéir à une ordonnance si précise? Elles croyaient plus à la médecine, que le premier médecin ne croyait aux oracles.

Par le biais de la science, le rationnel l'emporte donc sur l'irrationnel. Dans les *Entretiens, drames et contes moraux*, la même opposition se retrouve dans la bouche de l'élève la moins formée, Annette. Elle a reçu une éducation traditionnelle qui lui a donné un goût prononcé pour les contes de fées. Mais, lorsqu'elle découvre les leçons d'histoire naturelle, notamment à travers une explication de la croissance des chenilles, elle se prononce pour ce type de connaissance et contre le merveilleux:

ANNETTE

On m'a fait lire des contes de fées où l'on parloit aussi des métamorphoses; de campagnes désertes qui devenoient tout à coup des jardins superbes, de princes qui se changeoient en oiseaux, des princesses en statues, etc. Les métamorphoses des chenilles sont bien plus intéressantes car elles sont vraies.[17]

L'auteur fait parvenir à la même idée des personnages d'adultes dans *Eugénie et ses élèves*: 'Tous ceux qui aiment le merveilleux devroient étudier l'histoire naturelle.'[18] Ainsi, dans un esprit caractéristique des Lumières, les éducatrices détrônent le merveilleux. Néanmoins, elles énoncent la nécessité de le prendre en compte en raison du goût des enfants pour ce type de fictions. En effet, l'univers féerique offre la possibilité de transmettre des enseignements utiles à un moment où le niveau de maturité des élèves les rend attentifs principalement lorsque leur imagination est sollicitée. Elles indiquent donc la manière dont il faut en user pour qu'il ait une utilité dans une perspective éducative.

17. Mme de La Fite, *Entretiens*, p.48.
18. Mme de La Fite, *Eugénie*, t.2, p.290-91.

ii. Mme Leprince de Beaumont: la revendication
du conte pédagogique

La structure d'un conte pédagogique

Les contes écrits ou réécrits par les éducatrices comportent des marques de la féerie traditionnelle en tant que 'forme fixe': 'L'initiale "il était une fois" [...], la finalité des moralités en vers, la répétition du sous-titre "Conte" '.[19] En outre, d'autres conventions sont respectées: les lieux imaginaires sont généralement des palais et les personnages humains des rois, reines, princes et princesses; du moins appartiennent-ils aux élites de la société représentée. Toutefois, quelques contes – inspirés des origines populaires du genre – mettent en scène des lieux et des personnages modestes voire pauvres. Quant au merveilleux, il est le plus souvent véhiculé par des fées qui interviennent dans la vie des humains à travers des actions magiques bénéfiques ou maléfiques. De prime abord, les contes des éducatrices semblent donc renfermer les principales caractéristiques des contes de fées. Mais, la définition du conte merveilleux repose principalement sur sa structure comme l'a déterminé Vladimir Propp;[20] l'amorce du conte réside dans le 'méfait', ou 'manque': 'Il n'existe pas d'autre manière de nouer l'intrigue dans les contes merveilleux.'[21] Interviennent ensuite des actions qui permettent de développer le conte: le 'début de l'action contraire' et le 'départ du héros', notamment, représentent le nœud de l'intrigue. Enfin, c'est la 'réparation du méfait' qui clôt le récit: 'Cette fonction forme couple avec le méfait ou le manque du moment où se noue l'intrigue. C'est ici que le conte est à son sommet' (p.66). Les contes de fées français, par exemple, s'articuleraient en deux principales parties. La première concernerait le méfait perpétré: 'enlèvement, métamorphose, sommeil magique (*La Belle au bois dormant*), dons maléfiques, mauvais traitements (*Cendrillon*), etc.' (p.18). La seconde serait destinée aux divers moyens mis en œuvre pour la réparation de ce méfait: quête de l'être aimé, recherche d'un objet magique pour défaire le sort, etc. Or, dans l'ensemble, les contes merveilleux des éducatrices ne correspondent pas à ce type de schéma formel: le merveilleux est principalement symbolique et n'influence pas la composition du récit. Ainsi, la structure d'un conte comme *Le Prince*

19. Roger Zuber, 'Les Contes de Perrault et leurs voix merveilleuses', dans *Les Emerveillements de la raison: classicismes littéraires au XVIIᵉ siècle français* (Paris, 1997), p.280, cité dans Nadine Jasmin, *Naissance du conte féminin. Mots et merveilles: les contes de fées de Mme d'Aulnoy, 1690-1698* (Paris, 2002), p.467.
20. C'est une analyse communément admise par l'ensemble de la critique sur les contes merveilleux.
21. Vladimir Propp, *Morphologie du conte*, trad. Marguerite Derrida, Tzevan Todorov et Claude Khan (1928; Paris, 1970), p.47.

Chéri[22] est linéaire: elle suit l'évolution du personnage éponyme qui passe par des épreuves magiques pour se corriger. Devenu roi, le jeune homme se voit offrir une bague magique par la fée Candide qui le protège. Mais au lieu de donner le don d'invisibilité ou d'ubiquité comme on pourrait s'y attendre dans un univers merveilleux, elle pique le jeune homme quand celui-ci commet une mauvaise action: elle représente la conscience du roi comme une élève le remarque dans le dialogue.[23] Chéri jette donc ce bijou qui l'empêche de se livrer à ses penchants et multiplie les mauvaises actions; il est alors transformé en bête hideuse par Candide.[24] Cette métamorphose est destinée à refléter la laideur de son âme (p.66):

> Vous vous êtes rendu semblable au lion, par la colère; au loup, par la gourmandise; au serpent, en déchirant celui qui avait été votre second père; au taureau, par votre brutalité. Portez dans votre nouvelle figure le caractère de tous ces animaux. A peine avait-elle achevé ces paroles que Chéri se vit avec horreur tel qu'elle l'avait souhaité. Il avait la tête d'un lion, les cornes d'un taureau, les pieds d'un loup et la queue d'une vipère.

A la suite de cette punition, le prince s'améliore et se livre à des actes charitables. Il subit donc de nouvelles transformations positives reflétant ses progrès: il devient successivement un chien puis un pigeon blanc avant de retrouver forme humaine grâce à la foi que lui donne sa bien-aimée lorsqu'il s'est entièrement corrigé. Le merveilleux uniquement destiné à la distraction des enfants est donc écarté au profit d'un merveilleux significatif sur un plan moral. En outre, la leçon est intégrée à la structure du conte: elle se développe au fur et à mesure de la progression du récit. Toutes ces caractéristiques, vérifiées pour l'ensemble des contes des éducatrices, sont particulièrement vraies dans le cas de ceux de Mme Leprince de Beaumont.

Si les contes de fées du *Magasin des enfans* font peu de place au 'méfait' et à sa 'réparation', il en subsiste quelque chose dans ceux dont l'intrigue est empruntée à d'autres auteurs. Ce n'est pourtant pas la composition qui permet de faire une leçon. Dans *La Belle et la Bête* par exemple, réécrit à partir du conte du même titre de Mme de Villedieu,[25] il existe un méfait initial: une fée a jeté un sort à un prince et l'a transformé en Bête. Ce sort ne peut être défait que par une jeune fille se rendant volontairement auprès de cette dernière et acceptant de l'épouser malgré sa laideur et son manque d'esprit. Cela a lieu avant que ne débute

---

22. Mme Leprince de Beaumont, *Magasin des enfans*.
23. Mme Leprince de Beaumont, *Magasin des enfans* (1815), t.1, p.80.
24. Ce type de transformations à visée morale apparaît déjà dans les contes traditionnels; mais il n'est pas fréquent. Le plus souvent, les transformations sont arbitraires.
25. Gabrielle-Suzanne de Villedieu, *La Belle et la Bête*, dans *Nouveau Cabinet des fées*, éd. Charles-Joseph Mayer (Genève, 1978), t.12.

la narration et n'est rapporté qu'au moment du dénouement et, par conséquent, du règlement du méfait qui correspond à la métamorphose de la Bête en un beau prince. Mais, l'éducatrice ne prolonge pas, à l'instar de son modèle, le récit principal par l'histoire de la Bête. En supprimant cette narration enchâssée, elle fait reposer son conte essentiellement sur les pensées et les actes exempts de merveilleux des personnages. Les enseignements apparaissent dans le dialogue qui a lieu entre Mlle Bonne et ses élèves après le récit:

> Il ne faut donc guère s'embarrasser d'être laide; mais il faut faire en sorte d'être si bonne, qu'on puisse oublier notre visage pour l'amour de notre cœur. Remarquez aussi, mes enfans, qu'on est toujours récompensé quand on fait son devoir. Si la Belle avait refusé de mourir à la place de son père, si elle avait été ingrate envers la pauvre Bête, elle n'aurait pas été ensuite une grande reine. Voyez aussi combien on devient méchant quand on est jaloux: c'est le plus vilain de tous les défauts.[26]

Ainsi, l'opposition de la beauté et de la laideur, *topos* de la littérature féerique, permet d'illustrer l'idée de l'éducatrice selon laquelle la beauté est secondaire par rapport à la bonté et à l'esprit. Cette conviction se retrouve aussi bien dans des contes avec très peu de merveilleux que dans d'autres qui en sont entièrement privés. C'est surtout dans *Le Prince Sincere,* inspiré de *Riquet à la houppe* de Perrault,[27] que cette leçon est mise en exergue. En effet, contrairement à celui de sa source, dans le dénouement choisi par l'éducatrice, la princesse renonce à la récupération de la beauté de son époux:

> il ne tient qu'à vous de lui donner autant de beauté qu'il vous a donné d'esprit. J'en serais bien fâchée, répondit Astre: Spirituel me plaît tel qu'il est, je ne m'embarrasse guère qu'il soit beau; il est aimable, cela me suffit. Vous venez de finir tous ses malheurs; dit Diamantine: si vous eussiez succombé à la tentation de le rendre beau, vous restiez sous le pouvoir de Furie.[28]

Pour ses emprunts, Mme Leprince de Beaumont a donc privilégié les contes qui faisaient le moins appel au merveilleux, et dans ses réécritures, elle le réduit encore ou l'utilise uniquement pour servir ses démonstrations. Bien plus, pour mettre l'accent sur le message pédagogique et moral et le dissocier du merveilleux, celui-ci est souvent énoncé en dehors du cadre de ce dernier; c'est-à-dire dans les dialogues. Par ailleurs, outre la morale, l'objectif de Mme Leprince de Beaumont est de transmettre un message religieux auquel ses contes se prêtent également.

---

26. Mme Leprince de Beaumont, *Magasin des enfans*, t.1, p.135.
27. Charles Perrault, *Riquet à la houppe, conte,* dans *Nouveau Cabinet des fées,* éd. Charles-Joseph Mayer (Genève, 1978), t.12.
28. Mme Leprince de Beaumont, *Magasin des enfans*, t.4, p.15.

Les contes et la religion

Pour servir l'enseignement chrétien, les lieux traditionnels de la féerie comme les palais sont souvent remplacés par des cadres populaires ou bourgeois, citadins ou champêtres, dans lesquels les personnages sont confrontés à des difficultés quotidiennes; et si des personnages de fées apparaissent encore, c'est principalement en tant que conseillères et guides moraux. C'est ainsi que dans un conte du *Magasin des enfans* – dépourvu de titre et qui semble être une création de Mme Leprince de Beaumont –, Aurore, une jeune fille de la bonne société, a été abandonnée par sa mère car celle-ci ne voulait pas être vue dans le monde avec une enfant trop grande qui pouvait faire deviner son âge. Cet abandon aurait pu constituer un 'méfait'. Toutefois, il n'y aura pas de 'réparation du méfait' puisque Aurore ne reverra jamais sa mère. Le récit a donc une structure linéaire propre aux contes pédagogiques: la jeune fille est recueillie par une bergère quelque peu 'fée' qui va l'accompagner sur le chemin d'une réformation intellectuelle et morale.[29] Le propos du conte est surtout d'illustrer le précepte selon lequel il ne faut pas murmurer contre les desseins de Dieu. Celui-ci est enseigné par la bergère et répété chaque fois qu'Aurore subit un malheur. Enfin, il constitue la conclusion du conte: 'quelqu'accident qu'il arrivât à Aurore, elle ne murmura jamais, parce qu'elle savait par son expérience que les choses qui nous paraissent des malheurs, sont souvent la cause de notre félicité'.[30] Ainsi, la morale, qui découle des expériences de l'héroïne, a une valeur religieuse. De même dans sa réécriture des *Souhaits ridicules* de Perrault, qu'elle rebaptise *Les Trois Souhaits*,[31] le propos de la pédagogue porte sur un autre précepte, le respect des desseins de Dieu: 'la femme, qui avait de l'esprit, dit à son mari: La Fée s'est moquée de nous et elle a eu raison: peut-être aurions-nous été plus malheureux, étant riches, que nous ne le sommes à présent. Crois-moi, mon ami, ne souhaitons rien, et prenons les choses comme il plaira à Dieu de nous les envoyer.'[32] Le recours à une situation merveilleuse permet de rendre plus frappant le commandement chrétien selon lequel il ne faut pas souhaiter changer de condition. La même prescription est illustrée dans un autre conte du *Magasin des enfans*; mais, cette fois, la pédagogue crée un conte merveilleux et religieux qui se distingue nettement des précédents.

La dénomination de ce dernier est différente entre le dialogue dans

---

29. Ce personnage est qualifié de 'fée' à une seule reprise.
30. Mme Leprince de Beaumont, *Magasin des enfans*, t.2, p.98.
31. Gilbert Rouget suppose que Mme Leprince de Beaumont a pu lire ce conte dans le tome 12 des *Amusemens de la campagne, de la cour et de la ville* (Amsterdam, 1747). Voir Perrault, *Contes*, éd. Gilbert Rouget (Paris, 1991), p.80.
32. Mme Leprince de Beaumont, *Magasin des enfans*, t.2, p.114-15.

lequel il est annoncé en tant que 'fable' et son titre qui lui confère le statut de conte: *Conte du voyageur et du pêcheur*. Cette hésitation semble être due au désir de l'auteur de distinguer cette narration, principalement fondée sur la religion, des autres. Il met en scène un pêcheur vivant dans la plus grande pauvreté et néanmoins heureux parce qu'il ne désire pas davantage que le peu qu'il possède. Par ailleurs, un courtisan, malheureux de sa situation d'ancien favori du prince, a reçu l'ordre d'un inconnu – dont on devine le caractère angélique – de marcher droit devant lui durant deux jours puis de revenir sur ses pas. Il s'exécute et, sur son chemin, il rencontre le pêcheur. Tous deux s'informent de leurs situations respectives. Le premier ne comprend pas le désarroi de l'homme de cour tandis que le second s'étonne de la félicité dont peut jouir un homme pauvre. Toutefois, après un voyage à la ville, le pêcheur a conçu l'envie des biens matériels qu'il a découverts chez les citadins; et, s'étant plaint de sa situation misérable à Dieu, il obtient de pouvoir formuler trois vœux. Il fait remplacer sa cabane par un palais, le lac devant lequel il vit par une mer et sa barque par un bateau rempli d'or et de diamants; mais en montant à son bord, il coule avec lui. L'homme de cour est de retour à cette occasion; le naufrage est destiné à représenter symboliquement sa propre situation à la cour: 'l'ange dit à Azaël: Que cet exemple te rende sage. La fin de cet homme est toujours celle de l'ambitieux: la cour où tu vis présentement est une mer fameuse par les naufrages et les tempêtes; pendant que tu le peux encore, gagne le rivage; tu le souhaiteras un jour sans pouvoir y parvenir.'[33] Frappé par cette illustration, le courtisan renonce au monde et se retire à la campagne. Ce conte reprend donc d'une manière plus sérieuse et dramatique l'idée du précédent: combien il est extravagant de demander à Dieu de changer d'état. En outre, ce message comporte une part de critique des mœurs de la cour qui, dans la pensée de Mme Leprince de Beaumont, s'opposent à toute spiritualité. Ainsi, c'est toujours dans un but moral que la pédagogue utilise le merveilleux pour dénoncer les travers de la société.

La critique des distractions mondaines

La critique des perversions, développées au sein de la société et qui combattent la raison, est le principal objet de la réécriture sous forme de conte d'un passage du *Roland furieux* de l'Arioste inséré dans le *Magasin des enfans*.[34] Il s'agit de l'épisode durant lequel Astolphe se rend sur la lune pour y récupérer la raison de Roland. Les raisons que des hommes

---

33. Mme Leprince de Beaumont, *Magasin des enfans* (1815), t.2, p.177-78.
34. L'Arioste, *Roland furieux*, éd. André Rochon (Paris, 1999), t.3 et 4. C'est le même passage qui est résumé librement dans les *Entretiens sur la pluralité des mondes* de Fontenelle.

et femmes ont perdues sont enfermées dans des 'bouteilles' dont il faut humer le contenu pour les recouvrer. Tout en suivant d'assez près sa source, Mme Leprince de Beaumont en modifie quelques éléments. Elle privilégie notamment un aspect féerique en remplaçant Saint-Jean, qui est le guide et le conseiller d'Astolphe dans la version originale, par une fée. C'est à travers la voix de cette dernière que la vie sociale est dénoncée comme favorisant le développement des passions au détriment de la raison:

> Apprenez, lui dit son guide, que tous les plus grands fous ne sont pas ceux qui courent les champs comme Roland: tous ceux qui se laissent gouverner par une passion sont extravagans. Le riche avare, qui se laisse manquer du nécessaire, qui s'attire le mépris des honnêtes gens, et tout cela pour serrer écu sur écu, et les laisser à des héritiers qui les dépenseront en se moquant de lui, n'est-il pas un fou? Cet homme entêté de sa noblesse, qui périrait plutôt que de céder le pas à un autre qu'il croit son égal, n'est-il pas un fou?[35]

Dans le cadre d'un ouvrage pédagogique destiné en premier lieu à des filles, l'auteur met l'accent sur le danger que représente la vie mondaine pour les femmes à travers le personnage d'Elise. Cette dernière, symbolisant les femmes de la cour, préfère se livrer aux distractions offertes par la société plutôt que d'y renoncer afin de reprendre sa raison: 'Est-on raisonnable quand on sacrifie de sang-froid sa jeunesse, sa santé, sa réputation, au désir de se divertir?' (p.64). L'importance qui est donnée à ce personnage – c'est celui qui possède la 'bouteille' de raison la plus grande[36] – montre que le public féminin est particulièrement visé par le propos. Ce conte a donc pour objet, en écho aux leçons de Mlle Bonne, d'enjoindre les lecteurs – et plus particulièrement les lectrices – de renoncer aux plaisirs trompeurs du monde pour se consacrer à une vie intérieure, morale et raisonnable. Finalement, en privilégiant de plus en plus ce type de valeurs, le conte pédagogique ne requiert plus l'appui du merveilleux.

La revendication du conte pédagogique

La narration qui clôt le *Magasin des enfans*, sans titre, comporte des éléments de la féerie traditionnelle et notamment le *topos* de l'opposition entre beauté et laideur. En effet, elle met en scène deux sœurs d'une famille noble, Belotte et Laideronette, dont l'aînée est très belle tandis que la cadette est disgracieuse comme leurs prénoms l'indiquent. Dans un premier temps, toutes deux négligent leur instruction; puis la cadette découvre que la formation intellectuelle est le seul moyen pour elle

---

35. Mme Leprince de Beaumont, *Magasin des enfans*, t.3, p.65-66.
36. Chez l'Arioste, c'est évidemment l''ampoule' de Roland qui est la plus grande.

d'espérer se marier. Elle se consacre donc à l'étude et devient une jeune personne parfaitement formée. Les mariages respectifs des deux sœurs serviront d'illustration aux leçons de Mlle Bonne sur l'inutilité de la beauté dans le cadre du mariage. L'aînée, pleine de charmes extérieurs mais n'ayant pas cultivé ses dons intellectuels, est rapidement abandonnée par son époux princier tandis que la cadette connaît un bonheur sans nuage: son mari – un ministre du précédent – l'a épousée parce qu'il l'estime. Belotte, corrigée par le malheur qu'elle a subi, s'instruira à son tour et deviendra une jeune femme accomplie. Pour ce qui lui semble être un prodige, son époux – à nouveau séduit – évoque l'intervention d'un personnage merveilleux, ce que Belotte rejette fermement:

> Par quel enchantement a-t-elle joint aux charmes de sa figure ceux de l'esprit et du caractère, qui lui manquaient absolument? Quelque fée favorable a-t-elle fait ce miracle en sa faveur? Il n'y a point de miracle, reprit Belotte; j'avais négligé de cultiver les dons de la nature; mes malheurs, la solitude et les conseils de ma sœur, m'ont ouvert les yeux, et m'ont aidée à acquérir des graces à l'épreuve du temps et des maladies.[37]

Ainsi, l'histoire aurait pu servir à créer un conte de fées; d'ailleurs, le *Serpentin vert* de Mme d'Aulnoy[38] est considéré comme la source d'inspiration de Mme Leprince de Beaumont. En s'y refusant, l'auteur crée un conte qui – privilégiant la formation personnelle contre la facilité de la féérie – se désigne en tant que conte pédagogique.

Enfin, un conte sans titre et qualifié d'‘un peu philosophique’ apparaît dans le *Magasin des jeunes dames*. Visiblement inspiré des contes et romans des philosophes, il comporte à la fois une critique des contes de fées et une réflexion sur la forme du conte.[39] L'auteur introduit un dialogue fictif entre narratrice et lecteurs:

> Avancez, je vous en conjure, me dit une lectrice avide de faits; vos réflexions m'ennuient: si vous continuez sur ce ton, nous ne verrons jamais la fin de votre conte.
>
> Si mes réflexions vous ennuient, elles m'amusent; et mon premier motif en écrivant, est ma satisfaction: vous êtes la maîtresse de les passer; mais vos criailleries, vos bâillements, ne m'en feront pas rabattre une syllabe.[40]

---

37. Mme Leprince de Beaumont, *Magasin des enfans*, t.4, p.92.
38. Marie-Catherine Le Jumel de Barneville, baronne d'Aulnoy, *Serpentin vert, conte* (1697), dans *Contes des fées, suivi des Contes nouveaux ou les Fées à la mode*, éd. Nadine Jasmin (Paris, 2004).
39. ‘Ainsi procèdent Crébillon, La Morlière, Diderot, Rousseau et Duclos, qui écartent le soupçon de céder aux séductions du conte en le truffant de messages bien pensants’ (J.-P. Sermain, *Le Conte de fées*, p.158).
40. Mme Leprince de Beaumont, *Magasin des jeunes dames*, t.3, p.216.

Malgré cette liberté de ton, il ne s'agit pas d'un conte parodique ou philosophique. Son but principal est de répéter des points de l'enseignement de la pédagogue: la façon d'aborder le mariage d'un côté, la suprématie de l'éducation sur l'inné de l'autre: 'je ne m'aperçus qu'après avoir fini, c'est que la tête pleine de nos leçons, je ne fis rien de ce que je m'étois proposé, et mon conte n'étoit bon qu'à prouver que l'éducation forme tellement notre caractere, qu'elle peut le rendre méconnoissable' (p.219). Ce sont donc l'effort, la soumission de ses désirs aux volontés des autres et la foi religieuse qui sont mis en avant dans les contes merveilleux ou d'inspiration merveilleuse de Mme Leprince de Beaumont. Les malheurs des personnages principaux sont la conséquence de leur manque de vertu et de leurs choix ou de ceux que leurs parents font pour eux quand ils sont encore enfants. L'établissement ou le rétablissement d'une situation heureuse dépend de l'acquisition de cette vertu et le pouvoir des fées – figures davantage morales que féeriques – se réduit à guider et à aider les personnages sur le chemin du bien. On peut donc affirmer qu'à travers ses différents efforts pour réduire la place du merveilleux et augmenter celle d'un discours raisonnable et éducatif, Mme Leprince de Beaumont crée des contes pédagogiques. La leçon morale faite à un lectorat enfantin et adulte est également présente dans le conte féerique puis parodique des *Conversations d'Emilie*.

iii. Mme d'Epinay: d'un conte à l'autre

Le conte de fées en apparence traditionnel

Dans la première édition des *Conversations d'Emilie*, Mme d'Epinay insère un conte de fées sans titre qui s'apparente à 'Belotte et Laideronette' de Mme Leprince de Beaumont pour la situation initiale. Il comporte du merveilleux; mais, dès le début, c'est une finalité morale qui est visée:

EMILIE

Ah, ma chere Maman, que vous êtes bonne! Est-il vrai ce conte?

MÈRE

Autant que peut l'être un conte de fée; la morale n'en est point exagérée, elle est vraie, la fable ne l'est pas. Ecoutez-vous?[41]

Il met en scène deux sœurs et princesses dont l'aînée, Céleste, parfaitement belle, attire toutes les attentions des courtisans alors que sa cadette Reinette, privée de beauté, est négligée. Ce qui pourrait constituer un 'méfait' apparaît au début de l'intrigue: la fée Prévoyante fait un don

---

41. Mme d'Epinay, *Les Conversations d'Emilie* (Leipzig, Siegfried Lebretcht Crusius, 1774), p.333-34.

maléfique aux deux princesses parce que, selon un motif récurrent de la littérature féerique, on a oublié de la convier aux couches de la Reine Régente pour l'aînée. Céleste manquera de discernement; mais, grâce à l'intervention de la fée Prudente, elle aura la possibilité d'être heureuse le jour où elle séduira un homme sans utiliser sa beauté. Quant à Reinette, Prévoyante lui accorde la réflexion et la prévoyance, mais uniquement une fois que ses malheurs l'auront éclairée. Cependant, Prudente la dote de la capacité d'être 'heureuse au milieu de l'adversité' (p.342). Une fois parvenues à l'adolescence, les princesses ne s'intéressent qu'aux amusements et à leurs apparences jusqu'à ce qu'un maléfice de la fée Prévoyante vienne doubler le 'méfait' initial: elle leur fait parvenir des robes de bal magiques qui les éclairent sur leur vanité. Croyant être élégantes, elles se découvrent – dans un miroir pour l'une et dans un tableau pour l'autre – habillées de façon ridicule. Cette expérience conduit la cadette à reconsidérer la question de la séduction physique et à privilégier l'enrichissement intellectuel. Plus tard, l'aînée perd sa beauté à force d'éprouver des soucis et le malheur que représente la perte de son mari lui confère de la sagesse. Elle renonce donc à recouvrer une apparence séduisante par le biais d'une boisson magique. Pourtant, elle se mariera une seconde fois. La structure progressive du récit le place donc du côté des contes pédagogiques de même que son message: le bonheur ne dépend pas d'éléments extérieurs tels que la beauté et la richesse et ne peut se trouver qu'en soi-même. Le rôle des fées est symbolique à l'image de leurs noms: c'est Prudente qui l'emporte sur Prévoyante. D'ailleurs, la prudence est présentée comme une qualité indispensable dans toute prise de décision: 'il faut que son expérience lui apprenne de quelle importance il est de rien faire sans moi' (p.372). Finalement, le *topos* de l'opposition entre laideur et beauté représente un motif esthétique et moral susceptible de transmettre une leçon aux adultes également. Ce qui semble être confirmé par la version parodique du conte.

Le conte parodique

Le conte parodique a permis aux auteurs qui l'ont utilisé, et en particulier aux philosophes, de développer une veine subversive sous le couvert d'un type de fiction dépourvu de sérieux dans la pensée collective. Mme d'Epinay réécrit son conte pédagogique sous une forme parodique et l'insère dans la version de 1781 des *Conversations d'Emilie* en l'intitulant *L'Ile heureuse ou les Vœux en l'air*. Elle crée ainsi un terrain propice à la communication de ses idées sur la société et la politique à ses contemporains:

> le recours à l'ironie permet de mettre en place un acte qui suppose de la part
> des destinataires une connivence avec l'auteur, et un positionnement

subversif dans le champ politique, reposant sur une opposition aux pouvoirs en place. Ce caractère pragmatique de l'écriture parodique, par lequel le co-énonciateur est invité à s'intégrer à une communauté fondée sur le rejet ironique des instances de pouvoir, est un de ses traits majeurs.[42]

Nonobstant, il semble que l'insertion du conte dans un ouvrage de littérature pédagogique n'a pas permis une compréhension de l'intention de l'auteur par les lecteurs. Galiani a demandé à Mme d'Epinay s'il ne lui avait pas valu des soucis avec la justice. Dans sa réponse, son amie souligne que le public a méconnu son caractère irrévérencieux: 'Quant au conte de fées il n'a pas eu assez de succès ici pour me faire des affaires, personne n'y a rien compris, et en tout on compterait ici les voix auprès de qui l'ouvrage a réussi.'[43] Pourtant, l'auteur inscrit son conte dans la lignée de ceux des philosophes. Explicitement lorsqu'elle cite le titre d'un conte en vers de Voltaire, *Ce qui plaît aux dames*,[44] et implicitement lorsqu'elle baptise l'un de ses personnages de prince – Phénix – du même nom que celui porté par le principal personnage de prince de l'unique conte parodique de Rousseau, *La Reine Fantasque*.[45]

En effet, le conte de l'éducatrice possède l'ensemble des caractéristiques des contes parodiques de son époque. Tout d'abord, le genre 'mère' – le conte de fées – est malicieusement critiqué à travers la mise en scène de personnages féeriques et princiers ridicules. Bien plus, les fées sont systématiquement à l'opposé de l'horizon d'attente d'un lectorat de féeries: au lieu d'être jeunes, belles, sages et de posséder des pouvoirs surnaturels, elles sont vieilles, laides, grotesques et possèdent des défauts humains comme la vanité, la gourmandise et l'intérêt. En outre, leurs dons et pouvoirs se réduisent à peu de choses puisqu'avec les premiers elles assomment d'ennui la cour et le peuple de l'Ile heureuse tandis qu'avec les seconds, elles ont beaucoup de mal à venir en aide à l'île lorsque celle-ci est menacée de famine. Or, selon la tradition parodique, le portrait particulièrement critique des fées est le principal détour par lequel l'oppression du pouvoir monarchique est dénoncée: 'Les rituels de la vie mondaine, dont les fées sont les inspiratrices dans nos textes, s'avèrent autrement plus dangereux pour la liberté des personnages que les décisions des instances politiques.'[46] D'autres figures typiques du conte servent également la plume dénonciatrice de l'auteur.

42. Dominique Hölzle, 'Ecriture parodique et réflexion politique dans trois contes', *Féeries* 3 (2006), p.87-103 (p.90).
43. Mme d'Epinay à l'abbé Galiani [12 novembre 1781], *Correspondance*, V, juin 1775-juillet 1782 (Paris, 1997), p.251.
44. Voltaire, *Ce qui plaît aux dames* (1763), dans *Contes en vers et en prose* (Paris, 1992).
45. Jean-Jacques Rousseau, *La Reine Fantasque* (1769), dans *Nouveau Cabinet des fées*, éd. Charles-Joseph Mayer (Genève, 1978), t.12.
46. D. Hölzle, 'Ecriture parodique', p.98.

Le prince Colibri, par exemple, est l'occasion de stigmatiser l'inconséquence de personnes de sang royal. Il représente sous les traits d'un personnage social ridicule, le petit-maître.[47] Ainsi, la convocation de réalités et de comportements contemporains de l'auteur instaure une nouvelle distance à l'égard du monde imaginaire. Et grâce au genre choisi, cet aspect est voilé aux yeux de la grande majorité du public à l'image de ce qui se passe dans *Les Bijoux indiscrets*:

> Aucun langage codé, aucune allégorie ne dissimule dans le texte ces allusions. On associe pourtant *Les Bijoux indiscrets* plus à sa trame érotico-fantaisiste qu'à la vie savante du milieu du XVIIIᵉ siècle. Or il n'y a là aucun contresens à réparer. Le roman est remarquable précisément par cet affleurement ou ce mélange à la fiction d'une matière sérieuse que l'artifice des sexes parlants et le style de Diderot ont délesté de toute surcharge érudite.[48]

Ainsi, le passage du conte pédagogique au conte parodique correspond à la revendication d'un discours critique à l'égard de la société et de la politique. Cette préoccupation apparaît également dans un conte de Mme de La Fite mais sur un plan uniquement social.

iv. Mme de La Fite: un conte oriental?

Mme de La Fite insère dans *Réponses à démêler* un conte dont la structure s'inspire de la vogue des contes orientaux. Ceux-ci connaissent un grand succès dans la première moitié du siècle avec la parution des contes des *Mille et une nuits* traduits et adaptés par Galant.[49] Leur composition est différente de celle des contes de fées: un premier niveau met en scène un personnage de conteur qui doit distraire un autre personnage – généralement un monarque – par un récit. C'est le conteur fictif qui prend en charge la narration dont la fin est suivie des commentaires du conteur et du ou des auditeurs. Le conte oriental se signale donc par une structure enchâssée qui fonctionne selon un jeu de 'ruptures narratives'.[50] Dans *Zara et Zarine* de Mme de La Fite, il existe effectivement un double niveau dans l'énonciation. Un premier cadre est établi: c'est le royaume des Chérusques;[51] et le conte narré par une jeune femme est destiné à distraire la souveraine de ce royaume. Ce choix d'un contexte germanique et antique est étonnant. De plus, l'histoire enchâssée a lieu

---

47. Mme d'Epinay fait déjà une critique en règle du petit-maître dans *Mes moments heureux*, p.54 et suiv.
48. Jean-Christophe Abramovici, préface des *Bijoux indiscrets*, dans Denis Diderot, *Romans et Contes*, éd. Michel Delon et Jean-Christophe Abramovici (Paris, 2004), p.918.
49. Voir J.-P. Sermain, 'L'élargissement oriental: 1705-1730', dans *Le Conte de fées*, p.24.
50. Anne Defrance, *Les Contes de fées et les nouvelles de Mme d'Aulnoy, 1690-1698: l'imaginaire féminin à rebours de la tradition* (Genève, 1998), p.38.
51. Peuple germain.

en Circassie[52] et le modèle oriental y est mis à mal: le nouveau prince régnant supprime le sérail et décide de n'avoir qu'une épouse. Ces éléments sont toutefois secondaires: le conte est avant tout allégorique. Le personnage principal, Zara, qui vient d'avoir une fille prénommée Zarine souhaite qu'elle soit dotée par la magie de la meilleure manière possible. Or, à travers ce *topos* de la littérature féerique, le merveilleux est remis en question:

> [Zara] alla consulter sur le sort de cet enfant un vieux solitaire, renommé pour sa haute science, et qui passoit pour magicien. 'Je n'ai pas le don d'opérer des prodiges,' lui dit le vieillard, 'mais j'ai mis à profit ma longue retraite, et par des efforts redoublés j'ai obtenu la protection de la Fée Sapia: c'est d'elle que dépendent tous les dons précieux qui embellissent la vie'.[53]

Le nom de cette fée renvoie de façon passablement transparente à la sagesse, c'est-à-dire davantage à une vertu qui s'acquiert qu'à un don magique. De même, le nom de la fée Mondaine – qui est en tous points le contraire de la première – évoque des choix et des habitudes de vie sociale. Ainsi, le conte narre le cheminement de Zara qui tente de parvenir au château de Sapia; mais la jeune femme s'égare et se retrouve dans le palais de Mondaine. A travers ce personnage et son entourage de courtisans, l'auteur dénonce principalement la superficialité et la frivolité de la vie de cour. Cet univers spécieux est construit en opposition à celui que représente la fée Sapia symboliquement accompagnée par des vertus: 'voici mes fideles compagnes, la vérité, l'espérance, et la paix' (p.128). En outre, le message du conte passe par des représentations du vice et de la vertu. Dans le palais de Mondaine, les sujets des tableaux représentent l'adultère tandis que dans celui de Sapia, ils sont dédiés à la vertu: 'Dans la galerie des peintures et des statues, on trouvoit les images révérées de ceux qui ont sacrifié leurs jours à la patrie, ou souffert l'indigence, l'esclavage, ou la mort, pour rester fidèles à la vertu' (p.128-29). Finalement reprise des mains de Mondaine qui s'était chargée de son éducation pour en faire une jeune fille brillante, Zarine est éduquée par sa mère et devient une jeune fille vertueuse. Le but de l'auteur est donc de combattre les faux-semblants d'une vie d'apparence par la solidité des valeurs morales. Le parcours progressif et linéaire du personnage de Zara ainsi que la mise en valeur d'une morale rangent donc ce conte du côté des contes pédagogiques malgré son apparent orientalisme structurel et narratologique. Mme de Genlis s'inscrit dans cette lignée et ambitionne même de faire disparaître toute référence à un univers merveilleux conventionnel.

---

52. Ancienne région du Causase.
53. Mme de La Fite, *Réponses à démêler*, p.113.

v. Mme de Genlis: entre merveilleux et sciences

Dans *Les Veillées du château*, le personnage porte-parole de l'auteur, Mme de Clémire, écrit puis lit durant les veillées *Alphonse et Dalinde, ou la Féerie de l'art et de la nature, conte moral*; il s'agit d'un texte destiné à combattre les contes de fées avec un merveilleux 'vrai': 'puisqu'il existe dans la nature des choses si extraordinaires et si curieuses, vous pouvez être sûre qu'à l'avenir, ce ne sera plus dans les contes des fées, que nous irons chercher le merveilleux que nous aimons'.[54] Pourtant, une partie du titre, 'la féerie de l'art et de la nature' évoque les féeries traditionnelles.[55] De plus, sa présentation contribue à faire paraître le merveilleux mis en scène comme irrationnel. En effet, les deux principaux personnages du conte sont un jeune homme portugais, Alphonse, et un savant suédois, Thélismar, qui parcourent ensemble plusieurs pays dans lesquels ils observent des phénomènes extraordinaires ou y sont soumis. Quelques explications brèves et évasives sont données par Thélismar dans le cours du récit. En revanche, elles sont approfondies et assez exhaustives dans de longues notes placées en fin de tome qui doivent être lues une fois la narration achevée: 'La veillée du soir et sept ou huit autres furent employées à lire toutes les notes du conte d'Alphonse.'[56] Cette découverte en deux temps mise en place pour l'auditoire intra-diégétique des *Veillées*, et par conséquent pour son lectorat, favorise l'émerveillement. Et si les sources d'information pour la rédaction du conte sont variées, la principale – *Dictionnaire des merveilles de la nature*[57] – mêle étroitement sciences et merveilleux.[58] Bien plus, Mme de Genlis choisit certains phénomènes dont l'origine naturelle est contestable. Dans le cas du château de la fée Morgane, par exemple, elle copie la description des *Travels in the Two Sicilies* d'Henry Swinburne.[59] Cette dernière, attribuée au 'Father Angelucci', date d'août 1643, ce qui renvoie à un passé assez lointain un phénomène présenté comme régulier. En outre, Mme de Genlis ne traduit pas l'explication de ce phénomène par Swinburne dans ses notes, s'en excusant par son incompétence en optique et en géométrie.[60] Pourtant, celle-ci ne requiert pas

---

54. Mme de Genlis, *Les Veillées du château*, t.2, p.123.
55. Voir Marie-Emmanuelle Plagnol-Diéval, 'Merveilleux ou rationnel: *Les Veillées du château* de Mme de Genlis', dans *Le Partage des savoirs XVIIIe-XIXe siècles*, éd. Lise Andriès (Lyon, 2003).
56. Mme de Genlis, *Les Veillées du château*, t.2, p.134.
57. Joseph-Aignan Sigaud de La Fond, *Dictionnaire des merveilles de la nature*, 2 vol. (Paris, rue et hotel Serpente, 1781).
58. Voir Daniel Mornet, *Les Sciences de la nature en France au XVIIIe siècle* (1911; Genève, 2001).
59. Henry Swinburne, *Travels in the two Sicilies*, 2 vol. (Londres, P. Elmsly, 1783), t.1, p.365-66.
60. Mme de Genlis, *Les Veillées du château*, t.2, p.500.

de connaissance particulière dans ces deux sciences,[61] et ce choix favorise le merveilleux: 'Eh bien, Maman, interrompit Pulchérie, nous voilà donc retombés dans les contes de fées? – Point du tout; ce dernier phénomène, ainsi que tous les autres, est repris dans la nature.'[62] De même, alors qu'elle est destinée à contrebalancer celles des contes de fées, la description d'un 'palais de glace' n'en évoque pas moins les palais des féeries. L'explication différée participe également d'une lecture merveilleuse (p.93-94):

> Quoi, Maman, s'écria César, un palais de glace!.... Cela est-il bien vrai?.... – Rien n'est plus certain.... – Et comment ce palais rempli de lumières ne fondoit-il pas?.... Comment avoit-on pu trouver une glace assez épaisse pour le construire? D'ailleurs vous avez dit que cette glace étoit de diverses couleurs.... – Mes notes répondront à toutes ces questions.... – Oh que j'ai envie de les voir ces notes!....

Ainsi, malgré les protestations de la narratrice, les choix de l'auteur semblent être destinés à satisfaire la fascination ressentie par un public enfantin à l'égard du type de descriptions présentes dans les contes de fées. Toutefois, la structure progressive du récit qui repose sur le voyage des deux personnages ainsi que sur les leçons tirées des nombreux événements qu'ils vivent permettent de le considérer comme un conte pédagogique.

De manière générale, les éducatrices expriment la volonté de rompre avec le conte merveilleux traditionnel. Néanmoins, elles prennent en compte le goût des enfants pour cette littérature et la nécessité de les distraire; c'est pourquoi, des contes incluant une part de merveilleux plus ou moins importante font partie de leurs ouvrages. Mais, ils se différencient nettement de ceux de Mme d'Aulnoy et d'autres célèbres conteuses.[63] Les fées sont principalement des guides moraux sur le chemin du bien pour les autres personnages. De même, les intrigues ne se dénouent pas grâce à une intervention magique; les héros doivent travailler à trouver ou retrouver la vertu qui leur faisait défaut pour résoudre leurs difficultés. L'éducation et la morale sont donc les principaux enjeux de ces narrations que l'on peut qualifier de contes

61. 'To produce this pleasing deception, many circumstances must concur [...]. The spectator must stand with his back to the east, in some elevated place behind the city, that he may command a view of the whole bay; beyond which the mountains of Messina rise like a wall, and darken the background of the picture. The winds must be hushed; the surface quite smoothed; the tide at his height; and the waters pressed up by currents to a great elevation in the middle of the channel' (H. Swinburne, *Travels in the two Sicilies*, t.1, p.366-67).

62. Mme de Genlis, *Les Veillées du château*, t.2, p19-20.

63. L'interprétation de Sophie Raynard, qui place les contes de Mme Leprince de Beaumont dans la lignée de ceux des conteuses de la fin du dix-septième siècle et du début du dix-huitième siècle, est contestable. Voir Sophie Raynaud, *La Seconde Préciosité: floraison des conteuses de 1690 à 1756* (Tübingen, 2002).

pédagogiques. Finalement, les éducatrices sont avant tout attachées à faire de leurs ouvrages des outils utiles délivrant des messages pratiques destinés à former des élèves aptes à vivre dans la société tout en évitant ses pièges. C'est pourquoi elles insèrent d'autres types de narrations dans les dialogues dont tout merveilleux est exclu et qui mettent l'accent sur le réalisme.

4. Les formes brèves morales insérées dans les dialogues

i. Les contes moraux, fables et drames

Les contes moraux

Les contes moraux que l'on trouve dans les ouvrages des éducatrices portent la marque d'une double influence; d'une part, celle du 'père' du conte moral français, Marmontel. D'autre part, celle de contes qui circulent entre l'Allemagne et la France dans le dernier tiers du dix-huitième siècle. L'apparition du conte moral est généralement datée de 1755, moment à partir duquel Marmontel fait paraître des histoires moralisatrices dans le *Mercure de France*. L'auteur lui-même considère être à l'origine de cette nouvelle forme brève qui connaît un grand succès auprès du public. A sa suite, nombre d'auteurs vont l'utiliser: Mme de Laisse, Mme Benoist, Charpentier... et Mme Leprince de Beaumont avec des *Contes moraux* et de *Nouveaux Contes moraux*.[1] Leurs thèmes les destinent principalement à un lectorat adulte même s'ils font écho à ceux prévus pour les enfants:

> Marmontel entreprend l'étude de quelques types d'individus de la société de son temps en dévoilant les sentiments qui les animent et régissent leurs comportements. [...] il croit au rôle moralisateur de l'écrivain. Aussi désire-t-il, tout au long de son recueil, enseigner au lecteur les éléments d'une morale qui se schématise grossièrement comme suit: il faut cultiver la vertu, car elle seule conduit au bonheur, et la pratique des bons sentiments mènera à cette vertu que Marmontel dépeint sous un jour favorable.[2]

Ainsi, dans un contexte éducatif, les contes de cette tradition conviennent plutôt à de jeunes personnes. De fait, c'est la forme la plus représentée dans le *Magasin des adolescentes* et dans le *Magasin des jeunes dames*. Dans un premier temps, les contes moraux des éducatrices conservent donc une dépendance à l'égard d'un genre créé pour un public adulte. Mais, avec la prise en compte des spécificités du lectorat jeune, ils connaissent des évolutions. En effet, les contes traduits ou inspirés de contes allemands sont empruntés essentiellement à de la littérature enfantine dans les années 1770.[3] C'est le naturel, la vertu et la

1. Mme Leprince de Beaumont, *Conte moraux* (Paris, Pierre Bruyset Ponthus, 1774) et *Nouveaux Contes moraux* (Paris, Pierre Bruyset Ponthus, 1776).
2. René Godenne, *Histoire de la nouvelle française aux XVIIᵉ et XVIIIᵉ siècles* (Genève, 1970), p.174.
3. Voir Kate Astbury, *The Moral Tale in France and Germany 1750-1789*, SVEC 2002:07 et 'Le

sensibilité exprimés dans ces productions qui plaisent aux éducatrices
déjà séduites par la facture allemande grâce à la délicatesse des *Idylles* de
Gessner; elles s'en inspirent donc pour plusieurs de leurs narrations
insérées. Et la volonté de délivrer un message moral à travers ces formes
courtes se traduit par des compositions particulières.

Les contes moraux des éducatrices se caractérisent par deux types de
structures. Les plus courts sont relativement linéaires et se concentrent
autour d'un thème dominant. La situation initiale est plus ou moins
longuement décrite. Puis un événement – qui marque une rupture –
entraîne souvent une prise de conscience et un changement de
comportement de la part du personnage principal et conduit au
dénouement. C'est le cas, par exemple, de *La Mauvaise Fille* inséré dans
Les Conversations d'Emilie: après des années de mauvais comportement,
une petite fille surprend la conversation d'amis de ses parents qui la
critiquent. Cette circonstance l'éclaire sur ses torts et elle se corrige
progressivement, ce qui lui permet de devenir une jeune fille assez
formée pour se marier. En revanche, les plus longs contes intègrent
des techniques romanesques comme la multiplication des péripéties et
l'analyse psychologique. C'est l'expérience qui, formant le ou les
personnages principaux, amène le dénouement et une nouvelle situation. *Histoire de Fidelia* de Mme Leprince de Beaumont, *Alphonse et Dalinde
ou la Féerie de l'art et de la nature, conte moral* et *Olimpe et Théophie, ou les
Herméneutes* de Mme de Genlis obéissent à ce schéma. De plus, une
seconde narration centrée sur des personnages secondaires apparaît
quelquefois dans un système d'enchâssement. La plupart de ces contes
reposent sur des intrigues imaginaires tout en faisant une large place à la
vraisemblance. Cependant, ils ont quelquefois recours au symbolisme ou
à l'allégorie comme dans le conte de Mme de La Fite *Justine, Carite et
Deraison* figurant dans *Entretiens, drames et contes moraux*. Dans ce cas, un
'pacte' implicite entre l'auteur et le lecteur permet de considérer la
création imaginaire comme la transposition allégorique de vices et de
vertus et c'est ainsi que le message moral prime sur la représentation.
C'est également l'un des principes qui président à la forme de la fable.

Les fables

Dans son *Discours sur la fable*,[4] La Motte donne la définition de cette
forme: il s'agit d'une 'instruction déguisée sous l'allégorie d'une action'.

---

conte moral allemand en France: réécriture et interprétation de la morale', dans
Réécritures 1700-1820, éd. Malcolm Cook et Marie-Emmanuelle Plagnol-Diéval (Berlin,
2002).

4.   Antoine Houdar de La Motte, *Fables nouvelles, dédiées au roy avec un discours sur la fable* (Paris,
Grégoire Dupuis, 1719).

Elle est généralement en vers et sa fonction principale est de transmettre une morale; mais elle doit le faire par un détour symbolique, en utilisant des personnages animaliers, imaginaires ou inanimés: 'Introduisons à nôtre choix les dieux, les genies et les hommes; faisons parler les animaux et les plantes; personnifions les vertus et les vices; animons selon nos besoins tous les êtres' (p.xxx). Cette définition peut être complétée par la remarque présente dans *Les Conversations d'Emilie* qui intègre une dimension politique: 'je conçois qu'on se soit servi de l'apologue ou de la fable, pour masquer certaines vérités trop dangereuses à dire ou trop dures à entendre. Il n'est guere possible de dire à un homme puissant et injuste ses vérités personeles autrement. Aussi la fable a-t-elle pris naissance dans le pays des despotes et des esclaves.'[5] Mais aucune éducatrice n'utilise la fable pour la critique – ou l'éloge – politique. Malgré la fiction, c'est une forme qui – aux yeux de Mme d'Epinay – représente un idéal esthétique parce qu'elle refléte des valeurs telles que la vérité et la raison (p.267-68):

> Vous voyez que la fable, du moins telle qu'elle a été conçue dans son origine, est de la plus extrême simplicité; qu'elle est concise, énergique, sévere jusques dans ses ornemens; qu'elle renferme ordinairement un grand sens.

> EMILIE

> Ah c'est vrai cela. Elle vous revient dans la pensée quand on y songe le moins, ou qu'on s'en croit à cent lieues.

> MÈRE

> Ainsi, toute fausse qu'elle est, elle a presque la même démarche simple et noble que la raison et la vérité.

A cet égard, la fable est associée au conte moral: 'Miss Lucie a fort judicieusement rassemblé toutes les qualités nécessaires à la fiction, c'est-à-dire aux contes et aux fables.'[6] En outre, le genre se divise en plusieurs branches et celle qui est utilisée par les éducatrices, la fable pédagogique, est parente des productions de Fénelon pour la formation du duc de Bourgogne:

> La fable pédagogique se rapproche de la fable philosophique, parce que, comme elle, elle se propose essentiellement de moraliser; elle en diffère, parce qu'elle est sans prétention, qu'elle touche rarement aux grandes vérités et qu'elle est surtout faite pour la jeunesse. Plus de dogmatisme rigoureux, plus de morgue, plus d'élévation dans le ton; à la différence de la première qui fronce le sourcil, elle est familière, simple, bonne enfant; elle caresse et sourit pour instruire.[7]

---

5. Mme d'Epinay, *Les Conversations d'Emilie*, p.267.
6. Mme Leprince de Beaumont, *Magasin des adolescentes*, t.2, p.228-29.
7. Gustave Saillard, *Essai sur la fable en France au dix-huitième siècle* (Toulouse, 1912), p.54.

Egalement à l'image des fables du célèbre pédagogue,[8] les éducatrices choisissent la prose pour ces écrits.[9] Pourtant, malgré leur caractère pédagogique et moral, les fables sont rares dans les ouvrages des éducatrices: on en trouve une seule dans le *Magasin des adolescentes* tandis que deux se suivent dans *Entretiens, drames et contes moraux*.[10] Dans ce même ouvrage et pour la même finalité éducative et morale, Mme de La Fite insère un sous-genre qui n'apparaît pas chez les autres éducatrices, le drame.

Les drames

Les drames des *Entretiens, drames et contes moraux* appartiennent à la veine du théâtre d'éducation initié par Mme de Genlis; ils rassemblent, le plus souvent, des personnages issus d'une même famille pour des intrigues relativement simples et menées en un nombre réduit d'actes et de scènes. Ils sont traduits plus ou moins librement à partir de deux sources, *Der Kinderfreund* (L'Ami des enfants) et *Kinderspiele und Gespräshe*[11] (Jeux et conversations d'enfants), et ont une fonction similaire à celle des contes moraux:

JULIE

Maman m'a dit que ceux qui font des contes et des drames n'étoient pas obligés de dire des choses vraies, mais que pour instruire et pour plaire, ils doivent dire au moins des choses vraisemblables, des choses qui pourront arriver.[12]

Ils remplissent donc les exigences de morale et de vraisemblance relevés dans le cas des précédentes formes. C'est ce qui – outre leur brièveté – permet de les associer aux récits. Enfin, d'autres narrations courtes, également destinées à offrir un exemple moral mais entretenant un lien plus étroit avec la réalité, sont insérées dans les ouvrages des éducatrices: les histoires et les anecdotes.

---

8. François de Salignac de La Mothe Fénelon, *Fables, contes et histoires* (Limoges, 1890).
9. Mme de Genlis a également édité un recueil de fables en vers portant sur des végétaux: *Herbier moral ou Recueil de fables nouvelles et autres poésies fugitives* (Paris, Moutardier, s.d).
10. Une fable philosophique empruntée à La Motte figure dans le *Magasin des jeunes dames*.
11. Johann Gottlieb Schummel, *Kinderspiele und Gespräche*, 3 vol. (Leipzig, Crusius, 1776-1778). Schummel s'inspirerait lui-même des ouvrages de Mme Leprince de Beaumont. Voir Georg Weigand, *J. G. Schummel: Leben und Schaffen eines Schriftstellers und Reformpädagogen* (1925; Hildesheim, 1975).
12. Mme de La Fite, *Entretiens*, t.1, p.84.

ii. Les histoires et les anecdotes

Les histoires

Le terme 'histoire' appliqué à des formes brèves insérées peut aussi bien désigner des narrations rapportant des faits réels que des narrations fictives mais réalistes. C'est ainsi que Mme Leprince de Beaumont qualifie un conte de Marmontel, *La Mauvaise Mère*, d''histoire' et justifie cette appellation par son caractère 'vraisemblable'.[13] De même, la trame d'une intrigue romanesque peut servir à la création d'un texte court réaliste et moral si son rapport à la réalité est suffisant: 'L'histoire que je vous ai promise, je l'ai lue en anglois: c'est peut-être un roman, n'importe; elle renferme un grand nombre d'importantes vérités, cela me suffit.'[14] La frontière est donc mince entre les contes et certaines histoires lorsqu'ils mêlent d'une manière similaire vraisemblance et morale. Quelquefois, les éducatrices dénomment un même récit alternativement 'conte' et 'histoire'. De manière générale, leur préférence va aux récits de faits rééls ou désignés comme tels:

> MME DE VALCOUR
>
> J'aurois pu me dispenser tout à l'heure de recourir à l'imagination, pour vous présenter un modèle de vertu dans la conduite de Gelcour, car si j'eusse consulté ma mémoire j'aurois pu vous citer plusieurs beaux traits qui ont le mérite de la vérité.[15]

Outre l'inscription dans une esthétique des Lumières, le souci de privilégier la réalité peut être associé au désir d'édifier les lecteurs; cette motivation explique le recours aux anecdotes.

Les anecdotes

Pour ce sous-genre, on trouve la définition suivante dans l'*Encyclopédie*:

> Ce mot est en usage dans la littérature pour signifier des histoires secrètes de faits qui se sont passés dans l'intérieur du cabinet ou des cours des princes, et dans les mysteres de leur politique. [...] Mais outre ces histoires secrètes prétendues vraies, la plûpart du temps fausses ou du moins suspectes, les critiques donnent le nom d'anecdotes à tout écrit de quelque genre qu'il soit, qui n'a pas encore été publié.[16]

Cette explication est peu précise pour les récits qui ne concernent pas les membres des familles royales. Il est donc nécessaire de la compléter par une définition contemporaine: 'Aussi l'anecdote reste-t-elle limitée à sa

---

13. Mme Leprince de Beaumont, *Magasin des jeunes dames*, t.1, p.77.
14. Mme Leprince de Beaumont, *Magasin des jeunes dames*, t.4, p.211.
15. La Fite, *Entretiens*, t.2, p.395.
16. *Encyclopédie*, t.1, p.452-53.

fonction de relation d'un fait court, saillant, authentique, remarquable, souvent paradoxal, renonçant à toute amplification et à tout développement littéraire.'[17] Finalement, il est possible de distinguer plusieurs sens pour le terme 'anecdote':

Anecdote 1: Particularité historique (secrète).
Anecdote 2: Petit fait curieux.
Anecdote 3: Récit bref d'un petit fait curieux.
Anecdote 4: Détail sans portée générale.[18]

Pour le sens 3, l'anecdote se rapproche des autres formes brèves présentes dans les ouvrages des éducatrices: 'Les liens de l'anecdote avec la tradition narrative, d'origine savante et populaire, sont confirmés par la série analogique suscitée par anecdote 3 c'est-à-dire: conte, fable, histoire, historiette, récit' (p.15). D'ailleurs, lorsque les personnages sont anonymes, l'anecdote ne semble pas se distinguer des contes et histoires. En dernier lieu, elle se différencie des autres narrations principalement parce qu'elle possède une fonction édificatrice destinée à renchérir la valeur de vérité des faits rapportés. Partant, le récit multiplie les 'ancrages' susceptibles d'actualiser les actions. Liés par la forme, l'anecdote comme les autres formes brèves morales sont également destinées à traiter des thèmes similaires.

iii. Les thèmes des formes brèves morales

L'enseignement moral

Les thèmes abordés dans les formes brèves couvrent des domaines très différents allant des plus simples aux plus complexes. Pour illustrer les premiers, c'est un univers enfantin qui est mis en scène, ce qui permet de favoriser l'identification des jeunes lecteurs avec les personnages et de faciliter la transmission d'une leçon. Ils dévoilent le souci des pédagogues d'adapter l'écriture au niveau de compréhension des plus jeunes enfants:

ma chère Annette, voici encore une de mes anciennes histoires, que Maman m'a permis de copier pour votre petit frère: elle a pour titre:
LA BONNE SŒUR.[19]

Ces narrations extrêmement brèves, aux péripéties très simples et au ton naïf sont des démonstrations mises en forme à travers des situations imagées. '*La Bonne Sœur*' reprend, par exemple, un motif récurrant dans

---

17. A. Montandon, 'Préface', dans *L'Anecdote: actes du colloque de Clermont-Ferrand, 1988* (Clermont-Ferrand, 1990), p.v-vi.
18. Dany Hadjadj, 'L'anecdote au péril des dictionnaires', dans *L'Anecdote: actes du colloque de Clermont-Ferrand, 1988* (Clermont-Ferrand, 1990), p.8.
19. Mme de La Fite, *Entretiens*, t.1, p.104.

Tableau 1. Tableau des récits insérés dans le *Magasin des enfans*

Pour tous les tableaux, les italiques indiquent un titre donné par l'auteur, les guillemets signalent un titre que nous avons attribué. Enfin, nous donnons les sources avérées des auteurs entre parenthèses.

	contes avec merveilleux	contes moraux	histoires	anecdotes	fables et énigmes	drames
Magasin des enfans (4 volumes)	t.1: *Le prince chéri, conte* *La Belle et la Bête, conte* (*La Belle et la Bête de Mme de Villedieu*) *Conte du prince Fatal et du prince Fortuné* *Conte du Prince Charmant* *Fable de la veuve et de ses deux filles* t.2: *Le Prince Désir et la Princesse Mignonne* (*La Patte du chat, conte Zinzimois de Cazotte*) 'Aurore' *Les Trois Souhaits* (*Les Souhaits ridicules de Perrault*) *Conte du pêcheur et du voyageur* t.3: 'Joliette' 'La raison de Roland' (*Orlando Furioso de L'Ariosto*) 'Titi' (*Histoire du Prince Titi de Sainte-Hyacinthe*) t.4: 'Le Prince Spirituel' 'Belotte et Laideronette'	t.4: 'L'Ile des esclaves' (*L'Ile des esclaves de Marivaux*)	t.2: 'La jeune fille et le petit chien' 'Le voyageur et le lion' 'Lycurgue et le jeune homme' t.3: 'La femme pauvre et son mari' 'La femme méchante corrigée par son mari' t.4: 'Le gentilhomme et les faux-monnayeurs, contre-histoire de fantômes' 'Une histoire vécue par Mlle Bonne: les dessous de la maison hantée' 'Histoire de Mme Tiquet' (Fait-divers. Relaté notamment dans *Faits des causes célèbres* de Garsault) 'Le bon père et le mauvais fils'	'L'épisode de la bourse de Stanislas' 'Mlle de Beaujolais et Tomelle'	–	–

Tableau 2. Tableau des récits insérés dans le *Magasin des adolescentes*

	contes avec merveilleux	contes moraux	histoires	anecdotes	fables	drames
Magasin des adolescentes (4 volumes)	t.1: 'Le temple de l'amour-propre' (*La Princesse sensible et le Prince Typhon* de Mlle de Lubert) 'La fée et le marchand'	t.1: 'Betsi et Lauré' (attribué à Sophie Carteret) t.2: 'Robinsonnade chrétienne' t.4: 'Histoire d'Emilie, allégorie'	t.1: 'Le sacrifice des esclaves' *Histoire de la Marquise D...* (librement inspirée des *Provinciales* de Pascal?) 'Un cheval payé d'ingratitude à Athènes' t.2: 'L'homme qui voulait voir la comédie' (*The Adventurer*) 'Histoire de la Marquise de Gange' (Fait-divers. Relaté notamment dans *Faits des causes célèbres* de Garsault) 'L'histoire de Pithius' 'L'avarice des époux Tardieu' (Fait-divers. Relaté notamment dans *Faits des causes célèbres* de Garsault) 'Le petit garçon de Sparte et le renard' t.3: *Histoire de Fidelia* (*Fidelia* d'Esther Mulot-Chapone publié sans nom d'auteur dans *The Adventurer*) t.4: 'Charlotte et Marie' (*The Adventurer*) 'La mésaillance' 'Emilie et Betsi'	–	*La souris, fable*	–

Tableau 3. Tableau des récits insérés dans le *Magasin des jeunes dames*

	contes avec merveilleux	contes moraux	histoires	anecdotes	fables	drames
Magasin des jeunes dames (4 volumes)	t.3: 'Un conte de fées "un peu philosophique"'	–	t.1: 'La jardinière de Vincennes' (*La Jardinière de Vincennes* de Mme de Villedieu) *Histoire de la Comtesse de Monneville* 'La mauvaise mère' (*La Mauvaise Mère* de Marmontel) t.2: Histoire de Socrate 'Histoire de Mme du Plessis' (+ t.3, t.4) 'Histoire de Miss Betsi' (*History of Miss Betsi Thoughless* d'Eliza Waywood) t.3: *Histoire d'Henriette*	–	t.4: 'La vertu, les talens et la réputation, fable allégorique' ('Le talent, la vertu et la réputation' de La Motte)	–

Tableau 4. Tableau des récits insérés dans *Entretiens, drames et contes moraux*, *Eugénie et ses élèves* et *Réponses à démêler*

	contes avec merveilleux	contes moraux	histoires	anecdotes	fables	drames
Entretiens, drames et contes moraux (2 volumes)	t.2: *Rosalie. Conte*	t.2: *Mina ou l'enfant corrigé* (Kleine Kinderbibliothek de Campe) *La Veuve de Zehra Les Voyageurs L'Homme riche. Conte oriental* (Halladat oder Das rothe Buch de Gleim)	t.1: *Histoire de Damon et de Brusquet La Bonne Sœur Les Trois Sœurs: Justine, Carité et Déraison* 'L'histoire de Mr. Dubois' (Der Kinderfreund de Weisse) *Le Riche Indien* t.2: Tout est bien (Der Kinderfreund de Weisse) *L'Heureuse Infortune L'Écu neuf ou l'Heureuse matinée* (De Burger)	t.1: 'La charité chrétienne d'un prince' (Deutsch Museum) *Le Juif reconnaissant ou la Probité récompensée*	t.2: *La Jeune Mouche Les Trois Poissons* (Kleine Kinderbibliothek de Campe)	t.1: *L'Epreuve de l'amour filial. Drame* (Kinderspiele und Gespräche de Schummel) *La Glaneuse. Drame Le Paysan généreux. Drame L'Amour fraternel. Drame* (Der Kinderfreund de Weisse) t.2: *Le Congé. Drame* (Der Kinderfreund de Weisse) *Le Fils reconnoissant, Comédie, en un acte.*
Eugénie et ses élèves (2 volumes)	–	–	t.1: *Caliste*	t.2: 'Un passage des mémoires d'Anne d'Autriche'	–	–
Réponses à démêler	*Zarine et Zara*	–	–	*Walter Mifflin et Jacques. Anecdote américaine*	–	–

Tableau 5. Tableau des récits insérés dans *Les Veillées du château*

	contes avec merveilleux	contes moraux	histoires	anecdotes	fables	drames
Les Veillées du château (3 tomes)	t.1: *Alphonse et Dalinde.* *Conte moral* t.2: *Olimpe et Théophile* *ou les Herméneutes* 'La famille russe'	–	t.1: *Delphine ou* *l'heureuse guérison* Le Chaudronnier 'L'héroïsme de l'attachement' *Eglantine ou* *l'indolente corrigée* 'Histoire de M. de la Palinière' t.2: *Paméla ou l'heureuse* *adoption* *Les Esclaves ou le* *Pouvoir des bienfaits*	t.1: 'Histoire de Madame S*** et Marianne Rambour' t.2: *Les Solitaires de* *Normandie*	–	–

n.b. Les contes du tome 3 n'étant pas insérés dans des dialogues, nous ne les faisons pas apparaître dans ce tableau.

Tableau 6. Tableau des récits insérés dans *Les Conversations d'Emilie*

	contes avec merveilleux	contes moraux	histoires	anecdotes	fables	drames
Les Conversations d'Emilie	*L'Isle heureuse ou les Vœux en l'air*	*La Mauvaise Fille*	'La jeune fille qui ne s'est pas corrigée' *Histoire morale de Cécile Frênel* Histoire de l'aveugle et du sourd	–	–	–

la littérature enfantine: un enfant se corrige de ses défauts qui le rendent malheureux grâce à l'exemple d'un autre qui, faisant son devoir, est heureux. De plus, une leçon morale est formulée soit explicitement dans une phrase l'énonçant soit à travers une conclusion éclatante. Ainsi, Mme de La Fite propose deux contes dans lesquels la morale est résumée dans une phrase qui, de plus, est mise en exergue par des italiques. Le premier, *Le Prunier et l'Abricotier* (p.20), illustre la récompense de l'obéissance: '*Les bons enfans seront récompensés*' (p.21). Dans le second, *Frédéric et Daniel* (p.21), les deux enfants doivent apprendre à lire. La récompense de cet apprentissage est d'assister à un bal. Mais tandis que Frédéric sait effectivement lire, Daniel a menti en le prétendant; la morale découle de ce défaut: '*L'enfant menteur sera puni*' (p.22).

Les fables des *Entretiens, drames et contes moraux*, *La Jeune Mouche* et *Les Trois Poissons* sont, par leurs thèmes et les formulations des morales, visiblement écrites pour un âge un peu plus avancé. Dans la première, une mouche interdit à sa fille d'aller voler au-dessus d'une marmite. Dans la seconde, un propriétaire possède une pièce d'eau dans laquelle vivent trois jeunes poissons. Il leur interdit, d'une part, d'aller nager dans la rivière et, d'autre part, de nager trop près de la surface de l'eau. Les deux fables font la même leçon: les conséquences de la désobéissance des enfants peuvent être dramatiques. La morale de La Jeune Mouche est en partie détachée, c'est une phrase de l'insecte en train d'expirer: 'Malheureux les enfans qui n'écoutent point les avis de leur mère!'[20] Celle des Trois poissons doit procéder de la narration et notamment de la situation finale des personnages principaux ainsi que La Motte l'édictait:

> La vérité une fois choisie, il faut la cacher sous l'allégorie, et à la rigueur; on ne devroit l'exprimer ni à la fin ni au commencement de la fable. C'est à la fable même à faire naître la vérité dans l'esprit de ceux à qui on la raconte, autrement le précepte est direct et à découvert, contre l'intention de l'allégorie qui se propose de le voiler.[21]

Deux poissons, qui ont transgressé les interdictions de leur propriétaire, meurent mangés par des prédateurs; le troisième, qui s'est montré obéissant, est extrêmement bien traité par son propriétaire et termine sa vie, vieux et heureux. La leçon est assez facile à déduire mais requiert une participation plus active de la part de l'enfant que dans les premiers exemples. Cette démarche, qui signale l'intention d'apporter une gradation dans les leçons insérées dans les ouvrages, se retrouve dans d'autres formes brèves.

Dans les pièces de Mme de La Fite, la mise en valeur quasi exclusive de

---

20. Mme de La Fite, *Entretiens*, t.2, p.155.
21. A. Houdar de La Motte, *Fables*, p.ixi.

la parole facilite la transmission du message moral et une adhésion plus
ou moins immédiate des lecteurs à celui-ci. *L'Epreuve de l'amour filial* et
L'Amour fraternel mettent en scène des enfants confrontés à d'autres
membres de leur famille. Le premier reprend un *topos* de la littérature
éducative: un enfant est persécuté par l'un de ses parents qui lui préfère
son frère ou sa sœur. Un père voue une tendresse aveugle à son fils aîné –
un garçon égoïste et intéressé – et néglige, et même maltraite, son cadet
plein de bonnes qualités. Finalement, une mise en scène orchestrée par
un oncle et destinée à confondre le mauvais fils permettra de punir ce
dernier et de rétablir le bon fils dans le cœur de son père. Par rapport
aux narrations – où elles peuvent occuper l'espace de nombreuses
années –, dans la chronologie dramatique les péripéties se déroulent
en l'espace de quelques heures et la morale est donnée en lettres
majuscules pour un théâtre destiné aussi bien à être lu que joué: 'CELUI
QUI N'AIME PAS SES PARENTS NE SERA AIMÉ DE PERSONNE'.[22]

Dans *L'Amour fraternel*, c'est l'affection mutuelle de deux frères et d'une
sœur qui fait l'objet de la pièce. Croyant avoir tué sa sœur en jouant avec
une arme, un jeune garçon est menacé d'être, à son tour, assassiné par
leur père. Son frère décide de s'accuser à sa place; le responsable refuse
ce sacrifice. Finalement, leur sœur se révèle à peine blessée. L'abnégation
réciproque des deux frères et le sacrifice projeté par l'innocent font
donc une leçon édifiante au public. De plus, dans les deux pièces, les
comportements des bons enfants constituent un exemple pour leurs
pères, soit injustes soit violents, motif particulièrement marquant pour
un lectorat enfantin. Dans deux autres drames, *La Glaneuse* et *Le Paysan
généreux*, des enfants issus de la noblesse sont en contact avec des
personnages pauvres, enfants et adultes. L'enseignement transmis par
les pères nobles à leurs enfants – que ces derniers soient indifférents ou
au contraire sensibles à l'égard des humbles – est celui de la bienfaisance.
Il est doublé par un second qui invite les enfants à percevoir la vertu et
une certaine noblesse d'âme souvent présentes chez les plus modestes
malgré la pauvreté.

Les leçons des deux principaux contes des *Veillées du château*
concernent des enfants encore plus âgés. Les relations entre parents et
enfants sont, cette fois, compromises par les amours de jeunes hommes
qui n'hésitent pas à faire passer ces dernières avant leurs devoirs filiaux;
les récits décrivent leurs cheminements vers l'amendement. Dans
Alphonse et Dalinde, Alphonse a abandonné son père pour suivre le père
de celle qu'il aime. Il se forme progressivement au contact de ce dernier
et par le côtoiement de phénomènes naturels. L'accumulation de ces

---

22. Mme de La Fite, *Entretiens*, t.1, p.83.

derniers est assez invraisemblable mais elle sert le propos moral du conte puisqu'elle permet de dessiller les yeux du jeune homme, ignorant et imbu de lui-même. Sa progression vers le savoir en est également une vers l'humilité et la prise de conscience de sa faute vis-à-vis de son père. Dans *Olimpe et Théophile*, c'est l'expérience malheureuse qui forme le jeune homme qui a quitté la maison de son père pour fuir un mariage imposé et épouser la jeune fille qu'il aime. Dans les deux cas, l'accent est mis sur la nécessité pour les enfants de respecter leurs parents et de leur obéir en toute circonstance. Mais dans *Olimpe et Théophie*, un message est également adressé aux parents; il leur est rappelé qu'ils ne doivent pas abuser de leur autorité pour forcer leurs enfants à se marier contre leurs inclinations. Enfin, les morales peuvent se dédoubler à l'instar de ce qui se produit dans ce même conte où la conclusion ne se limite pas à une leçon aux enfants et aux parents sur leurs devoirs respectifs. Elle reprend également l'un des thèmes chers au dix-huitième siècle: l'éloignement du monde et le bonheur trouvé parmi les siens et dans la vertu. De plus, elle est prolongée par le projet d'une éducation rousseauiste:

> Eh bien, dit le Baron, consacrons-nous entièrement à l'éducation de Polydore; qu'il passe loin du monde son enfance et sa première jeunesse: formons dans la solitude son cœur et son esprit: qu'il connoisse les charmes de la vie champêtre et des goûts simples, afin qu'un jour, au milieu du tumulte fatiguant d'une vaine dissipation, il puisse les regretter comme les seuls plaisirs purs et réels.[23]

Ainsi, les formes brèves morales dramatiques ou narratives adressées aux plus jeunes ont tendance à planter un décor familial et à formuler de façon explicite les enseignements qu'elles veulent transmettre. Il n'en est pas tout à fait de même dans les récits courts conçus pour des âges plus avancés.

Les vertus domestiques et religieuses

La Souris, *fable* insérée dans le *Magasin des adolescentes*, possède des caractéristiques du genre de la fable. La morale, détachée et en italiques, encadre la narration: elle en constitue à la fois le préambule et la conclusion et énonce une condamnation du mépris pour les conseils des aînés: '*Les sottises des peres sont perdues pour leurs enfants*'.[24] Le récit est fait par une vieille souris à l'agonie qui rassemble sa famille pour la prévenir d'un danger qui la guette. Elle rappelle que la maison dans laquelle ils vivent a été tenue successivement par une Française puis par

---

23. Mme de Genlis, *Les Veillées du château*, t.2, p.370.
24. Mme Leprince de Beaumont, *Magasin des adolescentes*, t.1, p.109 et 119. Formule vraisemblablement prise dans le dialogue entre Montaigne et Socrate du *Dialogue des morts* de Fontenelle.

une Allemande lorsqu'elle était jeune. La première dame était prodigue et légère dans la tenue de ses comptes; ce qui permettait aux animaux habitant la maison, chats et souris notamment, de se nourrir à satiété alors qu'avec la seconde était venu le temps de la plus stricte économie et de l'austérité. Plus aucune nourriture ne s'échappait de la table des domestiques. Affamée, la souris avait fini par aller 'voler' sa nourriture dans le garde-manger. Elle avait alors été attrapée et sur le point d'être noyée par une servante mais en avait heureusement réchappé. Le legs de l'ancêtre à ses descendants est donc la consigne d'éviter la pièce de la maison dans laquelle sont enfermées les provisions pour ne pas risquer la mort. Mais aussitôt qu'elle a expiré, toute la famille – se moquant du discours qui lui a été tenu – se précipite dans le lieu proscrit pour s'y délecter et ne tarde pas à être entièrement décimée. Or, au-delà de la leçon sur les conséquences de la désobéissance explicitement formulée et destinée à un public enfantin, l'auteur entend transmettre un enseignement aux jeunes filles de la noblesse sur le point de se marier. En effet, l'histoire accorde une place assez importante aux descriptions des comportements opposés des maîtresses de maison, la Française et l'Allemande. Et la morale qui en découle, introduite par un personnage d'élève, est complètement différente de celle de la fable:

LADY LUCIE

Je trouve [cette fable] fort jolie: je vous avoue pourtant, ma Bonne, que j'en trouve la morale un peu sévère. J'ai une vraie antipathie pour les détails économiques, et je me trouverois la plus malheureuse personne du monde, s'il falloit m'y assujettir.[25]

La fable pédagogique revisitée est donc une nouvelle façon de transmettre un leitmotiv des *Magasins*: convaincre les élèves de Mlle Bonne qu'il leur faudra diriger leur futur intérieur avec économie. C'est également une manière de condamner la négligence propre aux femmes de leur rang à l'égard des comptes de leurs maisons. Ainsi, Mme Leprince de Beaumont utilise les formes brèves avec beaucoup de liberté. Adaptant régulièrement des œuvres pour le jeune âge, elle fait la même chose dans le sens inverse avec *La Souris*: elle déploie les ressources d'un genre destiné à l'enfance pour transmettre un enseignement à de jeunes personnes. Cette exploration des possibilités offertes par les différents genres révèle le souci des éducatrices de parvenir à une formule éducative efficace. Finalement, lorsque les morales se dédoublent, elles peuvent correspondre aux différents âges qui se côtoient; d'ailleurs, dans le cas de leçons religieuses, elles doivent toucher toutes les élèves.

---

25. Mme Leprince de Beaumont, *Magasin des adolescentes*, t.1, p.119.

Pour illustrer deux thèmes récurrents des *Magasins*, la condamnation de l'athéisme et l'exaltation des sentiments religieux, Mme Leprince de Beaumont insère trois histoires dans le *Magasin des adolescentes* et dans le *Magasin des jeunes dames*. La première,[26] *Histoire de la Marquise D...*, porte sur la nature du 'vrai bonheur'. Elle décrit le parcours d'une jeune personne noble, indépendante et riche qui recherche le bonheur d'abord à travers les plaisirs du monde: 'jeu', 'spectacle', 'grandes compagnies', 'festins', 'bal' puis dans l'amour avant de se consacrer à la charité. Pourtant, elle ne sera véritablement heureuse que lorsqu'elle consacrera ses actes à Dieu. En outre, Mme Leprince de Beaumont emprunte à une femme de lettres anglaise une histoire qui complète et approfondit celle de la Marquise: l'*Histoire de Fidelia* d'Hester Chapone[27] parue anonymement dans trois numéros de l'*Adventurer*.[28] Le but de son insertion dans le *Magasin des adolescentes* est précisé par la gouvernante:

MLLE BONNE

Il n'y a que la religion qui puisse nous engager à vaincre nos passions dominantes, il n'y a qu'elle qui puisse nous donner les secours suffisants pour cela. La philosophie n'y est pas suffisante. Si notre leçon finit de bonne heure, Lady Sensée vous rapportera une histoire qu'on a lue dans l'Aventurier, et qui est très-propre à vous prouver ce que je vous dis.[29]

La traduction de la pédagogue est très proche de l'original; néanmoins, la traductrice donne un tour plus romanesque à la narration. Par ailleurs, l'utilisation de la première personne du singulier dans le modèle et dans sa traduction favorise une certaine vraisemblance, une identification des lecteurs au personnage et une réception favorable de la morale transmise.

Le personnage éponyme, orpheline de mère, a été élevé philosophiquement par son père. Cette éducation lui inculque le souci de la vertu mais uniquement pour satisfaire les exigences sociales: il s'agit d'éviter, pour une femme, d'être mise au ban de la société. Après la mort

---

26. La narratrice indique que cette histoire est prise dans les 'Petites lettres', célèbres à Londres (*Magasin des adolescentes*, t.1, p.150). Il s'agit d'une appellation couramment utilisée à propos des *Provinciales* de Blaise Pascal aux dix-septième et dix-huitième siècles et les lettres du philosophe eurent effectivement un fort retentissement en Angleterre. Voir Paule Jansen, *De Blaise Pascal à Henry Hammond: Les Provinciales en Angleterre* (Paris, 1954). Cette référence est certainement une manière pour l'auteur de s'inscrire dans une morale religieuse exigeante.

27. 'In 1753, Miss Mulso, encouraged by the importunity of her friends, sent the story of Fidelia to the Adventurer, which forms n° 77, 78 and 79, of that work' (Samuel Egerton Brydges, 'Mrs Chapone', *Censura Literaria* 5, 1807, p.308-20). Il s'agit d'Hester Chapone *née* Mulso (1727-1801).

28. John Hawkesworth (éd.), *The Adventurer* (1752-1754), 2 vol. (Dublin, 1771), t. 2, p.31-53.

29. Mme Leprince de Beaumont, *Magasin des adolescentes*, t.2, p.128-29.

de son père, Fidelia se retrouve complètement démunie et demande de l'aide à un cousin. Mais ce dernier l'invite à prendre le style de vie libre auquel son éducation la destine. Outrée par ce discours libertin, la jeune fille n'en est pas moins séduite et entretenue par son amant. Puis très vite, ce dernier l'abandonne. Au moment de la séparation, le jeune homme montre du mépris pour la jeune femme qui lui a sacrifié sa vertu et l'injurie. Or, pour frapper l'esprit des lectrices et rendre la leçon plus efficace, Mme Leprince de Beaumont ajoute aux injures du texte original l'humiliation des coups.[30] Finalement, alors qu'elle est tentée par l'idée du suicide, la jeune femme est recueillie par un pasteur dont la femme est en train d'agoniser sereinement. Ce spectacle de la préparation calme – et même joyeuse – à la mort malgré les souffrances ainsi que l'étude de la Bible provoqueront la conversion de Fidelia. La morale de l'histoire – transmise dans un épilogue dans la version d'Hester Chapone – est formulée par Mlle Bonne dans les commentaires qui suivent le récit: 'il n'y a point de vertu réelle et constante sans christianisme. Je défie de trouver un déiste plus attaché à la vertu morale que Fidélia; cependant cet attachement ne put tenir contre les circonstances fâcheuses où elle se trouva exposée, et contre la violence d'une passion.'[31]

Suivant une gradation qui n'est pas sans rappeler un cheminement vers une révélation religieuse, Mme Leprince de Beaumont insère une dernière histoire vraisemblablement inspirée de sa propre jeunesse et partagée entre le *Magasin des adolescentes* et celui *des jeunes dames*. Mme du Plessis-Peuchot, une 'héroïne chrétienne',[32] aurait participé à la fondation des dames d'Ernemont, communauté dans laquelle Mme Leprince de Beaumont est restée près de dix ans et où elle a débuté une carrière d'institutrice.[33] La narration se présente presque comme une histoire de sainte: Mme du Plessis perd tour à tour trois filles de maladie et se soumet sans murmurer à cette sentence divine. Tout est fait pour peindre la foi du personnage principal comme la plus exclusive et la plus parfaite. Par ailleurs, l'auteur confère un certain degré de vérité à cette histoire en insérant des passages dans lesquels son porte-parole, Mlle Bonne, est en contact avec le personnage de Mme du Plessis. Cette illustration de l'enseignement chrétien est particulièrement importante au sein des *Magasins*; toutefois, elle est difficile à légitimer car elle

---

30. 'non content de me traiter avec tout le mépris que je méritois, il osa me frapper d'une manière barbare' (Mme Leprince de Beaumont, *Magasin des adolescentes*, t.3, p.156). 'This [...] drew on me insolence which though I had deserved I had not learnt on bear' (H. Chapone, *Fidelia*, dans J. Hawkesworth (éd.), *The Adventurer*, p.46).
31. Mme Leprince de Beaumont, *Magasin des adolescentes*, t.3, p.167.
32. Mme Leprince de Beaumont, *Magasin des jeunes dames*, t.2, p.137.
33. Voir Jean-Patrick Latrobe, 'Contribution à l'enseignement élémentaire au XVIIIe siècle: les écoles des sœurs d'Ernemont', *Cahiers d'histoire de l'enseignement* 6 (1978), p.5-86.

s'oppose à la culture religieuse anglaise. Le personnage de la gouvernante prend donc de nombreuses précautions pour l'introduire et ce sont souvent les élèves qui en sollicitent la suite:

MLLE BONNE

J'ai fort envie, mesdames, de passer tout de suite à l'histoire romaine, et de ne rien dire aujourd'hui de Madame du Plessis, sans quoi on me reprocheroit à juste titre de ne vous parler que de dévotion.

LADY LOUISE

Eh! que nous importe ce qu'on dira, ma Bonne? Il est bon de savoir raisonner sur l'histoire romaine; mais il est encore meilleur d'apprendre par l'exemple des bonnes ames, le chemin du Ciel.[34]

En effet, l'image du sacrifice de ses filles que fait une mère à Dieu est un message catholique fort. Il apparaît que l'auteur souhaite provoquer des réactions importantes chez ses lectrices anglaises voire des conversions. Un message qui oscille entre morale religieuse et sociale est également véhiculé par d'autres histoires dont la véracité est avérée.

C'est toujours pour mieux frapper l'imagination des lecteurs que Mme Leprince de Beaumont a eu recours à des affaires criminelles célèbres pour la création d'histoires insérées dans le *Magasin des adolescentes*. Elle reprend tout d'abord le cas de Mme Tiquet condamnée à mort après avoir tenté de faire assassiner son mari par le pistolet puis par le poison. Certaines sources mettent l'accent sur le comportement critiquable de M. Tiquet qui s'est marié à une jeune fille riche en lui cachant la modestie de sa propre fortune.[35] En revanche, Mme Leprince de Beaumont choisit de peindre Mme Tiquet comme une personne habitée par la passion de l'argent dès sa jeunesse; ce qui correspond de sa part à une condamnation à la fois juridique et morale. Ainsi, cette narration souligne l'un des enseignements fondamentaux de Mme Leprince de Beaumont: la nécessité de la maîtrise des passions.

Une seconde histoire, celle de la Marquise de Ganges, sert à illustrer une autre leçon des *Magasins*: la nécessité pour une femme mariée de se conformer aux désirs de son mari et de renoncer aux distractions du monde. L'interprétation des faits réécrits par l'auteur est volontairement excessive. En effet – selon les sources historiques – la Marquise mène, après son mariage, une vie mondaine à l'instar de son mari.[36] Ce dernier se montre jaloux même si les mœurs de la marquise sont irréprochables. C'est uniquement la cupidité de son époux et de ses beaux-frères (de plus

---

34. Mme Leprince de Beaumont, *Magasin des jeunes dames*, t.3, p.33.
35. Voir François-Alexandre-Pierre de Garsault, *Faits des causes célèbres et intéressantes, augmentés de quelques causes* (Amsterdam, Chastelain [Paris, Charles-Antoine Jombert], 1757), p.159-67.
36. F.-A.-P. de Garsault, *Faits des causes célèbres*, p.61-76.

amoureux de leur belle-sœur) qui serait à l'origine de la double tentative d'assassinat – par le poison puis par l'épée – dont elle fait l'objet par ces derniers. La Marquise finit par mourir des suites de l'absorption du poison. Or, à travers la voix de Mlle Bonne, Mme Leprince de Beaumont fait en partie reposer la faute de cet événement sur la victime:

> Mais, mesdames, réfléchissez, s'il vous plaît, sur l'origine des malheurs de cette femme infortunée. Son goût pour le monde et pour les plaisirs, son peu de complaisance pour son mari, les contradictions que cela lui attira, firent naître sa haine contre lui. [...] Je ne prétends pas le justifier au moins, c'étoit un monstre: je veux dire seulement, que peut-être la Marquise eût évité ses malheurs, si elle se fût montrée plus complaisante à ce qu'il exigeoit d'elle. Un mari a tort sans doute d'exiger trop de sa femme: mais une femme a tort de ne pas se prêter aux bizarreries de son mari. Il faut qu'elle se mette bien dans l'esprit, en se mariant, qu'elle prend un maître auquel elle doit sacrifier ses goûts, ses inclinations, et même ses penchants les plus innocents, s'il est assez injuste pour exiger ce sacrifice.[37]

Ainsi, en faisant appel à des épisodes vrais restés dans la mémoire collective – ou rappelés au souvenir – du public français et en leur donnant une nouvelle interprétation fondée sur la morale la plus rigoureuse, l'auteur entend interpeller ses lecteurs – et principalement ses lectrices – pour les inviter à réfléchir sur leur vie quotidienne. Cette invitation passe également par un autre détour, l'exemple offert par la vertu.

Les anecdotes apparaissent comme une forme dédiée à la mise en valeur de la vertu. Elles peuvent concerner celle des plus pauvres ou celle des grands. *Le Juif reconnoissant ou la Probité récompensée*[38] met en présence deux personnages appartenant à des milieux différents – l'un modeste et l'autre aisé – mais également vertueux. Dans l'incipit, un pauvre laboureur secourt, au péril de sa vie, un riche Juif qui est sur le point de se noyer. Mais une circonstance suspend la reconnaissance de ce dernier: il perd une bourse remplie de bijoux alors qu'il est soigné par la famille de son sauveur. Plein de suspicion à l'égard de ce dernier, il renonce pourtant à le faire accuser devant la justice. Après son départ, le paysan retrouve la bourse dans son champ et, malgré une disette qui le met dans l'obligation de vendre l'essentiel de son bien, il n'y touchera jamais. Au contraire, il cherchera constamment le Juif pour la lui rendre. Quelques années après, il rencontre le Juif qui a finalement été convaincu de son innocence et lui rend la bourse. Profondément touché par cette vertu peu commune, le Juif veut laisser sa bourse à son sauveur qui la refuse. Il juge en définitive plus utile de lui acheter 'la meilleure

---

37. Mme Leprince de Beaumont, *Magasin des adolescentes*, t.2, p.55-56.
38. Mme de La Fite, *Entretiens*, t.2, p.172-80.

métairie' du village. Tout le récit est au passé; mais la conclusion, qui annonce que le Juif rend régulièrement visite à la famille paysanne, est au présent. Cette actualisation permet de suggérer que l'anecdote repose sur des faits réels. En outre, en jetant un éclairage sur la très grande vertu de personnages humbles, elle a une fonction d'édification. Or, cette fonction est décuplée lorsque des princes sont mis en scène.

Alliant la réalité historique des personnages à une circonstance exemplaire, les anecdotes princières constituent des leçons particulièrement efficaces:

> on aime sur-tout à voir exercer la vertu par les princes, à cause de l'heureuse influence qu'ils ont alors sur la vertu et le bonheur de ceux qui les entourent. Le rang qu'ils occupent donne de l'éclat à toutes leurs actions, c'est un réverbère qui augmente l'effet de la lumière placée devant lui.
>
> [...] Ainsi quand les princes ont l'esprit assez juste et l'ame assez noble pour sentir que la vertu fait leur vrai grandeur, ils méritent et l'estime des sages et l'amour de tous les cœurs sensibles.[39]

Les manifestations d'humilité et de bonté de grands ne peuvent que frapper des esprits enfantins; d'autant plus lorsque le prince est un enfant. Ainsi, dans les *Entretiens, drames et contes moraux*, Mme de La Fite insère plusieurs épisodes exemplaires de la vie du duc de Bourgogne, un personnage régulièrement évoqué par les éducatrices en raison de sa réputation de grande vertu dès un très jeune âge. Par ailleurs, elle introduit une anecdote sans titre empruntée au '*Museum allemand*'.[40] Le nom du personnage principal n'est pas cité; l'authenticité de l'épisode ne peut donc être certaine. Ce bref trait porte sur l'extrême charité d'un jeune prince allemand: s'étant fait arracher une dent, il reçoit comme récompense de la part de son père un écu qu'il donne en aumône à un pauvre. Il rencontre ensuite un autre malheureux qui l'apitoie encore plus et demande à son frère de lui prêter un écu; mais ce dernier lui rappelle qu'il ne rembourse jamais ses emprunts. Le prince réplique alors que, dans le cas présent, le remboursement est sûr car il se fera arracher une autre dent le soir même. A l'image des autres formes insérées, celle-ci fait écho à des textes courts présents dans l'ouvrage. C'est ainsi que l'attitude du prince est comparée au comportement du personnage d'une histoire qui vient d'être narrée; et l'intention du prince est considérée comme la plus louable: 'Vous le voyez, ma cousine, Damon ne se privoit pour l'amour de Brusquet que du plaisir d'acheter des joujoux, au lieu que ce bon petit prince vouloit se priver d'une de ses dents parce que c'étoit le seul moyen qui lui restât pour faire du bien à

---

39. Mme de La Fite, *Entretiens*, t.2, p.74-75.
40. Mme de La Fite, *Entretiens*, t.1, p.102-103. Il s'agit du périodique *Deutsches Museum* (Leipzig, Weygand, 1776-1788).

un pauvre.'[41] De plus, l'action projetée par le prince est qualifiée d'*"héroïque"* tandis que celle du personnage de l'histoire est simplement présentée comme *'généreuse'* (p.103). La comparaison tend donc à valoriser le comportement vertueux des princes et à conforter leur position de supériorité vis-à-vis des autres hommes. Dans la perspective des leçons, leurs bonnes actions sont présentées comme des modèles à suivre pour de jeunes nobles.

Mais pour conserver leur supériorité sociale et morale, les grands doivent savoir s'abaisser, notamment face à leurs domestiques: 'Si j'avois [Mme de Clémire] eu tort avec le dernier domestique de la maison, je lui en montrerois certainement du repentir, et je croirois justement m'honorer moi-même, (car rien ne nous élève comme l'équité,) en lui faisant des excuses proportionnées à l'offense.'[42] C'est ce que démontre une anecdote des *Magasins* concernant une princesse de sang, Mlle de Beaujolais. Pour l'auréoler de véracité et par un procédé propre à cette forme brève, Mlle Bonne dit le tenir de l'un de ses principaux protagonistes, une femme de charge de la princesse dénommée Tomelle. Cette dernière ayant commis une erreur est sèchement tancée par sa maîtresse. Un peu plus tard, la sœur de Mlle de Beaujolais qui a assisté à la scène sermone lui indique que, pour être réellement supérieure aux femmes communes, une princesse doit savoir demander pardon à une inférieure:

> Et pourquoi craindriez-vous de lui demander excuse, puisque vous l'avez offensée mal à propos, lui répondit la princesse cadette? Croyez-moi, ma sœur, une personne de notre rang se dégrade, et devient misérable, quand elle fait des fautes; mais elle se remet à sa place et se fait estimer, quand elle a le courage de les réparer. Vous avez beau dire que cette fille est bien au-dessous de vous, cette différence n'est réelle qu'autant que vous avez plus de vertu qu'elle.[43]

Au sein de la fiction, ce trait sert de leçon aux élèves de Mlle Bonne qui méprisent leurs servantes. Sur un plan éducatif, il doit inciter les lectrices nobles à traiter leurs domestiques avec davantage d'humanité.

Dans *Les Veillées du château*, le rapport entre les princes et les domestiques ou les humbles fait également l'objet d'anecdotes concernant des membres de la famille d'Orléans.[44] Cependant, leur forme se distingue légèrement de celles des autres éducatrices: Mme de Genlis leur fait subir un glissement qui les fait passer de 'l'anecdote

---

41. Mme de La Fite, *Entretiens*, t.1, p.103.
42. Mme de Genlis, *Les Veillées du château*, t.2, p.398-99.
43. Mme Leprince de Beaumont, *Magasin des enfans*, t.4, p.215-16.
44. Rappelons que Mme de Genlis a été la gouvernante des enfants d'Orléans.

vertueuse' à la 'nouvelle édifiante'.[45] En effet, tout en protestant de leur véracité et en multipliant les indices pour le prouver, l'auteur voile les noms des personnages en leur attribuant des lettres suivies de trois étoiles ou en les modifiant même si ce n'est que légèrement. De plus, la narratrice ne garde pas une distance 'historique' avec le sujet: certains passages possèdent un ton passablement romanesque; notamment les descriptions et le discours rapporté:

> Tu sais, continua Madame de S***, qu'il y a ici une maîtresse d'école pour apprendre à lire aux enfans du village. La grande partie des habitans est en état de la payer; mais il existe beaucoup de pauvres paysans qui ne peuvent lui donner la modique rétribution qu'elle exige. Si j'eusse vécu quelques années de plus, j'aurois amassé l'argent nécessaire (c'est-à-dire cent écus) pour faire une petite rente à cette sœur d'école, afin qu'elle pût instruire gratis les pauvres filles du village. [...] A ces mots, Marianne saisit avec transport une des mains de Madame de S***, en s'écriant avec transport: ô ma chère Maîtresse![46]

De fait, l'intervention de la narratrice est nécessaire pour soutenir l'authenticité et l'exemplarité des événements rapportés car le choix de ne pas utiliser les véritables noms réduit la portée de ces anecdotes même si les lecteurs de l'époque – du moins les adultes – étaient susceptibles de reconnaître les personnages princiers dont il était question. D'ailleurs, ces derniers apparaissent peu dans le cours des récits, et leur effacement se fait au profit des personnages d'extraction modestes. Toutefois, on retrouve une caractéristique des anecdotes des autres éducatrices: le parallèle avec une autre narration est destiné à mettre en valeur le caractère exceptionnel de la vertu des princes et de leurs entourages (p.154):

> A présent, mes enfans, dites-moi si cette action ne vaut pas bien celle d'Ambroise?... – Oh, Maman, elle est encore plus belle; car la piété faisait agir Ambroise tout naturellement; et puis la reconnoissance de Madame de Varonne le récompensoit au fur et à mesure... – Sans doute. Au lieu que le seul respect que Marianne avoit pour la mémoire de sa maîtresse l'engageoit à tous les sacrifices qu'Ambroise avoit faits pour conserver les jours de Madame de Varonne. La conduite d'Ambroise est digne d'admiration; celle de Marianne est au-dessus de tous les éloges.

Ainsi, parmi les différentes formes brèves vouées à porter un message moral, l'anecdote est celle qui permet la cristalisation d'une image édifiante de la vertu princière. Et son insertion dans les ouvrages d'éducation lui fait subir quelques transformations pour être adaptée à un public enfantin tout en atteignant un lectorat adulte.

---

45. Voir Marie-Emmanuelle Plagnol-Diéval, 'De l'anecdote vertueuse à la nouvelle édifiante: naissance d'un genre au tournant des Lumières', dans *La Nouvelle dans la langue française aux frontières des autres genres, du Moyen Âge à nos jours* (Ottignies, 1997).
46. Mme de Genlis, *Les Veillées du château*, t.1, p.149-50.

Finalement, dans le cadre de la théorie éducative mise en place par les éducatrices, les formes brèves merveilleuses ou morales ont une double fonction. D'une part, elles sont un moment de rupture destiné à apporter distraction et délassement. D'autre part, elles contribuent à élargir l'horizon du monde principalement féminin et aisé qui est celui des *Magasins, Conversations d'Emilie, Entretiens, drames et contes moraux, Réponses à démêler, Veillées du château* ainsi que d'*Eugénie et ses élèves*.[47] Plusieurs contes et drames font effectivement appel à des personnages masculins qui sont le plus souvent des figures de l'éducation, des pères et des fils. De plus, ils mettent en scène d'autres catégories sociales et d'autres préoccupations quotidiennes. Par ailleurs, ces récits représentent un éclaircissement et une illustration des questions morales abordées durant les leçons. La morale constitue donc un élément de liaison important entre la forme cadre et la forme insérée; mais cette liaison n'est pas systématique. Chez Mmes Leprince de Beaumont et d'Epinay, tous les récits sont destinés à appuyer les dialogues et fonctionnent étroitement avec eux. Chez Mmes de Genlis et de La Fite, à côté de ceux qui sont soumis au dialogue, quelques-uns sont plus ou moins détachés et d'autres sont complètement indépendants comme dans le troisième tome des *Veillées du château* et dans *Réponses à démêler*.

En fait, les éducatrices adaptent leurs structures, leurs longueurs et leurs emplacements dans les ouvrages pour qu'ils servent leur but pédagogique. C'est ainsi que certains contes sont particulièrement brefs quand il s'agit avant tout de remporter l'adhésion immédiate du lectorat par un exemple simple et frappant comme c'est le cas avec les *Trois Souhaits*. D'autres, par contre, sont relativement longs et comportent d'assez nombreuses péripéties, à l'instar du 'prince Tity', quand l'objectif est d'interpeller les lecteurs sur des sujets requérant de la réflexion comme la politique. Bref, en mettant à la portée du jeune âge des ouvrages jugés trop difficiles pour les enfants par les contemporains ou proscrits dans le cadre de la formation des filles, la littérature éducative féminine ne se crée pas en marge de la littérature de son temps. Au contraire, elle en utilise toutes les ressources, y fait régulièrement référence et, partant, la reflète dans la plupart de ses aspects littéraires, sociaux et moraux. Ainsi naît cette forme particulière des 'magasins', 'conversations', 'veillées', 'entretiens' et 'réponses', ces mélanges qui se veulent tout à la fois des outils didactiques et pratiques permettant aux élèves et aux instructeurs de trouver une somme de connaissances dans un seul livre et qui tentent de conserver une qualité littéraire par les idées qu'ils véhiculent, leur composition et leur style. Des ouvrages conçus pour les élèves et qui sont également destinés aux éducateurs auxquels ils délivrent un message théorique sur l'éducation.

---

47. Toutefois, celui-ci est déjà mixte.

II

Les modèles éducatifs

Les conceptions qui prévalent dans la société d'Ancien Régime placent les éducations masculines et féminines dans une opposition dichotomique. Dans leur prime jeunesse, les enfants peuvent être réunis; mais très vite, des destins différents entraînent des éducations distinctes qui sont déléguées à des personnels éducatifs propres à chaque sexe. D'un côté, les garçons appelés à occuper des charges et des emplois sont formés de préférence dans les collèges. Certains restent dans la maison familiale; leur instruction est alors confiée à des précepteurs qui suivent un programme constitué de fondamentaux réservés aux élites. De l'autre, la destinée sociale des filles se résume au mariage ou à prendre le voile. Aux dix-septième et dix-huitième siècles, nombre d'entre elles sont envoyées au couvent pour y recevoir une éducation correspondant à leur rang. Toutefois, dans la seconde moitié du dix-huitième siècle, les couvents sont déconsidérés et leur rôle pédagogique est fortement remis en question. Leur fréquentation ne connaît pas de baisse importante; mais, il ne s'ouvre qu'un nombre très restreint d'institutions par rapport au dix-septième siècle.[1] De plus, un changement des mentalités, favorisé par le discours médical et *Emile ou De l'éducation* intervient. Il rend acceptable l'idée d'une éducation domestique menée par la mère. Ce moment représente donc un tournant pour les questions d'éducation à plus d'un égard. Dès 1762, à la suite de la dissolution de la Compagnie de Jésus, un débat sur la réorganisation de l'instruction publique masculine occupe l'espace public et de nombreux ouvrages paraissent sur le sujet. Celle des filles n'y est que rarement prise en considération et toujours dans une faible mesure. Or, les livres des éducatrices constituent un discours traitant le sujet de l'éducation féminine, privée ou publique. Elles ne se limitent pourtant pas à la seule dimension féminine et intègrent dans leur réflexion l'aspect masculin de la question. Et surtout, elles tentent de mettre en place les éléments d'une éducation prenant en compte les valeurs de Lumières pour les deux sexes. A cet égard, leurs ouvrages représentent une étape importante dans l'histoire de l'éducation.

1. Voir Martine Sonnet, *L'Education des filles au temps des Lumières* (Paris, 1987).

5. La remise en cause des schémas éducatifs traditionnels

i. L'éducation domestique

L'éducation d'une mère

Les parutions d'*Emile ou De l'éducation* et de *Julie ou la Nouvelle Héloïse* ont valorisé l'image de la mère-éducatrice. Des auteurs vont jusqu'à présenter cette tâche comme un sacerdoce ou un sacrifice; ce trait extrêmement forcé montre que la question est un sujet de controverse: 'Quant à la gêne de la mere, elle est grande j'en conviens, mais une femme, dès qu'elle est devenue mere, doit renoncer à elle-même, pour ne penser qu'à l'éducation de ses enfans, sinon elle ne merite pas la qualité de mere.'[1] Le scellement initial de cet engagement intervient au moment de l'allaitement maternel qui est défendu par le discours médical et l'œuvre de Rousseau et que les éducatrices reprennent à leur compte. Mme de Miremont, par exemple, accuse la société d'avoir coupé le lien qui unissait une mère à son enfant en supprimant cette fonction naturelle:

> Certainement la premiere mere qu'on priva de nourrir son enfant, dût ressentir une impression très-douloureuse. [...] mais bientôt il aura été reçu qu'un mari qui aimoit sa femme, ne devoit plus la laisser nourrir; de nouvelles représentations n'auront produit que de nouveaux refus, et ces refus auront refroidi le zele. Depuis les meres ont craint de rentrer dans leurs droits: l'amour des plaisirs, la gêne, la contrainte, plus que l'intérêt de leur santé, les retiennent encore: il en est cependant quelques-unes qui entreprennent avec succès de surmonter ces prétendus obstacles.[2]

De même, les éducatrices considèrent que le rôle éducatif des mères est légitimé par leur nature, et elles en analysent le fonctionnement sous un angle qui révèle une intuition d'ordre psychologique.

Le dix-huitième siècle a accordé une place de choix à l'amour maternel: 'Ce qui est nouveau, à la fin du dix-huitième siècle, c'est la soudaine importance donnée à ce sentiment et les caractéristiques qu'on lui découvre.'[3] Or, cet amour est un élément fondamental dans la nouvelle pédagogie des éducatrices. Selon elles, ce qui permet à l'édu-

---

1. Mlle d'Espinassy, *Essai sur l'éducation des demoiselles*, p.25.
2. Mme de Miremont, *Traité de l'éducation des femmes*, p.2-3.
3. Yvonne Knibielher et Catherine Fouquet, *Histoire des mères du Moyen Âge à nos jours* (Paris, 1977), p.135.

cation maternelle d'être la meilleure, c'est la tendresse ressentie par toute mère à l'égard de sa progéniture: il s'agirait d'un ressort profond garantissant la réussite d'une éducation féminine. Seul ce sentiment aplanirait les difficultés et bannirait l'ennui d'une tâche vécue comme une lourde contrainte par les 'mercenaires'[4] l'accomplissant par nécessité. De plus, dans le domaine de la transmission des savoirs, tout en étant conscientes des lacunes dont peuvent souffrir les connaissances des femmes, les pédagogues n'y voient pas un frein à l'entreprise maternelle. Elles évoquent des palliatifs qui mettraient les mères en mesure de se former elles-mêmes. Bien plus, selon Mmes d'Epinay et de Monbart, une mère possède des 'lumières naturelles' qui l'éclairent instinctivement sur ce qu'il est utile d'enseigner et la meilleure manière de le transmettre à son élève:

> Quelque bornée que je fusse du côté des lumières, j'ai pensé que, sur les intérêts de ce que j'ai de plus cher au monde, je ne devais pas déférer aveuglément aux lumières d'un autre; j'ai regardé la tendresse, le sentiment, l'instinct d'une mère, comme supérieurs à tout ce que la réflexion et la sagesse peuvent suggérer de plus lumineux.[5]

Ainsi, le but des éducatrices est d'établir davantage de moralité dans la société grâce à l'éducation; et elles estiment que celle des garçons par les femmes est l'un des moyens qui permettrait d'atteindre cet objectif.

L'éducation des garçons par les femmes

Des éducatrices défendent la capacité des femmes à se charger de la formation des garçons; *a fortiori* lorsqu'il s'agit de leurs propres fils. Pour lui donner plus de poids, Mme de Genlis met cette opinion sous la plume d'un personnage masculin:

> je crois qu'on pourrait citer plus d'une mère en état d'élever son fils aussi bien, et peut-être mieux que le meilleur des pères ou le plus habile instituteur. Qui de nous peut se flatter de les égaler en délicatesse, en finesse, tandis qu'elles peuvent s'élever aux qualités qui doivent nous caractériser, le courage et la grandeur d'âme? Je pense, comme vous, que l'éducation qu'elles n'auront pas ou dirigée ou perfectionnée, ne sera point entièrement finie, mais ce principe n'est rigoureusement vrai qu'à l'égard des particuliers.[6]

Les qualités de pédagogues des mères pour les deux sexes et à tous les âges sont donc mises en avant même si, étrangement, la 'gouverneur' du futur Louis-Philippe fait une exception pour les princes. De plus, les

4. Ce terme est fréquemment utilisé au dix-huitième siècle pour désigner le travail des nourrices et des gouvernantes.
5. Mme d'Epinay, *Histoire de Mme de Montbrillant*, t.2, p.696-97.
6. Mme de Genlis, *Adèle et Théodore*, p.337.

éducatrices remettent en cause les plans d'éducation traditionnels des garçons, sclérosés, qui comptent des matières sans réelle utilité dans la vie quotidienne. Car ce qu'elles souhaitent pour les garçons, c'est moins une formation préparant à des métiers qu'une éducation véritablement morale.

Leur vœu est de former des citoyens agissant vertueusement au sein de la société à l'instar de Mme d'Epinay qui désire mettre en place, pour son fils, une éducation inspirée de la philosophie des Lumières. Elle l'encourage donc à profiter de la conversation des hommes de lettres, philosophes et diplomates qui fréquentent son salon. Devant le peu de succès de cette méthode, elle écrit des lettres[7] destinées à sensibiliser le jeune homme aux différentes réalités du monde qui l'entoure. A la suite de l'échec de cette nouvelle tentative, elle lui fait connaître l'éducation caractéristique de Genève, celle des cercles, qui accorde une large place à la transmission du droit naturel. Selon la pédagogue, la république offre un exemple de vertu sociale et politique qui constitue à lui seul un enseignement. A l'inverse, Paris n'a aucun potentiel d'enseignement:

> L'éducation tient au caractère d'un peuple, à la forme du gouvernement... Voyez-vous où j'allois? Je m'arrête tout court pour vous faire observer que malheureusement à Paris l'éducation ne sçauroit être que mauvaise. Il lui faut des exemples; leur impression est toujours efficace sur une ame bien née. Où en prendra-t-on dans un pays où les mœurs ne sont presque plus comptées?[8]

Le lien politique entre l'enfant et la cité est ainsi esquissé. Selon Mme de Genlis également, les buts de l'éducation masculine sont avant tout de former un citoyen vertueux. Théodore reçoit une instruction reflétant pour une bonne part les idées des Lumières. La morale occupe notamment une place importante dans sa formation et il s'agit d'une morale active avec des applications sociales à l'image de celle qui est prônée par les philosophes.

Mme Leprince de Beaumont se distingue en s'exprimant sur la question de l'éducation publique des garçons dans un livre consacré uniquement à ce sujet. Toutefois, en publiant *Le Mentor moderne*, elle se défend par avance contre les attaques que son 'audace' risque d'attirer: 'j'ai à combattre des préjugés qu'un très long usage a consacrés, à lutter contre la paresse qui les adopte, contre l'intérêt particulier qui les soutient. J'entends déja mille voix s'élever contre moi. Est-ce à une femme à dicter des préceptes pour l'éducation des garçons?'[9] Pourtant,

---

7. Mme d'Epinay, *Lettres à mon fils*.
8. Mme d'Epinay, 'Lettre à Tronchin d'Octobre 1756', dans *Mes moments heureux*, p.126-27.
9. Mme Leprince de Beaumont, *Le Mentor moderne, ou Instruction pour les garçons et pour ceux qui les élèvent*, 12 vol. (Paris, C. Herissant, 1772), t.1, Avertissement, p.ix.

elle réduit son intervention au cas des très jeunes enfants, entre quatre et sept ans; des âges pour lesquels les femmes étaient encore chargées de la 'première éducation' des garçons. En outre, le personnage de l'instructeur est un homme. Ce sont les mêmes principes que ceux de son célèbre ouvrage pour les filles, le *Magasin des enfans*, qui guident les leçons du *Mentor moderne*: des dialogues pédagogiques ont lieu entre un gouverneur et un groupe d'élèves. Partant, dans l'esprit de la pédagogue, la base des éducations féminines et masculines est identique: il s'agit de former de jeunes enfants à la religion et à la philosophie parallèlement aux apprentissages premiers comme la lecture et l'écriture. Enfin, Mlle Le Masson Le Golft met en scène dans *Entretiens sur Le Havre*[10] le parachèvement de la formation d'un jeune homme par une narratrice qui est une 'demoiselle' à travers des dialogues pédagogiques. L'objet du livre est de communiquer des 'lumières' supplémentaires sur toutes les sciences et arts dans un contexte havrais. Ce livre étonnant est dédié aux 'écoliers du collège du Havre' et peut-être a-t-il été accepté sans réticences par le public en raison du statut de savante de l'auteur et de son champ d'application géographique restreint.

Tout en s'opposant au type de formation masculine en vigueur, les éducatrices ne veulent pas perturber l'ordre social dans lequel les garçons sont destinés à occuper des fonctions nécessitant des connaissances académiques. C'est pourquoi elles conservent une bonne part des éléments d'un apprentissage classique. Et, afin de mettre les mères en état de remplir cette fonction, elles imaginent des techniques nouvelles pour l'apprentissage de matières indispensables:

> Laissez là toutes ces méthodes de collège, et prenez celle que le bon sens vous dicte. Il est parmi vous, mesdames, quelques-unes qui entendent cette langue, et que je ne nommerai pas, parce qu'elles ne veulent pas se singulariser: elles l'ont apprise en badinant, en suivant la méthode que je leur ai prescrite. J'avoue qu'elles ne le [latin] parlent pas; mais elles le lisent et le traduisent aussi aisément que leur langue naturelle. Si elles ont des garçons, elles les mettront dans une année en état de lire le latin, et d'entendre quelques auteurs: leurs époux charmés de ces progrès, leur abandonneront sans peine une éducation dont elles s'acquittent si bien. Un bon gouverneur suppléera sous leurs yeux à ce qu'elles ne pourront faire.[11]

La mère, même si elle parvient à obtenir de diriger l'éducation de ses fils, a donc besoin de l'assistance d'une tierce personne dans les domaines savants. Et le personnage du précepteur attaché au fils se retrouve à la fois dans l'*Histoire de Mme de Montbrillant* et dans *Les Veillées du château*, ce qui atteste de la perdurance d'une séparation entre la formation morale

---

10. Marie Le Masson Le Golft, *Entretiens sur Le Havre* (Le Havre, Chez les libraires, 1781).
11. Mme Leprince de Beaumont, *Magasin des jeunes dames*, t.4, p.18-19.

et l'enseignement académique. D'ailleurs, il est intéressant de noter que dans *Les Veillées du château*, lorsque Mme de Clémire discute avec son fils des avantages et des désavantages de la lecture de la traduction de *L'Iliade* et de *L'Odyssée* par Mme Dacier, la réflexion porte essentiellement sur la part de morale que la traductrice a introduite dans son travail.

Dans *Adèle et Théodore*, l'éducation tend vers une certaine mixité même si les formations masculine et féminine conservent nombre de leurs spécificités. Au début de l'ouvrage, Adèle et Théodore suivent à peu près les mêmes enseignements dispensés par leurs parents assistés du maître de dessin et de la maîtresse d'anglais. Et pour la partie morale, les expériences et exemples les concernent initialement tous les deux. C'est ainsi que l'histoire d'une duchesse italienne enfermée dans une grotte par son mari est portée à la connaissance des deux élèves tout en étant principalement destinée à sensibiliser les filles à la vertu. Mais quelques parties sont particulières à l'un ou à l'autre sexe comme la question de l'aguerrissement des garçons selon les préceptes de Rousseau. Puis, progressivement, les différences entre les deux éducations augmentent jusqu'à ce qu'elles soient entièrement séparées. La mère, en tant qu'éducatrice de son fils, et la fille, en tant que camarade de son frère, sont nécessairement exclues de certaines étapes de la vie d'un jeune homme. En effet, seul Théodore fait – et peut faire – l'expérience de l'amour éprouvé pour une femme mariée. Et seul son père peut l'aider à en tirer un enseignement. Ainsi, les éducatrices font des propositions nouvelles en ce qui concerne l'éducation d'un point de vue général. Mais leurs contemporains s'en tiennent à l'idée que les femmes sont dédiées à la première éducation de leurs enfants et doivent laisser à des hommes le soin de celle des garçons qui ont grandi. Il reste donc aux mères le devoir de former leurs filles jusqu'à leur mariage.

L'éducation des filles par les mères

Dans le discours pédagogique du dix-huitième siècle, la mère apparaît comme la personne la plus indiquée pour offrir une éducation de qualité à ses filles. Même dans des ouvrages qui traitent d'autres types d'éducation, celle d'une gouvernante dans les *Magasins* et celle d'institutions publiques dans le *Discours sur la suppression des couvents de religieuses*, les auteurs donnent la primauté à l'éducation maternelle dans leurs préfaces. Pourtant, c'est une situation idéale qui, telle qu'elle est commentée dans la littérature de l'époque, semble avoir été difficilement réalisable et rarement réalisée:[12] 'Heureuse une demoiselle qui peut recevoir ses

---

12. Il faut évidemment distinguer les réalités historiques du discours littéraire. Voir, par exemple, Martine Sonnet, 'L'éducation des filles à l'époque moderne', *Historiens et géographes* 393 (février 2006), p.255-67.

préceptes de sa mère! heureuse la mère, qui comme vous, madame, peut parler ce langage à sa fille.'[13] Et lorsque la relation éducative est effectivement établie entre une mère et sa fille, elle doit reposer sur un certain nombre d'éléments que les éducatrices énoncent dans leurs ouvrages.

Le premier est une affection partagée. Si l'amour maternel est devenu une évidence, la mère doit s'efforcer de faire naître en retour la tendresse de sa fille par sa présence et par ses soins. Cette réciprocité des sentiments maternels et filiaux est la base idéale de la relation pédagogique. Elle est tout d'abord gage d'un plaisir qui est un facteur essentiel de réussite; en effet, ne s'ennuyant jamais en compagnie de sa mère, la fille est toujours disposée à recevoir un enseignement, un conseil, une remarque. De plus, pour pouvoir former son enfant au mieux, une mère-institutrice doit toujours avoir cette dernière sous les yeux; et, pour que cela ne soit vécu comme une contrainte ni d'un côté ni de l'autre, il faut que la tendresse mutuelle le permette. Cet aspect très particulier de l'éducation maternelle peut concerner des éducatrices représentant un substitut de la mère comme la gouvernante dans *Sophie ou De l'éducation des filles*:

> Pour que mon élève m'aime, il faut qu'elle soit persuadée de ma tendresse; pour qu'elle me voie toujours avec plaisir, il faut qu'elle ne se trouve nulle part mieux qu'avec moi. Je ne dois pas la perdre un seul instant de vue; je dois partager ses jeux, ou ses travaux; dans un moment d'absence, un conseil pernicieux peut rendre mes soins inutiles.[14]

En outre, la mère – ou son substitut – doit être l'amie et même la seule amie de sa fille. Cet aspect, récurrent dans les différents ouvrages, souligne la particularité de l'éducation maternelle: 'Il n'est point de mère qui ne fût la confidente de [sa fille], si elle savoit l'élever pour cela: que d'avantages il en résulteroit pour l'une et pour l'autre! Soyez l'amie de votre fille, elle sera la vôtre; gagnez son amitié, méritez-la' (p.21). Les autres amitiés féminines sont généralement considérées comme dangereuses pour l'élève. A partir de l'adolescence, elles entraînent en effet des confidences le plus souvent sentimentales et compromettent la relation entre une fille et sa mère. En revanche, lorsque cette dernière est exclusive, elle est un moyen pour la mère d'obtenir une confiance absolue et librement consentie de la part de la petite ou de la jeune fille:

> La confiance est le don le plus libre qui existe; on peut l'acorder à celui qui nous l'inspire, mais elle ne peut s'exiger. Si j'ai votre confiance comme vous dites, c'est que vous avez remarqué sans doute que j'en ai beaucoup en vous; c'est que les premiers essais que vous avez faits en me confiant vos petites

---

13. Marie Le Masson Le Golft, *Lettres relatives à l'éducation*, p.54.
14. Mme de Monbart, *Sophie*, p.46. Cette idée se trouve également dans l'*Emile*.

afaires, vous ont apparemment réussi; que vous vous en êtes bien trouvée. Point d'inconvénient, et très souvent peut-être du profit; c'est une bonne afaire que cela. Cette expérience a fortifié et augmenté de jour en jour votre confiance en moi.[15]

Bien plus, cette relation implique que la fille n'a rien de caché pour sa mère et que cette dernière peut lire en son élève comme dans un livre ouvert; cette idée est poussée à l'extrême dans *Adèle et Théodore* où Adèle n'a pas une seule pensée dont sa mère n'ait connaissance. La présence constante des mères auprès des filles s'explique également par la conscience que possède toute mère des dangers encourus par le sexe faible dans le monde. En définitive, l'éducation menée consciencieusement par une mère permet à cette dernière d'être la maîtresse de l'établissement de sa fille. Cette possibilité est retirée à la mauvaise mère que représente Mme de Limours dans *Adèle et Théodore* pour sa fille aînée tandis que Mme d'Almane ne peut que détenir ce privilège et prévoit qu'il en sera de même pour sa fille adoptive et élève accomplie, Mme d'Ostalis: 'vous seule marierez votre fille'.[16] Pourtant, malgré les nombreux avantages qu'elle représente, l'éducation maternelle n'est pas sans poser certains problèmes.

L'éducation maternelle remise en question

Mmes d'Epinay et de Miremont approfondissent la réflexion sur l'éducation maternelle et abordent la question de ses limites.[17] Si ce type d'éducation possède de réels avantages sur un plan théorique, des contraintes la privent d'une partie de son efficacité dans son application. En effet, elle réclame une présence et un soin de tous les instants de la mère auprès de sa fille; or, cela n'est que rarement réalisable. Certaines mères ont des obligations sociales, comme c'est le cas pour celles évoquées dans le traité de Mme de Miremont. D'autres, et c'est la situation mise en scène par Mme d'Epinay dans *Les Conversations d'Emilie*, peuvent souffrir d'une santé fragile qui interrompt longuement la relation pédagogique. Partant, tout en invitant les mères à se charger de l'éducation de leurs filles, les auteurs suggèrent que ce message a peu de chance d'être entendu. La littérature de l'époque va dans le même sens. Les différents appels adressés aux mères par des auteurs pour qu'elles s'acquittent de cette tâche, depuis la fin du dix-septième siècle

15. Mme d'Epinay, *Les Conversations d'Emilie*, p.213.
16. Mme de Genlis, *Adèle et Théodore*, p.562.
17. Cette partie reprend des éléments d'un article paru en 2007. Voir Sonia Cherrad, 'De l'éducation des mères à une possible éducation publique, Mmes d'Epinay et de Miremont' dans *Femmes éducatrices au siècle des Lumières: discours et pratiques*, éd. Isabelle Brouard-Arends et Marie-Emmanuelle Plagnol-Diéval (Rennes, 2007).

jusqu'à l'aube de la Révolution, pourraient indiquer que la plupart des femmes de la bonne société 'négligeaient' cet aspect de leurs 'devoirs'. Toutefois, des éléments historiques font penser qu'ils étaient inspirés par les habitudes d'une partie des mères de la noblesse et de la grande bourgeoisie qui délaissaient leurs obligations familiales, volontairement ou par obéissance, pour participer à la vie sociale de la capitale. Le personnage de Mme de Montbrillant, par exemple, doit s'imposer auprès de sa mère, de sa belle-famille et de son mari pour pouvoir se charger de l'éducation de son fils.[18] En revanche, une majorité de dames, en particulier dans les provinces, suivaient de près l'instruction de tous leurs enfants.[19]

Un autre problème que les deux éducatrices relèvent dans l'éducation maternelle est son peu d'adaptation aux besoins de l'enfant. En effet, elles sont toutes deux conscientes du déséquilibre qu'implique cette relation exclusive: elle requiert de la part de l'élève des efforts pour s'élever au niveau de son institutrice alors qu'il faudrait que cette dernière s'adapte aux capacités enfantines. La solution évoquée par Mme de Miremont remet en question l'isolement du couple éducatif mère-enfant:

> Notre supériorité les engage à une sorte de contrainte. Nos goûts, nos plaisirs, nos besoins n'étant pas les leurs, la rivalité qui décèle tant de mouvemens cachés reste dans l'inaction. Cette seule observation me persuaderoit qu'il est aussi facile qu'avantageux, d'élever plusieurs enfans ensemble. [...] Des enfans étrangers qu'on rassemble avec les siens, aident encore plus qu'on ne pense à une éducation suivie.[20]

Le plus surprenant dans ce questionnement de l'éducation maternelle est la mise en cause par Mme d'Epinay de ce qui en faisait la qualité première, l'affection d'une mère pour son enfant:

> MÈRE
>
> Il me semble au contraire, que jamais je ne vous aurais prouvé plus fortement combien vous m'etiez chere, qu'en [...] vous priv[ant] pour un temps de l'apui trop constant de la tendresse maternele, qui a aussi ses dangers, et qu'il faut peut-être compter parmi les inconvéniens de l'éducation domestique.[21]

A l'âge de la maturité et après s'être chargée de différentes éducations, Mme d'Epinay juge donc que cette affection ne permettrait pas à la mère

---

18. Mme d'Epinay, *Histoire de Mme de Montbrillant*.
19. Voir Philippe Marchand 'La part maternelle dans l'éducation des garçons au XVIIIe siècle' dans *Femmes éducatrices au siècle des Lumières: discours et pratiques* (Rennes, 2007), et Julie Doyon. 'A "l'ombre du père"? L'autorité maternelle dans la première moitié du XVIIIe siècle', *Clio* 21 (2005), p.162-73. Revue en ligne: http://clio.revues.org/1459?
20. Mme de Miremont, *Traité de l'éducation des femmes*, p.19-20.
21. Mme d'Epinay, *Les Conversations d'Emilie*, p.404.

de faire les meilleurs choix éducatifs; ils l'inclineraient à confondre les intérêts de ses enfants avec ses propres intérêts affectifs qui la pousseraient à garder ces derniers auprès d'elle. Ainsi, le sentiment même qui pousse les parents à désirer que leurs enfants soient éduqués de la meilleure manière ne les rendrait pas aptes à le faire eux-mêmes. Helvétius exprime la même idée lorsqu'il parle de la 'lâche complaisance' du père qui rend son éducation beaucoup moins efficace que celle d'un instituteur public.[22] Dans une lettre à Diderot, Mme d'Epinay reconnaîtra même que c'était son ancien ami Rousseau qui avait raison lorsqu'il disait que les parents ne sont pas faits pour éduquer leurs propres enfants. En définitive, dans la dernière des *Conversations d'Emilie*, la pédagogue parvient à la conclusion qu'il est préférable que les enfants soient éduqués dans des institutions publiques.

Mme Leprince de Beaumont ne se prononce pas clairement à propos de l'éducation maternelle. Dans les *Magasins*, les mères des élèves de Mlle Bonne sont citées à quelques reprises; mais elles restent relativement absentes. Le type d'éducation mis en scène est à mi-chemin entre une éducation particulière, d'inspiration maternelle, et une éducation publique. Elle alterne entre une prise en compte des élèves dans leurs individualités et une adresse à un groupe d'enfants. La gouvernante et les élèves partagent des sentiments de nature maternelle pour la première et filiaux pour les secondes; cette affection mutuelle est un élément important de la relation pédagogique puisqu'elle conduit la plupart des jeunes filles à assister de leur propre chef aux leçons de Mlle Bonne. De plus, elle les engage à avoir une entière confiance en leur institutrice et à lui confier leurs secrets. Par ces différents aspects, Mme Leprince de Beaumont marque la dépendance de l'éducation féminine à l'égard du modèle d'éducation maternelle. Toutefois, le nombre des petites et jeunes filles réunies crée des phénomènes propres aux classes: l'émulation, la multiplication des domaines d'apprentissage, l'adaptation du niveau à la compréhension des plus jeunes. En outre, Mme Leprince de Beaumont estime nécessaire de mettre en place des éducations communes bien pensées pour les filles comme pour les garçons. A propos de l'échec de l'éducation publique, ce sont les structures et les méthodes qu'elle dénonce et non les capacités ou les volontés des enseignants: 'J'ai beaucoup de respect pour les couvents, les collèges, et les pensions particulières: je sais qu'il y a dans ces différens corps des personnes capables de donner une très-bonne éducation; mais je soutiens en même temps qu'on rend leurs talens inutiles.'[23] Ainsi, Mme Leprince de Beaumont, qui a enseigné des années durant parmi les sœurs

---

22. Claude-Adrien Helvétius, *De l'homme* (1773; Paris, 1989), p.136-37.
23. Mme Leprince de Beaumont, *Le Mentor moderne*, préface, p.xij-xiij.

d'Ernemont puis a été gouvernante dans des familles de la 'gentry' londonienne, choisit des personnages d'instructeurs s'adressant à des groupes d'élèves pour ses ouvrages pédagogiques. Toutefois, elle ne développe pas sa réflexion sur le sujet. Finalement, tout en préservant l'éducation maternelle parce qu'il s'agit d'un modèle opérant dans une société d'ordres et sous un régime monarchique, les éducatrices ouvrent la voie à une réflexion sur le renouvellement de l'éducation publique féminine.

ii. La réflexion sur l'éducation publique

Les premières idées sur une autre éducation publique

Le vœu du renouvellement de l'éducation publique masculine apparaît bien avant la dissolution de la Compagnie de Jésus (1762) qui fait plutôt naître une réflexion sur les enjeux d'une 'éducation nationale'.[24] Dès le dix-septième siècle, les collèges sont régulièrement dénoncés et nombre de pédagogues et de philosophes réfléchissent à un meilleur système. Rollin étudie la question dans son *Traité des études* à travers la distance de l'histoire.[25] S'inspirant du pédagogue et historien, Mme Leprince de Beaumont reprend le modèle persan comme exemple d'une éducation publique efficace.[26] Celui-ci lui permet d'illustrer l'un de ses préceptes les plus importants: l'éducation a le pouvoir de corriger les défauts. En l'occurrence, avec un Etat organisant un système d'éducation commun, c'est toute une société qui est modelée selon des principes vertueux:

> Ce n'étoit pas que les Perses eussent des inclinations différentes des autres peuples; ils ne venoient pas au monde plus honnêtes gens que leurs voisins; mais la bonne éducation qu'ils recevoient, corrigeoit leurs défauts et les faisoit paroître comme des hommes d'une espece différente. Ce n'étoient pas leurs parents qui leur donnoient cette bonne éducation; il n'étoit pas permis à un pere de garder un fils chez lui, et il falloit envoyer tous les enfants qu'on vouloit avancer, dans les écoles publiques.[27]

Ainsi, c'est grâce à une volonté politique qui privilégie et impose l'éducation publique au détriment de l'éducation privée que de bonnes mœurs peuvent être établies dans une société. Ici apparaît l'idée de la filiation entre le type de gouvernement qui est à la tête d'un pays et le

---

24. L.-R. Caradeuc de La Chalotais, *Essai d'éducation nationale*.
25. Voir Florence Boulerie, 'L'Elaboration de l'idée d'éducation nationale, 1748-1789', thèse de doctorat, Paris, 2000, p.16-19.
26. De même Rousseau pense que l'éducation publique n'a pu être pleinement réalisée que dans l'antiquité par 'les Crétois, les Lacédémoniens et les anciens Perses', *Discours sur l'économie politique*, dans *Œuvres politiques*, p.137, cité par Tanguy L'Aminot, Introduction d'*Emile ou De l'éducation* (Paris, 1992), p.xxvi.
27. Mme Leprince de Beaumont, *Magasin des adolescentes*, t.3, p.117.

type d'éducation qui y est en vigueur. Mais Mme Leprince de Beaumont ne prolonge pas cette réflexion; elle se contente de suivre la démonstration de Rollin et de relever les raisons de la décadence de l'empire perse: l'abolition de l'éducation publique et le retour à une éducation particulière. Selon le pédagogue, lorsque la formation des enfants persans est à nouveau abandonnée à leurs mères, elle est pervertie; ce qui produit des hommes et une société aux mœurs relâchées. A partir de ce moment, l'empire perse est rapidement soumis par ses ennemis.

C'est donc en s'inspirant de l'effervescence des idées sur la pédagogie masculine de la seconde moitié du siècle et en y adjoignant leurs propres observations et réflexions que des éducatrices ont abordé la question de l'éducation publique des filles. Elles ont notamment pressenti que le modèle existant devait tendre vers une homogénéité de l'enseignement féminin: 'Tant que l'on se bornera à l'éducation d'une seule, les choses resteront dans le même état; l'on fera le bonheur de l'individu et non pas celui de l'espece: tant que les institutions seront ce qu'elles sont, les filles oublieront leurs devoirs de filles; et n'apprendront jamais celui de meres; le mal se perpetuera.'[28] Mais les propos restent timides; et peu d'éducatrices approfondissent le sujet.

La correspondance de Mme d'Epinay avec l'abbé Galiani montre que la pédagogue a réfléchi à l'éducation publique. Ses références en la matière sont Montesquieu et Caradeuc de La Chalotais chez lesquels l'éducation publique est pensée dans sa relation avec le pouvoir politique. En revanche, elle critique le *Plan d'éducation publique* de l'abbé Coyer. Elle le considère comme irréaliste et irréalisable parce qu'il propose d'utiliser, sous un régime monarchique, des méthodes propres à une société républicaine. De façon plus allusive, elle donne, dans *Les Conversations d'Emilie*, quelques indications sur le type d'éducation publique souhaitable. Tout en se référant, comme Mme Leprince de Beaumont, à des exemples pris dans l'antiquité – ceux offerts en particulier par la république romaine et par les idées de Plutarque – elle établit explicitement un lien entre le type d'éducation dominant dans un pays et le type de gouvernement qui est à sa tête:[29]

vous devez y avoir remarqué qu'un des plus grands avantages de la forme républicaine, c'est d'influer directement sur les caractères, d'animer la masse

---

28. Mme de Monbart, *Sophie*, p.34.
29. Cette idée finit par s'établir dans la société pré-révolutionnaire: 'C'est la nature du gouvernement de chaque société qui établit la nature de l'éducation, qui y donne la foiblesse ou la force, les vices ou les vertus. Par la nature du gouvernement et de l'éducation, on a vu dans la Grèce des femmes disputer avec les hommes la gloire des exercices qui demandent de la force et de l'adresse' (Mme de Coicy, *Les Femmes comme il convient de les voir, ou Aperçu de ce que les femmes ont été, de ce qu'elles sont, et de ce qu'elles pourroient être*, Paris, Bacot, 1785, t.1, p.11).

générale dans toutes ses parties, d'y porter l'activité et la vie, et par conséquent de faire connaître à chaque individu sa valeur propre, dont il ne se
serait peut-être pas douté sous un autre gouvernement [...] Eh bien, les écoles
publiques bien instituées suivent cette forme républicaine, et procurent à
leurs élèves tous ces avantages.[30]

Mme d'Epinay formule ainsi le souhait qu'un cadre républicain préexiste
à la mise en place d'une éducation publique. Il s'agit, selon elle, d'un type
de gouvernement qui insuffle la vertu dans l'ensemble de la société et qui
la transmet principalement à travers l'éducation. La république
genevoise représente pour l'auteur une référence moderne. C'est le
seul Etat où le droit naturel est enseigné et la seule société où les jeunes
gens peuvent avoir quotidiennement sous les yeux des exemples de vertu
à travers les hauts dignitaires qui la dirigent. L'auteur énonce donc que
c'est dans un cadre républicain qu'une éducation publique féminine
serait plus profitable qu'une éducation domestique menée par une mère:
'L'exemple, l'expérience, la nécessité, sont les précepteurs qui
enseignent, ou plutôt les maîtres qui commandent. Ceux-là ne causent
pas, ne babillent pas, ils sont muets: mais ils gravent les principes dans le
cœur en caracteres inéfaçables au lieu de les entasser sans consistance
dans la mémoire' (p.403). Finalement, la pédagogue considère que seule
une éducation commune, laïque et morale peut former des citoyens
vertueux et ainsi assurer le bonheur de la société dans son ensemble.
Mais elle ne fait qu'esquisser quelques-unes de ses idées à la fin d'un
ouvrage qui met en scène une éducation particulière et maternelle. Or,
tout le dix-huitième siècle est parcouru de velléités quant au
développement d'une réflexion sur l'éducation publique féminine.

L'éducation publique avant la Révolution

Dans la première moitié du dix-huitième siècle, des auteurs ont pensé
qu'il était nécessaire de rénover l'éducation publique dans son ensemble
en tenant compte de celle des filles tout en conservant une distinction
entre les spécificités masculines et féminines. Dans son *Projet pour
perfectionner l'éducation des filles*, l'abbé Castel de Saint-Pierre tranche en
faveur de ce système: 'Il y a des avantages inestimables pour les filles dans
les coleges qu'elles ne sauroient jamais trouver dans l'éducation
domestique, la crainte de la punition publique, le désir de la récompense
publique, l'exemple des compagnes estimées, le désir de se distinguer
entre ses compagnes, tous effets naturels de l'émulation.'[31] Cette idée se
retrouve dans un autre texte de l'auteur: *Projet pour multiplier les collèges de*

---

30. Mme d'Epinay, *Les Conversations d'Emilie*, p.402.
31. Charles-Irénée Castel de Saint-Pierre, *Œuvres diverses* (Paris, Briasson, 1730), p.32.

filles.[32] En s'inspirant de l'exemple de Saint-Cyr, l'abbé imagine les moyens de créer de nouveaux couvents. Il met en particulier l'accent sur la manière de recruter des religieuses institutrices formées dans les institutions traditionnelles; mais il en reste à une ébauche de projet. Les propositions de Bernardin de Saint-Pierre sur le même sujet sont légèrement différentes; en revanche, elles ne sont pas particulièrement ambitieuses. Dans son discours pour répondre à la question de l'académie de Besançon, 'Comment l'éducation des femmes pourrait contribuer à rendre les hommes meilleurs' (1777),[33] il envisage une éducation primaire mixte jusqu'à douze ans; mais il arrête là la formation institutionnelle des filles. Par la suite, elles seraient instruites par leurs maris. Ainsi, tout en les évoquant, les auteurs explorent peu les alternatives de l'éducation féminine.

Dans la seconde moitié du siècle, l'édit royal de 1763 posant les bases d'une nouvelle instruction publique masculine ainsi que le *Plan d'éducation nationale* de Caradeuc de La Chalotais, paru la même année, sont des réponses à une situation d'urgence: il est nécessaire de faire des propositions concrètes pour réorganiser le réseau des établissements scolaires des garçons parce que les collèges jésuites en constituaient la part la plus importante.[34] Pourtant ces initiatives portent peu de fruits comme en témoignent les nombreux autres 'plans' qui paraîtront ensuite. Force est pour les philosophes désabusés de constater que la situation de l'éducation des garçons a empiré avec le départ des jésuites.[35] Parallèlement, le discours à l'égard des filles reste à peu près identique: leur formation est généralement peu ou pas associée à celle des garçons car son enjeu est moindre. Et l'événement littéraire représenté par *Emile ou De l'éducation* renforce l'idée d'une éducation féminine qui doit être menée au sein de la maison familiale. Les ouvrages qui paraissent à la même époque sur ce sujet la traitent donc surtout sous cet angle.

Cependant, quelques auteurs tentent d'inclure la question féminine dans la réflexion sur l'éducation publique. C'est ainsi que dans *De l'éducation publique*, l'auteur anonyme prévoit que garçons et filles doivent être éduqués d'une manière similaire: 'Qu'à la place de cette éducation futile, on les instruise à peu près comme les hommes, et des mêmes choses que les hommes selon les rangs et les états, en substituant seulement, à ce qui ne convient qu'à notre sexe, les ouvrages des mains,

---

32. Castel de Saint-Pierre, *Projet pour multiplier les collèges des filles* (1733; Paris, 1868).
33. *Œuvres complètes de Jacques-Henri-Bernardin de Saint-Pierre*, 8 vol. (Bruxelles, Auguste Wahlen, 1820), t.8.
34. Certes, d'autres congrégations ont investi ces lieux confisqués; mais elles ne possèdent pas l'organisation interne qui a fait le succès des jésuites.
35. Voir par exemple Roland Mortier, 'Les "philosophes" français et l'éducation publique', dans *Clartés et ombres du siècle des Lumières* (Genève, 1969), p.107.

qui sont si séants au leur.'[36] Mais dans le même temps, l'auteur évoque les résistances et les accusations de ridicule que sa proposition soulèvera au sein du public. D'ailleurs, il ne lui consacre que quelques pages à la fin de son ouvrage comme s'il s'agissait de lancer une idée qui aurait peu de chances d'être entendue. L'éducation publique des filles, quand elle est évoquée dans le débat public, apparaît donc comme pensée à partir de celle des garçons et dans la restriction. Seul un 'projet' pour le renouvellement des couvents que Mme de Miremont intègre dans son traité analyse véritablement la question et peut être considéré comme le premier plan d'éducation publique féminine.

Le plan d'éducation publique féminine de Mme de Miremont

Mme de Miremont réserve un chapitre de son *Traité de l'éducation des femmes* à l'éducation publique des filles. Si cette initiative semble opportune dans le dernier tiers du dix-huitième siècle, l'auteur l'accompagne de nombreuses précautions. La partie est, en effet, présentée comme un aparté que les lecteurs peuvent passer:

> Nota. Suit ici le projet de réformation pour des couvens voués à l'éducation des jeunes personnes, et un plan pour la distribution des heures destinées aux études, avec quelques avis sur la maniere de montrer et d'apprendre. Cette partie est si aride en elle-même, qu'elle ne peut intéresser que ceux qu'elle regarde personnellement; c'est ce qui détermine à la réduire à un article séparé, dont on puisse s'épargner la lecture.[37]

Comment expliquer cette réserve? L'auteur craint-elle, comme elle l'indique, d'ennuyer une partie de son lectorat avec un sujet éloigné de ses préoccupations? Ou la réformation de l'éducation publique des filles est-elle un sujet encore tabou? On peut pencher dans ce sens dans la mesure où il n'existe pas d'autre plan de ce type dans la littérature de l'époque. Mme de Miremont semble ménager les susceptibilités des traditionnels tenants de l'éducation publique féminine, le clergé et les religieuses. D'ailleurs, dans le commentaire de l'ouvrage paru en mars 1780 dans *Le Journal des savants*,[38] Gaillard note uniquement l'effort de la pédagogue pour améliorer l'éducation des couvents et le loue; il n'y décèle pas d'autre ambition. Et il met sur le compte de la modestie la possibilité offerte par l'auteur aux lecteurs d'écarter ce chapitre. Or, d'autres marques de prudence apparaissent dans le plan lui-même.

Contrairement à Mmes Leprince de Beaumont et d'Epinay, l'auteur n'aborde pas vraiment la question de l'insertion de l'éducation publique

---

36. Anonyme, *De l'éducation publique* (1762; Amsterdam, [Paris, Laurent Durand], 1763), p.230-31.
37. Mme de Miremont, *Traité de l'éducation des femmes*, p.67.
38. *Journal des savants* (Paris, Jean Cusson, 1780), p.176-84.

dans un système politique. Elle reprend uniquement le discours traditionnel qui présente la bonne éducation comme un avantage pour l'Etat. Elle approfondit cependant un peu cette idée en suggérant que l'avènement d'une nouvelle forme d'éducation reposant sur des principes moraux représenterait 'l'époque d'une grande révolution' dans les 'Etats civilisés' car, réformant les mœurs, elle permettrait d'établir enfin une société vertueuse et, par conséquent, de rendre les citoyens heureux.[39] Le plan qu'elle propose est destiné à constituer un modèle général; ce qui tend vers une uniformisation de l'éducation publique féminine. Mais, conformément à l'esprit de circonspection qui préside à ce chapitre, Mme de Miremont ne met pas en cause ouvertement le système d'éducation conventuel; sa hiérarchie et son organisation sont donc en apparence conservées.[40] La nouveauté introduite par la pédagogue est de faire évoluer progressivement les structures existantes en contraignant les religieuses à adopter de nouvelles méthodes de travail. Pour y parvenir, elle préconise, d'une part, de faire appel à l'autorité que possèdent les évêques sur les communautés de religieuses. D'autre part, il s'agirait de 'défendre l'instruction de la jeunesse à toutes les maisons qui n'auroient que des sujets médiocres à présenter'[41] c'est-à-dire des élèves mal formées; ce qui suggère l'idée d'une évaluation de ces dernières. Cette mesure repésenterait pour les couvents le risque d'un manque à gagner conséquent et, partant, une motivation pour mieux faire. En contrepartie des moyens financiers plus importants nécessaires à la mise en place du nouveau plan, les couvents pourraient augmenter le montant des pensions des élèves. Cette augmentation serait acceptée par les familles des pensionnaires si la qualité de l'éducation était effectivement améliorée. Enfin, les couvents destinés à l'instruction devraient se dédier exclusivement à l'accueil des pensionnaires et ne logeraient pas de dames.[42] Ce qui révèle une volonté de donner les moyens aux établissements de concentrer leurs efforts autour de la formation des filles; c'est-à-dire d'être entièrement et réellement des lieux d'instruction.

Du point de vue de l'organisation interne, l'éducatrice – comme cela apparaît chez des pédagogues masculins à propos des collèges – prévoit

---

39. Mme de Miremont, *Traité de l'éducation des femmes*, p.114.
40. A l'image de l'ensemble de la littérature éducative de l'époque, Mme de Miremont ne s'intéresse qu'à l'éducation destinée aux élites; ce qui écarte la question des petites écoles et des écoles de charité. Sur ce sujet voir notamment Bernard Grosperrin, 'La part des filles', dans *Les Petites Ecoles sous l'Ancien Régime* (Rennes, 1984) et Martine Sonnet, *L'Education des filles au temps des Lumières* (Paris, 1987).
41. Mme de Miremont, *Traité de l'éducation des femmes*, p.75.
42. Rappelons que les loyers de ces locataires représentaient une autre source de revenus pour les couvents.

'l'uniformité dans les habits'[43] des pensionnaires; c'est la manifestation du désir d'instituer une certaine égalité entre les élèves. En dehors de l'instruction proprement dite, la journée est aménagée pour favoriser la santé et la bonne constitution. L'auteur préconise, notamment, d'apporter un soin particulier à la toilette et à une répartition sensée des heures de repas. Elle accorde également une place particulière aux exercices physiques. Dans l'ensemble, cette organisation reflète les nouvelles idées pédagogiques de son temps. Par ailleurs, l'un des aspects les plus intéressants du plan de Mme de Miremont est l'organisation d'un système homogène de formation des maîtresses. Malgré son apparente modestie, il souligne la modernité de la pédagogue qui, des années avant la Révolution, a pressenti qu'il était nécessaire de prévoir le recrutement et la formation des enseignantes à grande échelle pour pouvoir mettre en place une éducation publique efficace.[44]

Ce qui importe en premier lieu à Mme de Miremont, c'est de faire appel à des personnes qui seraient davantage des enseignantes que des religieuses. En effet, les deux vocations sont peu compatibles car elles sont toutes les deux très exigeantes. Ce point de départ, présenté comme une solution pratique, conduit implicitement à une laïcisation de la profession. Les enseignantes garderaient toutefois un lien religieux avec la communauté dans laquelle elles professeraient:

> Dans les maisons où les sujets manqueront (et il y en aura beaucoup,) combien de filles de condition, sans pain et sans ressources, s'estimeroient heureuses qu'on voulut bien les recevoir sans dot; il seroit juste qu'elles fussent assujetties à l'obéissance; mais il le seroit aussi qu'elles fussent affranchies des austérités de la regle. Une maîtresse de pensionnaires est assez fatiguée du poids de sa charge. Le jeûne, en prenant sur son tempéra-ment, prendroit nécessairement sur son esprit, et affoibliroit ses lumieres. Le moral tient de si près au physique, qu'il est essentiel de ne l'en jamais séparer.[45]

La laïcisation de l'enseignement avait déjà fait son entrée dans les couvents à travers un système de recrutement de sœurs à vœux simples destiné à faire face aux manques d'enseignantes dans les congrégations. Mais elles étaient chargées des filles de condition modeste.[46] Mme de Miremont propose donc d'étendre ce principe aux maîtresses chargées

---

43. Mme de Miremont, *Traité de l'éducation des femmes*, p.86.

44. A ce sujet et dans le cas des garçons, voir Dominique Julia, '1789-1793: Un problème oublié: la formation des maîtres' dans *Les Trois Couleurs du tableau noir. La Révolution* (Paris, 1981), p.153-54.

45. Mme de Miremont, *Traité de l'éducation des femmes*, p.73-74.

46. Voir notamment Bernard Grosperrin, 'La prolifération des sœurs enseignantes', dans *Les Petites Ecoles*.

de l'instruction des pensionnaires – c'est-à-dire les élèves les plus riches – ce qui est une manière de faire évoluer la conception qu'avait le public de l'éducation des filles de bonne famille. Et, pour que l'enseignement des nouvelles maîtresses de classe s'avère efficace, l'auteur établit le programme de leur formation.

Les temps impartis à chaque apprentissage sont variables. Celui de l'histoire ancienne et moderne est de trois ans quand 'six mois leur suffiront certainement pour apprendre la grammaire et l'orthographe'.[47] En effet, les futures maîtresses doivent maîtriser au moins les rudiments de ces matières avant leur arrivée dans le couvent. La géographie, la mythologie et l'histoire sainte font également partie des matières étudiées ainsi que les quatre règles de l'arithmétique et le droit. Par ailleurs, l'auteur prévoit un enseignement de la physique – au sens du dix-huitième – et de l'histoire naturelle. Les lectures conseillées pour parfaire cette formation – et en particulier les romans de Richardson, les lettres de Mme de Sévigné et les ouvrages de Mme de Lambert – sont éloignées de celles qui faisaient habituellement le lot des religieuses régulières.[48] En outre, les prescriptions sur la façon de mener les enseignements correspondent aux idées nouvelles des éducatrices. Les maîtresses devront être à l'écoute des élèves et se rendre disponibles pour répondre à toutes leurs questions. Bien plus, elles sont invitées à étudier les caractères de leurs élèves pour pouvoir s'y adapter.

Malgré ces aspects novateurs, quelques indications tiennent encore de la tradition conventuelle; et particulièrement les suspicions à l'égard des rapprochements nocturnes qui font recommander une grande vigilance aux maîtresses assignées à la surveillance des dortoirs. Les visites au parloir sont également vues d'un mauvais œil; même celles d'un frère. Le temps accordé à l'apprentissage du métier, six ans, est relativement long alors que les connaissances à acquérir sont peu étendues. Au demeurant, Mme de Miremont n'arrête pas la formation à ce stade; elle prévoit que l'enseignement quotidien augmentera le désir de s'instruire des enseignantes. Enfin, elle propose d'accorder un véritable statut à ces dernières de manière à rendre leur tâche enviable et à susciter des vocations. Elles recevront des gratifications pécuniaires et seront distinguées par l'abbesse et l'évêque pour leur travail. Malgré ces projets de restructuration, l'éducatrice ne propose pas un plan d'éducation très audacieux pour les filles destinées à fréquenter les nouveaux établissements publics d'enseignement.

---

47. Mme de Miremont, *Traité de l'éducation des femmes*, p.77.
48. Pour celles-ci, il s'agissait essentiellement de lectures pieuses. Voir Sonia Rouez, 'Les pratiques de la lecture chez les visitandines aux XVIIe et XVIIIe siècles', dans *Visitation et visitandines aux XVIIe et XVIIIe siècles*, éd. Bernard Dompnier et Dominique Julia (Saint-Etienne, 2001).

En effet, le contenu annoncé des études des pensionnaires reste assez restreint. Toutefois, on peut supposer qu'il s'agit pour Mme de Miremont de respecter les conventions de son époque car le cours complet révèle qu'elle a une vision beaucoup plus ambitieuse de l'instruction féminine. Pour l'essentiel, son programme reflète la formation moyenne des filles dans la seconde moitié du dix-huitième siècle. Il reprend les matières inscrites par Fénelon dans le *Traité de l'éducation des filles*: prononciation, orthographe, grammaire, arithmétique, notions en droit. La véritable originalité, en accord avec la prise de conscience de l'époque, est l'ajout des exercices physiques en tant que discipline à part entière. Par ailleurs, outre les contenus, Mme de Miremont s'intéresse à l'organisation pratique des leçons. Les élèves, âgées au minimum de sept ans et au maximum de dix-huit, seraient partagées entre deux classes, la première pour les filles de sept à douze ans et la seconde pour celles de douze à dix-huit. Un système de passage de l'une à l'autre – possible dans les deux sens – favoriserait l'émulation. Les leçons auraient lieu à heures fixes le matin et chaque matière aurait son institutrice attitrée; par ailleurs, une même institutrice serait chargée d'enseigner les connaissances possédant un lien entre elles: 'La lecture, l'écriture et les principes de la langue doivent être confiés à une même maîtresse. Ces trois parties ont des rapports qu'il convient qu'une seule personne puisse rapprocher et faire valoir dans chaque leçon au profit de l'intelligence.'[49] L'après-midi serait consacrée aux maîtres et la soirée aux révisions des leçons pour lesquelles l'auteur institue un système de supervision par une maîtresse afin que l'apprentissage soit plus efficace.

Mais, tout en proposant un plan concret et en donnant une idée précise des moyens à mettre en place, Mme de Miremont ne plébiscite pas ouvertement l'éducation publique. Au contraire, à plusieurs endroits de son texte elle énonce que cette éducation est destinée à compenser la défection des mères face à leur rôle éducatif. Est-ce une réelle conviction ou un discours conventionnel masquant un désir de remplacer l'éducation maternelle par l'éducation publique?[50] Il apparaît que Mme de Miremont a perçu la nécessité d'abandonner les schémas traditionnels pour rénover effectivement l'éducation féminine. Déjà, en traitant de l'éducation maternelle, elle remarquait qu'il aurait été souhaitable pour une mère d'instruire ses enfants avec des 'enfants étrangers'.[51] Suivant cette idée, l'auteur souligne l'intérêt que représente une instruction publique et donc commune:

---

49. Mme de Miremont, *Traité de l'éducation des femmes*, p.90.
50. La correspondance et les cahiers de Mme de Miremont, perdus, auraient pu nous éclairer sur ce point.
51. Voir p.110.

A l'inspection, il semble que ce soit surcharger les enfans, les fatiguer de leçons; mais qu'on observe qu'on ne dit pas en un mois, ce qu'on lit ici en un quart-d'heure; que c'est à une maîtresse prudente à administrer chaque instruction suivant les occurrences; que ces instructions s'appliquent ou s'adressent un jour à l'une, un jour à l'autre; qu'il n'y en a jamais qu'une qui supporte tout le poids, tandis que toutes les autres en profitent, et qu'enfin la sagesse, l'aménité qui les dispense, selon le besoin, loin de les rendre ennuyeuses pour aucunes, doit les faire goûter et paroître aimables à toutes.[52]

Ainsi, avant la Révolution, quelques éducatrices repensent les modèles éducatifs de leur époque et se détachent de celui qui a fait les beaux jours de la seconde moitié du dix-huitième siècle, l'éducation maternelle. Pour autant, il leur est difficile d'affirmer hautement la nécessité de passer à un système d'éducation public et laïque pour les filles dans un contexte social relativement conservateur. En effet, même si l'enseignement des religieuses est régulièrement remis en cause, personne n'a osé déclarer qu'il fallait retirer aux couvents ce qui constitue pour eux une source importante de revenus. Même après la Révolution, les propositions en matière d'éducation féminine restent timorées.

Les discours sur l'éducation des filles après la Révolution

En 1785, paraît un ouvrage dans lequel l'auteur, Mme de Coicy, souhaite que le public reconnaisse la valeur des femmes et la nécessité de les faire participer à toutes les charges de la société, même les plus élevées: 'En un mot l'histoire nous fait connoître, que les nations les plus fameuses, et les hommes les plus célèbres, ont pensé que, pour le bonheur public, les femmes devoient être en société de fonctions et de gloire avec les hommes; quelques peuples même ont eu pour elles une particuliere vénération.'[53] Après la Révolution, Mme de Coicy renouvelle son appel en l'adaptant au nouveau contexte politique. Elle rédige, en 'réponse aux cahiers de l'ordre le plus nombreux', une *Demande des femmes aux états généraux* qui expose en seize pages les domaines dans lesquels les femmes se sont illustrées. Mais les hommes de la Révolution jugent que, si la structure sociale est à réinventer, le partage des rôles entre les deux sexes doit rester le même. Les femmes continueront à se consacrer aux soins de leur ménage et à l'éducation des enfants tandis que les hommes seront appelés à prendre part, à différents niveaux, à la destinée de la nation: 'La vie intérieure est la véritable destination des femmes; il est donc

---

52. Mme de Miremont, *Traité de l'éducation des femmes*, p.106.
53. Mme de Coicy, *Les Femmes*, p.16. Dans ce texte, l'auteur développe une défense des capacités des femmes dans la veine des 'discours sur la supériorité des femmes'. A ce sujet, voir Marc Angenot, *Les Champions des femmes: examen du discours sur la supériorité des femmes, 1400-1800* (Montréal, 1977).

convenable de les élever dans les habitudes qui doivent faire leur bonheur et leur gloire; et peut-être serait-il à désirer qu'elles ne sortissent jamais de sous la garde de leur mère.'[54] Dès lors, on comprend que les 'auteurs ne plaident guère pour un développement de l'instruction féminine'.[55]

Les différentes propositions de plans d'éducation de la République reprennent pour l'essentiel les discours de l'Ancien Régime: les mères sont exhortées à remplir leurs rôles de nourrices et d'éducatrices. L'instruction des filles est toujours conçue dans la restriction: elle est réduite aux connaissances nécessaires à la vie quotidienne d'une épouse, mère et maîtresse de maison. Certes, il est prévu de fonder un système d'éducation publique pour le sexe féminin. Cependant, les établissements n'accueilleraient les filles que durant un temps très court. Même dans les projets d'écoles destinées à recevoir des élèves des deux sexes, l'instruction des filles leur serait spécifique et conforme à celle qui avait court sous la monarchie. Seul changement, ce qui était religieux devient 'civique': outre la lecture, l'écriture et le calcul, il s'agirait de former 'la mémoire par l'étude des chants civiques et de quelques traits de l'histoire propres à développer les vertus de leur sexe' et de transmettre 'des notions de morale, d'économie domestique et rurale'. De plus, les filles continueraient à 'consacrer la principale partie de la journée à filer, coudre et blanchir, ou à travailler dans des ateliers de manufacture proches des maisons d'éducation'.[56]

L'éducation des filles a donc représenté un écueil dans la mise en place d'une nouvelle société aux lendemains de la Révolution. La question révélait les limites des idéaux égalitaires et progressistes révolutionnaires. Il s'agissait de maintenir les femmes à l'écart de la vie politique tout en leur accordant, en apparence, un statut civique dans la nouvelle société. Condorcet se démarque par son désir d'établir une véritable égalité entre les deux sexes, ce qui impliquait d'élever de façon identique et ensemble garçons et filles; mais son argumentation n'est pas suivie. A l'assemblée, le projet d'une éducation féminine publique donne lieu à des hésitations et à des résistances. Finalement, c'est '*in extremis*' que 'la Convention maintenait [...] une instruction publique pour les filles dans le dernier texte de loi révolutionnaire relatif à l'enseignement'.[57] Les discours dénonciateurs et revendicateurs de femmes ont été nombreux à

---

54. Honoré-Gabriel Riqueti, comte de Mirabeau, *Travail sur l'éducation publique trouvé dans les papiers de Mirabeau l'aîné*, éd. P. J. G. Cabanis (Paris, Imprimerie nationale, 1791), p.36-38.
55. D. Julia, *Les Trois Couleurs*, p.313.
56. Le Peletier de Saint-Fargeau, *Plan d'éducation nationale* (1793), dans *Procès-verbaux du comité d'instruction publique de la Convention nationale*, éd. James Guillaume (Paris, 1891-1907), t.2, p.57, cité par D. Julia, *Les Trois Couleurs*, p.330.
57. D. Julia, *Les Trois Couleurs*, p.331.

la même époque pour tenter d'obtenir la reconnaissance qui était refusée à leur sexe;[58] certains demandent une éducation digne de ce nom pour les filles. Toutefois, aucun ne comprend un plan pour la mise en place d'une éducation publique féminine. Mme de Genlis, qui est loin de souscrire à ce type de revendications, en publie cependant deux à quelques années d'intervalles.

Les plans d'éducation publique féminine de Mme de Genlis

Témoin des événements révolutionnaires et de l'avènement d'une nouvelle société, Mme de Genlis est amenée à repenser les modèles éducatifs qu'elle avait prônés jusque-là. Partant, elle publie successivement deux plans d'instruction publique pour les filles.[59] Son premier texte fait suite à la disparition des couvents décidée par l'Assemblée nationale en 1790: *Discours sur la suppression des couvents de religieuses et sur l'éducation publique des femmes*. Néanmoins, elle puise son inspiration dans les modèles de l'Ancien Régime dont elle conserve les aspects qui correspondent à ses convictions sociales et religieuses. En effet, elle reste tributaire d'une conception de la société partagée en ordres. L'organisation scolaire qu'elle propose répond donc à cette hiérarchie même si la Révolution la conduit à prendre en compte la possibilité de bouleversements sociaux:

> le plan d'éducation doit varier suivant le sexe et l'état. Il seroit absurde d'élever le fils d'un roi comme un particulier, et de donner à une femme l'éducation qui pourroit convenir à un homme. Il faut donc d'abord considérer, 1º. quel rang l'éleve aura nécessairement dans la société; 2º. quel rang des événements incertains, mais possibles, pourroient lui donner; 3º. quelles sont les vertus et les talens qu'on doit le plus lui désirer pour son bonheur et l'avantage de la société.[60]

Ainsi, l'éducatrice continue à s'adresser principalement aux élites, rappelle les traditionnels rôles sociaux pour lesquels les filles sont préparées: épouse, mère et veuve, et évoque les deux manières de les instruire propres à la société monarchique, l'éducation maternelle et l'éducation conventuelle. Cependant, elle aborde la première uniquement dans sa préface et assez rapidement. Car l'éducation domestique des familles nobles, correspondant à un type de société

---

58. Voir Huguette Krief, 'Femmes dans l'agora révolutionnaire ou le deuil d'un engagement: Olympe de Gouges, Constance Pipelet, Germaine de Staël', dans *Littérature et engagement pendant la Révolution française: essai polyphonique et iconographique*, éd. Isabelle Brouard-Arends et Laurent Loty (Rennes, 2007).

59. Toutefois, Mme de Genlis n'abandonne pas complètement les modèles de l'Ancien Régime tels qu'ils apparaissaient dans *Les Veillées du Château* et *Adèle et Théodore*. La *Méthode d'enseignement* qu'elle fait paraître en 1801 en reprend les principales théories.

60. Mme de Genlis, *Discours sur la suppression des couvents*.

aboli, n'est plus appropriée. En revanche, soucieuse de la perpétuation d'un enseignement féminin conservant une part religieuse, elle souhaite réhabiliter l'image des couvents dans l'opinion publique. D'un côté, elle défend l'instruction des religieuses qui auraient, selon elle, possédé une réelle culture. De l'autre, elle distingue deux types d'établissements, les abbayes et les 'simples monastères' (p.13). Elle estime que ce sont les premières qui sont à l'origine de la mauvaise réputation de l'éducation conventuelle.

On sait qu'un mode de vie mondain (rencontres sociales comparables à celles qui avaient lieu dans le monde) et l'enseignement presque exclusif de matières 'mondaines' (musique, chant, danse) étaient incriminés. Quant aux 'monastères' possédant un cadre potentiellement favorable à une bonne éducation, ils péchaient par l'absence de structures éducatives. Les pensionnaires y avaient des chambres personnelles et recevaient une grande part de leur formation de leurs propres gouvernantes, la plupart du temps relativement ignorantes. L'auteur propose donc de refonder l'éducation publique féminine en faisant des 'monasteres qui vont se trouver vacans' les 'premieres écoles cloîtrées, dirigées par des personnes libres' (p.24).

Dès lors, l'instruction publique prend une orientation laïque. Bien plus, conformément au nouveau contexte politique, les directives sur l'éducation doivent émaner du pouvoir en place; partant, elle remet à l'Assemblée nationale le soin de concrétiser son projet (p.46):

> C'est à l'assemblée nationale à donner ce plan, avec tous ses détails. La patrie attend d'elle ce nouveau bienfait, sans lequel ses longs travaux deviendroient peut-être inutiles, ou du moins seroient imparfaits. Un excellent plan d'éducation nationale ne peut être fait que par des législateurs, parce qu'il faut nécessairement que les lois, bien loin de mettre des obstacles à la bonté de ce plan, concourent à sa perfection.

Pour assurer une uniformité nationale de l'instruction, le 'plan' devra être imprimé pour être distribué aux maîtresses; ce qui est une manière de fixer durablement dans la société un modèle qui soit une référence. Enfin, les 'écoles cloîtrées' fonctionneraient selon le plan de Saint-Cyr complété. Ainsi, tout en se rattachant à des méthodes et à des lieux issus de l'Ancien Régime, Mme de Genlis tente de les adapter aux nouvelles réalités de la société post-révolutionnaire. Or, sur bien des points, elle reproduit l'articulation entre les lieux religieux d'éducation que sont les couvents et des lieux laïcisés qui en émaneraient déjà établie par Mme de Miremont.

Dix ans après le *Discours sur la suppression des couvents de religieuses*, Mme de Genlis publie un *Projet d'une école rurale pour l'éducation des filles* (1801) qui reprend le premier tout en l'amendant et en le complétant. L'éducatrice commence par constater que, dans un contexte républicain, le modèle d'éducation de la bonne société d'Ancien Régime qui faisait la part belle aux arts d'agrément (musique, dessin, chant, danse) s'est diffusé dans toutes les couches de la société, jusqu'aux plus modestes. Aux yeux de l'ancienne 'gouverneur', ces apprentissages n'ont plus d'intérêt parce qu'ils ne sont plus réservés à des élites: 'Tous les talens de pur agrément sont donc devenus trop vulgaires, pour qu'on y puisse attacher autant de prix que dans le temps [...].'[61] Elle suggère même qu'ils sont dangereux à terme pour l'équilibre de la société parce qu'ils ne forment pas les filles pour ce qui reste leur destin à l'âge adulte, la direction d'une maison et l'éducation d'enfants. Elle élabore donc un nouveau plan destiné à combattre les habitudes et idées sur l'éducation installées, depuis peu ou de longue date, dans la société. Quant au public auquel cette nouvelle éducation est adressée, il est mal défini. L'auteur remarque, en effet, que la société est désormais divisée en deux classes. La première est celle des élites politiques, sociales et financières. Pour ces dernières, quelques institutions ont été ouvertes et elles forment les jeunes filles selon un modèle élitiste; mais la multiplication de ces établissements doit être évitée. La seconde classe concerne les populations modestes et lorsque la première classe et la seconde se rencontrent, elles en forment une troisième. C'est à l'intention de cette dernière qu'est établi le plan d'une '*école nationale*' pour les filles dont le but sera de transmettre une 'éducation simple et solide, qui forme les *bonnes ménagères* et les *excellentes mères de famille*' (p.17); il est également inspiré de la maison religieuse de Saint-Cyr.

Mme de Maintenon peut, à juste titre, être considérée comme la 'première institutrice de France'.[62] A travers l'établissement qu'elle a institué et dirigé de 1686 à sa mort, elle propose une organisation de l'éducation commune des filles novatrice. Les idées et méthodes exposées dans les ouvrages de sa plume[63] ou transcrivant ses paroles[64] montrent une réflexion moderne sur les méthodes à employer pour réussir une éducation. La séparation des élèves par classes selon les âges, la conception dialogique de l'éducation, la prise en compte à part entière de la personne qu'est l'enfant et le large éventail des matières aussi bien intellectuelles que pratiques trouvent des prolongations jusqu'à nos jours. Toutefois, l'éducation conçue par Mme de Maintenon est élitiste: destinée à un nombre restreint et trié sur le volet de jeunes filles principalement issues de la noblesse d'épée désargentée,[65] elle ne se

---

61. Mme de Genlis, *Projet d'une école rurale*, p.25.
62. Voir J. Prévot, *La Première Institutrice*.
63. Mme de Maintenon, *Conversations*.
64. Mme de Maintenon, *Lettres et entretiens sur l'éducation des filles*.
65. Voir Dominique Picco, 'Les Demoiselles de Saint-Cyr (1698-1793)', thèse de doctorat, Paris, 1999.

conçoit pas à grande échelle: 'Hors de Saint-Cyr, son influence a été considérable aussi, mais plus littéraire que scolaire; je veux dire qu'elle a suscité de nombreux écrits sur la seconde éducation des femmes plutôt que sur la première, et qu'elle ne paraît pas avoir passé dans la pratique des couvents ni des gouvernantes.'[66] Cependant, Mme de Genlis trouve dans cet exemple le seul modèle d'éducation commune pour les filles formalisé. Les autres congrégations, nées au dix-septième siècle pour la plupart, se sont répandues en France formant un réseau d'éducation féminine comparable à celui des garçons en terme de nombre d'établissements.[67] Mais elles n'ont pas produit un 'plan d'éducation' de référence. Leurs registres permettent seulement de supposer quelle était la teneur des enseignements, les buts de la formation des élèves et les moyens mis en œuvre par les religieuses enseignantes pour y parvenir.[68] Ainsi, dans son 'projet', l'auteur développe – davantage que dans son 'discours' – le programme qu'elle tire du modèle Saint-Cyrien.

Elle reprend le principe des 'écoles cloîtrées' qui, par ailleurs, seraient situées loin de la capitale dans les provinces méridionales où l'air est considéré comme plus sain. De plus, leur cadre séduisant serait suscep-tible de donner 'le goût de la vie champêtre' aux élèves. La disposition des bâtiments imiterait celle de Saint-Cyr. D'un point de vue financier, la ferme produirait un revenu important et les économies seraient facilitées par la participation des élèves à de nombreuses tâches domestiques; ce qui permettrait de réduire le nombre de servantes. En outre, grâce à leur formation comprenant pour une bonne part la couture, elles seraient en mesure de confectionner elles-mêmes leurs vêtements. Et les produits des travaux d'aiguille plus délicats et luxueux, tels que les broderies, deviendraient une autre source de revenus pour l'école. Pour l'organisation de l'enseignement, Mme de Genlis conserve la répartition des pensionnaires par classes; toutefois, elle se trompe et n'en prévoit que trois au lieu des quatre qui étaient de rigueur dans la maison royale: 'Comme à Saint Cyr, on diviserait les pensionnaires en trois classes; celle des enfans de cinq à dix ans, celle des adolescentes, et celle des jeunes filles de quinze à vingt ans.'[69] Ce partage est, en fait, à l'image de celui qui s'est imposé de façon relativement uniforme dans les ouvrages pédagogiques du dix-huitième siècle. L'auteur prévoit également pour les établissements une bibliothèque de référence dont elle indique le type de contenu souhaitable:

---

66. Paul Rousselot, *Histoire de l'éducation des femmes en France*, 2 vol. (Paris, 1883), t.1, p.424.
67. Voir Jean Perrel, 'Les écoles de filles dans la France d'Ancien Régime' dans *The Making of Frenchmen: current directions in the history of education in France, 1679-1979* (Waterloo, 1980).
68. Voir notamment M. Sonnet, *L'Education des filles au temps des Lumières* qui propose une étude des couvents parisiens.
69. Mme de Genlis, *Projet d'une école rurale*, p.20.

Il serait à désirer que l'on fît pour cette école quelques livres élémentaires qui manquent: 1º un plan de lecture pour les élèves. Point de littérature, point de romans, un peu d'histoire, beaucoup de morale, quelques voyages. [...] 2º Un livre traitant des affaires et des lois que les femmes devraient connaître, et avec assez de clarté, d'ordre et de méthode, pour être parfaitement compris et retenu par des jeunes filles de quinze ans. 3º Une nouvelle maison rustique[70] à l'usage de la jeunesse.[71]

Elle cite plus précisément quelques ouvrages – comme les '*Lettres d'un cultivateur américain*, de M. de Crevecoeur',[72] et '*la Bibliothèque des dames*, du citoyen Parmentier, ouvrage intéressant autant qu'instructif, qu'il aurait dû intituler la *Bonne fermière*'[73] – parmi lesquels ceux de sa plume figurent en bonne place. Ainsi, les lectures distrayantes sont bannies tandis que les lectures instructives se trouvent dans des 'manuels' contenant des indications utiles sur les apprentissages en cours. De manière générale, la pédagogue réduit la part des apprentissages purement intellectuels au profit de ceux qui peuvent avoir une application pratique dans la future vie de l'élève:

On enseignerait dans cette école ce qui suit:
La religion, qui comprend la morale.
L'écriture, l'arithmétique, l'anglais, l'allemand et l'italien: dans l'étude de ces langues, ne faisant point lire de poésies aux élèves, on ne s'appliquerait qu'à les mettre en état de bien parler, de lire couramment la prose, et d'écrire correctement une lettre.
On leur donnerait quelques notions élémentaires d'histoire et de géographie. On les ferait dessiner et peindre des fleurs. On leur apprendrait tout ce qui concerne l'économie intérieure d'une maison.[74]

L'énumération de différentes tâches domestique à maîtriser apparaît à la suite; elles sont calquées sur celles qui étaient pratiquées à Saint-Cyr: l'entretien du linge, les travaux de la ferme, la gestion de la cuisine dans tous ses aspects. Et les recettes apprises seraient transcrites dans des 'recueils' à l'usage des pensionnaires. Enfin, ces dernières acquerraient des notions en botanique, pharmacopée et soins aux malades.

Avec ce programme, Mme de Genlis reflète la pensée pédagogique

---

70. Il s'agit d'un véritable genre relativement répandu au dix-neuvième siècle qui traite tous les sujets liés à la vie à la campagne. Voir Mme de Genlis, *Maison rustique pour servir à l'éducation de la jeunesse ou Retour en France d'une famille émigrée* (Paris, 1810).
71. Mme de Genlis, *Projet d'une école rurale*, p.22-23.
72. J. Hector St John de Crèvecœur, *Lettres d'un cultivateur américain*, 2 vol. (Paris, 1785; Genève, 1979).
73. L'ouvrage ainsi désigné par Mme de Genlis est celui d'Antoine Augustin Parmentier, *Economie rurale et domestique*, dans *Bibliothèque universelle des dames*, 6 vol. (Paris, rue et hotel Serpente, 1788-1797).
74. Mme de Genlis, *Projet d'une école rurale*, p.7-8.

féminine du dix-neuvième siècle.[75] Toutefois, elle se distingue par une certaine originalité: les pensionnaires auraient connaissance des travaux des champs qu'elles expérimenteraient concrètement: 'elles travailleraient elles-mêmes aux moissons, aux vendanges, etc.' Ainsi, la part la plus importante de ce plan est destinée à l'apprentissage de dix ou douze métiers qui seraient liés aux 'arts d'industrie exercés par les femmes, avec l'aiguille, la navette et le fuseau'.[76] Ils puissent s'avérer utiles pour toutes les conditions: dans un cadre aisé, ce serait un moyen de connaître les différents aspects de la vie domestique d'une maison. Avec une situation plus modeste, ce serait une assurance de ne jamais manquer de ressources financières. Et pour justifier l'enseignement de plusieurs métiers aux pensionnaires, la pédagogue évoque les habitudes des gens du peuple: lorsqu'ils se spécialisent dans une seule pratique, ils sont démunis voire condamnés à l'indigence dès que le travail manque dans leur domaine. D'ailleurs, elle critique fortement la manière dont est habituellement pensée l'instruction des classes populaires par les péda-gogues et philosophes de son époque. Elle considère qu'elle est conçue dans la restriction, '*lire, écrire, compter, et un métier*' (p.12), et qu'elle ne permet pas aux travailleurs d'effectuer d'autres métiers que celui pour lequel ils ont été formés.

En définitive, le but visé par Mme de Genlis est de former la femme parfaite qui ne s'exprime et n'agit que dans le sein de son foyer: 'enfin elle est femme, elle remplit sa véritable vocation, elle a le rang qu'elle doit avoir dans la société: reine et législatrice dans sa maison, tout s'y fait par ses ordres ou par ses mains; car il faut qu'elle en soit le génie tutélaire, pour avoir tout le bonheur et toute la dignité de son sexe' (p.18-19). La formation prévue par l'auteur prépare donc les jeunes personnes à l'espace privé où elles sont destinées à évoluer à l'âge adulte. Si, dans ses ouvrages édités au dix-huitième sicèle, Mme de Genlis a dénoncé les préjugés sociaux qui écartaient les femmes du savoir, elle n'a jamais réclamé pour elles une participation à la vie politique. Au contraire, elle condamne fermement celles qui aspirent à jouer un tel rôle. Dans ses deux textes sur l'éducation publique, s'adaptant au contexte pour lequel elle réfléchit, elle poursuit une œuvre de pédagogue voulant être utile au public. Mais plusieurs idées et propositions de ces écrits ainsi que la parution d'autres ouvrages de l'auteur sur les questions pédagogiques à la même époque montrent que Mme de Genlis était avant tout une femme des Lumières. D'ailleurs, elle a participé, avec les autres éducatrices, à la constitution du modèle d'une éducation des Lumières féminine.

75. Voir Rebecca Rogers, *Les Bourgeoises au pensionnat: l'éducation féminine au XIXe siècle* (Rennes, 2007), p.44-57.
76. Mme de Genlis, *Projet d'une école rurale*, p.15.

6. Une éducation des Lumières

i. Les principes d'une éducation des Lumières

Plaisir et contrainte

Pour que l'éducation soit efficace, les éducatrices estiment qu'elle doit être agréable aux enfants. Cette idée n'est pas neuve: on peut faire remonter jusqu'à Horace l'alliance de l'instruction et du plaisir. Dans la florescence de nouvelles idées pédagogiques aux dix-septième et dix-huitième siècles, on la retrouve chez plusieurs théoriciens comme Fénelon et Rollin. Et c'est évidemment un axe majeur de la pédagogie définie dans *Emile ou De l'éducation*. Le raisonnement est simple: les enfants sont instinctivement attirés par ce qui leur procure du plaisir et fuient ce qui leur est désagréable. Partant, afin de favoriser leur goût pour l'étude, cette dernière doit connoter l'agrément dans leur esprit. La forme que prend la transmission d'un enseignement est donc importante: 'il faut éviter que les instructions que vous donnez à vos enfants, aient l'air d'une leçon: cette idée les indispose et les ennuie'.[1] C'est pourquoi Mmes Leprince de Beaumont, d'Epinay, de Genlis et de La Fite mettent en scène dans leurs ouvrages des dialogues qui se présentent comme des conversations familières entre amies. De même, les narrations insérées dans les dialogues provoquent une grande satisfaction au sein de l'auditoire enfantin. Ainsi, pour insinuer aux lecteurs adultes l'efficacité de la formule 'composée' qu'elles ont choisie, les auteurs donnent la parole aux personnages d'élèves afin qu'ils expriment le goût qu'ils ont aussi bien pour les dialogues que pour les récits: 'Emilie – Ah, tant mieux, Maman, j'aime tant à causer avec vous!'[2] A l'égard des deux formes, narrative et dialogique, l'intervention de la parole enfantine grâce à l'interruption et aux questions – voire à la contestation – est également l'assurance du maintien du plaisir lors de la leçon et, par conséquent, de la concentation. En définitive, ce principe mène à la mise en place d'une méthode pouvant être dénommée 'instruction indirecte':[3] celle-ci doit accompagner chaque moment de la vie et tout doit devenir objet d'enseignement sans que l'élève en ait conscience. L'habitude de l'attention et le goût du travail transmis de cette manière permettent de façonner des enfants qui pourront

---

1. Mme Leprince de Beaumont, *Magasin des jeunes dames*, t.4, p.166.
2. Mme d'Epinay, *Les Conversations d'Emilie*, p.90.
3. Principe également préconisé par Fénelon dans le *Traité de l'éducation des filles*.

accomplir, sans difficulté, toutes les tâches exigées d'eux, même les plus contraignantes.

Les éducatrices mettent donc en place une pédagogie qui ne s'envisage pas non plus sans un certain nombre de règles strictes. Très tôt, les enfants doivent prendre l'habitude des différentes astreintes qui parsèment l'existence:

MÈRE

On s'accoutume dès l'enfance à vaincre sa paresse et à faire ce que l'on doit faire, quelque chose qu'il en coûte [...]. Je vous l'ai déjà dit, c'est cet éfort que l'on fait sur soi-même, qui devient vertu, et qui forme peu-à-peu le caractere.[4]

Bien plus, il est nécessaire qu'ils s'accoutument au sacrifice d'un agrément. Or, le premier que les personnages d'enfants des formes composées ont à faire est celui de la conversation ou d'une narration; privation qui n'est pas légère pour eux. Mais, pour des filles destinées à être des femmes soumises aux décisions d'autrui tout au long de leur vie, une renonciation consentie ne suffit pas pour Mme Leprince de Beaumont. Selon elle, le fait de contrarier systématiquement leurs désirs tend – dans une conception à la fois philosophique et chrétienne – à leur ôter toute volonté propre. Et c'est seulement ainsi qu'elles pourraient mener une vie paisible; en effet, sans autre désir ou volonté que ceux de leurs parents ou maris, elles n'auraient jamais le sentiment que leur liberté subît une entrave. Elles accompliraient donc pleinement leurs devoirs et assureraient la sérénité de leurs foyers.

L'expérience

L'apprentissage par l'expérience est une autre marque de la modernité du type d'enseignement conçu par les éducatrices. L'élève, pour se former ou s'aguerrir, doit expérimenter un maximum de réalités de tous ordres. Elles peuvent être physiques comme l'est, par exemple, l'épisode de l'échelle pour Emilie. Lors d'une promenade, la petite fille se laisse tenter par une belle échelle repeinte à neuf; elle y grimpe, en tombe et s'écorche sérieusement. Cette 'expérimentation' lui aura permis de découvrir que les échelles peuvent s'avérer dangereuses; mais surtout qu'elle doit être sa propre 'gardienne'. En effet, comme le lui explique sa mère dans une démonstration philosophique enfantine, elle seule peut se prémunir contre les dangers en usant de sa raison et de sa 'volonté': 'Avouez que la leçon de l'expérience est bien supérieure à toutes les leçons des bonnes.'[5] Par ailleurs, les expériences peuvent être d'ordre moral.

4. Mme d'Epinay, *Les Conversations d'Emilie*, p.111.
5. Mme d'Epinay, *Les Conversations d'Emilie*, p.131.

Dans le *Magasin des enfans*, pour corriger une passion comme la colère, la gouvernante utilise l'épreuve de l'humiliation. Celle-ci, vécue par une élève, peut s'avérer profitable pour l'ensemble du groupe. C'est ainsi que Lady Charlotte a rédigé le détail de son mauvais comportement à l'intention de Mlle Bonne. Pour que la correction soit la plus efficace possible, la gouvernante propose à la petite fille de lire elle-même son texte devant l'assemblée des élèves; mais cette dernière, accablée de honte, ne peut s'y résoudre. C'est donc Mlle Bonne qui fera la lecture. Or, la leçon s'avère positive à plus d'un titre dans le cadre de la pédagogie de l'auteur. Elle permet à la principale concernée de se corriger durablement de ses défauts grâce à la dissuasion que représente la perspective d'être à nouveau humiliée: 'Quand vous aurez envie de dire ou de faire quelque sottise, vous penserez en vous-même: j'ai promis de l'écrire, on la lira devant ces dames; et la peur de l'entendre lire vous empêchera de la faire.'[6] De plus, la connaissance ainsi acquise est mieux assimilée par l'élève et, normalement, de manière définitive. Effectivement, il ne s'agit plus pour les enfants de croire la parole d'un personnage tutélaire omnipotent et omniscient: ils doivent trouver en eux les éléments de l'apprentissage qui est ensuite mis en forme et éclairci par l'institutrice. En outre, dans le cadre des leçons communes des *Magasins*, cette technique permet aux autres élèves de participer au processus d'amendement dans une sorte de *catharsis* enfantine: elles ressentent, au moins partiellement, les sentiments de leur camarade et profitent de l'enseignement qui en découle.

Une autre expérimentation, déterminante dans la pédagogie nouvelle établie par les éducatrices, consiste à mettre en pratique l'"instruction indirecte"[7] à travers des mises en scène instructives créées de toutes pièces par les instructeurs. Elles sont destinées à éprouver et à former les élèves qui pensent être confrontés à des circonstances fortuites: 'l'éducation peut nous donner jusqu'à l'expérience, en composant un plan de scènes fictives et successives suivant les âges, qui feroit passer l'élève abusé par une certaine quantité d'épreuves. C'est une idée neuve, d'une très-facile exécution, et que je crois avoir passablement bien développée dans Adèle et Théodore.'[8] Cette 'idée neuve' – déjà exposée dans *Emile ou De l'éducation* – requiert un certain nombre de personnages et, partant, n'apparaît pas dans *Les Conversations d'Emilie* ni dans les *Entretiens, drames et contes moraux*, *Réponses à démêler* et *Eugénie et ses élèves*. De plus, un cadre

6. Mme Leprince de Beaumont, *Magasin des enfans* (1815), p.171.
7. Voir p.129.
8. Mme de Genlis, *Méthode d'enseignement pour la première enfance, contenant, 1º. Une nouvelle méthode d'instructions et de lectures morales pour les enfans de cinq ou six ans; 2º. Des dialogues et un conte; 3º. Des maximes détachées; 4º. Des modèles de compositions; 5º. Une nouvelle méthode pour enseigner aux enfants à dessiner et à peindre* (Paris, 1801), p.18.

narratif est plus propice à sa description qu'un cadre dialogique. C'est pourquoi elle est présente dans *Adèle et Théodore* et non dans *Les Veillées du château*. Néanmoins, dans le *Magasin des adolescentes*, une seule mise en scène apparaît en tant que réponse à une situation exceptionnelle. C'est celle du risque de mariage clandestin de Miss Molly avec un séducteur. A ce moment, l'enseignement que Mlle Bonne veut transmettre à son élève peut uniquement être 'vécu' et non 'entendu' par cette dernière.[9] Mais, le principal thème sur lequel portent ces mises en scène est celui de la charité ou bienfaisance.[10] Généralement, leur but est de provoquer une réaction adéquate de la part de l'élève dans des situations types telles que le secours à apporter à des pauvres. A cet instant, l'enfant n'écoute pas une leçon abstraite; il doit la découvrir déjà inscrite au fond de lui:

> C'est un malheureux qui a besoin de secours; c'est un domestique qui demande quelques graces; c'est un infortuné qui réclame quelques services. On leur fait suggérer de s'adresser à une jeune personne; une fille honnête qui l'approche de plus près, les lui présente sans paroître chercher à l'intéresser ni à l'émouvoir. Ce sont les objets qui doivent parler, et c'est le cœur que nous voulons juger, ainsi point de discours.[11]

L'apprentissage, qui se présente comme une sorte de mise au jour d'une morale innée, n'en est donc que plus efficace et l'expérience concrète apporte une connaissance qui reste inscrite dans la mémoire de l'élève. Toutefois, tous les apprentissages ne peuvent pas faire l'objet d'une expérimentation par des filles. Celui du malheur, notamment, est vu comme une source d'enseignement fructueuse sauf si elle concerne la vertu féminine; car la réputation d'une fille ne peut souffrir ce type d'initiation:

> Combien il faut de circonstances réunies, dont le concours mette notre vertu à l'épreuve! Eh combien de fois, il faut que l'expérience nous montre cette vertu en défaut, avant d'atteindre le but que nous nous étions proposé? C'est ce qui a fait dire que l'être le plus sûr de lui; celui qui approche le plus de la perfection, est peut être l'homme dont le malheur a relevé la vertu et le courage, après avoir passé par les plus grands écarts. Les préjugés conservent cette ressource aux hommes, mais une telle vertu empoisonneroit le reste des jours d'une femme: épargnons-en l'apprentissage aux jeunes personnes.[12]

Finalement, pour transmettre au moins partiellement cet enseignement par le malheur, il reste la possibilité de le représenter par un intermédiaire. Dans ce cas, l'exemple peut constituer un relais.

9. Mme Leprince de Beaumont, *Magasin des jeunes dames*, t.3, p.52-59. Cette mise en scène fait suite aux échanges de Mlle Bonne et de Miss Molly analysés p.36 et 37.
10. Mme de Genlis, à l'instar de Rousseau, étend la technique à de nombreuses situations de la vie quotidienne. Elle est, par exemple, utilisée par M. et Mme d'Almane pour prévenir la peur des squelettes ou éviter la coquetterie.
11. Mme de Miremont, *Traité de l'éducation des femmes*, p.136.
12. Mme de Miremont, *Traité de l'éducation des femmes*, p.322.

L'exemple

L'enseignement transmis par l'exemple est l'un des maîtres-mots de la pédagogie des Lumières:

> Les paroles, quelque touchantes qu'elles soient, ne peuvent jamais donner aux enfans de si fortes idées des vertus et des vices que les actions des autres hommes, pourvu que vous dirigiez leur esprit de ce côté-là, et que vous leur recommandiez d'examiner telle ou telle bonne ou mauvaise qualité dans les circonstances où elles se présentent dans la pratique.[13]

Dans la seconde moitié du dix-huitième siècle, il s'agit d'une théorie intéressante et cependant difficile à concrétiser si bien que les éducatrices proposent des moyens d'application simples à travers, d'une part, des récits et, d'autre part, le modèle que constitue l'enseignant pour ses élèves.

La distance de la narration permet, effectivement, d'aborder des sujets délicats qui concernent des expériences que les élèves – et à travers elles le lectorat jeune – ne doivent pas vivre personnellement. Dans le *Magasin des jeunes dames*, c'est le rôle – entre autres – de l'histoire de la jeune Hollandaise qui a été séduite par l'amant de Miss Molly. Le parallèle entre les deux jeunes filles est indéniable puisque l'élève de Mlle Bonne échappe de peu à ce que subit l'étrangère. Quelques élèves parmi les plus âgées, Miss Molly à leur tête, font par ce biais l'expérience des conséquences dramatiques d'une faute pour une jeune personne. Cette histoire a donc pour fonction de rendre les filles conscientes du danger que peuvent représenter les hommes en société. L'histoire de la Duchesse de C, dans *Adèle et Théodore*, remplit un rôle similaire: effrayer suffisamment les jeunes personnes sur l'amour et ses conséquences pour les en détourner[14]. Et parallèlement aux personnages littéraires, un autre exemple, plus proche des enfants et plus concret, est offert par les adultes qui les entourent.

Idéalement, les éducateurs devraient être des parangons irréprochables pour leurs élèves. Pourtant, cet impératif semble irréalisable dans le cadre d'une éducation féminine traditionnelle: l'adresse aux mères pour les enjoindre d'être de bons exemples pour leurs filles est un lieu commun de la littérature éducative. Les travers qui leurs sont reprochés son nombreux: avarice – ou au contraire prodigalité –, commérages, frivolité. Elles sont notamment accusées de tenir un discours contredisant leur comportement: elles exhorteraient leurs filles à être modestes alors qu'elles-mêmes se montreraient coquettes. Tous les

---

13. John Locke, *De l'éducation des enfans* (1693), trad. M. Coste (Londres et Paris, Serviere, 1788), p.225-26.
14. A la fin du dix-huitième siècle, des romans entiers sont écrits dans cette perspective. C'est le cas, par exemple, de *Claire d'Albe* (1798) de Mme Cottin et d'*Illyrine ou l'Ecueil de l'inexpérience* (1799) de Suzanne Giroust de Morency.

auteurs dénoncent cette discordance et vantent la supériorité de l'exemple sur la parole:

MÈRE

c'est d'exemple qu'il faut prêcher les enfans, et non de vaines paroles. Ainsi le principe que vous ataquez comme dangereux, est un principe très-important d'éducation.

EMILIE

C'est-à-dire qu'il ne faut pas que les discours de la mere disent blanc, et que sa conduite dise noir, sans quoi sa pauvre fille ne saura plus où elle en est.

MÈRE

Et sa mère l'aura exposée au risque de suivre plutôt un mauvais exemple qu'un bon principe.[15]

Ainsi le comportement de l'institutrice peut, à lui seul, être un enseignement: 'L'exemple, l'exemple; je ne me lasse pas de le redire. Si votre élève ne vous voit passer que peu d'instans à votre toilette, le goût de la parure deviendra en elle un goût raisonnable, qu'il vous sera facile de modérer en lui fournissant d'autre plaisirs.'[16] Or, les éducatrices remarquent avec lucidité qu'il est impossible d'être constamment parfait et irréprochable. C'est pourquoi, l'un des préceptes qu'elles transmettent à leurs lecteurs adultes est de toujours faire l'aveu d'une faute ou d'une erreur aux enfants[17] voire d'inviter ces derniers à signaler à leurs instructeurs celles qu'ils remarqueraient chez eux. Et ce comportement entraînerait immanquablement une réponse du même ordre de la part des élèves:

Commencez par vous bien mettre dans l'esprit:

1. Que les défauts des parents et gouvernantes n'échappent point aux yeux des enfants; ce sont des juges séveres, qui savent très-bien apprécier leurs bonnes et leurs mauvaises qualités.

2. Que le point principal de l'éducation est d'apprendre aux enfants que le seul moyen de réparer leurs fautes, est de les avouer et de s'en punir; par conséquent, rien ne leur est plus utile que de pratiquer sous leurs yeux les leçons qu'on leur donne à ce sujet.[18]

Cette finesse psychologique et cette modernité apparaissaient déjà dans les écrits de Mme de Maintenon. Nonobstant, même dans le dernier tiers du dix-huitième siècle, une telle idée semble devoir être accueillie avec raillerie par le public: dans *Adèle et Théodore*, Mme de Limours se moque de cet aspect du plan d'éducation de Mme d'Almane. Finalement, l'un

---

15. Mme d'Epinay, *Les Conversations d'Emilie*, p.319-20.
16. Mme de Monbart, *Sophie*, p.92.
17. A l'instar de Fénelon qui le préconise également dans son *Traité de l'éducation des filles*.
18. Mme Leprince de Beaumont, *Magasin des jeunes dames*, t.2, p.24.

des facteurs de réussite d'une éducation est le type d'attitude que les élèves peuvent observer chez les adultes; d'où la nécessité de choisir soigneusement les personnes destinées à faire partie de leur entourage. De plus, les méthodes faisant appel à l'expérience et à l'exemple s'inscrivent dans la conception d'une nouvelle éducation fondée sur la prise en compte de l'enfant en tant que personne à part entière et, partant, sur une adaptation à ses capacités et à ses besoins. Les plans d'éducation des éducatrices révèlent, en outre, qu'elles considèrent que les filles ont droit à un enseignement complet et exigeant, comparable à celui des garçons. Sur ce point, elles ont 'dialogué' avec la pensée pédagogique de Rousseau.

ii. Le dialogue sur l'éducation entre les éducatrices et Rousseau

Le cadre idéal de l'éducation philosophique

L'opposition entre une ville corruptrice et une campagne salvatrice est l'un des thèmes chers au dix-huitième siècle et le goût de la bonne société pour les villégiatures en milieu rural se développe; notamment après la parution de *La Nouvelle Héloïse*. Parallèlement, des activités champêtres comme l'agriculture et la botanique, qui semblaient sans attrait jusqu'alors, sont de plus en plus prisées.[19] Dans le domaine des nouvelles idées pédagogiques également, la nature occupe une place symbolique importante. Rousseau la considère comme le point de départ d'une éducation saine et vertueuse pour Emile.[20] Mme de Genlis situe les premières années de formation d'Adèle et Théodore dans la campagne languedocienne. Cet éloignement temporaire de la société parisienne correspond au plan d'éducation des époux d'Almane tandis que dans *Les Veillées du château* l'installation sur des terres bourguignonnes est consécutif au départ du père pour la guerre. Mais le principe d'un cadre pastoral, comme lieu privilégié pour toute éducation, est conservé. De plus, le bonheur ressenti par les personnages au sein de la nature est régulièrement rappelé, surtout par contraste avec la gêne ressentie dans un milieu citadin:

> on se promenoit à Paris, mais aux Tuileries, au Palais-Royal, aux Champs-Élysées. Il falloit avoir un maintien, et l'on y regrettoit vivement les bois, les prairies de la Bourgogne, et l'aimable liberté des champs. César critiquoit avec amertume tout ce qu'il voyoit. Quelle poussière, s'écrioit-il! quelle foule!

19. Voir Daniel Mornet, *Le Sentiment de la nature en France de J.-J. Rousseau à Bernardin de Saint-Pierre: essai sur les rapports de la littérature et des mœurs* (1907; New York, 1971).

20. Etrangement, des auteurs comme Mme de Monbart et Mme de Miremont, qui s'inspirent d'*Emile ou De l'éducation* sur de nombreux points, ne donnent pas la même importance que le philosophe au choix d'un milieu naturel pour l'éducation des enfants.

et tout ce monde rassemblé n'est là que pour nous gêner et nous contraindre, pour m'empêcher de courir et de monter sur les arbres![21]

Mme d'Epinay n'applique pas l'idée d'une éducation menée principalement au sein de la nature; cependant, les déplacements des personnages de la Mère et d'Emilie entre la ville et la campagne sont fréquents et cette dernière est présentée comme le lieu de l'épanouissement de la petite fille, aussi bien en raison de la liberté de mouvements qu'elle y trouve que dans ses relations avec les paysans, pleines de simplicité et d'authenticité. Dans les livres de Mme Leprince de Beaumont, l'opposition entre ville et campagne se situe sur un plan essentiellement symbolique. Le personnage de Miss Champêtre incarne le goût pour la vie à la campagne et la crainte de la ville et de ses pièges. Il s'agit également d'un motif qui apparaît dans de nombreux récits insérés.[22] Or, cette opposition est accentuée par l'image très négative que Mme Leprince de Beaumont associe à la ville et à la vie sociale de la bonne société: les tentations du monde en tant qu'expressions de Satan s'opposeraient aux aspirations chrétiennes des jeunes filles. Ces dernières sont donc invitées à renoncer au monde, c'est-à-dire à ses plaisirs, car l'établissement d'un cadre naturel et 'vertueux' doit favoriser la formation morale de l'enfant.

Le pouvoir de l'éducation morale

Rousseau a bouleversé les conceptions traditionnelles sur l'éducation en introduisant l'idée d'une éducation négative. Pour le philosophe, il est nécessaire de laisser dans un premier temps l'enfant se développer physiquement et moralement le plus naturellement possible. Il considère que les racines de la morale se trouvent en l'homme à la naissance et que, pour voir cette dernière croître, il est nécessaire de le préserver du vice dans sa petite enfance et non de chercher à lui inculquer des notions de vertu. De plus, une formation intellectuelle précipitée perturberait le développement parallèle et complémentaire de la morale et de la construction physique. Ce sont pour ces raisons que Rousseau prévoit de reporter les apprentissages à un âge où l'enfant sera suffisamment formé moralement et physiquement. Les éducatrices ont été sensibles à ce présupposé; toutefois, elles pensent qu'il existe de mauvais penchants innés chez l'enfant que seule l'inculcation au plus tôt d'une éthique peut les contrebalancer:

ANNETTE

Ne peut-on pas se corriger à tout âge?

21. Mme de Genlis, *Les Veillées du château*, t.2, p.467-68.
22. Voir, par exemple, Mme Leprince de Beaumont, *Magasin des enfans*, t.2, p.81 et suiv.

MME DE VALCOUR

Dans notre dernière promenade je vous ai fait voir une pépinière de chênes.
Vous aviez de la peine à croire que ces foibles arbrisseaux pûssent jamais
devenir semblables aux superbes chênes que vous aviez admirés dans le bois;
il nous eût été bien facile, n'est-il pas vrai, de déraciner un de ces
arbrisseaux?

JULIE

Sans doute, et je comprends très bien votre pensée, Maman; ces petits arbres
sont l'image des défauts de l'enfance qu'il est très facile de détruire, mais si
on les laisse enraciner ces défauts, il en coûte bien de la peine, tout comme il
faut beaucoup d'efforts pour renverser un vieux chêne.[23]

Les éducatrices s'inscrivent donc en faux face à une conceptualisation de
l'éducation impliquant une absence d'intervention de la part de
l'instructeur au moment de la première formation morale d'un élève.
En revanche, elles comprennent la nouveauté et l'utilité d'allier les
formations morale et physique et de repousser ou d'alléger l'instruction
intellectuelle durant la petite enfance.

Rousseau, les éducatrices et la formation physique

Dans la seconde partie du dix-huitième siècle, la compréhension de la
nécessité d'adapter l'enseignement aux capacités des enfants se double
d'une réflexion sur leur développement corporel. L'un des aspects les
plus marquants de la pédagogie nouvelle pensée par Rousseau est la
place accordée à l'éducation physique: 'Rousseau clearly understood the
hygienic and the developmental functions of this education and its
priority in time over the education of the mental faculties.'[24] Mais cet
aspect novateur ne concerne pas les filles: 'But when it came to Sophie's
physical education, Rousseau's concern was not for its effect on her
character so much as for its effect on her sexual attractiveness and
motherhood' (p.722). Ainsi, Rousseau développe longuement la formation physique qu'il destine aux garçons et réduit celle des filles à quelques
pratiques simples.[25] Il signale uniquement qu'il est nécessaire de les
affranchir de l'immobilisme et de la contrainte dans lesquelles les
conventions sociales les maintiennent. Et c'est pour cet unique point

---

23. Mme de La Fite, *Entretiens*, t.1, p.357-58.
24. Leon Schwartz, 'Madame d'Epinay's *Emilie*: a woman's answer to Rousseau's *Emile*', dans
    Transactions of the Seventh international congress on the Enlightenment, SVEC 264 (1989), p.722.
25. Quelques années après paraît l'ouvrage de Riballier qui fait une large place à la formation
    physique des femmes témoignant de l'évolution des mentalités sur ce sujet: *De l'éducation
    physique et morale des femmes avec une notice alphabétique de celles qui se sont distinguées dans les
    différentes carrières des sciences et des beaux-arts, ou par des talents et des actions mémorables* (Paris et
    Bruxelles, Frères Estienne, 1779).

qu'il préconise le couvent qui permet aux pensionnaires de courir et sauter tandis que les filles élevées auprès de leurs mères ont peu de liberté de mouvements. Les éducatrices ont donc investi cette question laissée en suspens.

Une réflexion sur l'importance des exercices physiques pour entretenir la santé apparaît dans les *Magasins* de Mme Leprince de Beaumont. Les propositions sont cependant modestes: il s'agit essentiellement d'inviter les élèves à faire régulièrement des promenades. La danse pourrait être un autre moyen de faire de l'exercice; cependant, impliquant des contacts peu bienséants avec les hommes, elle est dénoncée par Mlle Bonne comme le sont toutes les pratiques mondaines. En revanche, dans *Le Mentor moderne*, postérieur aux *Magasins* et à *Emile ou De l'éducation*, il y a visiblement une prise en compte de la part de l'éducatrice des débats qui ont lieu dans la seconde moitié du siècle sur les moyens de favoriser la bonne santé des enfants. Nombre d'auteurs sont en effet d'accord avec Locke puis Rousseau à propos de la nécessité de laisser les enfants se développer avant de leur imposer des études trop exigeantes. Mme Leprince de Beaumont prend en considération cette idée aussi bien pour les filles que pour les garçons:

> On met les garçons à l'étude du latin; on accable les filles, de maîtres de danse, de musique vocale et instrumentale, de dessein, d'arithmétique; on s'habitue même à les jeter dans l'étude des langues. Toutes ces choses sont bonnes, utiles; elles doivent s'apprendre, il ne faut qu'en reculer le temps pour plusieurs raisons.
>
> La première est qu'on peut être très-honnête homme, très-utile à la société, sans ces talens brillans; et que s'il falloit opter entre eux et la science importante de se connoître et de se rectifier, il ne faudroit pas balancer un moment.
>
> La seconde c'est que ces études précoces usent les ressorts de l'enfant pour ainsi dire, l'épuisent, nuisent à sa végétation, le dégoûtent de l'étude.[26]

Elle repense donc l'éducation en accord avec les idées nouvelles de son époque: il s'agit de privilégier la formation morale et la construction physique tandis que l'apprentissage intellectuel est repoussé dans le temps. Or, si la pédagogue n'approfondit pas la question, d'autres éducatrices vont s'y employer.

Des auteurs fortement influencés par Rousseau comme Mmes de Monbart et de Miremont ont des avis différents sur ce sujet. La première conçoit les exercices physiques en relation avec la santé, mais également comme des réponses à d'autres préceptes. D'un côté, il s'agit d'associer éducation et distraction et, de l'autre, celle d'acquérir des 'talents

---

26. Mme Leprince de Beaumont, *Le Mentor moderne*, t.1, Avertissement, p.xj-xij.

agréables'. Ainsi, si l'élève peut 'courir, sauter',[27] c'est dans le cadre du jeu qui doit représenter un délassement à la suite des leçons. De même, la danse est considérée comme un exercice auquel les filles peuvent facilement se livrer et qui favorise le maintien, un élément essentiel de la représentation de soi en société (p.121-22). Quant à Mme de Miremont, elle prend ses distances avec Rousseau sur ce point. D'une part, elle reprend les idées du philosophe sur la nécessité de faire précéder la formation intellectuelle par la formation physique: 'on veut appliquer les enfans avant qu'ils en soient capables; on s'étudie à leur donner des leçons dans un âge où tous préceptes sont superflus, où il ne faut exactement que laisser agir la nature, suivre ses progrès, étudier les inclinations de ses éleves'.[28] D'autre part, elle se réfère davantage à Locke et au médecin Desessartz[29] pour cette question; des auteurs dont Rousseau s'inspirait également afin d'établir son programme d'éducation physique. Or, si le philosophe distinguait éducation masculine et éducation féminine sur tous les plans et à tous les âges, Mme de Miremont remarque que, jusqu'à douze ans, il n'y a pas de réelle différence morphologique entre les enfants des deux sexes; il est donc possible de prévoir pour eux des mouvements similaires. Mme d'Epinay et de Genlis reprennent le principe de la combinaison entre formation morale, formation intellectuelle et éducation physique dans le cas des filles en fonction des idées développées pour Emile.[30]

Mme d'Epinay et Rousseau

Dans les années 1750, en tant que jeune mère institutrice, Mme d'Epinay juge que tous les aspects de l'éducation doivent être débutés au plus tôt. Dans la huitième des *Lettres à mon fils*, elle critique donc la théorie de Rousseau sur l'éducation négative qui circule dans la société avant d'apparaître dans les pages publiées d'*Emile ou De l'éducation*:

> Je ne sçais si vous étiez chez moi l'autre jour lorsqu'on nous citoit un homme d'esprit qui a pour maxime de ne commencer l'éducation des enfants qu'à l'âge de douze ans? Cette méthode est, à ce qu'il prétend, la meilleure. Il faut

---

27. Mme de Monbart, *Sophie*, p.117.
28. Mme de Miremont, *Traité de l'éducation des femmes*, p.12-13.
29. John Locke, *De l'éducation des enfans* (1693), et Jean-Charles Desessartz, *Traité de l'éducation corporelle des enfants en bas âge, ou Réflexions pratiques sur les moyens de procurer une meilleure constitution aux citoyens* (Paris, Jean-Thomas Hérissant, 1760).
30. Gilbert Py a réduit ces passages des ouvrages des éducatrices à une application de la pensée de Rousseau et de la 'pensée médicale' de l'époque; ce qui est contestable. Tout en s'inspirant du philosophe, elles ont constitué des pensées personnelles. Voir *Rousseau et les éducateurs: étude sur la fortune des idées pédagogiques de Jean-Jacques Rousseau en France et en Europe au XVIIIᵉ siècle*, SVEC 356 (1997), p.363-68.

donner au corps le temps de se fortifier, avant que de cultiver l'esprit; c'est tuer les enfants que de les presser de s'appliquer au travail de l'esprit, avant que le corps ait pris sa consistence: ce n'est qu'après ce temps que l'ame est en état de recevoir avec fruit les leçons de sagesse et les principes des sciences qui sont un aliment trop fort pour un âge moins avancé. Il faut convenir que ce système est bien singulier; c'est comme si l'on disoit qu'il ne faut pas enseigner aux enfans à se servir de leurs bras et de leurs mains pendant qu'ils apprennent à marcher, et que ce seroit les tuer que de les obliger à faire usage des bras et des jambes à la fois. L'homme doit avancer dans sa carrière d'un pas égal et suivi; il ne doit négliger aucune de ses facultés. Le corps se forme par le mouvement; l'ame de même veut être exercée de très-bonne heure. Ainsi que le corps, elle ne contracte de la force que par le travail.[31]

Dans cette même lettre, la conviction de l'auteur est illustrée par un conte opposant deux frères dont l'un, instruit de manière traditionnelle dès son plus jeune âge, devient un homme de mérite tandis que le second, qui n'a pas reçu une éducation suivie jusqu'à l'âge de douze ans, ne pourra jamais être formé parfaitement. Ces idées se retrouvent en partie dans *Les Conversations d'Emilie*. En effet, dans la première conversation, une histoire orne la même théorie. Une jeune fille qui n'a pas corrigé son caractère dès l'enfance et n'a pas étudié s'est définitivement compromise sur un plan social: elle ne se mariera pas et finira ses jours dans un couvent. Le présupposé figure également dans le conte *La Méchante Fille* qui démarque, au féminin, le canevas de celui de la huitième 'lettre à mon fils'. Au demeurant, dans ces exemples, l'enjeu est principalement d'ordre social: il s'agit de permettre aux enfants de remplir correctement leur rôle une fois parvenus à l'âge adulte; un emploi ou une charge pour les garçons et le mariage pour les filles. Or, quand Rousseau articule la question de l'âge de l'apprentissage intellectuel avec celles du développement moral et de la construction physique, c'est pour former l'homme avant le citoyen; mais c'est tout autant pour préparer l'enfant à la vie sociale. Mme d'Epinay prend finalement en compte cette idée qui vise la complémentarité entre l'âme et le corps et introduit la formation physique dans son plan d'éducation.

Dans la sixième conversation: 'Lorsque vous aurez douze ou quatorze ans et une santé de fer, je vous donnerai tous les maîtres que vous désirerez'[32] et surtout la vingtième et dernière: 'La Mère – Je crains qu[e nos conversations] n'aient contribué à vous accoutumer à trop de réflexion et de tranquilité pour votre âge, et par conséquent nui au projet important de former votre constitution' (p.400), elle reprend – en l'adaptant – la théorie du report de l'apprentissage intellectuel que

31. Mme d'Epinay, *Lettres à mon fils*, p.141-42.
32. Mme d'Epinay, *Les Conversations d'Emilie*, p.119.

Rousseau avait énoncée dans les termes suivants: 'Si vous pouviez amener votre enfant sain et robuste à l'âge de douze ans, sans qu'il sût distinguer sa main droite de sa main gauche, dès vos premières leçons les yeux de son entendement s'ouvriraient à la raison [...]. Exercez son corps, ses organes, ses sens, ses forces, mais tenez son âme oisive aussi longtemps qu'il se pourra.'[33] L'auteur fait primer la construction physique du jeune être en formation afin qu'il atteigne un parfait équilibre entre la robustesse physique et les connaissances intellectuelles. A la fin des *Conversations d'Emilie*, le discours de la Mère sur la nécessité de laisser la nature s'exprimer librement en Emilie pour lui assurer un bon développement physique rappelle celui qui était utilisé dans l'*Emile*:

> Comme je ne vous vois guère un peu tranquille que pendant que nous causons; comme le reste du temps, c'est-à-dire, à-peu-près tout le long de la journée, je vous vois continuélement courir, sauter, vous tourmenter, vous fatiguer et m'importuner de toutes sortes de bruits et de mouvemens; j'en ai conclu que vous ne meniez pas une vie aussi pénible pour votre plaisir, mais que la nature vous commandait, sans vous consulter; qu'elle avait besoin de cette agitation continuele pour vous fortifier, vous faire croître, dévelloper en vous toutes les forces diverses dont elle vous avait douée.[34]

Par ailleurs, elle prend en compte une donnée essentielle dans toute formation, celle du contexte social. Rousseau, sachant qu'il rencontrerait une résistance de la part de la société face aux idées nouvelles qu'il avançait, proposait à ses lecteurs de s'opposer à 'l'usage'.[35] Mme d'Epinay, à travers le personnage de la Mère, exprime combien il est difficile d'aller contre l'ordre établi et d'appliquer des idées certes profitables mais qui distinguent des autres membres de la société l'éducateur ou l'éducatrice et son élève qui s'y conforment. De plus, le narrateur d'*Emile* indique de prime abord qu'il s'exprime sur un plan théorique même si c'est pour une application pratique; tandis que la Mère des *Conversations d'Emilie*, lorsqu'elle reconnaît avoir contrevenu à une règle destinée à favoriser la santé, l'explique par les nécessités sociales qui ne permettent pas de laisser une jeune personne de la bonne société sans les connaissances minimales requises à chaque âge. De cette réalité sociale découle l'impossibilité de bannir toute forme d'apprentissage intellectuel suivi dans le jeune âge. La Mère projette donc de respecter – voire de repousser à quatorze ans – l'âge prescrit par Rousseau pour commencer la formation intellectuelle; mais uniquement pour l'approfondissement de cette dernière. C'est ainsi que par le biais

---

33. Rousseau, *Emile*, p.83.
34. Mme d'Epinay, *Les Conversations d'Emilie*, p.240-41. Voir Rousseau, *Emile*, p.101.
35. Rousseau, *Emile*, p.83.

de l'intertextualité, Mme d'Epinay et Rousseau ont poursuivi le dialogue sur l'éducation que leur brouille rendait impossible sur un plan épistolaire ou oral. Il en a été de même entre les œuvres du philosophe et de Mme de Genlis.

Mme de Genlis et Rousseau

Lorsque Mme de Genlis aborde la question de la concurrence entre construction physique et formation intellectuelle dans *Adèle et Théodore*,[36] elle adopte la plupart des idées de l'*Emile* relatives au report de l'instruction pour les enfants des deux sexes:

> Toute instruction qu'on ne saurait acquérir à un âge raisonnable qu'avec une grande application, n'est pas faite pour l'enfance; c'est une vérité si frappante, qu'il serait superflu de chercher à l'établir par des raisonnements, et cependant dans toutes les éducations on la perd continuellement de vue: tous les malheureux enfants ne sont-ils pas accablés, dès l'âge de six ans, de leçons de grammaire, de géométrie, d'astronomie etc.? On prend bien de la peine pour leur enseigner ce qu'ils ne peuvent comprendre, et l'on ne parvient qu'à détruire leur santé, et à leur donner un invincible dégoût pour l'étude.[37]

Les exercices, les voyages sont les mêmes pour Adèle et son frère; à l'exception des exercices de type militaire évidemment réservés à Théodore. La pédagogue respecte assez fidèlement les indications de Rousseau: parallèlement à un programme complet de formation physique, elle intègre dans son plan d'éducation un apprentissage intellectuel progressif et ludique à partir de douze ans. C'est ainsi qu'Adèle est destinée à atteindre cet âge en n'ayant acquis que des connaissances sommaires:[38] 'Adèle à douze ans, ne sera en état ni de bien faire un extrait, ni d'écrire une jolie lettre, ni de m'aider à faire les honneurs de ma maison. Elle aura peu d'idées, mais n'en aura pas une fausse.'[39] La pédagogue porte, par ailleurs, un vif intérêt à un aspect du plan du philosophe destiné à développer les facultés sensorielles des jeunes élèves (p.116):

> A la promenade, nos enfans ne s'exercent encore qu'à sauter, à courir; dans un an nous les accoutumerons ainsi que Rousseau le conseille, à mesurer des yeux un espace quelconque, combien telle allée peut avoir d'arbres, combien

---

36. *Les Veillées du château*, qui sont plutôt destinées à l'application des théories, comportent une mise en pratique de celles portant sur les exercices physiques.

37. Mme de Genlis, *Adèle et Théodore*, p.89.

38. En revanche, dans son édition commentée et corrigée d'*Emile ou De l'éducation*, plusieurs années après, Mme de Genlis s'oppose fermement à l'éducation négative pour des raisons religieuses. Voir *Emile ou De l'éducation; par J.-J. Rousseau. Nouvelle édition à l'usage de la jeunesse, avec des retranchements, des notes, et une préface*, 3 vol. (Paris, 1820), t.1, note p.176.

39. Mme de Genlis, *Adèle et Théodore*, p.113.

telle terrasse a de pots de fleurs, etc. Dès à présent nous faisons usage pour eux des jeux de nuit recommandés par Rousseau.

Cette formation physique complète s'articule, à partir de douze ans selon l'âge établi par Rousseau, avec un apprentissage intellectuel plus approfondi. Ainsi, les éducatrices se sont inspirées du citoyen de Genève dont l'œuvre leur est apparue déterminante pour penser l'éducation sous un nouveau jour. Elles ont également alimenté leur réflexion à partir de grands concepts de la pensée des Lumières et notamment la raison, le bonheur et la bienfaisance.

iii. La raison, le bonheur et la bienfaisance

La raison

La raison est le maître-mot de la philosophie des Lumières. Les philosophes envisagent d'une façon nouvelle cette capacité de l'esprit, en rupture avec le cartésianisme. Désormais, elle procède des méthodes mathématiques instituées par Newton.[40] Comme beaucoup de leurs contemporains, les éducatrices sont partagées entre cette philosophie moderne et la philosophie cartésienne. Toutefois, Mlle Le Masson Le Golft, semble rester davantage fidèle à la pensée cartésienne qui lui a été transmise durant sa formation:

> L'étude de la philosophie, qui commence par l'art de raisonner juste, sera pour mademoiselle de... un art d'imitation, puisqu'elle a toujours été à portée de vous entendre, et que vous l'aurez accoutumée à n'admettre, dans l'ordre de la nature, que ce qui paroît évident; à analyser les choses pour les mieux connoître; à aller toujours du plus simple au plus composé; et quand ces moyens lui manquent, à faire ce que fait un lecteur dont le flambeau s'éteint.[41]

L'un des principaux enjeux de la pédagogie des éducatrices est donc la mise au premier plan de la raison. Elles répètent que les discours d'exhortation et d'admonestation – qui sont pléthores dans la littérature adressée aux filles et aux femmes et qui les engagent à faire preuve de davantage de sagesse – resteront lettre morte tant que l'éducation ne sera pas destinée à établir en elles une raison ferme. Il s'agit de se livrer à un véritable exercice de l'esprit qui conduit à des vérités: 'C'est par ces instructions et autres semblables, toujours données en forme de conversations [...] que je dispose mon élève à voir le monde sans surprise [...]. Donnons d'abord à notre élève un sens droit, afin qu'elle apprenne à

---

40. Rappelons que la philosophie des Lumières se modèle sur les méthodes d'analyse de Newton: 'Le cheminement de la pensée, par conséquent, ne va pas des concepts et des axiomes aux phénomènes mais à l'inverse' (E. Cassirer, *La Philosophie des Lumières*, p.47).

41. Marie Le Masson Le Golft, *Lettres relatives à l'éducation*, p.55-56.

juger selon la saine raison.'[42] Ainsi, leur objectif est de développer chez les élèves l'autonomie de la réflexion: 'Je vous disois il y a quelques jours que je voulois rendre vos esprits géométriques: c'est en raisonnant toujours ainsi qu'ils le deviennent. Ceci est de la dernière conséquence mes enfans. Je connois dans la ville de Londres des personnes qui ont beaucoup d'esprit, qui, faute de s'être habituées à cette méthode, déraisonnent pitoyablement.'[43]

Cet 'esprit géométrique' que Mme Leprince de Beaumont revendique pour les filles semble être une référence à *De l'esprit géométrique* de Pascal[44]. Mais la formule peut également évoquer la philosophie cartésienne lorsqu'elle est 'un effort pour étendre au corps entier des connaissances humaines la méthode mathématique, qui n'est elle-même que l'usage normal de la raison'.[45] La métaphysique de Mme Leprince de Beaumont, qui se caractérise par l'éclectisme, rend son explication difficile. Toutefois, son principal but est de fonder la croyance religieuse sur la raison; et pour cela, elle a recours à différents systèmes.

Pour l'éducatrice, tout apprentissage, toute parole doit être éprouvée par le doute; d'ailleurs, elle reprend – même si c'est dans un ordre inversé – les trois sources du savoir mis en suspens par le doute méthodique de Descartes dans la première méditation et qui sont l'étape préalable à l'établissement d'une certitude: 'Voilà donc le fondement de tout ce que je crois: mes sens, le témoignage des personnes non-suspectes dans les choses vraisemblables, et une certaine lumière naturelle qui est au-dedans de moi; ces trois fondements me manquent par rapport au mystère de la Ste Trinité.'[46] Ce doute est nécessaire même lorsqu'il s'agit de religion. La confrontation entre religion et raison peut, par exemple, se traduire par l'examen d'un passage biblique à travers le prisme de la science. Celui qui concerne Josué arrêtant la course du soleil pour prolonger le temps d'une bataille a souvent été avancé par des hommes de foi comme un argument invalidant la théorie de Copernic. Or, les élèves de Mlle Bonne remettent en question sa vérité parce qu'il contredit une connaissance scientifique établie. La gouvernante répond à cette difficulté scientifico-théologique en s'appuyant sur une explication qui tente de concilier de façon raisonnable le passage de l'histoire sainte et une théorie astronomique qui n'est plus controversée:

---

42. Mme de Monbart, *Sophie*, p.158-60.
43. Mme Leprince de Beaumont, *Magasin des adolescentes*, t.1, p.148.
44. Blaise Pascal, *De l'esprit géométrique* (1657-58) dans *De l'esprit géométrique, Ecrits sur la Grâce et autres textes* (Paris, 1985).
45. Etienne Gilson, 'Introduction', dans René Descartes, *Discours de la méthode* (1970; Paris, 1989), p.12.
46. Mme Leprince de Beaumont, *Magasin des jeunes dames*, t.1, p.35.

LADY MARY

Ma Bonne, vous nous avez dit, il y a quelques temps, que c'était la terre qui tournait, et non pas le soleil; cependant Josué commanda au soleil de s'arrêter, et non pas à la terre; est-ce qu'il ne savait pas que le soleil ne marchait pas?

MLLE BONNE

Josué pouvait fort bien ne pas savoir que c'était la terre qui tournait et non pas le soleil, parce que les savans de ce temps-là le croyaient ainsi. Il est vrai que Josué était inspiré du ciel, mais c'était pour conduire les Israélites dans la Terre promise, pour les exhorter à demeurer fidèles au Seigneur, et non pas pour leur apprendre les sciences humaines. Mais quand même Dieu eût révélé à Josué que c'était la terre qui tournait, je crois qu'il aurait toujours dit au soleil de s'arrêter; car s'il eût fait ce commandement à la terre, les Israélites eussent cru qu'il était fou, puisqu'ils étaient persuadés qu'elle restait immobile; il eût fallu leur faire de grands discours pour leur faire comprendre cela.[47]

Tout en faisant du doute un fondement de sa réflexion, l'auteur ne va cependant pas jusqu'à interroger l'existence de Dieu. Pour elle, à l'instar de Pascal, la preuve de la présence divine est inhérente aux vérités inaccessibles à la compréhension de l'homme:

MLLE BONNE

Qu'est-ce qui fait le fondement de notre foi, ma chere, c'est-à-dire, qu'est-ce qui empêche que notre soumission à des mysteres inconcevables ne blesse pas la raison?

MISS CHAMPÊTRE

Plusieurs choses, ce me semble. La premiere, est l'idée que la raison nous donne d'un Dieu si grand et si infini, que lui et ses œuvres sont au-dessus de nos perceptions; la seconde, la connoissance que des expériences journalieres nous donnent de notre ignorance et des bornes de nos lumieres, qui ne suffisent pas pour nous faire comprendre la cent millieme partie des choses qui nous environnent. De ces deux convictions il en naît une troisieme, et la voici; c'est la nécessité d'une révélation d'un côté, et d'une soumission aveugle de l'autre, lorsque nous sommes bien assurés que la révélation vient de Dieu.[48]

Sur ce point, elle s'appuie également sur la pensée de Socrate affirmant avec lui, dans une interprétation qui tient de l'humilité chrétienne, la vanité des connaissances de l'homme, fort réduites au regard de ses ignorances: 'L'Oracle a raison, s'écria le Philosophe, je suis le plus sage de tous les hommes, car du moins, je sais clairement que je ne sais rien, ou du moins si peu de chose, qu'il y aurait de la folie à m'en glorifier' (p.39).

---

47. Mme Leprince de Beaumont, *Magasin des enfans*, t.3, p.81-83.
48. Mme Leprince de Beaumont, *Magasin des jeunes dames*, t.1, p.34-35.

A la faveur de ces éléments, elle considère que l'homme peut croire à la religion révélée. Ainsi, le but principal de l'auteur est d'établir la foi de ses élèves sur des bases raisonnables et donc solides pour qu'elle puisse résister aux attaques de l'incrédulité: 'J'aimerois mieux un voleur, un libertin, un athée même, qu'un chrétien superstitieux ou faux dévôt.'[49] Mme de La Fite et Mlle Le Masson Le Golft reprennent le même type de démonstration.

Si, suivant la pensée cartésienne dont Mme de La Fite s'inspire également, les connaissances peuvent être acquises à la suite du doute dont ont fait l'objet les 'sens', le 'raisonnement' et le 'témoignage',[50] certaines sont inaccessibles par ces moyens; et cet empêchement permet de fonder la certitude de l'existence divine (p.41):

> Si l'ignorance, ou le défaut d'un sens peuvent rendre incapable de certaines connoissances à la portée du commun des hommes, il n'est pas surprenant que nous trouvions des mystères dans ce qui concerne la Divinité et ses ouvrages, car l'homme le plus intelligent et le plus éclairé, tant qu'il vit sur la terre est dans un état d'imperfection et d'enfance.

La même limite se retrouve dans les *Lettres relatives à l'éducation* de Mlle Le Masson Le Golft selon laquelle la certitude de l'existence divine ne peut découler que de l'application de la méthode cartésienne:

> Toute jeune personne susceptible de recevoir une instruction distinguée, doit donc savoir que l'idée de sa propre existence (portée par l'intelligence à tout le développement qu'elle peut recevoir) prouve la nécessité et l'existence d'un créateur; et celle-ci celle d'un culte intérieur de la part de l'ame, et même d'un extérieur, parce qu'elle est unie au corps; que les erreurs monstrueuses des nations au sujet du culte, prouvent la nécessité et la vérité de la révélation, etc. Reprenons, je vous prie. Vous savez aussi, quoi qu'on en puisse dire, que toutes les idées qui naîtroient à l'occasion des sens, ne peuvent représenter que des choses sensibles: l'esprit n'étant point un être matériel, l'idée que nous en avons ne naît pas des sens; elle naît donc de l'ame, prouve, et son existence, et qu'elle a été créée par un esprit infiniment supérieur.[51]

Cette façon qu'ont des auteurs chrétiens – les catholiques Mme Leprince de Beaumont et Mlle Le Masson Le Golft et la protestante Mme de La Fite – de faire intervenir la raison pour prouver l'existence de Dieu aux enfants est une démarche éloignée de tout dogmatisme qui s'inscrit dans un projet de philosophie chrétienne des Lumières. A cet égard, elle contredit un courant de la pensée des Lumières qui avait systématisé l'opposition entre foi et raison. En outre, cette position des éducatrices reflète la confiance du siècle des Lumières dans les capacités de l'esprit

---

49. Mme Leprince de Beaumont, *Magasin des adolescentes*, t.3, p.83.
50. Mme de La Fite, *Entretiens*, t.2, p.39.
51. Marie Le Masson Le Golft, *Lettres*, p.57-59.

humain. De cette posture moderne découle également une nouvelle conception du bonheur.

Le bonheur

L'enseignement philosophique des éducatrices fait une place importante à la recherche du bonheur, l'un des principaux thèmes de réflexion du dix-huitième siècle.[52] Mme de La Fite, par exemple, le fait dépendre de la capacité à *'réfléchir'*; elle n'en connaît 'point de plus importante au bonheur et à la vertu'[53] tandis que Mme d'Epinay va jusqu'à qualifier le bonheur de 'science'. Les emprunts aux philosophies de l'antiquité sont également perceptibles dans les textes; et tout d'abord, dans l'idée qu'il faut maîtriser ses passions: 'Souvenez-vous, mes enfans, que pour être heureux, il faut s'occuper davantage des biens qu'on possède, que de ceux qu'on espère. Combattez donc votre impatience; mettez des bornes à vos désirs: si vous manquez de modération, vous ne jouirez jamais de rien.'[54] Les élèves, philosophes néophytes, doivent non seulement faire preuve de mesure; mais également éviter toutes les situations qui pourraient favoriser leurs inclinations: 'C'est en analysant les passions, qu'on voit combien elles nous éloignent du bonheur. Une jeune personne à qui on découvrira tous les maux qu'elles nous causent, sentira quel intérêt elle a de les fuir.'[55] Cette nécessité est particulièrement importante pour de jeunes personnes destinées à vivre dans le monde. Ainsi, pour trouver le bonheur au sein de la société, une femme doit concevoir sa vie à travers le prisme d'une espèce de philosophie du quotidien: 'Il leur faut de la raison, de la douceur, de la sensibilité, des ressources contre le désœuvrement et l'ennui, des goûts modérés et point de passions.'[56] En effet, cette maîtrise doit permettre de discipliner les désirs: 'Le bonheur est un état dans lequel le cœur ne forme aucun désir qu'il ne soit en état de satisfaire sans craindre le dégoût.'[57] Cette aspiration au repos, au calme de l'esprit renvoient à la philosophie stoïcienne quelquefois complétée par une vision chrétienne: le bonheur atteint sur cette terre prépare au bonheur ineffable de l'autre vie.

La réflexion de Mme d'Epinay sur le bonheur se démarque de celle des autres éducatrices sur certains points. Dans sa jeunesse, elle rejette le stoïcisme et revendique la sensibilité comme moyen de parvenir au

---

52. Voir Robert Mauzi, *L'Idée du bonheur dans la littérature et la pensée françaises au XVIIIe siècle* (1960; Genève, Paris, Gex, 1979), p.255.
53. Mme de La Fite, *Eugénie*, t.1, p.125.
54. Mme de Genlis, *Les Veillées du château*, t.1, p.37.
55. Mme de Miremont, *Traité de l'éducation des femmes*, p.254.
56. Mme de Genlis, *Adèle et Théodore*, p.74.
57. Mme Leprince de Beaumont, *Magasin des adolescentes*, t.2, p.17.

bonheur. Puis, au temps de la maturité, elle revient sur ses premières idées et décide que l'insensibilité peut rendre heureux ceux qui parviennent à cet état: 'Il faut se faire de pierre pour être heureux.'[58] Finalement, dans *Les Conversations d'Emilie*, elle fait dépendre le bonheur de la connaissance et de la raison qui sont des armes permettant de lutter contre la sensibilité:

> Lorsque vous portez vos soins à cultiver votre raison, et l'orner de connaissances utiles et solides, vous vous ouvrez autant de sources nouvelles de plaisir et de satisfaction; vous vous préparez autant de moyens d'embélir votre vie, autant de ressources contre l'ennui, autant de consolations dans l'adversité, que vous acquérez de talens et de connaissances. [...] c'est le remede le plus efficace et le plus sûr contre le désœuvrement, qui est l'ennemi le plus redoutable du bonheur et de la vertu.[59]

Ce bonheur peut se trouver aussi bien dans la solitude que dans la compagnie et libère de la dépendance affective à l'égard des autres. Toutefois, il n'est pas possible de proscrire complètement tout lien humain et social. D'ailleurs, lorsque ce dernier est positif, il est gage d'un véritable bonheur parce qu'il contribue à rendre vertueux.

  Pour toutes les éducatrices, le bonheur réside éminemment dans une pratique quotidienne de la vertu; c'est pourquoi, elles lient systématiquement le premier à la seconde. Dans un premier temps, il s'agit d'accomplir son devoir. Cet acte – de nature religieuse pour les auteurs chrétiens – correspond à une obligation sociale préconisée par toutes: 'Inspirer la bonté, la douceur, toutes les vertus sociales qui font le bonheur de la vie, et les vertus morales qui assurent la paix de l'ame'.[60] C'est donc l'accomplissement de sa destinée civile qui – après qu'il a trouvé le bonheur sur un plan personnel – peut permettre à l'homme d'être pleinement heureux car, dès lors, il se réalise dans son rapport aux autres membres de la société:

EMILIE

Il faut donc être utile aux autres pour être heureux?

MÈRE

C'est un des moyens les plus sûrs pour arriver au bonheur.

EMILIE

Qu'est-ce que c'est que le bonheur?

---

58. Lettre de Mme d'Epinay à Galiani du 25 juin 1774 dans F. Galiani et Mme d'Epinay, *Correspondance*, IV, p.154.
59. Mme d'Epinay, *Les Conversations d'Emilie*, p.249.
60. Mme de Miremont, *Traité de l'éducation des femmes*, p.25.

MÈRE

C'est ce que vous éprouvez, mon enfant, quand vous êtes contente de vous, et que vous avez satisfait à ce que nous exigeons de vous.

EMILIE

J'entends; quand j'ai été bien docile, et que j'ai bien fait mes devoirs. Mais quand je serai grande, je n'aurai plus de devoirs à faire, je n'aurai donc plus d'occasion d'être heureuse?

MÈRE

Chaque âge a ses devoirs, ses occupations, ses plaisirs.[61]

Mais il ne suffit pas d'accomplir les obligations correspondant à son âge; il s'agit également de veiller à ce qu'elles soient en adéquation avec le statut social de chacun: 'Connoître sa destination et la remplir, voilà donc l'unique secret du bonheur.'[62] Par ailleurs, dans la pensée chrétienne, il n'existe pas de véritable bonheur sur terre; et les inégalités entre les hommes sont l'assurance de récompenses et de bonheur dans une autre vie pour les plus démunis. Or, les idées laïques des Lumières ne sont pas si éloignées de cette conviction puisque nombre d'écrits énoncent que le bonheur du plus grand nombre implique la disgrâce de quelques uns: 'L'inégalité sociale, au dix-huitième siècle, n'apparaît plus, comme au siècle précédent, dans la perspective d'une finalité providentielle. Mais elle relève d'une autre finalité, dans la mesure où elle est jugée nécessaire à l'équilibre de la société et à son bien-être.'[63] Toutefois, il ne s'agit pas de rester insensible face à la misère des indigents. Au contraire, le dix-huitième siècle se caractérise par un élan de compassion à leur égard à la fois chrétien et philosophique. Ainsi, la vertu est traduite et concrétisée par la bienfaisance.

La bienfaisance

'Bienfaisance' est un terme qui apparaît pour la première fois sous la plume d'un pédagogue chrétien, l'abbé Castel de Saint-Pierre.[64] Puis, il est rapidement récupéré par l'ensemble de la société; en particulier par les philosophes:

Charité, humanité, bienfaisance ou philanthropie, sous quelque nom qu'ils la désignent, chrétiens et philosophes se rejoignent ainsi, au cours de la première moitié du siècle, dans un commun hommage à cette éminente

61. Mme d'Epinay, *Les Conversations d'Emilie*, p.53.
62. Mme de La Fite, *Eugénie*, t.1, p.120.
63. R. Mauzi, *L'Idée du bonheur*, p.153.
64. 'sa première occurrence figure dans un article des *Mémoires de Trévoux*: "Mémoires pour servir à l'histoire des sciences et des arts" (mai 1725), p.853' (Catherine Duprat, *'Pour l'amour de l'humanité'*, dans *Le Temps des philanthropes. Tome 1: La Philanthropie parisienne des Lumières à la Monarchie de Juillet* (Paris, 1993), Introduction, p.xv).

vertu sociale. Cette harmonie, la seconde génération des Lumières va la troubler, en faisant de l'amour des hommes, non plus un effet de la grâce divine, mais une inclination de la nature. On peut dater cette rupture. Elle s'opère entre 1755 et 1765, à l'âge des encyclopédistes.[65]

Cette action vertueuse est au centre de l'enseignement – et plus précisément de la transmission – moral présent dans les ouvrages des éducatrices. C'est un thème récurrent des *Magasins* dans lesquels elle est décrite et expliquée sous un angle essentiellement chrétien; elle a alors pour nom 'charité'. Selon les indications de l'Eglise, il s'agit d'apprendre aux élèves à épargner le superflu de leur revenu pour le consacrer aux pauvres; car cet argent leur serait dû. Consciente de la force du clan des philosophes lorsqu'il prône la suprématie de la bienfaisance, Mme Leprince de Beaumont s'ingénie à combattre leur discours laïc. Elle prêche que la satisfaction tirée d'un acte charitable ne peut être entière – et surtout ne peut mener au bonheur – si elle n'est accomplie avec foi:

> Jusques-là le désir d'être heureuse avoit été son unique motif; sa charité n'avoit point eu Dieu pour motif, et voici ce qui en arriva. Tous ceux qu'elle assista ne furent pas reconnoissants; leur ingratitude blessa son cœur: et comme elle avoit compté sur leur joie et leur reconnoissance, elle se trouva désagréablement trompée, et craignit de n'avoir pas trouvé le bonheur réel.[66]

Chez les autres éducatrices, le partage qui peut se faire entre la charité et la bienfaisance n'est pas clair; ce qui semble indiquer une laïcisation de la façon d'envisager cet acte. Ainsi, Mme de La Fite défend, d'une part, une pratique charitable chrétienne qui n'implique pas nécessairement un secours financier:

MME DE VALCOUR

tu n'ignores pas qu'il y a plusieurs manières d'obliger son prochain?

JULIE

Oui, Maman, par des conseils, par des services; on peut soigner les malades, les veiller, solliciter les riches en faveur des pauvres: vous me l'avez dit, tout cela peut se faire sans argent.

MME DE VALCOUR

Tu oublies quelque chose d'essentiel et qui est au pouvoir de tous les cœurs sensibles; c'est de consoler les malheureux en leur montrant combien nous sommes affligés de leurs maux, ainsi nos larmes mêmes sont quelquefois bienfaisantes.[67]

---

65. C. Duprat, '*Pour l'amour de l'humanité*', p.xvii.
66. Mme Leprince de Beaumont, *Magasin des adolescentes*, t.1, p.165. Il s'agit d'un extrait de l'Histoire de la Marquise de D*** analysée dans la première partie.
67. Mme de La Fite, *Entretiens*, t.1, p.114.

Mais, d'autre part, elle cite un vers de Voltaire – sans mentionner le philosophe – extrait d'un poème encensant la bienfaisance laïque et critiquant les pratiques religieuses stériles:[68] 'Vous sentez bien toutes deux que l'égoïsme est opposé à la bienfaisance, et quelqu'un a fort bien dit:[69] *C'est n'être bon à rien de n'être bon qu'à soi*'.[70] Or, il est peu probable que la formule soit passée dans le langage courant de l'époque sans que le public ait pu la relier à son auteur.[71]

De même, dans le discours que Mme de Genlis prête à ses personnages, se retrouvent à la fois les caractéristiques de la charité chrétienne et celles de la bienfaisance des Lumières. Dans *Les Veillées du château*, c'est le plaisir ressenti grâce à l'acte charitable qui est valorisé. De plus, il est rappelé que les riches ont à établir un partage dans leurs revenus entre ce dont ils peuvent disposer et ce qui revient aux pauvres; ils doivent donc refuser le gaspillage pour ne pas léser ces derniers: 'Maman, vous avez dit tout à l'heure qu'il n'est pas possible d'être généreux sans être économe? – Certainement. Ce qu'on prodigue, ce qu'on perd, est un vrai vol qu'on fait aux pauvres.'[72] Pourtant, Mme de Genlis elle-même n'a pas échappé à l'influence des philosophes; elle a notamment recourt à l'idée du vers de Voltaire: 'Vous sentez donc reprit Madame de Clémire, qu'il n'est pas toujours naturel de se préférer aux autres, et que l'homme constamment personnel n'est qu'un être dégradé et corrompu' (p.122-23). Ainsi, dans la seconde moitié du dix-huitième siècle, c'est le versant laïc de la bienfaisance qui s'impose. Or, cette pratique a une visée utilitaire: le maintien de l'ordre social.

Suivant la pensée chrétienne, il n'est pas question de vérifier la réalité de la détresse de la personne à assister: à travers son geste, le croyant ferait un acte de foi envers Jésus-Christ. Ce principe est appliqué fidèlement dans les écrits de Mme Leprince de Beaumont. En revanche, les personnages de 'philanthropes' de Mme de Genlis et de Mme de La Fite – imprégnées de bienfaisance philosophique – prennent toujours la précaution de se renseigner sur la moralité de la famille trouvée mourant de faim et de froid dans un galetas ou un grenier. Toutefois, le 'secours' prodigué dans leurs ouvrages ne s'arrête pas à quelques écus ou à une bourse. En accord avec l'esprit de charité en action de la fin du siècle, il est complété par un don plus conséquent rendant les pauvres gens aptes

---

68. Voir également Voltaire, *Dictionnaire philosophique*, éd. Christiane Mervaud, *OCV*, t.36, article 'Vertu'.
69. Voltaire, *Discours en vers sur l'homme*, Septième discours, 3e octet, 'Sur la vrai vertu' (1737), *OCV*, t.17.
70. Mme de La Fite, *Entretiens*, t.1, p.121.
71. L'idée est reprise par de nombreux auteurs dans des formules proches. Par exemple dans l'*Emile*: 'l'homme qui n'est que bon n'est bon que pour lui'.
72. Mme de Genlis, *Les Veillées du château*, t.1, p.171-72.

à subvenir seuls désormais à leurs besoins. Lorsque la scène se passe à la campagne, c'est un arpent de terre et quelques animaux de ferme qui sont achetés; ces acquisitions sont proportionnelles aux besoins des familles car il ne s'agit pas de leur donner les moyens de s'enrichir. Quand les événements ont lieu en ville, la famille est le plus souvent déplacée et installée dans une maison champêtre où elle aura aussi la possibilité de travailler pour se nourrir.

L'instruction sur la bienfaisance est également transmise à travers la mise en image de cette action et particulièrement celle de deux de ses gestes, l'intervention et le don. Ceux-ci sont représentés dans des scènes picturales ou littéraires qui dépeignent, par exemple, l'entrée d'une personne aisée dans la pièce où vit une famille dans la plus extrême nécessité. Ces tableaux 'à la Greuze' doivent être, à eux seuls, une leçon visuelle et surtout morale conformément au principe d'une connaissance acquise par l'expérience des sens qui se trouve déjà chez l'abbé Castel de Saint-Pierre: 'pour faire des impressions plus profondes, il faut aux homes, et sur tout aux enfans, qu'ils soient aidés par les sens, il faut qu'ils conoissent, il faut qu'ils voyent les malheurs et les malheureux, et s'il se peut dans leur affliction. C'est ce qui nous est présenté par nos sens, qui fait le plus d'impression sur nous.'[73] Ces tableaux ont donc pour fonction de marquer les esprits des élèves et de les inciter à les reproduire. De plus, l'acte de don s'articule avec un second moment lui répondant et tout aussi important dans le processus d'apprentissage. C'est celui de la reconnaissance éprouvée par les personnes secourues. Ces scènes d'attendrissement, de remerciements, de larmes, de prières spontanées – la famille rendue à la vie par le geste vertueux se retrouve la plupart du temps aux genoux de son ou de ses bienfaiteurs pour le ou les bénir – doivent attendrir le jeune lecteur et provoquer son émulation.

Une estampe de ce type est mise sous les yeux d'Emilie pour qu'elle la commente. De ce point de vue, la leçon de bienfaisance dans *Les Conversations d'Emilie* participe à la fois de la représentation traditionnelle d'inspiration chrétienne et de l'action des philosophes philanthropes contemporains – et pour certains familiers – de l'auteur.[74] Néanmoins, c'est l'acte philanthropique qui l'emporte sur le geste chrétien dans l'ouvrage de Mme d'Epinay: 'Peu à peu s'estompe l'anonymat traditionnel de l'aumône. Acte pieux, la charité, pour être méritoire, se devait d'abdiquer toute vanité en dissimulant son auteur. Au contraire, le nouveau geste se réclame de l'utilité et de l'intérêt du pauvre pour répudier l'anonymat et provoquer, par la publicité, une

---

73. Charles-Irénée Castel de Saint Pierre, *Projet pour perfectionner l'éducation. Avec un discours sur la grandeur et la sainteté des hommes* (Paris, Briasson, 1728), p.47.
74. Turgot par exemple.

émulation de bienfaits.'[75] En effet, les personnages de nobles – le père et la mère d'Emilie ainsi qu'une Maréchale – se comportent publiquement en philanthropes. Leurs bienfaits peuvent même être clamés devant les villageois:

> Monsieur le curé est arrivé. Tout le monde l'a entouré, comme de raison. Il a dit: 'Ecoutez-moi, Etienne Herselin, et vous Elisabeth Noël. Madame la Maréchale dont les largesses et les charités font la consolation et la bénédiction de tout ce canton, me charge de vous remettre un contrat de cinq cent livres de rentes, comme un présent de noce de sa part. [...] Mais comme sa sagesse égale sa bonté, elle ne veut pas que ce revenu serve aux besoins de votre ménage, et par conséquent à vous rendre moins laborieux.[76]

L'action de la Maréchale est destinée à servir de leçon à Emilie et donc au lectorat enfantin. Mais son acte de bienfaisance décèle également le souci d'organiser la société sur un modèle vertueux ayant pour fondement le travail des populations laborieuses. Cette organisation se retrouve à l'échelle d'un village dans *Adèle et Théodore*.

L'ouvrage de Mme de Genlis comporte une leçon de 'bienfaisance économique' en grande partie destinée aux adultes et qui s'inscrit dans la continuité des indications de ses contemporaines. Elle s'inspire de l'engagement d'un couple ayant réellement existé au dix-septième siècle – le comte et la comtesse de La Garaye – qui incarne l'action charitable chrétienne. Après le décès du beau-frère du comte, le Comte et la Comtesse ont abandonné un mode de vie mondain, transformé leur château en hôpital et consacré leurs vies à soigner les pauvres. L'éducatrice donne une portée pédagogique à cet épisode en le transposant au dix-huitième siècle et en le modernisant. En effet, ses contemporains menant de grandes actions philanthropiques le faisaient dans un esprit philosophique. Or, pour actualiser l'œuvre des La Garaye, Mme de Genlis semble s'être inspirée de l'un d'entre eux, le duc de Liancourt:[77] elle crée une sorte d'utopie dans laquelle une société bucolique est organisée rationnellement autour des La Garaye. La construction d'une manufacture et d'écoles sur leurs terres – à l'image de celles mises en place par Liancourt[78] – tiennent occupés de façon vertueuse et saine les villageois et leurs enfants. Même si ces derniers rendent grâce pieusement à leurs bienfaiteurs, c'est le modèle laïc de la

---

75. C. Duprat, '*Pour l'amour de l'humanité*', p.54.
76. Mme d'Epinay, *Les Conversations d'Emilie*, p.358.
77. François Alexandre Frédéric de La Rochefoucauld d'Estissac, duc de Liancourt (1747-1827), membre de la Société philanthropique. Louis XVI le charge de prendre les mesures d'amélioration de la bienfaisance qui marquèrent les débuts de son règne.
78. Les La Garaye ont contribué à faire ouvrir des écoles, mais ils n'en ont pas pris l'initiative. Voir Guy-Toussaint-Julien Carron, *Les Epoux charitables ou Vies de M. le comte et de Mme la comtesse de La Garaye* (Rennes, N. Audran, 1782), p.304-12.

bienfaisance qui l'emporte à travers cet exemple. Conformément aux idées des philosophes, l'auteur envisage cette action comme un geste social et public générant une modification de l'économie au moins à l'échelle d'un village. Ainsi, les éducatrices ont eu l'ambition de transmettre tous les types de savoirs sans excepter ceux qui requéraient le développement de réflexions d'ordre philosophique. Bien plus, la multiplication des domaines de connaissance leur est apparue comme un outil important de la construction raisonnable et morale de l'élève. Cette conviction les conduit à introduire un grand nombre de disciplines dans leurs plans d'éducation.

III

Les savoirs féminins des Lumières

L'instruction religieuse est un élément prépondérant de la formation des filles tout au long de l'Ancien Régime. Elle est à la fois une matière parmi d'autres et une conviction qui préside à l'apprentissage et l'oriente. Toutefois, son enseignement tend à se réduire progressivement et à laisser plus de place aux savoirs profanes. De fait, les champs de connaissances accessibles aux filles deviennent plus importants au dix-huitième siècle. Mais malgré quelques progrès, la formation féminine traditionnelle reste médiocre: les femmes du dix-huitième siècle les plus éduquées ne semblent pas avoir eu une grande culture et les salonnières elles-mêmes étaient rarement des lettrées ou des savantes.[1] Partant, on peut considérer que le vœu d'une véritable amélioration des connaissances féminines est théorique et se trouve surtout dans les ouvrages des éducatrices. Le nombre de matières et les supports livresques qu'elles introduisent dans leurs plans d'instruction révèlent leur ambition à cet égard même si elles occultent les mathématiques. Elles renouvellent les premiers apprentissages comme la lecture et l'écriture, elles prolongent la nécessaire acquisition des 'arts d'agréments' par une meilleure compréhension des arts et l'histoire et la géographie sont enseignés dans un esprit moderne. En outre, les sciences ne sont pas considérées comme des enseignements à la mode mais comme des moyens de parvenir à une meilleure connaissance de l'homme, du monde et même de Dieu.

---

1. Voir Antoine Lilti, *Le Monde des salons: sociabilité et mondanité à Paris au XVIIIᵉ siècle* (Paris, 2005) et 'La femme du monde est-elle une intellectuelle?', dans *Intellectuelles: du genre en histoire des intellectuels*, éd. Nicole Racine et Michel Trebisch (Bruxelles et Paris, 2004).

7. Les premiers apprentissages

i. La lecture

Selon les éducatrices, l'initiation à la lecture doit se faire le plus simplement possible: elle est considérée comme une sorte d'acquisition première et naturelle. Mme de Miremont, qui pour le reste suit l'idée de Rousseau sur le report de l'instruction,[1] s'écarte de son modèle sur ce point. Elle considère qu'il s'agit d'un apprentissage facile et même ludique que l'on peut tolérer à un âge où il ne faudrait 'rien apprendre'. Pour étayer son idée, elle évoque un procédé d'enseignement moderne et particulièrement en vogue à son époque – mais critiqué par Rousseau –, celui du bureau typographique.[2] Ainsi, les éducatrices estiment que les premiers exercices de déchiffrements doivent intervenir tôt dans la formation: ils peuvent débuter dès l'âge de cinq ans. Par ailleurs, le caractère premier et nécessaire de la lecture[3] en fait à la fois une matière à part entière et un apprentissage propédeutique:

> J'ai dit plus haut les motifs que l'on a de leur donner une éducation précoce. L'on pourroit y en ajouter un nouveau, je veux dire la nécessité où nous sommes de puiser nos instructions dans les livres [...]. Il n'en est pas ainsi d'un jeune homme qui peut trouver dans le commerce des gens instruits de tous les pays de meilleures regles de conduites que dans les plus excellens traités de morale: nous n'avons ni cette ressource ni celle des voyages. Condamnées à une vie sédentaire, la lecture sert à nos plaisirs comme à notre instruction.[4]

Cependant, tous les ouvrages ne sont pas accessibles aux filles en raison des dangers que certains d'entre eux peuvent représenter.

Les filles de l'aristocratie et de la bourgeoisie, en particulier, peuvent avoir accès à toutes sortes de textes parmi lesquels se trouvent des romans mondains et parfois des romans libertins.[5] Dans la pensée

---

1. Rousseau pense le report de l'apprentissage de la lecture pour les filles comme pour les garçons, mais pour d'autres raisons: 'Après tout, où est la nécessité qu'une fille sache lire et écrire de si bonne heure? Aura-t-elle si tôt un ménage à gouverner?' (*Emile*, p.460).
2. Mme de Miremont, *Traité de l'éducation des femmes*, p.14.
3. Voir Jean Hébrard, 'La scolarisation des savoirs élémentaires', *Histoire de l'éducation* 38 (mai 1988), p.7-58.
4. Mme de Monbart, *Sophie*, p.79. L'auteur reprend la même idée plus loin dans l'ouvrage: 'La lecture, la conversation nous tiennent lieu des voyages et de l'expérience' (p.159).
5. Geneviève de Malboissière semble avoir lu des ouvrages très variés que sa mère elle-même lui communiquait: 'Ma mère lit en ce moment les mémoires de M. d'Eon. Quel fou ou plutôt quel traître impudent! Cet ouvrage est défendu et ne se trouve pas à Paris; on est obligé de le faire venir d'Angleterre. On promet cinq volumes, le premier seul a paru' (A.

collective, ils sont susceptibles de contribuer à entacher la vertu: 'Souvenez-vous seulement, que de cent filles qui se perdent, il y en a quatre vingt dix dont la ruine a son origine dans de mauvaises lectures; et que celles qui veulent se conserver sages, ne doivent jamais lire aucun livre, sans avoir demandé conseil à quelque personne éclairée et vertueuse.'[6] D'autres ouvrages, véhiculant des idées philosophiques et athées, font courir aux filles le risque de se perdre religieusement : ils pourraient les convaincre d'abandonner leur foi pour adopter les 'idées nouvelles'. Enfin, la possibilité d'une mauvaise compréhension du sens des textes est également à envisager: 'si l'on commence par vous expliquer aujourd'hui nombre de mots qui demandent des connaissances que vous n'avez point encore, vous croirez avoir appris quelque chose, et cependant vous ne saurez véritablement rien; vous n'en serez pas plus avancée que si l'on vous avait fait lire par routine et par mémoire, sans vous apprendre à épeler'.[7] Les éducatrices édictent donc un certain nombre de règles destinées à écarter les inconvénients associés à la lecture féminine.

La première est la supervision par un adulte instructeur. Mme Leprince de Beaumont, à travers le personnage de Mlle Bonne, enseigne aux jeunes filles qu'elles ne doivent jamais lire un livre avant d'en avoir demandé l'autorisation à leur mère, leur gouvernante ou, du moins, à une personne vertueuse. Les autres éducatrices poussent plus loin la prudence en préconisant de ne jamais laisser une fille lire seule. Mme de Miremont remarque même que les jeunes filles 'pourroient s'affoiblir en lisant seules'.[8] Ainsi, la lecture des filles faite en compagnie de la mère ou de la gouvernante est un leitmotiv de la littérature éducative du dix-huitième siècle. Ce qui doit permettre, en dernier lieu, de rendre la lecture des filles sûre est la formation qu'elles auront reçue. En effet, si – suivant le système des éducatrices – elle développe leur réflexion et leur raison, elles seront en mesure d'aborder même les plus dangereuses lectures avec discernement: 'je croirois diminuer le danger des romans par la maniere dont je conduirois mes éleves à voir, à juger et à sentir' (p.232). La seconde règle porte sur la lecture à voix haute. Outre son caractère préventif, cette pratique permet de parfaire l'élocution et de poser des questions au fur et à mesure de la lecture. Mme d'Epinay choisit ce type de lecture active tout d'abord pour sa fille – 'elle lira pendant une demi-heure soit l'explication de l'Epître et de l'Evangile,

---

de Luppé, *Une jeune fille au XVIIIᵉ siècle*, lettre 100, p.128, cité par M. Sonnet dans 'Le savoir d'une demoiselle de qualité: Geneviève Randon de Malboissière (1746-1766)', *Memorie dell'Academia delle scienze di Torino, Classe di scienze morali, storiche e filologiche* 3, 2000, p.175).

6. Mme Leprince de Beaumont, *Magasin des jeunes dames*, t.1, p.131.
7. Mme d'Epinay, *Les Conversations d'Emilie*, p.95.
8. Mme de Miremont, *Traité de l'éducation des femmes*, p.178.

soit quelqu'autre morceau de morale chrétienne. Vous lui permettrez de l'interrompre tant qu'elle voudra; surtout si c'est par des questions ou des observations relatives à la lecture'[9] –, puis pour le personnage de la petite fille des *Conversations d'Emilie*.

Lorsque les premiers mécanismes sont acquis, il est nécessaire d'établir un ordre progressif dans les lectures pour éveiller l'intérêt des enfants: 'Le dégoût de la plupart des enfans pour la lecture, vient de la nature des livres qu'on leur met entre les mains; ils ne les comprennent pas, et de là naît inévitablement l'ennui.'[10] La notion de progression est donc inhérente à la pédagogie des éducatrices; elle est notamment illustrée par une liste récapitulative des lectures recommandées pour chaque âge placée à la fin du roman-traité *Adèle et Théodore*: 'Cours de lecture suivi par Adèle depuis l'âge de six ans jusqu'à celui de vingt-deux' (p.629-35). Les éducatrices ont donc intégré dans leurs ouvrages des 'bibliothèques idéales' pour la formation des filles dans lesquelles elles inscrivent les lectures interdites et celles qui sont autorisées.

A l'exception de ceux qui portent sur la religion, tous les livres provoquent la suspicion et ce sont les romans qui sont condamnés en premier lieu. Le principal grief formulé à leur encontre est qu'ils dépeignent la passion amoureuse sous un jour tellement séduisant qu'ils ne peuvent que pervertir de jeunes cœurs encore incapables de faire la distinction entre fiction et réalité: 'Il est, dira-t-on, tel roman châtié, qui ne peut qu'amuser, et même inspirer de la vertu; elle y est toujours récompensée. Oui; mais quel est le motif de la vertu héroïque des romans? C'est un amour réciproque; amour si grand qu'il élève l'ame au-dessus d'elle-même, et fait de part et d'autre des prodiges incroyables de vertu.'[11] Généralement, les auteurs repoussent le moment de la découverte de ces derniers à la veille du mariage. De même, les ouvrages littéraires dont les thèmes seraient trop choquants pour une petite ou une jeune fille sont proscrits. C'est le cas de la tragédie *Astrée et Thieste*[12] dont le sujet repose sur les crimes des deux frères qui se disputent le trône de Mycène. Point culminant de leur lutte fratricide, Astrée sert à son frère un horrible festin avec les corps des fils de ce dernier. Mlle d'Espinassy, sans donner davantage de précision sur la nature du danger de cette lecture, l'interdit en ajoutant: 'et quelques autres de ce genre' (p.61).

La prise en compte des parutions contemporaines se trouve également dans les *Magasins* qui mettent en scène le souhait des élèves

---

9. Mme d'Epinay, *Mes moments heureux*, p.36.
10. Mme Leprince de Beaumont, *Magasin des enfans*, t.1, préface, p.5.
11. Mlle d'Epinassy, *Essai sur l'éducation des demoiselles*, p.57.
12. Mlle d'Epinassy, *Essai sur l'éducation des demoiselles*, p.61. Il existe une tragédie de Crébillon intitulée *Astrée et Thieste* représentée pour la première fois en 1707.

de découvrir des textes qui connaissent un succès notable et auxquels elles auraient facilement accès. Seuls les arguments de la gouvernante peuvent les détourner de ce désir; notamment pour deux œuvres de philosophes qui ont eu un grand retentissement à l'époque de leur parution. *Candide*, d'une part, incarne pour l'éducatrice le risque de se perdre religieusement:

MLLE BONNE

Vous me demandez pourquoi je ne veux pas lire ce livre et ses semblables; le voici, Madame: je ne veux pas m'exposer à aller en enfer.[13]

Julie ou la nouvelle Héloïse, d'autre part, est – comme Rousseau le signale dans sa préface – trop dangereux pour les mœurs des filles même si les éducatrices lui reconnaissent de grandes qualités. Enfin, les *Lettres* de Ninon de Lenclos[14] constituent un autre exemple de 'mauvais livres'[15] représentant une menace pour la vertu féminine. Mais, de manière générale, les mentions de livres interdits sont rares; les éducatrices indiquent plutôt dans leurs 'bibliothèques' les lectures autorisées.

La première prescription concerne des livres écrits afin de communiquer les premiers rudiments de la connaissance religieuse aux enfants et qui reposent principalement sur des 'extraits'[16] ou des 'abrégés' de la Bible. Quant aux premières lectures 'laïques' des filles, elles sont constituées des livres de forme composée les éducatrices; dans une sorte de mise en abîme, celles-ci se citent entre elles ou elles-mêmes: les *Magasins*, *Les Conversations d'Emilie* et les *Entretiens, drames et contes moraux* sont principalement évoqués.[17] Mme de Genlis considère toutefois que les deux premiers conviennent à des enfants plus âgés que ceux auxquels leurs auteurs les ont adressés. Selon elle, ils ne peuvent avoir rapport à un lectorat âgé de moins de sept ans. Il existerait donc un manque pour les enfants entre cinq et sept ans qu'elle comble avec *Les Veillées du château*. La pédagogue fait également mention d'un ouvrage pour la jeunesse ayant connu un succès comparable à celui des précédents, *L'Ami des enfants* de Berquin.[18] Ainsi, les éducatrices ne se sont pas contentées d'écrire des livres accessibles aux plus jeunes, elles ont posé les bases d'une réflexion sur la didactique de la lecture enfantine.

13. Mme Leprince de Beaumont, *Magasins des jeunes dames*, t.1, p.130-31.
14. Ninon de Lenclos, *Lettres au marquis de Sévigné ou l'Art de se faire aimer* (Paris, 1999).
15. 'la lecture d'un mauvais livre, comme, par exemple, les lettres de Ninon de l'Enclos' (Mme Leprince de Beaumont, *Magasins des adolescentes*, t.4, p.113).
16. Au sens du dix-huitième siècle: un résumé des parties les plus importantes.
17. Mme d'Epinay cite également le théâtre d'éducation de Mme de Genlis, autre lecture à la fois didactique et distrayante pour la jeunesse.
18. Arnaud Berquin (1747-1791) auteur de *L'Ami des enfants* (1782) inspiré du périodique *Der Kinderfreund* (1776-1782) de Christian Felix Weisse (1726-1804).

Dans le domaine des lectures morales, *Les Aventures de Télémaque* de Fénelon est l'une des références qui apparaissent le plus souvent, de manière implicite ou explicite. De même, le périodique anglais *The Spectator*[19] est cité à de nombreuses reprises; rarement en anglais et très souvent traduit en français, 'le Spectateur'.[20] S'y ajoute – dans les *Magasins* seulement – *The Adventurer*,[21] également mentionné en français: 'l'Aventurier'. Par ailleurs, les éducatrices introduisent des titres fictifs, éventuellement associés à d'autres, réels. Dans *Les Conversations d'Emilie*, il s'agit tout d'abord du conte *La Mauvaise Fille* pris dans un recueil de contes moraux. Puis, Emilie réclame de pouvoir lire un ouvrage intitulé *Méditation des premiers principes de la morale*[22] qui sera associé à des extraits des *Vies* de Plutarque. Mais cette lecture très sérieuse est vraisemblablement adressée à un public plus âgé. Cette hypothèse semble être confirmée par l'insertion dans les *Réponses à démêler* d'un 'Essai sur la vraie fermeté' explicitement adressé au lectorat adulte. Finalement, si le principe traditionnel de lectures morales pour les enfants est conservé par les éducatrices, elles se distinguent en affirmant que même ce type de lecture doit être distrayant pour eux. D'ailleurs, cette idée se retrouve dans les références historiques.

L'Histoire, et en particulier l'Histoire ancienne, est considérée comme le vecteur d'un enseignement moral; à ce titre, la lecture de textes historiques est particulièrement recommandée aux jeunes filles. Or, cette conviction n'est pas affichée dans toutes les 'bibliothèques' des éducatrices. Deux ans après son essai, Mlle d'Espinassy publie un *Nouvel Abrégé de l'histoire de France, à l'usage des jeunes gens*.[23] Pourtant, elle ne fait pas un sort particulier à ce type de lecture dans son *Essai sur l'éducation des jeunes demoiselles*. Mme de Miremont accorde également une place de choix à l'histoire dans son *Cours complet d'instruction* destiné aux femmes quand, pour l'enfance, elle préconise simplement une 'histoire de France en abrégé'.[24] En revanche, les autres éducatrices donnent davantage d'indications sur les ouvrages qui peuvent être donnés à lire aux élèves. Mme d'Epinay cite uniquement le nom de Rollin, mais cette mention est suffisante pour ses contemporains lorsqu'elle veut désigner son œuvre historique. De même, la plupart du temps, Mme Leprince de Beaumont

---

19. Joseph Addison et Richard Steele (éd.), *The Spectator*, 1711-1712 (Londres, J. Tonson, 1726).
20. Dans son plan de lecture pour les maîtresses, Mme de Miremont précise: 'Le Spectateur anglais / Le Spectateur français'. En l'absence de précision, on sait qu'il s'agit du périodique de Steele et Addison.
21. J. Hawkesworth, *The Adventurer*.
22. Dans la version des *Conversations d'Emilie* de 1774, cet ouvrage est intitulé *Extrait des principes moraux*.
23. Mlle d'Espinassy, *Nouvel Abrégé de l'histoire de France*. L'ouvrage semble avoir été bien accueilli par le public puisque la publication s'est poursuivie de 1766 à 1771.
24. Mme de Miremont, *Traité de l'éducation des femmes*, p.54.

évoque simplement le nom de l'historien lorsqu'elle fait référence à son *Traité de l'histoire ancienne*. Cet ouvrage doit être complété par un abrégé de la pédagogue qui se présente sous la forme d'un manuel d'enseignant, *Education complète ou Abrégé de l'histoire universelle*.[25] De plus, parmi les lectures un peu exceptionnelles de l'une des élèves des *Magasins* se trouve Hérodote. Mme de Genlis a également écrit un ouvrage destiné à mettre la découverte de l'histoire à la portée des jeunes élèves en lui donnant un caractère hautement moral, *Les Annales de la vertu*.[26] C'est ce même ouvrage que Mme de La Fite fait figurer dans le plan de lecture de la princesse Ernestine dans *Eugénie et ses élèves*. Enfin, Mlle Le Masson Le Golft, qui rappelle l'importance de la connaissance de la mythologie outre celle des histoires ancienne et moderne, propose comme ouvrage de référence le *Discours sur l'histoire universelle* (1681) de Bossuet[27]. Car la partie mythologique – autrement appelée 'l'histoire de la fable' –, indispensable dans l'éducation masculine, a également son importance dans celle des filles afin qu'elles soient en mesure de comprendre les œuvres de leur époque. Sur ce plan, *Les Métamorphoses d'Ovide* constituent une référence unanime. Mlle d'Espinassy recommande, par exemple, dans son plan la lecture des 'Métamorphoses d'Ovide, l'Iliade, l'Odysée, et en général tous les Poëmes épiques'[28] et Mme de Genlis inclut dans le 'Cours de lecture d'Adèle' un commentaire des *Métamorphoses*. Et une fois de plus, elle écrit un ouvrage adapté aux enfants, les *Arabesques mythologiques*,[29] qu'elle signale dans *Adèle et Théodore*. Ainsi, dans tous les livres des éducatrices, les filles sont invitées à lire des ouvrages d'histoire plutôt que des romans en raison de leur effet profitable sur un plan moral. Pour autant, ces derniers ne sont pas complètement écartés.

Les éducatrices estiment, en effet, que quelques romans peuvent être tolérés dans les plans de lecture des filles. Les *Lettres persanes*[30] par exemple apparaissent dans le *Magasin des adolescentes* parce que la défense du suicide qui s'y trouve est contrebalancée par le fait que l'auteur 's'est bien repenti de cet ouvrage les dernières années de sa vie car il est mort en bon chrétien'.[31] Les autres romans cités dans les 'listes' des auteurs

---

25. Mme Leprince de Beaumont, *Education complète ou Abrégé de l'histoire universelle, mêlé de géographie et de chronologie* (La Haye, Pierre Gosse et Daniel Pinet, 1763).
26. Mme de Genlis, *Annales de la vertu, ou Cours d'histoire à l'usage des jeunes personnes* (1781), 2 vol. (Paris, Lambert et Baudouin, 1784).
27. Jacques Benigne Bossuet, *Discours sur l'histoire universelle à Monseigneur le Dauphin, pour expliquer la suite de la religion, et des changemens des empires (1681)*, 2 vol. (Paris, Christophe David, 1764).
28. Mlle d'Espinassy, *Essai sur l'éducation des demoiselles*, p.64.
29. Mme de Genlis, *Arabesques mythologiques, ou les Attributs de toutes les divinités de la fable*, 2 vol. (Paris, 1810-1811).
30. Charles-Louis de Secondat de Montesquieu, *Lettres persanes* (1721), (Paris, 2013).
31. Mme Leprince de Beaumont, *Magasins des adolescentes*, t.2, p.135.

sont sans ambiguïté et ne mettent pas en scène des sentiments amoureux. Du reste, ils font régulièrement partie des lectures de référence pour les enfants de l'époque, aussi bien garçons que filles. Ainsi, *Les Aventures de Robinson Crusoé*, la première lecture d'Emile, sont clairement autorisées dans les *Magasins*. Quant à Mlle d'Espinassy, elle cite les quelques romans traditionnellement vus comme accessibles aux enfants: *Don Quichotte*, *Gil Blas* et *Gulliver*; mais également *Zaïre* dont la découverte doit être repoussée au moment où l'esprit de la jeune fille est 'formé'. Bien plus, dans une perspective nouvelle, Mme de Monbart juge que la seule lecture susceptible de comporter une leçon morale est celle des romans: 'Les bons romans sont les vrais tableaux de la vie humaine: qu'importe que les actions qu'ils représentent soient vraies ou fausses, si elles sont capables de nous inspirer l'amour de la vertu?'[32] Evidemment, elle écarte les romans mondains qu'elle condamne comme les autres pédagogues. Sans donner de titre, elle indique simplement le thème de ceux qui ont un caractère éducatif: 'en général tous ceux qui traitent des travaux domestiques, des travaux de la campagne, qui peignent les mœurs de ses habitans, sont les seuls qu'on doive permettre à la jeunesse. Le détail de ces innocens plaisirs ne laisse à l'âme ni envie, ni inquiétude' (p.166).

Pour les autres éducatrices, les seuls romans incluant des intrigues sentimentales et malgré tout moraux sont ceux de Richardson: 'Je ne connais que trois romans véritablement moraux; Clarisse, le plus beau de tous; Grandisson, et Pamela; ma fille les lira en anglais, lorsqu'elle aura dix-huit ans.'[33] Le personnage éponyme de *Clarissa Harlove*[34] est plus particulièrement considéré par l'ensemble des éducatrices comme un parangon de vertu. De plus, l'incarnation du vice par Lovelace aurait une fonction préventive à l'égard des jeunes filles: '[Adèle] a été aussi très frappée du caractère atroce de Lovelace, et réellement épouvantée de son artifice et de son hypocrisie: c'est ce que je désirais; il est important d'apprendre de bonne heure à une jeune personne à se défier des hommes en général, nul livre au monde ne peut mieux que Clarisse inspirer cette utile et sage défiance.'[35] De même, Mme de Miremont développe longuement l'intérêt que présentent les livres du romancier anglais pour prévenir les filles contre les séductions masculines.[36] Seule Mme Leprince de Beaumont rejette même cette lecture. Tout en lui reconnaissant une certaine qualité, elle considère qu'elle comporte trop d'aspects 'dangereux' pour une jeune fille:

32. Mme de Monbart, *Sophie*, p.166.
33. Mme de Genlis, *Adèle et Théodore*, p.192.
34. Samuel Richardson, *Lettres anglaises ou Histoire de miss Clarisse Harlove*, trad. Antoine François Prévost (1751; Paris, 1999).
35. Mme de Genlis, *Adèle et Théodore*, p.520-21.
36. Mme de Miremont, *Traité de l'éducation des femmes*, p.178.

MLLE BONNE

car vous savez qu'il semble être de regle en Angleterre, de ne pas faire un roman où il n'y ait [des sottises].

MISS CHAMPÊTRE

Voilà une bonne calomnie! Vous n'avez pas lu, sans doute, les ouvrages de M. Richardson; sans quoi vous ne parleriez pas ainsi, ma Bonne.

MLLE BONNE

Je les ai tous lus, ma chere, non sans douleur de voir le plus honnête homme du monde se méprendre sur un sujet si important; il n'y en a pas un seul que je voulusse permettre à une jeune personne, parce qu'au milieu des meilleures choses du monde, il y en a toujours de très-dangereuses.[37]

Les éducatrices renouvellent donc la question de la lecture de romans par les filles en dégageant les qualités pédagogiques de celle-ci. Elles procèdent de manière similaire avec les autres genres littéraires.

Dans le domaine des 'belles-lettres' – Mme de Miremont mentionne un ouvrage général, *Cours de belles-lettres ou Principes de la littérature* de l'abbé Batteux,[38] qui a servi de référence pour les études classiques masculines durant toute la seconde moitié du dix-huitième siècle –, la poésie est une lecture souhaitable pour l'ensemble des éducatrices. Leur référence commune est Gessner dont le succès en France est dû en grande partie à ses idylles.[39] Mlle Le Masson Le Golft est la seule à donner d'autres noms de poètes et elle les choisit parmi des femmes: Mlle de Scudéry, Mme de La Suze et Mme Deshoulière. De même, la lecture de pièces de théâtre est considérée comme formatrice par certaines éducatrices. Là encore, les commentaires sont généraux et peu de titres sont cités. Les termes utilisés par Mlle d'Espinassy et Mme de Miremont permettent simplement de déceler que c'est le répertoire français qui est désigné. La première conseille, en effet, d'inclure dans le plan de lecture des 'Comédies de caractère et de belles tragédies'[40] tandis que la seconde préconise de faire lire aux élèves 'les meilleures pièces de nos divers théâtres'.[41] En outre, il s'agit pour elle d'une lecture propédeutique: elle doit précéder la découverte des représentations par les filles lors de leur entrée dans le monde et leur permettre d'aborder ce spectacle avec discernement (p.232-33). Quant à Mme Leprince de Beaumont, elle signale indirectement le type de pièces que les filles sont autorisées à

---

37. Mme Leprince de Beaumont, *Magasins des jeunes dames*, t.4, p.211.
38. Charles Batteux, *Cours de belles-lettres, ou Principes de la littérature*, 4 vol. (Paris, Desaint et Saillant, Durant, 1753).
39. Salomon Gessner, *Idylles et poèmes champêtres*, trad. M. Huber (Lyon, J.-H. Bruyset, 1762).
40. Mlle d'Espinassy, *Essai sur l'éducation des demoiselles*, p.61.
41. Mme de Miremont, *Traité de l'éducation des femmes*, p.61.

lire en évoquant Joas, personnage de l'*Athalie* de Racine.[42] Par contre, elle condamne le fait d'assister à des représentations. Mme de Genlis, pour sa part, cite le théâtre d'éducation dont elle est l'auteur et qui est présenté comme une lecture morale dans *Adèle et Théodore:* 'toutes ces petites pièces forment un recueil de leçons sur tous les points de la morale'.[43] Mme de La Fite fait également référence à ce théâtre comme à une lecture apportant un exemple instructif voire édifiant dans le cas d'*Agar dans le désert*.[44] Ainsi, les éducatrices réinventent et formalisent le rapport des filles à la littérature. Sans atteindre le degré d'importance quelle possède dans les études des garçons, elle devient un domaine de connaissances organisé et susceptible d'approfondissement.

De manière générale, les 'bibliothèques' constituées par les éducatrices pour les filles sont assez variées et reflètent le niveau moyen des lectures d'un public averti. La lecture est donc un enjeu majeur de la pédagogie des éducatrices. Elle représente tout d'abord un outil de réflexion durant le temps de la formation; ensuite, elle offre la possibilité d'accéder à une liberté et à un enrichissement intellectuels:

LADY TEMPÊTE

Mais à quoi cela est-il bon d'aimer la lecture?

MLLE BONNE

A mille choses, ma chère: on s'instruit en lisant, on se corrige, on s'amuse; et, comme le dit Lady Spirituelle, une personne qui aime la lecture, ne s'ennuierait pas dans un désert, dans une prison même.[45]

De plus, les différentes disciplines représentées dans les 'bibliothèques idéales' des filles étendent le champ des savoirs qui leur est accessible. La légitimité de cette extension est implicitement reconnue au sein de la société par le succès des ouvrages des éducatrices. Certes, les réalités sont alors assez variables pour qu'un certain nombre de filles, dans les milieux nobles ou bourgeois cultivés, bénéficient d'une éducation éclairée et variée. Mais, à travers leurs ouvrages, les auteurs inscrivent dans la pensée commune un modèle nouveau et en rendent l'idée acceptable pour le plus grand nombre et non plus seulement pour quelques privilégiées. Or, ces lectures sont d'autant plus porteuses d'enseignements qu'elles s'articulent avec l'écriture.

---

42. Mme Leprince de Beaumont, *Magasins des adolescentes*, t.2, p.130. Voir Jean Racine, *Athalie* (1691; Paris, 1999).
43. Mme de Genlis, *Adèle et Théodore*, p.291.
44. Mme de La Fite, *Eugénie*, t.1, p.131. C'est également une pièce qui fait partie de celles qui sont jouées dans *L'Île heureuse*, le conte des *Conversations d'Emilie*.
45. Mme Leprince de Beaumont, *Magasins des enfans*, t.4, p.192.

ii. L'écriture

Les *Mémoires* de Mme de Genlis témoignent du fait que, jusqu'au dix-huitième siècle, l'écriture n'est pas un élément jugé indispensable dans la formation des filles; même pour celles qui appartiennent à la meilleure société. Lorsqu'elles l'apprennent, elles sont entraînées à écrire des billets et des lettres; et, dans quelques cas, à tenir des livres de compte. L'écriture féminine reste donc associée à des finalités pratiques; partant, l'orthographe est le plus souvent phonétique. Elle a donc peu à voir avec les différentes pratiques scripturaires transmises dans les collèges des garçons qui sont héritées de 'savoir-faire savants'.[46] Les éducatrices renouvellent ces conceptions en considérant que deux d'entre elles – l'extrait et la lettre et la traduction – sont adaptées à la spécificité de l'éducation féminine.

L'extrait

Rollin donne déjà une destination plus intellectuelle à l'écriture féminine en prévoyant pour elle une application similaire à celle de l'écriture masculine par la pratique de l'"extrait' et de trois de ses variantes, 'l'abrégé', 'l'analyse' et le 'sommaire':

> le développement au cours du XVIIIᵉ siècle d'une approche nouvelle du passé et de son enseignement, a pu faciliter l'accès des filles à l'étude de l'histoire et à des façons de lire qui furent longtemps l'apanage des seuls garçons. Sélectionner les meilleurs fragments, les copier, constituer ainsi des anthologies personnalisées, ces savoirs-faire sont des exercices scolaires habituels dans les collèges comme sous la férule des précepteurs privés.[47]

Le pédagogue et historien associe cette pratique principalement à l'histoire. En revanche, les éducatrices ne lui imposent pas de limites et lui accordent une place importante dans leur pédagogie car elle est destinée à assurer aux élèves 'le profit de leur lecture'.[48] De fait, c'est un moyen de savoir si elles ont compris ce qu'elles ont lu. Et, comme c'est régulièrement le cas dans le cadre d'une éducation maternelle, c'est également un exercice que la mère et la fille peuvent pratiquer en commun, pour favoriser l'émulation de cette dernière:

EMILIE

Et qu'est-ce que c'est qu'un extrait?

---

46. Voir J. Hébrard, 'La scolarisation des savoirs élémentaires', p.14-15.
47. Ch. Rollin, 'Etudes qui peuvent convenir aux filles', cité par Nicole Pellegrin, 'Lire avec des plumes ou l'art – féminin? – de l'extrait à la fin du XVIIIᵉ siècle', dans *Lectrices d'Ancien Régime*, éd. Isabelle Brouard-Arends (Rennes, 2003), p.119.
48. Mme de Miremont, *Traité de l'éducation des femmes*, p.121.

MÈRE

Extraire c'est ne prendre d'un ouvrage que sa substance, c'est-à-dire, les idées principales, ou bien ce qui vous intéresse particulièrement, en laissant de côté tout le reste. Ainsi vous transcrirez du livre dont vous parlez, ou du fragment que vous lirez, tout ce qui vous plaira préférablement; et vous passerez tout ce que vous n'entendez pas bien encore, ou ce qui ne vous atachera pas.

EMILIE

Oui, oui, je sais, je sais. Il y a aujourd'hui quinze jours que vous m'avez dit cela, et que c'était une opération à double fin, parce que par un extrait on pouvait juger, et de l'esprit de celui qui a fait le livre, et de l'esprit de celui qui a fait l'extrait; et que vous m'en feriez faire cet hiver, et que nous en ferions ensemble, c'est-à-dire, chacune de son côté, pour voir qui fera mieux.[49]

Enfin, cet apprentissage est une préparation à une occupation propre aux femmes cultivées, les extraits d'œuvres littéraires. On connaît les centaines de pages de la main de Mme de Genlis qui s'en est ensuite inspirée pour rédiger plusieurs de ses ouvrages.[50] Cet approfondissement et cette diversification du rapport des femmes à l'écriture apparaît également dans un champ qui leur était dédié depuis longtemps, l'épistolaire.

L'épistolaire

L'écriture de lettres est indispensable dans la formation des filles de la bonne société. Souvent amenées à en rédiger à l'âge adulte pour les besoins de leurs rôles familial et social, il est bon qu'elles maîtrisent cet usage en entrant dans le monde et en se mariant. Cependant, les éducatrices ne se cantonnent pas à l'aspect strictement utile de cet apprentissage. Elles observent qu'il s'agit également d'un excellent exercice pour former le style. De plus, ce peut être un premier moyen d'expression avant de pouvoir passer à une création plus complète: 'Celles de vous, mesdames, qui ne pourront pas composer de petites histoires, doivent écrire des lettres. Rien n'est plus sot à une dame, que de ne savoir pas s'exprimer comme il faut sur le papier; et pour le faire avec facilité, il faut s'y accoutumer dès sa jeunesse.'[51]

Par ailleurs, la lettre est un autre outil de formation morale. C'est ainsi que Mme d'Almane invente pour Adèle un exercice 'épistolaire'. Elle donne à Adèle le rôle d'une femme mariée vivant en province dont le frère s'est installé à Paris. La mère rédige les lettres que ce dernier aurait pu envoyer tandis qu'Adèle y répond. L'objectif de cet échange est de

---

49. Mme d'Epinay, *Les Conversations d'Emilie*, p.262.
50. Voir N. Pellegrin, 'Lire avec des plumes'.
51. Mme Leprince de Beaumont, *Magasins des adolescentes*, t.2, p.229.

combattre, grâce à la raison et à la religion, les mauvaises influences que le jeune homme subit dans la capitale.

Enfin, avec Mme de La Fite, l'écriture féminine s'affranchit de toute visée utilitaire pour devenir un outil de réflexion: 'Entreprendre d'écrire sur un sujet, c'est s'engager à le méditer, à l'envisager dans toutes ses faces; en un mot, c'est exercer une de nos plus précieuses facultés: celle de *réfléchir*.'[52] Finalement, la lecture et l'écriture sont considérées comme les éléments d'une occupation intellectuelle indispensable au bonheur: ce pourrait être la voie d'accès à une vie retirée, libre et sage. Toutefois, pour sacrifier aux exigences sociales parce que les filles auxquelles elles s'adressent évolueront au sein du monde, les éducatrices introduisent dans leur formation les traditionnels arts d'agrément.

52. Mme de La Fite, *Eugénie*, p.124-25.

8. Contre l'oisiveté et pour l'agrément

i. Les travaux d'aiguille

Les travaux d'aiguille – souvent désignés dans la littérature par les substantifs 'travail' et 'ouvrage' et par le verbe 'travailler' – sont l'une des rares occupations à être partagées par les femmes de toutes les classes sociales. En effet, elle est susceptible de représenter une source de revenus pour les plus modestes et elle procure aux femmes de condition aisée une contenance en société. Sous cet angle, elle est qualifiée de 'convenable': 'Qu'elle fasse elle-même tous ses chiffonnages. Si vous êtes riche, cela lui est inutile puisqu'elle peut les acheter, il est vrai; mais cela la rendra adroite et lui fera connoître la valeur de chaque chose. Si, au contraire, vous êtes pauvre ou jouissez d'une fortune médiocre, cette oeconomie vous est nécessaire.'[1] C'est donc un enseignement premier qui peut être placé aux côtés de la lecture et de l'écriture. A un stade plus avancé, les petites filles acquièrent les rudiments de la broderie.

Les personnages d'élèves sont régulièrement représentés un ouvrage à la main y travaillant, le plus souvent, en compagnie de leur mère (éventuellement de leur gouvernante) ou sous ses yeux durant une conversation tout comme dans les salons où les femmes conversent en travaillant. C'est ainsi qu'Emilie, dès les premiers échanges des *Conversations d'Emilie*, doit poursuivre la broderie d'une fleur auprès de sa mère. Par ailleurs, les fruits de ce travail peuvent permettre la concrétisation symbolique de liens sociaux. Adèle, par exemple, brode une bourse qu'elle doit offrir à l'un des amis de ses parents. C'est également une capacité qui permet aux filles d'exercer la charité. Dans *Les Veillées du château*, Caroline et Pulchérie confectionnent seules le trousseau d'une pauvre femme sur le point d'accoucher. En outre, ce travail des mains peut également être encensé dans un esprit chrétien. Mme Leprince de Beaumont l'assimile, pour les filles et femmes de la bonne société, à l'activité vertueuse de la femme forte de la Bible.[2] Elle double et amplifie cette référence en l'accompagnant d'anecdotes à propos de princesses pratiquant la charité par ce biais. La philosophe Mme d'Epinay pour sa part, tout en acceptant cet aspect de la vie féminine, lui attribue une place en accord avec les nouvelles prétentions intellectuelles et

---

1. Mlle d'Espinassy, *Essai sur l'éducation des demoiselles*, p.22-23.
2. Mme Leprince de Beaumont, *Magasin des adolescentes*, t.1, p.171-72.

philosophiques qu'elle fait apparaître pour les filles dans *Les Conversations
d'Emilie*: il s'agit d'une occupation secondaire qui accompagne la formation de l'esprit. Elle lui ôte la place prédominante qui lui était conférée
dans l'éducation traditionnelle:

MÈRE

> Vous ennoblissez un peu l'aiguille en la plaçant parmi vos fleches; mais il n'y
> a pas grand mal à cela. Il est certain qu'en vous appliquant aux ouvrages
> convenables à notre sexe, vous avez une bonne fleche de plus à votre
> carquois contre le désœuvrement, et vous apprenez à vous passer des autres.
> Ainsi voilà du profit tout clair: liberté et force. Joignez à ces occupations
> celles de l'esprit, celles qui donnent du ressort et du nerf à l'ame, et vous
> avancerez sensiblement vers la perfection.[3]

Outre cette occupation manuelle, les petites et jeunes filles de la bonne
société sont appelées à se livrer à des activités d'ordre artistique qui sont
la marque d'une éducation réservée aux élites.

ii. Les arts d'agrément

Les pratiques artistiques des particuliers sont généralement désignées
sous le terme 'arts d'agrément'. Les éducatrices emploient des variantes
qui désignent la même réalité: 'sciences d'agrément et de convenance'
pour Mme Leprince de Beaumont, 'les arts agréables' pour Mmes de
Monbart et d'Epinay. Il s'agit de la musique, de la danse et du dessin. Ce
sont des apprentissages qui plaisent aux filles et qui ne risquent pas d'en
faire des 'femmes savantes'. De plus, ils ont deux buts pratiques. D'un
côté, ce sont des loisirs grâce auxquelles les filles – et les femmes –
peuvent 's'occuper utilement' dans l'espace privé. De l'autre, elles
peuvent avoir des 'talents' particuliers dans l'exécution d'un ou plusieurs
d'entre eux ce qui leur permettra de 'briller' en société. Or, en tant que
marque distinctive des milieux aisés, ils ont eu tendance à prendre une
place très importante dans l'éducation traditionnelle des filles au détriment des autres enseignements. Ce phénomène est dénoncé au dix-
huitième siècle par des auteurs parce qu'il aurait tendance à favoriser la
frivolité du sexe féminin. Quant aux éducatrices, elles adoptent sur ce
point une position correspondant à leur désir d'établir une nouvelle
éducation. D'une part, elles incluent l'initiation aux arts dans leurs plans
respectant ainsi les usages de la bonne société. D'autre part, se fait jour
dans leurs ouvrages la recherche de l'éveil de la sensibilité des élèves à
l'égard du beau.

---

3.   Mme d'Epinay, *Les Conversations d'Emilie*, p.250.

La musique

Se réunir entre amis pour 'faire de la musique' était l'une des manifestations de la sociabilité du dix-huitième siècle. Les personnes considérées comme des virtuoses étaient sollicitées par leur entourage qui leur demandait de leur 'offrir le plaisir' d'un petit concert entre intimes. Bien souvent, le musicien ou la musicienne s'accompagnait de la voix s'il l'avait belle ou était accompagné d'une personne qui chantait bien. Les filles apprenaient traditionnellement à jouer du clavecin: 'Il faut aussi, dès l'âge de sept ou huit ans, lui mettre la main sur le clavecin [...] dix ou douze ans ne sont pas trop pour y devenir un peu habile, encore l'accompagnement et la composition n'y seront-ils pas compris.'[4] Dans le dernier tiers du dix-huitième siècle, la harpe est un instrument nouveau dans un cadre éducatif et elle connaît un grand succès. C'est l'instrument d'Emilie et également celui d'Adèle à laquelle il est enseigné selon une méthode nouvelle:

> La perfection sur la harpe et le clavecin consiste dans l'égalité des mains; la gauche est toujours inférieure, ce qui ne tient qu'à la manière dont tous les maîtres enseignent. Avant de faire mettre *un air ensemble*, il faudrait exercer les mains séparément pendant un an, quand l'élève est dans la première enfance, et pendant six mois pour une jeune personne [...]. Après cet exercice, faites apprendre des pièces à cette même enfant, et, en moins de trois mois, elle surpassera celle qui apprend depuis trois ans par la méthode ordinaire.[5]

Mme de Genlis a renouvelé la pratique de la harpe et a fait beaucoup de musique tout au long de sa vie.[6] Sa position dans la querelle entre piccinistes et gluckistes témoigne d'une intelligence moderne à l'égard de cet art: elle ne prend pas parti pour un clan et estime que les deux musiciens ont un intérêt artistique. De même, Mme d'Epinay a baigné dans des milieux où la musique jouait un grand rôle. Elle en a elle-même composée et elle a accueilli Piccini chez elle. Le niveau assez élevé des connaissances musicales de ces deux auteurs les conduit à concevoir l'enseignement de la musique aux filles de façon relativement ambitieuse.

La pratique que Mlle Le Masson Le Golft conçoit s'écarte également d'une exécution moyenne et uniforme devant un cercle restreint, familial et amical. L'auteur privilégie une méthode dans laquelle l'interprétation personnelle de l'élève est favorisée:

> La difficulté d'exécuter, qui suppose une grande habitude de la touche, du doigté, de lire, de phraser, etc. assez de goût pour entrer dans toutes les idées du compositeur, sentir, rendre le feu de l'expression, pour saisir l'ensemble,

4. Mlle d'Espinassy, *Essai sur l'éducation des demoiselles*, p.20.
5. Mme de Genlis, *Adèle et Théodore*, p.88.
6. Voir Mme de Genlis, *Mémoires*.

et qui laissent les personnes d'une éducation ordinaire dans la douce illusion de se croire musiciennes, vous satisferoit peu; vous désirerez que l'enfant chérie, qui avoit déjà six ans d'exercice du clavecin, lorsque vous me fîtes l'honneur de me le mander, apprenne à diriger d'après elle-même la succession des sons, de manière à produire des champs agréables, et à unir à chacun de ces sons une succession régulière de deux ou de plusieurs autres, qui frappent l'oreille en même-temps la flattent par leurs accords.[7]

Néanmoins, la pratique d'un instrument n'a pas uniquement des visées sociales et esthétiques. Dans *Sophie ou De l'éducation des filles*, elle est destinée à occuper l'esprit des filles à un moment de leur vie, entre enfance et adolescence, où les sens sont susceptibles de s'éveiller. On retrouve là les idées de 'préservation' du jeune être en formation que Rousseau expose pour l'éducation d'Emile. Enfin, la musique est généralement accompagnée par le chant: les filles ont les maîtres de ces deux disciplines à peu près au même moment. Mais les éducatrices ne donnent pas d'indications dans leurs ouvrages à propos de la seconde. En revanche, elles en donnent quelques-unes à l'égard d'une troisième qui leur est associée, la danse.

La danse

L'enseignement de la danse est également une marque distinctive de la bonne société: 'la danse caractérise seule une belle éducation'.[8] Son importance, pour les garçons comme pour les filles, fait fleurir des traités destinés à compléter la pratique: 'ce traité étant le plus court et le plus clair de tous ceux qui ont paru, ne sera point inutile aux jeunes gens qui se servant de cette méthode, pourront comprendre et exécuter plus facilement ce que le maître leur aura enseigné'.[9] Dans ce domaine, les exécutions féminines et masculines sont globalement semblables.[10] Pour le menuet par exemple, la seule différence réside dans la révérence: 'De la révérence des hommes' (p.241) et 'De la révérence des dames' (p.244). D'un point de vue social, la danse doit mettre les filles en mesure de participer aux bals voire d'y 'briller' pour les meilleures danseuses. Le bal, comme le spectacle, est une occasion de 'paraître'; moment et lieu où

---

7.   Marie Le Masson Le Golft, *Lettres relatives à l'éducation*, p.140.
8.   Charles Compan, *Dictionnaire de danse contenant l'histoire, les règles et les principes de cet art, avec des réflexions critiques, et des anecdotes curieuses concernant la danse ancienne et moderne; le tout tiré des meilleurs auteurs qui ont écrit sur cet art* (Paris, Les Marchands de nouveautés, 1787), p.viij.
9.   Ch. Compan, *Dictionnaire*, p.x. Voir également J. J. Martinet, *Essai ou principes élémentaires de l'art de la danse, utile aux personnes destinées à l'éducation de la jeunesse* (Lausanne, Monnier et Jaquerod, 1797).
10. Voir M. Magny, *Principes de chorégraphie, suivis d'un traité de la cadence, qui apprendra les tems et les valeurs de chaque pas de la danse, détaillés par caracteres, figures et signes démonstratifs* (Paris, Duchesne et De la Chevardière, 1765).

tous s'observent. Par ailleurs, les professionnels de la danse la considèrent non pas seulement comme un 'art' mais également comme un moyen d'effectuer des exercices physiques: 'Vous riez, disoit Socrate à ses amis quand je veux danser comme ces jeunes gens. Suis-je donc tant ridicule de vouloir faire un exercice aussi nécessaire pour la santé?'[11] Pour les éducatrices aussi, la danse s'ajoute à la promenade en tant qu'activité permettant d'entretenir la santé et la posture: 'La danse donne du maintien et de la grace; c'est un exercice sain qui peut aider l'accroissement des membres, le développement de la taille, et qui quelquefois en rectifie les défauts.'[12]

Mme Leprince de Beaumont reconnaît les bienfaits qu'il est possible d'attendre de la danse. Pourtant, elle la bannit de son plan parce qu'elle la juge indécente:[13] elle impliquerait un rapprochement physique entre les jeunes filles et les hommes qui permettrait à ces derniers de dire des galanteries. De plus, certains pas requièrent que le danseur et la danseuse se donnent la main. Dans les *Magasins*, le maître à danser enseigne donc uniquement le maintien et la révérence. Cette décence, si chère à l'éducatrice et qui préside à l'éducation des jeunes filles de manière générale, est également un critère important dans l'enseignement des arts picturaux.

La peinture

Au dix-huitième siècle, le dessin fait partie de la formation d'un 'honnête homme'; les garçons de la bonne société l'apprennent dans un but à la fois artistique et pratique. Une partie du dessin les forme, en effet, à des métiers tels que l'architecture et ceux de l'armée.[14] Dans la seconde moitié du siècle, cet apprentissage devient accessible à des couches plus modestes de la société pour répondre aux besoins de l'artisanat; c'est à cette époque qu'est créée l'école royale de dessin gratuite. Chez les filles, par contre, il s'agit d'une pratique qui reste l'apanage des élites. Dans la littérature, elle apparaît comme un signe de distinction qui ne trompe pas sur l'origine sociale:

AMÉLIE

[ma mère] m'a appris à lire, à écrire, elle m'instruit dans la religion, et me donne quelques leçons de dessin.

---

11. Extrait de *Xénophon* cité par Ch. Compan, *Dictionnaire*, p.xiv.
12. Mme de Miremont, *Traité de l'éducation des femmes*, p.40.
13. Mme Leprince de Beaumont, *Magasin des adolescentes*, t.3, p.193-94.
14. Voir Renaud d'Enfert, *L'Enseignement du dessin en France: figure humaine et dessin géométrique, 1750-1850* (Paris, 2003).

MR. DE ST. BON *surpris*

De dessin... à coup sûr, elle est d'une famille distinguée que des malheurs ont réduite à l'indigence.[15]

Pour les éducatrices, cet apprentissage est nécessaire car il correspond à une pratique mondaine. Toutefois, certains sujets ne peuvent pas être autorisés aux fusains des filles et des femmes. Le dessin des corps – et même celui des têtes pour Mlle d'Espinassy – est, pour des questions de convenance, banni. De manière générale, les filles doivent se contenter de dessiner et peindre des fleurs, des paysages et, quelquefois, des portraits. Cependant, Mme de Genlis évoque une pratique moins courante, celle de la miniature. A l'origine, celle-ci était destinée à orner les missels et les romans; au dix-huitième siècle, elle est devenue une branche de la peinture pratiquée par des femmes, des peintres mineurs et occasionnellement par des peintres de renom comme Greuze et Fragonard.[16]

L'auteur d'*Adèle et Théodore* – qui a été une miniaturiste apparemment douée d'un certain talent – attribue cette maîtrise à l'un de ses masques, Mme d'Ostalis; et Adèle en achèvera l'apprentissage à dix-huit ans. Malgré cette originalité, les pratiques picturales évoquées dans *le roman-traité* sont limitées au dessin, à la peinture et à la miniature de sujets floraux, paysagers et de portraits. C'est dans *Les Veillées du château* que l'auteur expose sa pensée; selon elle, les capacités des femmes les rendent capables d'aborder d'autres thèmes mais elles sont soumises à des lois sociales implicites qui limitent leur expression: 'Un peintre veut-il instruire sa fille dans son art, il n'aura jamais le projet d'en faire un peintre d'histoire; il lui répétera bien qu'elle ne doit prétendre qu'au genre du portrait, de la miniature ou des fleurs. C'est ainsi qu'il la décourage, et qu'il éteint en elle le feu de l'imagination.'[17] La pédagogue respecte ces conventions pour son milieu; en revanche, elle dénonce l'injustice de ces restrictions à l'égard des femmes de condition plus modeste pour lesquelles cette pratique peut représenter une source de revenus.[18] Parallèlement à cette appréhension pragmatique, les arts plastiques sont pour les éducatrices un vecteur important du renouvellement et de la modernisation de l'éducation des filles. En effet, certaines prolongent cet enseignement par une invitation à la réflexion sur la création plastique.

Le développement d'une pensée sur le sens des beaux-arts est, tout d'abord, un nouveau moyen de faire une leçon morale. Cette possible

---

15. Mme de La Fite, *Entretiens*, t.1, p.179.
16. Pierre Lespinasse, *La Miniature en France au XVIIIe siècle* (Bruxelles et Paris, 1929).
17. Mme de Genlis, *Les Veillées du château*, t.2, p.438-39.
18. Mme de Genlis cite une grande peintre de son époque, Mme Vigée-Lebrun (1755-1842).

valeur de l'art pictural se retrouve, par exemple, dans les deux galeries de tableaux opposées dans le conte de Mme de La Fite, *Zarine et Zara*. Ceux du château de Mondaine représentent des sujets galants et immoraux tandis que, dans le château de Sapia, tous les sujets encensent des épisodes de vertu concernant plus particulièrement des femmes: 'Là, Cornélie offroit un exemple aux mères: ici l'on voyoit un modèle d'amour filial; une jeune femme descendue dans un cachot, consoloit par sa tendresse le vieillard qu'elle nourrissoit de son lait.'[19] Le caractère exemplaire du thème d'un tableau est déterminant pour l'inventeur de la critique d'art: 'Quand Diderot aborde les Salons, il rêve d'une peinture qui serait "une morale en action" '.[20] Or, la nouvelle conception du rapport à l'art que les *Salons* ont cristallisée[21] se retrouve dans *Les Conversations d'Emilie*.[22] En effet, le commentaire de l'estampe qui s'y trouve se construit à travers le dialogue entre la Mère et Emilie constituant une approche à la fois morale et esthétique:

MÈRE

Au reste, je l'aimerais autant debout, qu'assise comme elle est; elle en aurait eu l'air plus noble et d'un plus grand caractere, et cela n'est pas à négliger dans un dessin.

EMILIE

Pourquoi est-elle penchée comme cela?... Ah, c'est qu'elle s'informe de la santé de cette pauvre femme; je vois cela... Ou bien, elle la console: car ce geste de sa main prouve qu'elle lui parle... avec beaucoup de bonté même...[23]

Le dessin et la vraisemblance des attitudes des personnages sont analysés minutieusement afin que le spectateur accède à ce qui les transcende: le message et l'émotion que l'artiste a voulu transmettre à propos de l'ineffabilité du lien qui rassemble les hommes, traduite dans l'œuvre par un geste de bienfaisance. Enfin, poussant davantage la réflexion et avec une intuition particulièrement moderne – alors que le sujet d'un tableau et la façon de l'exprimer restent fondamentaux dans les idées sur l'art de son époque –, Mlle Le Masson Le Golft considère que ce qui révèle le génie, c'est la façon qu'a un peintre de pouvoir communiquer une idée ou une émotion avec un minimum de moyens:

19. Mme de La Fite, *Réponses à démêler*, p.129.
20. M. Delon, R. Mauzi, S. Menant, *Littérature française, 6: de l'Encyclopédie aux Méditations* (Paris, 1984), p.363.
21. 'on peut dire que la peinture selon Diderot est une rhétorique. On a là l'explication de tous les tableaux qu'il a voulu refaire, non parce qu'ils étaient mal "faits", mais parce que l'auteur n'a pas su aller jusqu'au bout de son idée' (Jacques Chouillet, *La Formation des idées esthétiques de Diderot, 1745-1763*, Paris, 1973, p.574).
22. Les *Salons* de Diderot n'ont pas été édités de son vivant; mais Mme d'Epinay les a lus dans la *Correspondance littéraire*.
23. Mme d'Epinay, *Les Conversations d'Emilie*, p.364.

En faisant considérer les grands morceaux de peinture à Mademoiselle de... ne vous semblera-t-il pas nécessaire, madame, de lui faire observer qu'on ne doit pas exiger que toutes ces parties y soient également bien traitées, et de lui faire retenir que dans les arts dont le dessin est la base, la grande difficulté n'est pas de finir et de détailler beaucoup, mais de savoir supprimer à propos le travail, pour ne laisser que le nécessaire.[24]

Là encore, le spectateur qui accède à la compréhension de l'œuvre accède, d'une certaine manière, 'immédiatement' à la pensée de son auteur et, partant, à une compréhension d'ordre philosophique de l'homme et du monde. Cette façon d'aborder les arts est caractéristique de l'ambition avec laquelle les éducatrices envisagent l'éducation des filles. Une ambition qui se dénote également dans le renouvellement d'enseignements tels que les langues, la géographie et l'histoire.

---

24. Marie Le Masson Le Golft, *Lettres relatives à l'éducation*, p.138.

9. Le renouvellement des enseignements traditionnels

i. Les langues étrangères

L'enseignement des langues étrangères a longtemps été jugé peu utile et peu souhaitable dans le cadre de l'éducation des filles; l'italien, en particulier, considérée comme la langue de l'amour, était un apprentissage condamné. Mais progressivement, avec l'évolution des mentalités et des idées, elles intègrent les plans d'éducation pour les filles. Du moins dans les éducations particulières car 'L'étude des langues étrangères semble inconnue dans les couvents.'[1] Cependant, il s'agit le plus souvent d'une simple initiation, une 'teinture' peu susceptible d'approfondissement.[2] Les éducatrices sont partagées sur ce point. Pour Mme Leprince de Beaumont, ce n'est pas un domaine important: le personnage de Mlle Bonne est une gouvernante française établie à Londres. C'est dans sa langue maternelle qu'elle donne ses leçons. Néanmoins, elle précise qu'une jeune fille doit avant tout connaître sa langue maternelle et que le français peut se révéler utile parce qu'il est parlé dans toutes les cours européennes. Mme de Miremont donne également une place mineure à cet enseignement en le faisant passer après celui de la géographie tandis qu'il est déterminant pour Mme de Genlis qui le conçoit d'une manière moderne.

En effet, c'est dès le berceau que les enfants d'Almane sont familiarisés avec deux langues étrangères: 'il n'est guère possible de savoir parfaitement plus de deux ou trois langues outre la sienne, j'ai donné la préférence à l'anglais et à l'italien'. Ainsi, la gouvernante d'Adèle est anglaise, Théodore a un 'laquais saxon'[3] et le maître de dessin – qui joue occasionnellement un rôle de précepteur auprès de Théodore – est italien. Les leçons sont informelles et s'inscrivent dans la vie quotidienne de la famille: chaque langue est parlée à différents moments de la

---

1. Albert de Luppé, *Les Jeunes Filles dans l'aristocratie et la bourgeoisie à la fin du XVIIIᵉ siècle* (Paris, 1924), p.159.
2. Là encore, les éducations exceptionnelles se démarquent: 'Geneviève de Malboissière écrit à Mlle Méliand en anglais et en italien, très correctement; elle prend des leçons d'espagnol et d'allemand [...]. [Elle] nous a laissé d'excellentes traductions anglaises, allemandes et italiennes [...]. Mais une telle science était, sans doute, extrêmement rare, et l'italien et l'anglais ont été les deux seules langues couramment étudiées par les jeunes filles' (A. de Luppé, *Les Jeunes Filles*, p.159-60).
3. Mme de Genlis, *Adèle et Théodore*, p.104.

journée. Et cette pratique orale est complétée pour Adèle par la lecture et la copie, en anglais surtout mais en italien également,[4] d'ouvrages écrits dans ces langues. En définitive, la position de Mme de Genlis sur la valeur des langues étrangères est exceptionnelle. Même dans les *Lettres relatives à l'éducation* de Mlle Le Masson Le Golft, l'ouvrage le plus tardif dans le siècle, il n'y a rien de similaire. En revanche, les éducatrices ont, dans l'ensemble, accordé une importance à peu près égale à la géographie et à l'histoire.

ii. La géographie

La géographie est une matière qui a longtemps eu une position 'secondaire' dans les collèges[5] quand elle occupait une place de choix dans l'éducation traditionnelle des filles. Par son biais, il s'agissait de mettre les femmes en état de comprendre les débats de la société sur des questions de politique européenne par exemple. Comme pour d'autres disciplines, la façon de considérer cet enseignement dans l'*Essai sur l'éducation des jeunes demoiselles* de Mlle d'Espinassy est plutôt conservatrice. Transmises par une 'maîtresse' – ce qui signifie qu'elle sera moins savante qu'un maître –, les connaissances acquises doivent permettre à une femme de suivre, sans difficulté et sans ennui, une conversation dans le monde. De plus, la narratrice recommande que les élèves aient une bonne connaissance de la carte de l'Europe et en particulier de celle de leur pays. Pour le reste du monde et les colonies, elle juge qu'une 'teinture' devrait suffire.[6] Mme d'Epinay reste évasive sur la manière d'enseigner cette matière pour laquelle elle exprime seulement, dans *Les Conversations d'Emilie*, la nécessité de recourir à un maître. Et Mme de La Fite l'évoque très rapidement dans *Eugénie et ses élèves* comme une matière constituant, avec le français et l'histoire, le savoir de base des gouvernantes. Or, au dix-huitième siècle, la géographie possède un statut complexe; elle commence à devenir une matière autonome tout en continuant à être associée à d'autres domaines de connaissance: mathématiques, astronomie, histoire, histoire naturelle et littérature de voyages. Les ouvrages des éducatrices prennent en compte ces différents aspects.

---

4. Adèle sera par la suite en mesure de lire de grands auteurs italiens comme Métastase, l'Arioste et Pétrarque.
5. Du moins dans les 'classes' puisque, dans leurs chambres, les pensionnaires issus des meilleures familles du royaume et 'destinés au service du roi', recevaient de la part de leurs percepteurs un enseignement historique et géographique en rapport avec les besoins du pouvoir. Voir Daniel Nordman, 'La géographie, œil de l'histoire', *Espace Temps* 66-67 (1998), p.44-54 (p.49).
6. Mlle d'Espinassy, *Essai sur l'éducation des demoiselles*, p.37-38.

Les méthodes

Conformément au principe selon lequel les enfants n'apprennent bien que ce qui leur plaît et alors que l'étude de la géographie a la réputation d'être 'aride', les éducatrices estiment que cet enseignement doit être transmis par des méthodes distrayantes et concrètes:

> On nous a indiqué les moyens de l'augmenter ou de le faire naître cet attrait, en rendant les lieux qu'habitent les enfans des objets de comparaison pour le calcul des distances: cet essai de topographie piquera leur curiosité. On peut passer succinctement à la carte de la province; puis leur faire une espèce de jeu des diverses figures de géométrie, sans chercher à embarrasser leur mémoire de celles qui ne sont point liées à notre objet. Bientôt on verra que tous ces détails qui nous effraient pour eux, leur deviendront intéressans.[7]

Dans le *Magasin des enfans*, des théories pédagogiques comparables trouvent d'autres applications: le discours explicatif de la gouvernante est accompagné de démonstrations. Le sens de la vue est donc associé aux leçons de géographie; le regard des élèves est sollicité et, à travers lui, l'imagination des lecteurs:

MLLE BONNE

> Vous voyez ce plat [plein d'eau], mesdames; supposez que ce soit la mer, et tous les morceaux de carton que je vais mettre dessus seront la terre; tous ces petits morceaux de carte qui sont environnés d'eau de tous côtés, nous les appellerons des îles. Vous voyez cet autre carton qui touche au bord du plat par un petit morceau, c'est une presqu'île. Ce grand morceau de carte, qui ne touche à l'eau que par un côté, nous l'appellerons une terre ferme ou un continent: cette pointe, qui s'avance dans l'eau, nous l'appellerons un cap; et une terre fort élevée, nous l'appellerons montagne: comprenez-vous bien cela, mes enfans?[8]

Ces définitions des différents types de terrains dans leur relation avec la mer sont traditionnellement la première étape de l'apprentissage de la géographie. Et, pour un enseignement qui représente un véritable enjeu dans leurs ouvrages, les éducatrices ne se limitent pas à une simple initiation: elles ont recours aux ouvrages de référence de leur époque.

A l'égard de ces mêmes définitions, Mme de Genlis choisit un apprentissage par la lecture et la copie de livres de géographes reconnus à son époque. Ainsi, Mme d'Almane donne à Adèle l'*Abrégé de géographie* de l'abbé Claude Le Ragois à copier durant six mois. C'est un ouvrage qui se présente sous la forme traditionnelle des 'demandes' et 'réponses':

> D. Qu'est-ce que c'est qu'un continent?
> R. C'est un grand espace de terre, tel que celui qui contient l'Europe, l'Asie et

---

7. Mme de Miremont, *Traité de l'éducation des femmes*, p.49.
8. Mme Leprince de Beaumont, *Magasin des enfans*, t.1, p.221-22.

l'Afrique; il est aussi nommé terre-ferme.

D. Qu'est-ce que c'est qu'une isle?

R. C'est une terre environnée de mer ou d'eau de tous côtés, et séparée ainsi du continent.[9]

Il a été écrit pour le duc de Maine et, dans une perspective classique, subordonne la géographie à l'histoire. Il n'était pas destiné à être publié; pourtant, c'est un grand succès de librairie en tant que livre 'scolaire' et il 'fut adopté par toutes les maisons d'éducation'[10] durant le dix-huitième siècle. Une autre lecture d'Adèle est la *Géographie comparée* publiée par un géographe contemporain, Edme Mentelle.[11] De grande envergure, ce livre comprend plusieurs tomes et se partage entre géographie physique et géographie historique. Mme Leprince de Beaumont, pour sa part, se réfère au 'livre de la géographie de M. J. Palairet'.[12] C'est l'outil pédagogique d'un 'agent des états généraux à Londres'[13] qui a mené une carrière dans la capitale anglaise en écrivant des livres 'instructifs' sur des sujets divers. La pédagogue considère qu'il est adapté à la spécificité d'un public féminin: 'c'est le meilleur livre de géographie qui ait encore paru pour les jeunes dames'.[14] Cette conviction est liée à la didactique, concrète et qu'il estime peu ennuyeuse, que cet auteur a mise au point:

> j'ai changé la méthode qu'on a, de donner une longue liste de noms de lieux: dans un abrégé, cela revient presque à chaque page; rien de plus sec, ni de plus rebutant pour la mémoire. J'ai rangé ces noms selon l'ordre, et dans la situation que les lieux tiennent sur le globe, ce qui forme autant de petites cartes chorographiques.[15]

9.   Claude Le Ragois, *Abrégé de géographie par demandes et réponses*, dans *Instruction sur l'histoire de France et romaine. On y a ajouté un abrégé des Métamorphoses d'Ovide; de l'histoire poétique; de la géographie; et une chronique de nos rois, en vers: le tout en faveur de la jeunesse* (1684; Paris, J. Barbou, 1778), p.381.

10. Louis-Gabriel Michaud (éd.), *Biographie universelle ancienne et moderne: histoire par ordre alphabétique de la vie publique et privée de tous les hommes qui se sont fait remarquer par leurs écrits, leurs actions, leurs talents, leurs vertus ou leurs crimes* (1811-1828), (Paris, Madame C. Desplace, s.d.), t.35, p.87.

11. Edme Mentelle, *Géographie comparée; ou analyse de la géographie ancienne et moderne des peuples de tous les pays et de tous les âges; accompagnée de tableaux analytiques, et d'un grand nombre de cartes, etc.*, 9 vol. (Paris, Théophile Barrois, 1788).

12. Mme Leprince de Beaumont, *Magasin des enfans*, t.2, p.79. Voir Jean Palairet, *Abrégé de la Nouvelle Introduction à la géographie moderne, en deux parties. La première contient un abrégé d'astronomie, et un traité de l'usage des globes; la seconde, une connoissance succinte de toutes les parties de la terre et de l'eau; de leur situation, de leur étendue, de leur qualité; du gouvernement, de la religion, du commerce et des mœurs des peuples; etc. Avec une espèce d'atlas portatif, qui supplée en quelque manière au défaut d'un vrai atlas, pour imprimer dans la mémoire des jeunes gens, les positions des lieux* (Londres, Nourse, 1761).

13. L.-G. Michaud (éd.), *Biographie universelle*, t.32, p.4.

14. Mme Leprince de Beaumont, *Magasin des enfans*, t.2, p.79.

15. J. Palairet, *Abrégé*, Avertissement.

Ainsi, les éducatrices citent quelques-uns des nombreux ouvrages de géographie qui fleurissent à leur époque. Ces références nous informent sur le niveau – que l'on peut considérer comme relativement élevé – des leçons qu'elles incluent dans leurs livres. Or, l'acquisition de notions géographiques précises est l'étape préalable à celle du déchiffrage d'une carte: 'Voyons présentement sur une carte géographique, si vous trouverez bien une île, une presqu'île, un continent, un cap, une montagne: il faut avoir une mappemonde.'[16]

A l'instar des idées de leurs contemporains, les éducatrices considèrent que les cartes sont un instrument essentiel de l'enseignement de la géographie.[17] Mme de Miremont préconise l'utilisation de 'l'Atlas de M. de Mornas'[18] qui offre une vue assez complète des connaissances géographiques du dix-huitième siècle. Le premier des quatre volumes qui est consacré principalement à la géographie dont l'étude débute par l'énonciation des différentes facettes qui la constituent: astronomie, géologie, géographie physique, géographie historique, géographie politique et géographie 'des états'. Sa principale qualité, selon l'éducatrice, est de constituer aussi bien un manuel pour les élèves qu'un outil susceptible de guider un instructeur: 'Les femmes qui habitent la campagne pourroient même avec l'Atlas de M. de Mornas, enseigner seules très-passablement cette science à leurs enfans'.[19] De manière plus originale, les explications de la gouvernante des *Magasins* sont complétées par la 'convocation' d'atlas dans lesquels se trouvent les cartes à observer: 'Je vais vous les montrer sur une carte de géographie, ma chère... [...] Voyez page 10, tome 1, de l'*Introduction à la géographie moderne*, par M. Palairet.'[20] Cette inscription presque factuelle du livre cité au sein du texte de l'éducatrice produit à la fois un effet de mise en abîme et une mise en réseau des livres pédagogiques. Dans *Adèle et Théodore* également, les méthodes décrites révèlent une réflexion moderne sur la didactique à mettre en œuvre pour l'enseignement de la géographie. Les cartes sont disposées dans le château des d'Almane en fonction des points cardinaux comme une sorte d'atlas géant au sein duquel les élèves évoluent quotidiennement: 'Les murs de l'escalier [...] sont entièrement recouverts de grandes cartes de géographie, ainsi que

16. Mme Leprince de Beaumont, *Magasin des enfans*, t.1, p.222.
17. 'L'évidence à laquelle a accès le regard – en particulier, mais non exclusivement, grâce à la carte –, est continuellement rappelée' (D. Nordman, 'La géographie, œil de l'histoire', p.45).
18. Claude Buy de Mornas, *Atlas méthodique et élémentaire de géographie et d'histoire*, 4 vol. (Paris, chez l'auteur et Desnos, 1761-1762).
19. Mme de Miremont, *Traité de l'éducation des femmes*, p.49.
20. Mme Leprince de Beaumont, *Enfans*, t.1, p.182. Mme Leprince de Beaumont veut désigner la *Nouvelle Introduction à la géographie moderne* de Jean Palairet. L'auteur annonce dans l'Avertissement de son *Abrégé* que celui-ci complète son atlas.

ceux des corridors, ce qui forme un atlas complet; nous supposons le midi au rez-de-chaussée, et le nord au dernier étage, et nous avons posé les cartes en conséquence, petite attention qui ne peut que mieux placer dans la tête des enfants l'idée des positions.'[21] Ainsi, idée novatrice et originale, 'L'espace est constitué comme matériel pédagogique'.[22] L'apprentissage se fait donc sans effort, par une sorte d'imprégnation progressive avant d'être approfondi par de nouvelles découvertes.

La géographie physique et la géographie historique

La géographie physique – ou mathématique – concerne la description du globe: mers, terres, montagnes. Mme Leprince de Beaumont porte un grand intérêt à cet aspect qui tente d'émerger et de s'imposer à son époque. Sa principale source d'inspiration, Jean Palairet, lorsqu'il qualifie de 'moderne' la géographie qu'il présente, désigne la géographie physique qui rassemble des domaines d'études qui peuvent également appartenir à l'histoire naturelle comme la volcanologie et la minéralogie.[23] Mme Leprince de Beaumont complète donc les explications présentes dans le *Magasin des enfans* par un renvoi à l'ouvrage du géographe:

MLLE BONNE

La rivière coule sans cesse, jusqu'à ce qu'elle trouve une autre rivière où elle se perd; mais si elle ne rencontre point de rivière dans son chemin, et qu'elle aille à la mer, alors on la nomme un fleuve. Un fleuve est donc une grande rivière qui, ordinairement, porte son nom jusqu'à la mer. [...] Je dis que cela arrive ordinairement, mais pas toujours, car le Rhin, qui coule à l'ouest de l'Allemagne, ne va pas jusqu'à la mer; mais il se perd dans les sables. Voyez aux pages 57 et 58, tom. Ier de la nouvelle Introduction à la géographie moderne, vous y trouverez les principales rivières de l'Europe.[24]

Par ailleurs, la géographie physique est étroitement liée à ce qui sera dénommé plus tard la géologie. Les phénomènes naturels de grande ampleur comme les éruptions volcaniques sont expliquées à partir d'hypothèses scientifiques récentes dans les *Magasins*:

LADY SPIRITUELLE

je vous prie, dites-nous la vérité: qu'est-ce qui fait trembler la terre?

---

21. Mme de Genlis, *Adèle et Théodore*, p.77.
22. Isabelle Brouard-Arends, 'Les géographies éducatives dans *Adèle et Théodore* de Mme de Genlis', dans *Locus in fabula: la topique de l'espace dans les fictions d'Ancien Régime*, éd. Nathalie Ferrand (Louvain et Paris, 2004), p.575.
23. Termes qui n'existent, toutefois, pas encore pour des disciplines qui commencent à se développer de manière autonome.
24. Mme Leprince de Beaumont, *Magasin des enfans* (1815), t.2, p.142-43.

MLLE BONNE

J'ai ouï dire que ce sont de grands feux souterrains, ou des vents renfermés dans la terre qui font des efforts pour sortir, et qui, quelquefois, s'ouvrent un passage, sortent et se dilatent. [...] Il y a trois pays, sur-tout en Europe, où l'on trouve trois grandes montagnes qui jettent du feu: on appelle cela des volcans: retenez ce mot, mes enfans.[25]

En revanche, dans les *Lettres relatives à l'éducation* qui sont pourtant postérieures, la naturaliste donne une autre interprétation prise dans des sources anciennes: '[La description] des volcans tient à l'histoire du feu: par son action, l'eau réduite en vapeur acquiert une force si surprenante, qu'on est tenté de la regarder comme la cause des éruptions et des effets terribles qui les précèdent ou qui les suivent.'[26] Elle est en cela fidèle à sa formation cartésienne. Quant à l'autodidacte Mme de Genlis, conformément au procédé qu'elle a établi pour le conte *Alphonse et Dalinde*, elle introduit des éclaicissements sur la géographie physique dans des notes. Toutefois, celles-ci se trouvent en bas de pages alors que les développements d'ordre scientifique de l'ouvrage font normalement l'objet de notes rassemblées à la fin des tomes; ce qui semble indiquer de la part de l'auteur une prédilection particulière pour la géographie. La première note, 'Voyez Géographie physique, par M. l'abbé Sauri',[27] est une mention de l'*Histoire naturelle du globe, ou Géographie physique* de l'abbé Jean Sauri[28] dans lequel l'auteur supprime le partage habituellement établi au sein de la géographie: il fait de la géographie physique et de l'histoire naturelle une seule et même matière avec deux appellations possibles; il écarte la géographie historique. Mais la pédagogue en a principalement retenu ce qui alimentait sa démonstration de l'apparence merveilleuse d'éléments naturels. Sa représentation de ce savoir s'inscrit donc davantage du côté de l'imagination et du symbolisme que de la rigueur disciplinaire. La concurrence entre théories obsolètes et nouvelles, entre rigueur et amateurisme est caractéristique du tournant que représente le dernier tiers du siècle dans l'élaboration d'un nouveau rapport aux disciplines. Le lien entre géographie et histoire est, de ce point de vue, caractéristique.

Malgré l'intérêt de considérer la géographie avec un regard moderne, l'association traditionnelle entre géographie et histoire apparaît dans les

25. Mme Leprince de Beaumont, *Magasin des enfans*, t.1, p.188-89.
26. Marie Le Masson Le Golft, *Lettres relatives à l'éducation*, p.74.
27. Mme de Genlis, *Les Veillées du château*, t.2, p.124.
28. Jean Sauri, *Histoire naturelle du globe, ou Géographie physique; ouvrage dans lequel on a renfermé ce qu'on fait de plus intéressant sur la symétrie et la position des continens, la salure de la mer etc.... les différentes espèces de terres, de sels, de pierres et de pierreries, des minéraux, des métaux et des végétaux; à l'usage des jeunes physiciens, des pensions et des colleges et de tous ceux qui veulent s'initier dans l'histoire naturelle, en peu de temps et sans beaucoup de peine, formant la quatrieme partie des Opuscules de l'auteur*, 2 vol. (Paris, Chez l'auteur/ Delalain/ Moutard/ Lacombe, 1778).

ouvrages des éducatrices. Du reste, conscients de l'image d'ennui qu'elle
véhicule et pour la rendre plus attractive, certains géographes lui
associent une part d'histoire: 'Pour éviter le dégoût et l'ennui, que
causeroit une géographie purement locale, j'ai inséré ce qui m'a paru
le plus nouveau, ou le plus intéressant dans l'Histoire.'[29] Mais c'est
surtout dans les textes discursifs, comme le *Traité de l'éducation des femmes*
de Mme de Miremont, que cette façon d'envisager l'étude de la
géographie est privilégiée: 'La géographie sera aussi considérée sous
un point de vue historique.'[30] Dans la plupart des dialogues, la place
accordée à la géographie historique reste réduite et dans deux *Magasins*,
ceux *des enfans* et *des adolescentes*, la seule concession faite dans ce domaine
réside dans quelques lignes sur l'histoire d'un pays précédant les longues
descriptions de sa géographie physique. Ainsi, la géographie tend à
acquérir un statut autonome dans les fictions des éducatrices ce qui
signale le vœu d'une science pure permettant d'alimenter l'exercice
réflexif et la raison. Pourtant, à travers les récits de voyages, plusieurs
éducatrices tendent à utiliser le savoir géographique d'un point de vue
littéraire.

Géographie, voyages et ethnographie

La géographie au dix-huitième siècle 'est à la fois le tout et la partie,
comme on le voit bien dans ces formes d'exploration géographique
qu'ont toujours été les voyages de découverte, les missions et les
découvertes scientifiques'.[31] Les éducatrices montrent un grand intérêt
pour la littérature de voyage; par ce biais, elles mêlent dans des passages
de leurs ouvrages géographie et découvertes contemporaines.
Néanmoins, certaines en usent avec prudence comme si l'imaginaire
que ce type de littérature véhicule s'éloignait trop d'une sorte d'ascèse de
la pensée. A propos du Chili, par exemple, Mlle Bonne explique: 'on y
trouve de gros moutons qui servent de chevaux'.[32] Ce qui fait écho au
type de description du lama qui peut se trouver dans des comptes rendus
de voyages de l'époque. Mais, la pédagogue ne cite pas de source. De
même, elle se contente d'évoquer un 'voyage des Hollandais' – une
expédition au pôle nord durant laquelle les voyageurs se sont retrouvés
piégés dans la glace – sans donner davantage de précisions. Par ailleurs,
les auteurs s'intéressent sous un angle géographique aux contrées
lointaines colonisées par les pays dans lesquels elles vivent. C'est ainsi
que Mme Leprince de Beaumont reprend les descriptions du continent

29. J. Palairet, *Abrégé*, Avertissement.
30. Mme de Miremont, *Traité de l'éducation des femmes*, p.55.
31. D. Nordman, 'La géographie, œil de l'histoire', p.47.
32. Mme Leprince de Beaumont, *Magasin des adolescentes*, t.2, p.154.

américain – dont le nord est colonisé par les Français et les Anglais – de Jean Palairet (t.3, p.46):

LADY SPIRITUELLE

Mais, ma Bonne, pourquoi n'avance-t-on pas dans ce pays, puisqu'on y est?

MLLE BONNE

On l'a essayé plusieurs fois, ma chere, et on prétend que, ou l'Amérique tient à l'Asie, ou qu'elle n'en est séparée que par un détroit. Plusieurs personnes ont cherché ce passage par la baie de Hudson, mais elles ont été arrêtées par des montagnes de glaces. Il n'est pas plus aisé de trouver ce chemin par terre, l'extrémité de la zone septentrionale étant située dans la zone glaciale.

Ainsi, la limite des explorations menées dans des terres aux reliefs apparemment infranchissables représente une 'frontière' de la connaissance géographique. Elle pourrait favoriser le déploiement de l'imagination mais Mme Leprince de Beaumont refuse visiblement cette possibilité et se contente d'énoncer des données avérées. Les textes des autres éducatrices témoignent d'une ouverture à l'égard de cette opportunité. Mme de La Fite, qui habite en Hollande, mentionne les colonies de ce pays et principalement le Surinam et l'Inde. En outre, elle fait apparaître dans *Eugénie et ses élèves* un passage sous forme de dialogue tenant à la fois du compte rendu de voyage et de l'histoire naturelle:

MME DE PALINVILLE

Des tigres cruels, des singes malfaisans, des couleuvres qui empoisonnent: en vérité, M. le comte, la nature ne s'est pas montrée trop partiale envers les habitans de ces belles contrées.[33]

Si les données se veulent savantes, la personnification d'animaux et de la nature ainsi que l'utilisation de l'adjectif 'belle' pour qualifier un territoire leur donne une portée littéraire. *Alphonse et Dalinde* est également l'occasion pour Mme de Genlis d'évoquer des terres lointaines sur un mode épique; ce conte montre assez clairement qu'il est nourri de géographie et de récits de voyages. Il met en scène le périple d'un savant et de son disciple à travers plusieurs pays. Les deux personnages visitent successivement les îles espagnoles, le Sénégal, Constantinople, passent au large des îles Maldives et des côtes Malabar avant de rejoindre l'Inde. Puis ils se rendent au Siam, en Californie, au Mexique et au Surinam. Leur voyage s'achève en Europe par la Russie et la Suède. Pour ces descriptions, la pédagogue s'inspire principalement de l'*Abrégé de l'histoire générale des voyages* de La Harpe[34] qu'elle cite à cinq reprises et dans lequel elle

33. Mme de La Fite, *Eugénie*, t.2, p.298.
34. Jean-François de La Harpe, *Abrégé de l'histoire générale des voyages* (Paris, Hôtel de Thou, 1780-1786).

distingue particulièrement Rhöe et Tavernier pour la description de la cour du Grand Mogol. Elle utilise également le *Voyage littéraire de la Grèce* par Guys[35] lorsqu'elle aborde les mœurs grecques et les *Voyages aux Indes orientales et à la Chine* de Sonnerat[36] pour l'étape asiatique. Finalement, le texte vulgarise et réinvestit au profit de la littérature éducative la littérature de voyage parue à l'époque. Une autre caractéristique de cette dernière est d'avoir conduit les Européens à prendre en compte les populations des terres lointaines qu'ils découvraient; ce qui fait l'objet d'une autre leçon de la part des éducatrices.

Au dix-huitième siècle, aux côtés du discours philosophique sur le sauvage, émerge un discours d'ordre scientifique sur 'l'autre homme'; ce dernier suscite un intérêt qui pose les premières pierres d'un 'regard ethnographique'.[37] C'est dans cet esprit que les éducatrices proposent une analyse dépourvue de tout jugement moral des coutumes de peuples considérés comme sauvages ou barbares. Leur tolérance sur le sujet se vérifie particulièrement lorsqu'elles rapportent des rituels mortuaires très éloignés des usages européens. A l'instar de Mme Leprince de Beaumont qui évoque l'anthropophagie des indiens d'Amérique du Nord avec une distance lucide voire scientifique:

MISS SOPHIE

Ma Bonne, j'ai entendu dire qu'il y a des peuples qui tuent leurs peres quand ils sont vieux, et qui les mangent ensuite; cela est-il vrai?

MLLE BONNE

Les Iroquois, peuples qui habitent l'Amérique septentrionale, le faisoient autrefois; mais à présent ils ne le font plus. N'allez pas croire, mes enfans, qu'ils fissent cela par méchanceté. Tout au contraire, quand les Européens vinrent dans leur pays, et qu'ils surent que chez nous on laissoit vivre les vieilles gens, et qu'on les enterroit ensuite, ils nous trouverent fort cruels. Quelle barbarie, disoient-ils, de laisser souffrir des personnes qui nous ont donné la vie, et de les jeter ensuite dans un trou pour être mangé par des vers! Nous avons bien plus d'amour pour nos parents, ajoutoient-ils; nous leur épargnons les incommodités dans une grande vieillesse, et nous leur donnons notre estomac pour tombeau. En mangeant la chair de nos peres,

35. Pierre-Augustin Guys, *Voyage littéraire de la Grèce ou Lettres sur les Grecs, anciens et modernes, avec un parallèle de leurs mœurs* (1771; Paris, Veuve Duchesne, 1776).

36. Pierre Sonnerat, *Voyage aux Indes orientales et à la Chine, fait par ordre du roi, depuis 1774 jusqu'en 1781, dans lequel on traite des mœurs, de la religion, des sciences et des arts des Indiens, des Chinois, des Pégouins et des Madégasses; suivi d'Observations sur le cap de Bonne-Espérance, les isles de France et de Bourbon, les Maldives, Ceylan, Malacca, les Philippines et les Moluques, et de recherches sur l'histoire naturelle de ces pays* (Paris, L'auteur, 1782).

37. Sophie Linon-Chipon et Daniela Vaj (éd.), *Relations savantes: voyages et discours scientifiques* (Paris, 2006). Voir principalement dans la première partie 'Le regard ethnographique'; voir également Michèle Duchet, *Anthropologie et histoire au siècle des Lumières* (Paris, 1977).

nous nous rendons présentes leurs belles actions, et nous faisons passer leur courage en nous et en nos petits enfans.[38]

De même, Mme de Genlis fait référence, dans *Les Veillées du château*, à un phénomène apparemment 'merveilleux' des Canaries: des cavernes y abritent des corps embaumés, ce qui se révèle être la particularité des rites funéraires des Guanches, peuple autochtone. L'explication est empruntée à l'*Abrégé de l'histoire générale des voyages* de La Harpe comme l'indique la note explicative à la fin du tome:

> Ces caves sont des lieux anciennement creusés dans les rochers, ou formés par la nature... Les corps y sont cousus dans des peaux de chèvre, avec des courrois de la même matière, et les coutures si égales et si unies, qu'on n'en peut trop admirer l'art: mais ce qui cause beaucoup d'admiration, c'est que tous les corps y sont presqu'entiers.[39]

Ainsi, le respect et le souhait de comprendre d'autres habitudes sur la façon de traiter les défunts des auteurs atteste de leur 'regard ethnographique'. Si Mme de La Fite montre un intérêt comparable pour les peuples des îles de Ceylan et du Malabar, elle l'accompagne d'un désir d'évangélisation: 'Combien il est à souhaiter qu'on cherche à éclairer ces peuples, à les rendre chrétiens!'[40] Alors que la conversion dans les *Magasins* doit être spontanée et consécutive à une sorte de révélation intérieure confirmée par un chrétien. D'ailleurs elle apparaît à d'autres endroits des *Magasins*, ce qui souligne la distinction que l'auteur établit entre le discours scientifique et le discours religieux. Ce dernier appartient pourtant à la tradition des récits de voyage puisqu'il est étroitement associé aux relations des missionnaires.

Enfin, Mlle Le Masson Le Golft incarne à la fois les progrès du dix-huitième siècle à l'égard de l'ethnographie et la modernité des éducatrices en avance sur leur temps dans le domaine des connaissances féminines lorsqu'elles introduisent cette discipline dans leurs plans d'éducation. Elle associe les peuples à une localisation géographique créant ainsi une carte 'ethnographique': 'L'une des choses, je crois, madame, les plus nécessaires et les plus agréables est de faire connoître les peuples: quelque soit celui que vous fassiez considérer à Mademoiselle de..., il aura une place déterminée par des sections de méridiens et de parallèles.'[41] L'éducatrice a effectivement imaginé et fait réaliser une carte sur laquelle les différentes ethnies peuplant les continents sont localisées précisément et sont identifiées par des caractéristiques

---

38. Mme Leprince de Beaumont, *Magasin des adolescentes*, t.2, p.106-107.
39. Mme de Genlis, *Les Veillées du château*, t.2, p.550-51.
40. Mme de La Fite, *Eugénie*, t.2, p.294.
41. Marie Le Masson Le Golft, *Lettres relatives à l'éducation*, p.102-103.

physiques et des coutumes.[42] En outre, elle fait de la compréhension de la diversité humaine une étape indispensable dans toute bonne formation: 'Cette variété de formes et de couleurs, qui se trouve aujourd'hui entre les hommes, et qui a été plusieurs fois le sujet de dissertations savantes, peut faire naître des doutes dans l'esprit d'une jeune personne sur la commune origine des nations, qui sont bientôt dissipés lorsqu'on est à portée de se procurer une instruction solide.'[43] Bien plus, dans une perspective philosophique, l'étude de la diversité humaine doit permettre d'éclairer la croyance religieuse elle-même. A la fin du dix-huitième siècle, la géographie commence donc à devenir une matière reconnue qui s'enrichit de nouvelles sensibilités telle que l'ethnographie[44] ainsi que cela se profile dans les livres des éducatrices. Pourtant, dans le milieu savant, ces avancées prometteuses prennent du recul et c'est l'association avec l'histoire qui finit par l'emporter.

iii. L'histoire

L'histoire est progressivement devenue une matière-phare des plans d'étude des collèges.[45] Jusqu'au dix-huitième siècle, elle était considérée comme 'mondaine', son enseignement restait secondaire et c'était cette même initiation superficielle qui était prévue dans l'éducation traditionnelle des filles. Au contraire, elle est une discipline importante – et même une discipline noble – dans la pédagogie des éducatrices.[46] La plupart de ses branches, histoire sainte, histoire ancienne, histoire moderne... – à l'exception des histoires ecclésiastique et militaire[47] – figurent dans leurs plans d'éducation. La chronologie est également régulièrement évoquée sans, toutefois, que la manière de l'enseigner soit décrite.

---

42. Marie Le Masson Le Golft, *Esquisse d'un tableau général du genre humain où l'on aperçoit d'un seul coup d'œil les religions et les mœurs des différents peuples, les climats sous lesquels ils habitent, et les principales variétés de formes et de couleurs de chacun d'eux.* Carthographe, Maurille-Antoine Moithey (Paris, Moithey, [*c.*1778]).
43. Marie Le Masson Le Golft, *Lettres relatives à l'éducation*, p.104-105.
44. Voir Isabelle Laboulais, 'La géographie dans les arbres encyclopédiques de la seconde moitié du XVIIIe siècle', dans *Géographies plurielles: les sciences géographiques au moment de l'émergence des sciences humaines (1750-1850)*, éd. Hélène Blais et Isabelle Laboulais (Paris, 2006).
45. Voir François de Dainville, 'L'enseignement de l'histoire et de la géographie et le "ratio studiorum" ', dans *L'Éducation des jésuites (XVIe-XVIIIe siècles)*, éd. Marie-Madeleine Compère (Paris, 1978).
46. Rappelons que plusieurs éducatrices ont écrit des ouvrages complets, ou des chapitres particulièrement développés, sur l'histoire.
47. Elles sont néanmoins comprises dans la formation des maîtresses de Mme de Miremont: 'Il n'y aura presque rien à ajouter à ce qu'elles auront appris dans l'histoire du gouvernement ecclésiastique, civil et militaire du royaume' (*Traité de l'éducation des femmes*, p.78).

Selon les principes éducatifs du dix-huitième siècle, l'histoire sainte est la première étape de l'apprentissage de l'histoire pour tous les enfants: elle se trouve à mi-chemin entre éducation religieuse et histoire. Cette initiation s'effectue généralement grâce à la lecture et à l'apprentissage d'abrégés de la Bible et la plupart des éducatrices signalent effectivement la nécessité d'en faire connaître et apprendre par cœur aux élèves des passages. Deux d'entre elles recourent néanmoins à des moyens plus originaux pour cet enseignement. Mme de Genlis souhaite que le sens de cette histoire soit compris par les jeunes enfants; partant, sa découverte est, dans un premier temps, visuelle pour Adèle et Théodore: elle est mise en image par le biais d'une frise couvrant les murs de la galerie qui mène à la chambre de la baronne d'Almane. Ainsi, comme pour la géographie, l'apprentissage a lieu par imprégnation grâce à un outil novateur qui reflète l'ambition des éducatrices de proposer une éducation nouvelle et efficace. Mme Leprince de Beaumont aborde le même sujet sous un angle apologétique: elle l'associe à la réflexion et à la raison.

Dans les *Magasins*, les épisodes de l'Ancien Testament sont appris par cœur par les élèves puis récités par les plus jeunes. Cependant, dans le *Magasin des adolescentes*, la narration de l'histoire sainte mêlée d'histoire ancienne devenant plus complexe, elle est souvent confiée aux élèves les plus âgées: Lady Sensée et Lady Sprirituelle. Ces récitations sont commentées et donnent lieu à des réflexions morales ou à des questions. Le but de cette méthode est d'éviter le psittacisme et de faire parvenir les élèves à une compréhension réelle du sens du chritianisme:

En faisant réciter aux enfans l'histoire de la sainte Ecriture, j'ai eu soin de donner à leur raison des preuves à leur portée, de la divinité de cette écriture. J'ai tâché ensuite de leur faire trouver, dans cette écriture, des motifs capables d'exciter leur obéissance. Un Dieu bienfaiteur, ami de la vertu, vengeur du crime, tout-puissant pour récompenser l'une et punir l'autre: voilà ce que leur réflexion et celle de la gouvernante mettent à tous momens sous leurs yeux.[48]

L'éducatrice utilise aussi certains passages pour transmettre ses principes pédagogiques; ainsi, celui qui concerne Absalon sert à faire une nouvelle leçon sur la nécessité de réprimer ses passions et ses vices.[49] Bien plus, catholique enseignant et écrivant dans un contexte anglican, Mme Leprince de Beaumont profite de la tribune que lui offrent ses ouvrages pour privilégier une interprétation apostolique et romaine de la Bible:

48. Mme Leprince de Beaumont, *Magasin des enfans*, Avertissement, p.14.
49. Mme Leprince de Beaumont, *Magasin des enfans*, t.4, p.131.

MLLE BONNE

je ne veux offenser personne, mesdames. Il y a sur ces histoires et sur plusieurs autres deux sentiments. En Angleterre on dit qu'elles n'ont pas été écrites par l'inspiration du Saint-Esprit, et qu'ainsi elles ne sont pas de la sainte Ecriture; et pour cela on les met dans les Bibles anglaises parmi les histoires apocryphes, c'est-à-dire qu'on les regarde comme l'histoire des Perses et des autres nations qu'on n'est pas absolument obligé de croire, parce que les hommes qui les ont écrites ont pu se tromper. En France au contraire, en Espagne, en Italie, ont soutient que ces histoires ont été dictées par le Saint-Esprit.[50]

L'enseignement de cette partie de l'histoire représente donc un enjeu qui excède les questions d'instruction religieuse dans les *Magasins*; par ailleurs, il est étroitement mêlé aux autres apprentissages. Dans la succession des différentes branches de l'histoire, la mythologie fait généralement suite à l'histoire sainte.

'Fable' est le terme communément utilisé sous l'Ancien Régime pour désigner la mythologie, ce qui réfère à son caractère fictionnel. C'est une connaissance qui a longtemps provoqué les suspicions des éducateurs lorsqu'il s'agissait de lui accorder une place dans la formation des filles. Au demeurant, elle était généralement absente des programmes, en particulier dans les couvents. C'est ainsi que Mme de Maintenon finit par la bannir de Saint-Cyr parce qu'elle la considère comme trop dangereuse en raison de la description qui y est faite du paganisme. La 'première institutrice de France' suit en cela les idées de son époque, formalisées par Fénelon: 'Pour les fables païennes, une fille sera heureuse de les ignorer toute sa vie, à cause qu'elles sont impures et pleines d'absurdités impies.'[51] Mais au cours du dix-huitième siècle, la nécessité de transmettre cet aspect de la culture mondaine aux filles se fait jour. Les arts prennent souvent leurs sujets dans la mythologie; il faut donc la connaître pour les étudier et les apprécier:

Je suis forcée, ma chère amie, de vous avouer encore un nouvel ouvrage d'éducation. Il est sur la mythologie; c'est une histoire poétique, mais que j'ai tâché de rendre plus agréable, et surtout plus décente que celles qui existent. Adèle n'avait qu'une idée générale de la fable; et comme, pour l'intelligence des tableaux et des monuments dont l'Italie est remplie, il est nécessaire de la savoir aussi parfaitement que l'histoire romaine, j'ai fait cet ouvrage pour elle.[52]

Cependant, Mme de Genlis ne l'intègre pas dans la fresque historique du château de la famille d'Almane; elle la situe dans la salle-à-manger lui assignant de cette façon un rôle symbolique particulier, davantage lié à la

50. Mme Leprince de Beaumont, *Magasin des adolescentes*, t.3, p.134.
51. Fénelon, *Traité de l'éducation des filles*, p.57.
52. Mme de Genlis, *Adèle et Théodore*, p.325.

distraction qu'à l'instruction. De même, lorsque Mme Leprince de Beaumont la fait figurer dans son plan d'éducation, elle prend des précautions afin que les élèves ne soient pas séduites par la religion qui y est décrite. Pour expliquer l'apparition de la mythologie, elle reprend une explication de son époque selon laquelle il se serait agi d'une déformation de l'histoire sainte:

MLLE BONNE

Les quatre fils de Japhet vinrent demeurer dans un pays qu'on appelait la Grèce, et on les nomma Grecs: or, les Grecs aimaient beaucoup les contes et les fables, ils en composaient sur tout ce qui arrivait. Au lieu de rapporter les histoires comme leurs pères les leur avaient apprises, ils en firent des fables, et voici celle qu'ils firent à l'occasion de la tour de Babel.[53]

Ainsi interprétée, la mythologie trouve place dans la chronologie de l'histoire générale. Elle est, en outre, nécessaire à la compréhension de l'histoire ancienne.

Egalement dénommée 'antique' ou 'profane', l'histoire ancienne est une pièce maîtresse de la formation classique des collèges à travers l'étude des textes latins. Généralement, elle n'est pas évoquée dans les ouvrages abordant la question de l'éducation des filles. Par contre, dans les livres des éducatrices, elle apparaît comme particulièrement importante – et surtout l'histoire romaine – pour la transmission d'une morale. A travers ses principaux acteurs, elle offre en effet des modèles de vertu et de vice qui constituent des exemples frappants:

MÈRE

[Domitien] commit des crimes affreux. Il fut cruel et atroce. Il finit par être assassiné, et son nom est aujourd'hui encore en exécration.

EMILIE

Je le crois, il le mérite bien. Maman, je voudrois bien lire son histoire.

MÈRE

Vous la trouverez dans l'histoire romaine. Nous la lirons ensemble, et nous lirons ensuite celle de Titus, qui a été le modele des hommes, par sa vertu et sa bonté. Quand il avait passé un jour sans faire du bien, il disait: Mes amis, j'ai perdu ma journée![54]

Certaines éducatrices placent l'histoire antique à la suite de l'histoire sainte. Mme Leprince de Beaumont souligne ce qui lui semble être la jonction entre les deux, l'apparition de l'histoire persane dans l'Ancien Testament: 'Il y a longtemps que je souhaitois d'être arrivée à ce temps-ci car je connois Cyrus et Ciaxare par mon abrégé de l'histoire

---

53. Mme Leprince de Beaumont, *Magasin des enfans*, t.1, p.185-86.
54. Mme d'Epinay, *Les Conversations d'Emilie*, p.70.

universelle.'[55] Pour Mlle Le Masson Le Golft, cette complémentarité et cet enchaînement des premières parties de l'histoire est indispensable pour comprendre l'histoire de l'humanité: 'A travers les fables et les obscurités, la connoissance de l'antiquité concourant avec celle de l'écriture-sainte, prépare à l'histoire générale; elle dévoile les causes des opinions qui ont divisé les peuples, et leurs rapports malgré ces divisions.'[56] Bien plus, l'attention portée à l'histoire ancienne signale le souci de comprendre la formation et l'évolution des sociétés et des systèmes politiques: 'le Discours sur l'histoire universelle par Bossuet, présente [...] un grand spectacle où tous les siècles se développent: on y voit comment les empires se succèdent, quel y a été l'état de la religion; et comme c'est sur cette base, et sur le gouvernement politique, que roulent presque toutes les choses humaines' (p.22-23). D'accord sur ce point avec Mlle Le Masson Le Golft, Mme Leprince de Beaumont a particulièrement développé les histoires persane et romaine; elle retrace en particulier les circonstances marquantes vécues par Rome depuis sa création. Enfin, l'histoire moderne constitue la dernière branche de l'enseignement de l'histoire aux filles.

L'histoire moderne présente un intérêt particulier lorsqu'il s'agit de faire connaître aux filles l'histoire nationale. Auteurs, philosophes et pédagogues finissent en effet par trouver 'honteux' qu'une fille ignore les principaux événements de son pays. Cette première étape doit permettre d'"étudier l'histoire comme elle doit l'être, en rapprochant les hommes des différens siècles, leurs mœurs et leurs usages'.[57] De plus, dans le contexte européen du dix-huitième, il paraît utile de leur faire découvrir, au moins partiellement, les histoires de pays voisins. Partant, les histoires modernes qui apparaissent le plus fréquemment dans les écrits des éducatrices sont celles de la France mais aussi l'Angleterre. Tout d'abord dans les *Magasins* qui ont pour cadre ce pays et également dans *Adèle et Théodore*; le cours de lecture d'Adèle comprend *'the Beauties of History'*, 'Macaulay's History of England, 5 vol.', 'Histoire d'Angleterre, par M. Hume' et 'la Rivalité de la France et de l'Angleterre, de M. Gaillard'.[58] Et de façon plus ambitieuse, le panorama est étendu à l'histoire du monde dans *Les Veillées du château*.

L'histoire moderne est aussi l'occasion de penser des moyens de transmission nouveaux notamment parce que la forme dialogique permet de ne pas s'en tenir à une présentation chronologique des faits. C'est ainsi que les épisodes mémorables de l'histoire d'un pays font

---

55. Mme Leprince de Beaumont, *Magasin des adolescentes*, t.2, p.198.
56. Marie Le Masson Le Golft, *Lettres relatives à l'éducation*, p.22.
57. Mme de Miremont, *Traité de l'éducation des femmes*, p.55.
58. Mme de Genlis, *Adèle et Théodore*, p.630-34. Adèle parle également l'italien; mais elle lit uniquement 'l'*Histoire de l'Italie* par Guiciardini' dans cette langue et après son mariage.

l'objet de 'traits'; c'est-à-dire qu'ils sont rapportés à travers de courts récits qui, le plus souvent, mettent en lumière un personnage célèbre. Ils sont assez peu nombreux dans les *Magasins* comparativement aux passages d'histoire romaine, ce qui témoigne de la prédilection de Mme Leprince de Beaumont pour cette dernière. Par contre, ils sont en très grand nombre dans *Les Veillées du château* et concernent les pays les plus variés. Cette démarche reflète également l'ambition de Mme de Genlis de traiter l'histoire selon les idées de son temps, c'est-à-dire de mettre en relation les pays entre eux: 'il contient le détail des belles actions et des traits singuliers et mémorables tirés de l'histoire générale et particulière de tous les peuples de la terre, depuis la création du monde jusqu'à nos jours inclusivement, suivant un ordre chronologique'.[59] Or, ces 'traits d'histoire' fonctionnent en partie comme les formes brèves; et ils ont, dans les ouvrages, un rôle similaire. D'une part, ils sont destinés à illustrer un propos moral; et, d'autre part, ils sont régulièrement associés à un autre récit court portant sur le même thème: 'Cette petite aventure, reprit Madame de Clémire, me rappelle un trait que j'ai lu dans l'histoire de Russie... Ah, Maman, contez-nous ce trait.'[60] Ce procédé permet d'unifier des parties et des genres qui, sans cela, auraient été relativement hétérogènes. C'est ce qui donne aux ouvrages composés leur lisibilité et leur cohérence. En définitive, par un traitement didactique des connaissances et des découvertes de leur époque en géographie et en histoire, les éducatrices renouvellent la manière d'enseigner les matières traditionnelles de l'éducation des filles. Cette modernité s'accompagne d'une nouvelle ambition: la connaissance des sciences.

59. Mme de Genlis, *Adèle et Théodore*, p.193.
60. Mme de Genlis, *Les Veillées du château*, t.1, p.364.

10. Les sciences, des connaissances nouvelles

i. Une introduction aux sciences

L'étude des sciences représente un véritable enjeu au dix-huitième siècle. Pourtant, dans les collèges, leur enseignement sous un angle moderne prend place de façon lente et inégale. Comme dans d'autres domaines, la plupart des régents et des directeurs acceptent mal les bouleversements de leur époque.[1] Les sciences finissent malgré tout par occuper la partie la plus importante du temps allégué aux études de philosophie. Du côté féminin, elles sont progressivement devenues une occupation à la mode pour les femmes et, par leur truchement, pour les filles.[2] En particulier grâce à la multiplication des cours publics[3] et des ouvrages destinés à les rendre accessibles aux personnes du monde: 'Fontenelle's introduction to science for ladies inspired many others books designed especially for women with scientific leaning. Although these works were usually consciously adapted with the limited education of women in mind, many adopted the more complimentary attitude that Fontenelle had assumed.'[4]

Les ouvrages de vulgarisation destinés aux femmes possèdent des qualités; principalement dans le domaine de l'astronomie.[5] Toutefois, à l'image des *Entretiens sur la pluralité des mondes* de Fontenelle, ils sont souvent autant, voire plus, littéraires que savants. Il s'agit donc davantage de proposer aux femmes une découverte superficielle des sciences plutôt que des études sérieuses comme le dénonce le *Plaidoyer de Marie-Gasparde de Copponay en faveur de l'enseignement des sciences aux dames*.[6] La jeune fille

---

1. Voir D. Mornet, *Les Sciences de la nature*, p.90-91 et, également, René Taton (éd.), *Enseignement et diffusion des sciences en France au XVIIIe siècle* (1967; Paris, 1986).
2. Voir Maria Susana Seguin, 'Les femmes et les sciences de la nature', *Dix-huitième Siècle* 36 (2004), p.333-43 et Jeanne Peiffer, 'L'engouement des femmes pour les sciences au XVIIIe siècle', dans *Femmes et pouvoirs sous l'Ancien Régime*, éd. Danielle Haase Dubosc et Eliane Viennot (Paris, 1991).
3. 'En 1701, M. Dagoumer, professeur de l'université de Paris conviait déjà le public à suivre ses expériences. [...] L'abbé Nollet réussit mieux encore. Il fit de la physique expérimentale un plaisir d'amateur et un divertissement à la mode. Il eut l'idée, en 1734, d'établir un cours de physique d'où furent bannies avec les spéculations systématiques, les complexités trop savantes de la haute mathématiques' (D. Mornet, *Les Sciences de la nature*, p.87).
4. Patricia Phillips, *The Scientific lady: a social history of women's scientific interests, 1520-1918* (Londres, 1990), p.90.
5. Colette Le Lay, 'Astronomie des dames', *Dix-huitième Siècle* 36 (2004), p.303-12.
6. Marie-Gasparde de Copponay, *Plaidoyer de Marie-Gasparde de Copponay en faveur de l'enseignement des sciences aux dames* (c.1714; Paris, 1983).

réclame le droit à la connaissance scientifique pour son sexe et avance plusieurs arguments pour justifier sa demande. A la fin de son texte, elle défend la capacité des femmes à étudier dans ce domaine; faculté traversée, selon elle, parce qu'elle constituerait une menace à l'égard de l'hégémonie masculine: 'Il faut donc enseigner les sciences aux femmes, à moins que par contrariété ou par envie, craignant que nous leur devenions supérieures les hommes ne s'y opposent.' (p.26) Au demeurant, les mathématiques ont généralement été un domaine peu accessible aux filles ce qui impliquait que la connaissance des sciences par les filles et les femmes ne pouvait être que partielle et superficielle.[7] D'ailleurs, la mise en place d'une vulgarisation spécifiquement destinée aux femmes et aux mondains entérinait cet état de fait. Néanmoins, l'existence de cette littérature était une indication de la lente évolution de la façon d'envisager le rapport du sexe féminin aux sciences.

Dans la seconde moitié du dix-huitième siècle, les différentes disciplines scientifiques sont en pleine mutation; par conséquent, elles soulèvent davantage de questions qu'elles n'apportent de réponses. Qu'il s'agisse d'astronomie ou d'histoire naturelle, les savants s'opposent et il est difficile pour le public contemporain de se faire des idées claires:

> Il était [...] impossible que l'*Encyclopédie* présentât à ses lecteurs un savoir définitivement acquis et constitué dans le domaine des sciences nouvelles et des sciences de la vie, et d'abord parce que ce savoir n'existait pas. Entre les lacunes et les controverses, ces sciences offraient surtout une foule de connaissances de détail et quelques incertitudes fondamentales. L'*Encyclopédie* ne pouvait que refléter cet état de choses.[8]

Ainsi, il n'y a pas, à proprement parler, de 'vérité scientifique', ce qui implique une circulation de théories variées et une espèce de 'plasticité' des sciences. Cet état de fait se retrouve dans les ouvrages des éducatrices: 'Je vous ai promis des conjectures, ma chere, c'est-à-dire, les sentiments d'un fort habile homme, qui seront peut-être désapprouvés par vingt autres, et que vous croirez, autant que vous les trouverez vraisemblables.'[9] Cependant, si l'émulation produite par les querelles de savants profite à l'avancée des sciences, cette nouvelle situation dessert en quelque sorte la vulgarisation. Initialement, il existait bien une certaine correspondance entre les découvertes scientifiques et leur mise au niveau de la compréhension du grand public. Puis, lorsque

---

7.   Quelques femmes ont pu pratiquer les sciences pures grâce à leur lien de parenté avec des savants qui les a mises en mesure d'acquérir les connaissances indispensables pour effectuer, par exemple, des calculs en astronomie. Voir notamment C. Le Lay, 'Astronomie des dames'.

8.   Jacques Roger, 'L'histoire naturelle et les sciences de la vie', dans *Essais et notes sur l'Encyclopédie de Diderot et d'Alembert* (Milan, 1979), p.246.

9.   Mme Leprince de Beaumont, *Magasin des jeunes dames*, t.1, p.38.

les pratiques tendent à devenir plus rigoureuses, les vulgarisateurs ne parviennent plus à suivre les progrès des différents domaines et leurs ouvrages ne reflètent plus que dans une faible proportion l'état des connaissances de leur époque. Un 'décalage' s'établit donc 'entre la physique des chercheurs et celle des vulgarisateurs et de leur public dans la seconde moitié du 18ᵉ siècle'.[10] Dès lors, la vulgarisation prend des formes variées, quelquefois d'un niveau très médiocre. L'une d'entre elles, dédiée à la distraction du public, privilégiait un aspect spectaculaire ou merveilleux de la science. Une autre – qui connut un grand succès – interprétait tous les phénomènes observés comme la manifestation de la présence divine. Dénommée 'théologie physique',[11] elle naît avec l'ouvrage de William Derham, *Théologie physique ou la Démonstration de l'existence et des attributs de Dieu, tirée des œuvres de la création.*[12] On aurait pu penser que les éducatrices chrétiennes adhéreraient à cette lecture religieuse mais ce n'est pas le cas. Certes, elles évoquent régulièrement Dieu dans leurs leçons sur les sciences; cependant, elles n'en font pas une explication systématique. Au contraire, les choix de leurs sources de renseignements se révèlent relativement variées.

En ce qui concerne les sciences de la vie, la référence unanime des éducatrices est l'*Histoire naturelle* de Buffon qui représente une véritable révolution dans le monde des sciences; vient ensuite *Le Spectacle de la nature* de l'abbé Pluche,[13] un ouvrage à visée pédagogique qui appartient à la branche 'théologique' de la vulgarisation. A l'égard des autres sciences, elle puisent dans le fond constitué par des parutions de leur temps. La référence la plus importante pour Mme Leprince de Beaumont est le chirurgien Le Cat[14] auquel elle emprunte des explications présentées dans des articles publiés dans le périodique qu'elle a dirigé au début des années 1750, le *Nouveau Magasin françois.*[15] Par ailleurs, elle consulte vraisemblablement les articles de savants publiés

---

10. Andreas Kleinert, 'La vulgarisation de la physique au siècle des Lumières', *Francia* 10 (1982), p.303-12 (p.311).

11. 'Il s'agit d'un genre littéraire importé des pays protestants dans lequel, d'après un titre particulièrement connu, l'existence de Dieu est démontrée par les merveilles de la nature' (A. Kleinert, 'La vulgarisation', p.309). Il faut, par ailleurs, noter que les religieux utilisent les conclusions des sciences modernes. Voir André Charrak, *Contingence et nécessité des lois de la nature au XVIIIᵉ siècle: la philosophie seconde des Lumières* (Paris, 2006), p.167-68.

12. William Derham, *Physico-Theology, or a demonstration of being and attributes of God from his works of creation* (Londres, 1713). La traduction française est parue en 1726.

13. Antoine Pluche, *Le Spectacle de la nature, ou Entretiens sur les particularités de l'histoire naturelle, qui ont paru les plus propres à rendre les jeunes gens curieux, et à leur former l'esprit*, 8 vol. (Paris, Veuve Estienne, 1732-1750).

14. Claude-Nicolas Le Cat (*ou* Lecat) (1700-1768). Célèbre chirurgien et médecin français, il a certainement entretenu des relations amicales avec Mme Leprince de Beaumont.

15. Mme Leprince de Beaumont (éd.), *Le Nouveau Magasin françois, ou Bibliothèque instructive et amusante* (Londres, s.n., 1750-1752).

dans ce même périodique et dans d'autres. Quant aux parties qui relèvent de l'initiation aux sciences dans les livres de Mmes de Genlis et de La Fite, ils reflètent davantage les hésitations de leur époque sur le type de discours scientifique qui peut être probant. En effet, l'accent y est régulièrement mis sur l'aspect merveilleux que peuvent revêtir des phénomènes naturels:

MME DE PALINVILLE

En vérité, sir Charles, on diroit que vous venez du pays des fées, et votre description pourroit figurer dans un conte.

LE COLONEL

Tous ceux qui aiment le merveilleux devroient étudier l'histoire naturelle.[16]

Cette sensibilité est d'ailleurs présente dans les deux ouvrages dont Mme de Genlis s'inspire. Le premier appartient à un courant de vulgarisation qui veut séduire le public par la description de phénomènes extraordinaires: le *Dictionnaire des merveilles de la nature* de Sigaud de La Fond.[17] Le second est le *Dictionnaire raisonné universel d'histoire naturelle* de Valmont de Bomare.[18] C'est l'ouvrage d'un savant qui, sans faire lui-même de grandes découvertes, a rendu l'histoire naturelle accessible au public le plus large grâce à ses cours publics. Sa conception des sciences s'inscrit dans son époque; il s'agit de saisir et d'étudier la diversité du monde: 'Il n'y a point de spectacle plus intéressant que celui des êtres sans nombre qui peuplent l'univers. Les merveilles nous environnent de toutes parts; et pour qui sait voir, rien n'est indifférent dans cette immensité d'objets de toutes especes' (p.xiij). Enfin, Mme de Genlis fait également, mais beaucoup moins, appel à l'*Encyclopédie*; toute explication 'merveilleuse' est, en effet, écartée par les savants rigoureusement sélectionnés par Diderot et ses collaborateurs. Ainsi, un traitement trop littéraire des sources scientifiques – *a fortiori* si celles-ci sont déjà vulgarisées – tendrait à en atténuer l'objectivité alors que le but affiché des éducatrices est d'inclure dans l'éducation des filles l'enseignement des sciences comme une connaissance nécessaire parce que rationnelle: 'Les sciences donnent de la solidité.'[19] Pour le traduire, elles ont recours à des méthodes pédagogiques concrètes.

16. Mme de La Fite, *Eugénie*, t.2, p.290-91.
17. Sigaud de La Fond, *Dictionnaire des merveilles de la nature*.
18. Jacques-Christophe Valmont de Bomare, *Dictionnaire raisonné universel d'histoire naturelle, contenant l'histoire des animaux, des végétaux et des minéraux, celle des corps célestes, des météores et des autres principaux phénomènes de la nature; avec l'histoire et la description des drogues simples tirées des trois règnes, le détail de leurs usages dans la médecine, dans l'économie domestique et champêtre, et dans les arts et métiers: avec une table concordante des noms latins, et le renvoi aux objets mentionnés dans cet ouvrage* (1764), 9 vol. (Lyon, Jean-Marie Bruyset, 1776).
19. Mme de Miremont, *Traité de l'éducation des femmes*, p.230.

Dans un premier temps, les éducatrices s'inspirent de ce qui fait la modernité des méthodes scientifiques à leur époque, l'observation et la démonstration, en les simplifiant afin qu'elles soient accessibles à de jeunes enfants. Partant, la vue devient le premier vecteur de l'accès aux sciences pour les élèves. L'association de ce sens et d'une explication permet d'établir un lien entre la théorie et un aspect concret. Ainsi, dans le *Magasin des enfans*, la gouvernante invite ses élèves à faire preuve d'observation à l'occasion de démonstrations durant les leçons de sciences: 'remarquez', 'voyez-vous'. Les élèves répondent en évoquant ce qu'elles ont pu observer dans un cadre naturel: 'j'ai vu' ou en prévoyant une plus grande attention à l'égard des phénomènes évoqués: 'j'examinerai'. Dans les *Entretiens, drames et contes moraux*, l'institutrice requiert également de ses élèves qu'elles usent de l'observation. Que ce soit en commun pour l'adulte et l'enfant ('examinons') ou que les élèves y soient invitées par l'institutrice ('jettez les yeux', 'voyez'). Les éducatrices mentionnent également des outils techniques sur lesquels les sciences s'appuient pour mieux 'voir'. Dans *Les Veillées du château*, c'est le télescope qui est convoqué comme outil abolissant la distance. Toutefois, il ne sert pas à une observation d'ordre scientifique: les enfants de Clémire s'amusent à regarder de loin les gestes de l'une de leurs voisines. Dans le *Magasin des adolescentes*, par contre, le microscope[20] est utilisé pour une démonstration scientifique; il permet d'observer les minuscules organismes présents dans le vinaigre, invisibles à l'œil nu:

MLLE BONNE

Voilà mon microscope, mesdames, regardez à présent dans la tasse.

LADY LUCIE

Miséricorde! voilà une fourmillere d'animaux de toutes sortes de formes. Je me rends, ma Bonne; c'étoit la faute de mes yeux si je ne voyois pas tout cela. Ils ne sont pas assez perçants.[21]

Ainsi, dans les ouvrages des éducatrices, toutes les réalités doivent être accessibles au regard des élèves[22] et, partant, à leur conscience et à leur

---

20. A la même époque, le microscope a moins d'intérêt aux yeux des savants, principalement à cause de l'absence de perfectionnement de l'instrument et de cadre rigoureux régissant son utilisation. Voir Denis Reynaud, 'Problèmes et enjeux littéraires en histoire naturelle au dix-huitième siècle', thèse de troisième cycle, Lyon, 1988, p.173.
21. Mme Leprince de Beaumont, *Magasin des adolescentes*, t.3, p.172-73.
22. Ainsi, l'analyse des Havelange sur '*les yeux baissés*' des filles, même dans le cadre de l'éducation 'comme si cet "appel du regard", si caractéristique du XVIIIe siècle, ne devait pas les concerner' est contredite par les ouvrages des éducatrices. Voir Isabelle Havelange et Carl Havelange, 'Voir? Les formes du regard dans la littérature à l'usage de demoiselles au XVIIIe siècle', dans *Le Livre d'enfance et de jeunesse en France*, éd. Jean Glénisson et Ségolène Le Men (Bordeaux, 1994), p.50.

connaissance. Les sciences sont donc une invitation à observer le monde en tant que microcosme et macrocosme.

ii. L'astronomie

L'astronomie peut facilement être simplifiée pour les besoins de l'instruction féminine: 'C'est une science d'observation dans laquelle un gros bagage mathématique n'est pas nécessaire pour débuter. L'ensemble des connaissances de l'époque paraît faire un tout cohérent (la description du système solaire), ayant trouvé un cadre théorique simple (le système de Copernic) et pouvant se résumer en un seul volume.'[23] D'ailleurs, la première initiation à cette science consiste à reconnaître les étoiles et les constellations: 'Mère – Oui. Je crois que nous connaissons déja la grande ourse et l'étoile polaire.'[24] Ensuite, il s'agit de faire prendre conscience aux élèves du fonctionnement du système solaire: la lune est une étoile, la terre tourne autour du soleil et sur elle-même. Les explications de ces phénomènes se trouvent dans les *Entretiens sur la pluralité des mondes* de Fontenelle qui représentent un modèle pour les éducatrices. Dans le *Magasin des enfans*, par exemple, certaines images sont visiblement empruntées au premier entretien du philosophe et de la marquise. L'une d'entre elles est courante à l'époque: elle est destinée à faire comprendre et accepter le fait que les hommes ne perçoivent pas le mouvement de la terre. Elle repose sur le parallèle avec une expérience, celle de l'absence de sensation de mouvement que l'on éprouve sur un bateau naviguant:[25]

> Quand le temps est beau, vous êtes assise dans le bateau tranquillement sans remuer; et s'il était bien fermé, et qu'on vous y eût portée pendant que vous étiez endormie, vous croiriez être dans votre chambre. C'est ainsi que vous êtes sur la terre, elle tourne très-vite, mais si également, qu'elle vous emporte avec elle sans que vous le sentiez, et pendant ce voyage, vous croyez voir courir le soleil, qui reste à sa place.[26]

Toutefois, la pédagogue ne reprend pas toutes les images de l'ouvrage de Fontenelle et leur en substitue de plus simples. Lorsque le narrateur des *Entretiens sur la pluralité des mondes* choisit, par exemple, celle de la coque de vers à soie pour figurer la terre et son atmosphère, la narratrice du *Magasin des enfans* en préfère deux autres. C'est tout d'abord celle d'une noix figurant la terre tandis que la pièce autour représente l'atmosphère; et, pour être encore plus compréhensible, c'est celle du jaune d'œuf pour

---

23. C. Le Lay, 'Astronomie des dames', p.304.
24. Mme d'Epinay, *Les Conversation d'Emilie*, p.320.
25. Cette image a souvent été utilisée, y compris par Galilée, 'pour mettre en évidence la relativité des mouvements' (C. Le Lay, 'Astronomie des dames', p.308).
26. Mme Leprince de Beaumont, *Magasin des enfans*, t.2, p.197-98.

la terre, du blanc pour l'atmosphère et de la coque pour le ciel.[27]
Progressivement, les connaissances premières en astronomie deviennent
communes et, dans le derniers tiers du siècle, elles sont considérées
comme des évidences ainsi qu'en témoigne un extrait du livre pour les
plus jeunes enfants de Mme de La Fite:

JULIE

> Vous m'avez dit que la terre sur laquelle nous vivions, avec toutes les choses
> qu'elle renferme s'appeloit le monde; qu'on lui donne aussi le nom de
> planète, et qu'elle tourne autour du soleil ainsi que d'autres globes, dont
> quelques uns sont infiniment plus grands que la terre.[28]

Ainsi, les éducatrices font des connaissances simples une étape préalable
à la découverte de l'astronomie, mais elles ne s'y limitent pas. Mme
Leprince de Beaumont les prolonge notamment par une prise en
compte du débat qui oppose cartésiens et newtoniens.

La théorie de Newton sur la gravitation universelle, introduite en
France dans la première moitié du dix-huitième siècle par Mme Du
Châtelet et Voltaire, rencontrait adhésions d'une part et oppositions
d'autre part; beaucoup d'auteurs continuaient à se prononcer en faveur
de la théorie des tourbillons de Descartes. Le système du physicien
anglais était surtout en butte aux attaques de vulgarisateurs tandis qu'il
convainquait la plupart des savants.[29] Etrangement, Mme Leprince de
Beaumont ne tranche ni en faveur de la théorie de Descartes, comme on
aurait pu s'y attendre au vu de ses sympathies pour ce philosophe, ni en
faveur de celle de Newton alors qu'elle se trouve à Londres dans un
contexte qui aurait pu l'y incliner. Elle garde donc une réserve prudente
qui rappelle celle des journalistes jésuites des *Mémoires de Trévoux*. A la
même époque, sur la même question et alors qu'ils ont une formation
solide en sciences et des contacts avec les plus grands savants du temps,
les religieux préfèrent renvoyer une image de neutralité au public.[30]
Quelques années plus tard en Hollande, Mme de La Fite n'a pas d'hésitation. Elle évoque la théorie de Newton comme une évidence dans son
livre pour les adolescentes: 'Croyons [...] que les cœurs sont attirés vers lui
par une loi semblable à celle qui attire les sphères vers un centre
commun.'[31] Si bien qu'elle prend des libertés dans le traitement de ce
savoir. Elle insère des remarques plus complexes sur l'astronomie et ne
les présente pas par le biais d'une transmission classique d'institutrice à

---

27. Mme Leprince de Beaumont, *Magasin des enfans*, t.2, p.199-200.
28. Mme de La Fite, *Entretiens*, t.2, p.26.
29. Voir A. Kleinert, 'La vulgarisation'.
30. Voir Christian Albertan, 'Entre foi et science: les *Mémoires de Trévoux* et le mouvement
    scientifique dans les années 50', *Dix-huitième Siècle* 34 (2002), p.91-97.
31. Mme de La Fite, *Eugénie*, t.1, p.59.

élève. Elle choisit une scène entre adultes qui reprend le modèle de l'association des voyages et de l'histoire naturelle. Le moment, en outre, est inspiré du caractère poétique des *Entretiens sur la pluralité des mondes*: 'Les astres seuls nous éclairoient; les bougies eussent été une lumière profane: la lune donnoit aux plantes et aux arbres du jardin, la teinte la plus douce, et embellissoit encore le charmant visage de Mme de P*' (p.102-103). Littérature et sciences sont donc étroitement mêlées pour produire une connaissance poétisée: 'Je sais que la terre n'est qu'un point dans le vaste empire de la création, et que celui-ci renferme des milliers de mondes' (p.104). Ainsi, l'astronomie acceptée par la société en tant que passe-temps pour dames est, dans les ouvrages des éducatrices, un apprentissage sérieux même s'il est littérarisé et symbolise une possibilité de prendre conscience de l'ampleur du macrocosme. Par ailleurs, l'histoire naturelle invite à s'intéresser à des microcosmes.

iii. L'histoire naturelle

L'histoire naturelle illustre parfaitement le duel entre modernité et tradition qui existe au sein des sciences; c'est notamment le moment où la biologie commence à se constituer en discipline autonome.[32] Les éducatrices sont fascinées par les nouvelles découvertes comme le partage entre vivant et non-vivant;[33] mais elles restent également dépendantes de conceptions plus traditionnelles comme la distinction entre minéraux, végétaux et animaux. Sur ce point, leurs livres sont à nouveau des reflets du siècle des Lumières. Les recherches sur le règne minéral, par exemple, concernent plusieurs branches des sciences naturelles. Dans l'article 'Minéralogie' de l'*Encyclopédie*, 'd'Holbach assigne à cette science, outre la connaissance des minéraux, celle de leur histoire et finalement celle de tous les phénomènes qui intéressent aujourd'hui la géologie; volcanisme, séisme, orogenèse, sédimentation, fossilisation, transport, etc.'.[34] Généralement, les *Magasins* reflètent ce type de chevauchement; toutefois, la minéralogie s'y distingue assez clairement ce qui indique une posture relativement moderne de la part de l'auteur: 'Les minéraux qui sont dans la troisieme famille, n'ont ni la vie, ni le mouvement, comme l'or, l'argent, le cuivre, le fer, le plomb, le mercure, l'étain, etc.'[35] Cette brève définition est complétée par une démonstration qui concerne le mercure, un métal plus rare que les autres (p.180):

32. Voir Roselyne Rey, 'Naissance de la biologie et redistribution des savoirs', *Revue de synthèse* 1-2 (janvier-juin 1994), p.167-97.
33. 'Dans la chaîne des êtres, Buffon introduit une première coupure entre le vivant et le non-vivant' (J. Roger, 'L'histoire naturelle', p.265).
34. J. Roger, 'L'histoire naturelle', p.256.
35. Mme Leprince de Beaumont, *Magasin des adolescentes*, t.1, p.180.

MISS SOPHIE

Je connois tous ces métaux, excépté le mercure.

MLLE BONNE

J'en ai justement une petite bouteille dans ma poche; c'est un minéral qui vous ressemble ma chere, il remue toujours, il ne peut se tenir en place.

LADY MARY

Pour cela on le nomme vif-argent: ah, ma Bonne, que cela est lourd!

MLLE BONNE

Je vais le répandre sur la table à thé qui a des rebords, car sans cela il s'enfuiroit.

A l'instar de l'*Encyclopédie*, Mme Leprince de Beaumont indique également les utilisations commerciales possibles du mercure. Même si celles-ci ne sont pas très précises, elles sont adaptées à un public jeune et néophyte: 'On s'en sert pour la médecine, on en met derrière les glaces; les écoliers en font des malices; on en met dans les baromètres, etc!'[36] Ainsi, la connaissance des différents domaines constitutifs d'une science est une manière de saisir la diversité du monde, et la focalisation sur l'un d'entre eux peut avoir une visée éthique.

Assez souvent, les leçons de sciences sont mêlées de réflexions morales. C'est ainsi que Mme Leprince de Beaumont, Mme de Genlis et Mlle Le Masson Le Golft incluent, dans leurs descriptions des mines, des consi-dérations sur le dur travail des mineurs:

LADY MARY

des mines d'or, je ne sais pas ce que cela veut dire; apprenez-nous-le?

MLLE BONNE

[...] le dedans de la terre produit les métaux, dont le premier et le plus parfait est l'or.

LADY MARY

Comment, ma Bonne, les guinées se trouvent-elles dans la terre, comme les choux dans le jardin?

MLLE BONNE

Pas tout à fait, ma chere; l'or est d'abord mêlé avec de la terre. Quand on a découvert qu'il y a des mines d'or dans un endroit, ou qu'on le soupçonne, on fait des trous fort profonds dans la terre; on y fait descendre des hommes, et ces misérables sont quelquefois écrasés sous la terre qui s'éboule, c'est-à-dire, qui retombe sur eux. On tire de grands paniers de cette terre qui est

---

36. Mme Leprince de Beaumont, *Magasin des adolescentes*, t.1, p.180-81; elle résume là très brièvement les emplois connus du mercure à son époque. Voir *Encyclopédie*, t.10, p.371-76.

mêlée avec l'or, que l'on en sépare. On prend ensuite celui dont on veut faire des guinées et on le porte à la monnoie pour le travailler.[37]

Or, tandis que le *Magasin des adolescentes* et les *Lettres relatives à l'éducation* font simplement mention de mineurs isolés, *Les Veillées du château* évoquent toute une ville souterraine consacrée à l'extraction de l'argent. Au sein de la fiction, les personnages font l'expérience terrifiante d'une explosion provoquée par le gaz:

> Thélismar tressaille, en remarquant que la lumière des lampes paroît s'affoiblir; il lève la tête et voit voltiger en l'air une espèce de voile blanchâtre. [...] A l'instant même, un cri terrible et général fait retentir les voûtes du souterrain; toutes les lumières sont éteintes [...]. Enfin, au bout de quelques secondes, on entend un bruit semblable à celui d'un coup de canon.[38]

Thélismar en propose une interprétation morale: 'la mort, dit-il a passé sur nos têtes. Tel est l'affreux péril où l'on est souvent exposé dans ces profonds abymes creusés par la cupidité' (p.100), qui frappe le lecteur alors que les informations strictement minéralogiques comme les 'types' de métaux existants, leur 'dureté' et leur 'ductilité', données dans une note placée à la fin du tome, et empruntée au *Dictionnaire d'histoire naturelle* de Bomare, semblent avoir un statut secondaire. En outre, le commentaire social y prend également le dessus de manière implicite puisqu'il est fait référence à 'La mine d'argent de Salfeberit en Suede' (p.530). Le nom du lieu, imaginaire, donne cependant à réfléchir au type d'économie grâce à laquelle le pays prospérait car il était connu, au XVIIIe siècle, pour ses nombreuses et très importantes mines[39]. Finalement, la minéralogie dans les ouvrages des éducatrices est surtout un prétexte à des remarques d'ordre moral et social, ce qui brouille quelque peu les informations scientifiques. Cet aspect, encore présent dans le cas de la botanique, y est cependant moindre.

Le règne végétal est assez peu représenté dans les ouvrages des éducatrices.[40] Il est principalement évoqué en opposition aux règnes minéral et animal. De plus, il a vocation à illustrer la différentiation entre le vivant et le non vivant:

MLLE BONNE

Les végétaux sont toutes les choses qui ont la vie, et qui n'ont point de mouvement.

---

37. Mme Leprince de Beaumont, *Magasin des adolescentes*, t.2, p.98-99.
38. Mme de Genlis, *Les Veillées du château*, t.2, p.99-100.
39. Par exemple les mines d'argent de Sala et de Nasa.
40. Rappelons que Rousseau a écrit à l'intention d'une mère pour l'instruction de sa fille des *Lettres élémentaires sur la botanique*, 1771-1773 (Paris, 2002).

LADY VIOLENTE

Voilà qui est singulier. J'avois toujours cru que tout ce qui avoit la vie, avoit le mouvement.[41]

Dans *Les Conversations d'Emilie*, un bref échange entre la Mère et Emilie est également l'occasion de faire comprendre à la jeune élève que les plantes, sans être des animaux, sont des êtres vivants. Les processus d'ensemencement, de germination, de croissance sont décrits et l'accent est mis sur la sensibilité que cette matière vivante doit inspirer:

MÈRE

Rentrons Emilie, il se fait tard. Nous allons à présent faire du bien à toutes ces pauvres plantes qui soufrent de la sécheresse. La pluie n'a pas duré; il faut les aroser.

EMILIE

Est-ce que les plantes soufrent?

MÈRE

Certainement. Voyez comme elles sont flétries et desséchées par l'ardeur du soleil. Elles ont soif. Elles sont aussi une production de la nature. J'aime à leur faire du bien.

EMILIE

Les plantes sont-elles un animal?

MÈRE

Non, on les appelle végétaux.[42]

Enfin, dans le conte *Alphonse et Dalinde*, quelques explications portent sur des arbres et des plantes. Cependant, Mme de Genlis exploite à nouveau le côté 'merveilleux' de certains végétaux exotiques. Elle réutilise notamment les descriptions d'arbres étranges qu'elle trouve dans *l'Abrégé de l'histoire des voyages* comme celle de 'l'arbre qui saigne'.[43] Tout en étant présents dans les ouvrages des éducatrices, les minéraux et des végétaux ne font donc pas l'objet de longs développements et les descriptions n'ont pas la prétention d'être savantes. En revanche, c'est le cas pour les animaux comme s'il s'agissait pour les auteurs d'explorer plus longuement le règne auquel l'homme appartient.

Les livres de naturalistes sur les insectes sont nombreux au dix-huitième siècle; à leur tête se placent les célèbres *Mémoires pour servir à l'histoire des insectes* de Réaumur.[44] Comme un écho à cette situation, les

41. Mme Leprince de Beaumont, *Magasin des adolescentes*, t.1, p.179.
42. Mme d'Epinay, *Les Conversations d'Emilie*, p.74-75.
43. Mme de Genlis, *Les Veillées du château*, t.1, p.482.
44. René Antoine Ferchault de Réaumur, *Mémoires pour servir à l'histoire des insectes*, 6 vol. (Paris, Imprimerie Royale, 1734-1742).

insectes les plus variés sont l'occasion de leçons dans les ouvrages des éducatrices. Il s'agit, généralement, de transmettre des informations sur leurs morphologies et leurs comportements. Ainsi, Mme Leprince de Beaumont s'inspire de l'une des nombreuses versions de l'étude des abeilles, communément appelées à l'époque 'mouches à miel'. Elle décrit la façon dont elles produisent du miel et de la cire et l'organisation hiérarchisée des ruches. De plus, selon un procédé en vogue à son époque, elle utilise une métaphore – celle de la monarchie – pour expliquer l'organisation des ruches.[45] L'une de ses observations dénote des sources scientifiques 'Quand elles ont leurs charges, elles reconnaissent fort bien le chemin de leurs maisons, et ne vont pas dans une autre', tandis que certaines remarques semblent être le fait de l'institutrice qui profite de toutes les occasions pour transmettre quelques préceptes domestiques à des jeunes filles destinées à être maîtresses de maison 'elles prennent ensuite du jus des fleurs la partie qui est propre à faire la cire, et elles en font comme un petit panier dans lequel elles serrent le miel; car sans cela il ne serait pas proprement'.[46] L'ensemble du passage semble indiquer que l'éducatrice a lu des articles de vulgarisation – suivant son habitude, elle ne cite pas ses sources – et a inclu des idées personnelles. D'autres éducatrices ont également utilisé des écrits savants, ou de la vulgarisation, pour faire la description d'insectes.

Dans *Entretiens, drames et contes moraux*, Mme de La Fite introduit une leçon sur les chenilles qui s'appuie sur le premier des *Mémoires pour servir à l'histoire des insectes* de Réaumur relatif aux chenilles et aux papillons. L'auteur suit fidèlement son modèle en renvoyant aux planches[47] de l'ouvrage du savant et en s'inspirant de ses explications. Néanmoins, ces dernières sont abrégées et simplifiées pour être adaptées à un public enfantin:

MME DE VALCOUR

Oui, ma fille. Voyez figure 1.

---

45. Pour décrire la vie en commun des abeilles, Fontenelle avait choisi la métaphore des 'Arabes' (*Entretiens sur la pluralité des mondes*, p.98-100). Pluche parle de 'République'. Cette projection des sociétés humaines sur les organisations animales sont caractéristiques de l'histoire naturelle de l'Ancien Régime: 'Depuis qu'on s'occupe des mœurs animales, l'anthropomorphisme est de mise' (Marc J. Ratcliff, 'Naturalisme méthodologique et science des mœurs animales au XVIIIᵉ siècle', *Bulletin d'histoire et d'épistémologie des sciences de la vie* 1 (1996), p.17-29 (p.24)).
46. Mme Leprince de Beaumont, *Magasin des enfans*, t.3, p.145.
47. La planche du livre de sciences est une innovation des Lumières dont les critères 'sont définitivement fixés par les *Mémoires pour servir à l'histoire des animaux*' (D. Reynaud, 'Problèmes et enjeux littéraires', p.67).

ANNETTE

Oui, ces six jambes minces sont apparemment les six jambes écailleuses, et les dix autres plus épaisses les jambes membraneuses.

MME DE VALCOUR

Voyez à présent figure 3, il n'y a que six jambes intermédiaires; le nombre des jambes écailleuses ne varie point, mais il n'en est pas de même des membraneuses.

JULIE

Maman, voyez figure 6, elle n'a en tout que quatre jambes membraneuses, c'est bien peu.[48]

Pour servir la même leçon, l'auteur cite l'ouvrage d'un autre savant, Lyonnet, entièrement consacré à cet insecte; le *Traité anatomique de la chenille qui ronge le bois de saule*;[49] mais sans évoquer de quelle manière il serait possible de l'adapter pour les besoins de l'enseignement comme s'il s'agissait de mentionner une lecture profitable aux éducateurs.

Enfin, Mme de Genlis aborde le monde des insectes sous deux angles dans *Les Veillées du château*. D'une part, de manière traditionnelle: les enfants de Clémire se livrent à l'étude d'un insecte ordinaire, le papillon, et celle-ci est associée au *Spectacle de la nature* de l'abbé Pluche. D'autre part, à la suite du conte *Alphonse et Dalinde*, l'attention des élèves est appelée sur le potentiel merveilleux du monde qui les entoure.[50] Mme de Clémire explique, par exemple, que l'insecte le plus mystérieux et dont l'étude est la plus enrichissante est l'araignée. Non pas une araignée provenant de pays éloignés; mais celle qu'elle dénomme 'l'araignée domestique'.[51] Or, pour la faire apparaître comme un monstre fantastique, elle la décrit grossie des dizaines de fois: 'Figurez-vous un

48. Mme de La Fite, *Entretiens*, t.1, p.39. Réaumur donne les explications suivantes pour les mêmes illustrations: 'La Figure 1, est celle d'une chenille de seize jambes, ou de la première classe. *a*, sont les trois paires de jambes antérieures ou écailleuses, qui partent des trois premiers anneaux. [...] / La Figure 3, est encore celle d'une chenille à quatorze jambes, mais distribuées autrement que celles de la Fig. 2. aussi la chenille de la figure 3 est-elle de la troisième classe. *a*, les trois paires de jambes antérieures [...]. / La Figure 6, est celle d'une chenille arpenteuse à dix jambes, ou de la sixième classe. *a*, ses trois paires de jambes anterieures. *i*, une seule paire de jambes intermédiaires' (Réaumur, *Mémoires*, t.1, *Sur les chenilles et sur les papillons*, p.102-103).
49. Pierre Lyonnet, *Traité anatomique de la chenille qui ronge le bois de saule* (La Haye, P. de Hondt, 1760).
50. Ce qui correspond à la démarche de Réaumur: 'L'extraordinaire est d'ailleurs à ce point devenu monnaie courante en histoire naturelle que le merveilleux se trouve dans le quotidien. C'est sur ce paradoxe que Réaumur va fonder son art de plaire [...]. Le "merveilleux vrai" trouvera donc sa matière tout près de nous: sur le châssis de notre fenêtre ouverte plus sûrement qu'au Surinam' (D. Reynaud, 'Problèmes et enjeux littéraires', p.298).
51. Mme de Genlis, *Les Veillées du château*, t.2, note p.130.

monstre velu, jaunâtre, qui a huit jambes, dont chacune est armée de deux grands ongles, qui contiennent une éponge mouillée' (p.128). Et elle précise qu'il est possible de voir l'araignée sous cet aspect en l'observant à l'aide d'une loupe et 'même *à l'œil nud*'.[52]

Cette manière de donner à voir aux enfants les insectes sous un nouveau jour grâce au changement d'échelle est un procédé que la pédagogue exploitera à nouveau dans une fiction postérieure, *L'Isle des monstres, conte de fée*.[53] Le sortilège qui frappe une princesse la conduit à voir l'univers des insectes comme s'il était placé sous un microscope et, par conséquent, à l'image d'un monde peuplé de monstres, ce qui conduit à réfléchir à la relativité de certaines connaissances. D'ailleurs, dans un souci d'exactitude, les descriptions des différents insectes sont prises dans le *Dictionnaire d'histoire naturelle* de Bomare; ainsi, tout aspect extraordinaire est toujours extrait de descriptions basées sur des observations. L'étude des insectes est donc une manière de rendre les élèves sensibles aux différentes facettes d'êtres vivants en apparence anodins: 'Maman, nous [...] aurons des loupes, nous examinerons tous les insectes de Champcery, et du moins nous connoîtrons les choses curieuses qui nous environnent.'[54] Or, dans les ouvages des éducatrices, l'étude des autres animaux, qu'ils soient proches ou éloignés, a la même fonction.

Dans un premier temps, il s'agit de faire connaître aux enfants la nature des animaux. D'emblée dans *Les Conversations d'Emilie*, ils sont définis par rapport à l'homme:

MÈRE

Et qu'est-ce que c'est qu'un singe? Puisque vous les aimez, vous devez savoir ce que c'est.

EMILIE

Oui, sûrement; c'est un animal.

MÈRE

Est-il fait comme un chien, comme un chat?

EMILIE

Mais non, Maman; il est fait comme un singe.

MÈRE

A quel animal trouvez-vous qu'il ressemble le plus?

52. Pour compléter une explication assez brève, Mme de Genlis cite un ouvrage dont nous n'avons pas retrouvé la trace. Il est probable qu'il n'a pas existé: 'l'*Histoire des araignées françoises et étrangères*' (*Les Veillées du château*, t.2, p.130).

53. Mme de Genlis, *Les Jeux champêtres des enfants et de l'île des monstres pour faire suite aux Veillées du château dédiés à S. A. S. Monseigneur le duc de Chartres* (Paris, s.n., s.d [c.1825]).

54. Mme de Genlis, *Les Veillées du château*, t.2, p.131.

EMILIE

Je ne sais pas, Maman. Voulez-vous bien me le dire?

MÈRE

C'est à l'homme; il en approche par la figure, les mains, les pieds.[55]

La philosophe Mme d'Epinay choisit donc de mettre en valeur les discours matérialistes qui établissent une proximité entre animaux et humains. Mme de La Fite, pour sa part, privilégie une idéologie plus traditionnelle selon laquelle les animaux ont été créés par Dieu pour assister l'homme sur terre. Dans une leçon d'histoire naturelle des *Entretiens, drames et contes moraux*, elle s'inspire d'un 'morceau' du *Kinderspiele und Gespräche*[56] (Jeux et conversations d'enfants) qu'elle traduit librement et qu'elle complète par des indications prises dans des sources savantes parmi lesquelles elle cite uniquement l'*Histoire naturelle* de Buffon.[57]

Le passage met en scène un maître et ses douze élèves et repose sur une méthode fréquemment utilisée par les éducatrices: l'association d'un support visuel et d'une explication. Le maître distribue des 'estampes' reproduisant des animaux. Chaque élève doit décrire les caractéristiques de ceux qui sont 'très connus' et l'intérêt qu'ils représentent pour l'homme. Le cheval, par exemple, est un animal noble et utile, véritable ami et allié de l'homme. Au contraire, le chat, dont l'unique intérêt dans une société est qu'il chasse les souris, doit être évité par l'homme parce qu'il est 'peut-être l'animal le plus fourbe, le plus faux qu'il y ait sur notre globe, et l'un des plus cruels'.[58] Ainsi, la leçon met en évidence les rapports qui existent entre les bêtes et les hommes et, surtout, la supériorité de l'homme sur les autres espèces; en particulier sur les animaux domestiques: 'Mais revenons à notre brebis, mes chers enfans; avez-vous jamais pensé aux importants, aux innombrables services que nous rend cet animal? [...] on peut dire que l'utilité de la brebis s'étend jusques à la guerre, à la musique et à toutes les sciences' (p.290). Sur ce point, elle reflète parfaitement les idées de Buffon: c'est bien à regret que le savant constate que l'homme tient de l'animal sur un plan physique. Pour le distinguer, il exalte ses capacités intellectuelles qui lui permettent de faire servir les animaux à ses besoins.

Enfin, la naturaliste Mlle Le Masson Le Golft s'inspire de textes modernes et antiques. D'un côté, elle cite également l'*Histoire naturelle* de Buffon, et d'un autre elle évoque le *Traité des animaux* d'Aristote et l'*Histoire naturelle* de Pline qui la placent du côté des traditionnalistes. Or,

55. Mme d'Epinay, *Les Conversations d'Emilie*, p.51-52.
56. Johann Gottlieb Schummel, *Kinderspiele und Gespräche*.
57. Mme de La Fite, *Entretiens*, t.1, p.274.
58. Mme de La Fite, *Entretiens*, t.1, p.284.

les savants de l'antiquité sont considérés comme archaïques dans le dernier tiers du dix-huitième siècle,[59] moment où les sciences sont entrées dans une ère moderne. Par ces références, elle se range donc du côté d'une interprétation traditionnelle et chrétienne de la place de l'homme dans le règne animal.

Dans un second temps, il s'agit d'informer les élèves de processus naturels qu'ils ignorent comme l'origine de certains animaux qu'ils ont pourtant régulièrement sous les yeux. Même si les explications sont assez sommaires, elles transmettent des connaissances premières et indispensables. Toutefois, la question de la génération spontanée est éludée:

MLLE BONNE

C'est qu'il y a un poulet dans les œufs, ma chère; je vais sonner pour demander un œuf, et je vous ferai voir un poulet dedans... Voyez-vous cette petite chose blanche qui tient à ce jaune? Il y a un poulet enfermé dedans.

MISS MOLLY

Cela est admirable, ma Bonne. Est-ce que tous les poulets que nous mangeons viennent d'une petite chose blanche comme celle-là?

MLLE BONNE

Oui, ma chère; cette petite chose s'appelle germe: quand la poule veut avoir des poulets, elle reste sur ses œufs pendant vingt-et-un jours, et en les échauffant, elle fait sortir le poulet de ce germe; quand il est sorti, il se nourrit d'abord du blanc et du jaune de cet œuf; et quand il n'y a plus rien à manger, et qu'il est assez fort, il casse la coquille de l'œuf avec son petit bec, et il sort.[60]

Or, les présentations d'animaux apparaissant dans les livres destinés aux jeunes enfants, *Les Conversations d'Emilie*, les *Entretiens, drames et contes moraux* et le *Magasin des enfans*, sont complétées par d'autres, plus complexes, dans les ouvrages visant des écolières plus âgées.

Dans ces derniers, les éducatrices décrivent des animaux encore peu connus souvent issus de pays lointains. Les élèves du *Magasins des adolescentes* manifestent une incrédulité qui souligne la nouveauté de cet enseignement:

LADY MARY

est-ce qu'il y a des poissons assez grands pour manger les hommes?

MLLE BONNE

Vraiment, ma chere, il y a des poissons aussi grands comme cette chambre,

59. Voir Eric Baratay, 'Zoologie et Eglise catholique dans la France du XVIIIᵉ siècle (1670-1840): une science au service de Dieu', *Revue d'histoire des sciences* 3 (1995), p.241-65 (p.247-48).

60. Mme Leprince de Beaumont, *Magasin des enfans*, t.3, p.117-18.

d'autres aussi grands qu'une maison, ce sont les baleines [...]; il y en a une quantité d'autres qui sont beaucoup plus petits, et qui sont extrêmement dangereux. Le requin, par exemple, il n'est pas plus grand qu'un veau: mais il a des dents tranchantes comme des rasoirs, et il coupe d'un seul coup la jambe ou la cuisse d'un homme. Heureusement on les voit venir de loin.[61]

Ces réalités méconnues instruisent en éveillant la curiosité. Ainsi, dans *Alphonse et Dalinde*, Mme de Genlis décrit plusieurs animaux dont elle emprunte les descriptions à Buffon: l'éléphant, l'opossum et l'orang-outang. Cependant, à l'exception de ce dernier, singe particulièrement proche de l'homme encore peu connu en Europe, ils ne font pas l'objet de révélations 'merveilleuses'. Etrangement, une fois le conte achevé, c'est un animal vivant à proximité de la famille de Clémire qui est employé à cette fin. Il s'agit du polype d'eau douce dont la découverte a suscité un grand intérêt dans le monde des sciences de l'époque.[62] Ses caractéristiques apparemment extraordinaires lui conféraient un aspect merveilleux fascinant le public: 'Croiriez-vous qu'il y ait dans la nature des animaux qu'on multiplie en les hachant; que le même animal coupé en huit, dix, vingt, trente et quarante parties, est multiplié autant de fois?'[63] Comme pour l'araignée, l'extraordinaire est donc associé aux animaux proches.

Enfin, le monde animal apparaît comme un moyen d'éveiller la sensibilité des enfants et une nouvelle façon de leur faire une leçon morale. En effet, dans les fictions, une scène qui présente des caractéristiques similaires se répète. Une élève s'amuse avec un insecte – une mouche dans *Les Conversations d'Emilie*, un papillon dans les *Entretiens, drames et contes moraux* – ou un animal; dans *Adèle et Théodore*, c'est un oiseau. L'institutrice lui fait remarquer qu'il s'agit d'un être vivant, sensible, et qu'il est cruel de le retenir prisonnier. Ce motif est certainement un écho à la légende de la cruauté de Domitien évoquée dans *Les Conversations d'Emilie*[64] et n'est pas sans rappeler la recommandation de Locke aux parents sur la nécessité de prévenir la cruauté enfantine à l'égard des animaux qui sont à leur merci.[65] De plus,

61. Mme Leprince de Beaumont, *Magasin des adolescentes*, t.2, p.99-100.
62. 'En 1740, le naturaliste suisse Abraham Trembley découvrit par hasard un animal bizarre, qu'il baptisa polype, et que nous appelons hydre d'eau douce. Cet être minuscule possédait une propriété étrange: quand on le coupait en deux, chaque moitié régénérait la moitié manquante, et l'on obtenait deux individus entiers' (J. Roger, 'L'histoire naturelle', p.245-46).
63. Mme de Genlis, *Les Veillées du château*, t.2, p.129.
64. 'Mère – C'était un empereur romain, qui dans son enfance, n'avait d'autre plaisir que de tuer des mouches et de faire du mal à tous les animaux' (Mme d'Epinay, *Les Conversations d'Emilie*, p.70).
65. 'S'il leur tombe entre les mains de petits oiseaux, des papillons et autres petites bêtes, il arrive souvent qu'ils les tourmentent, et les traitent avec la dernière cruauté, et cela avec

à l'occasion de promenades, l'attention de l'élève est attirée par l'instructeur sur le monde vivant qui l'entoure et qui est à peu près invisible si on n'en a pas conscience. En général, l'histoire naturelle participe de l'éveil de l'empathie de l'élève à l'égard de la nature voire d'une façon philosophique de l'envisager: 'plus vous examinerez les insectes, les autres animaux, enfin tout ce qu'on voit dans la nature, et plus vous serez convaincu que chaque plante, chaque animal est pourvu de tout ce qu'il lui faut, mais qu'il n'a rien de superflu, rien au-delà de ce qu'il lui faut'.[66] Et, pour rendre cette leçon sur la nature et les êtres qui la constituent complète et efficace, les éducatrices ont tenté de définir la place que l'homme y occupe.

Toutes les éducatrices reconnaissent que l'homme appartient au règne animal sur le plan physique. Elles rallient au courant de pensée qui estime que seule la raison le distingue des autres animaux:

EMILIE

Est-ce que l'homme est un animal?

MÈRE

C'est un animal raisonnable.

EMILIE

Pourquoi dites-vous un animal raisonnable, Maman?

MÈRE

C'est la manière dont on s'exprime pour distinguer l'homme des bêtes, parce que l'homme est la seule créature qui ait l'usage de la raison et de la parole.[67]

Tout en précisant la particularité intellectuelle de l'homme, la Mère ne dit mot à propos de l'âme. D'ailleurs, sur cette question, il n'y a pas de dichotomie entre les auteurs chrétiens et Mme d'Epinay. Mme de La Fite, par exemple, fait de la différence entre hommes et animaux l'un des premiers objets de son enseignement religieux. Toutefois, elle se contente de démontrer que, parmi les êtres vivants (animaux et végétaux), seul l'homme est un être 'intelligent et moral'.[68]

Chez d'autres auteurs chrétiens en revanche, la 'querelle de l'âme des

---

une espèce de plaisir. Je serois d'avis qu'on observât les enfans sur cet article; et que, si l'on découvre qu'ils soient sujets à cette espèce de cruauté, on leur apprît à tenir une conduite tout opposée: car la coutume de tourmenter et de tuer des bêtes, les rendra insensiblement durs et cruels à l'égard des hommes' (John Locke, *De l'éducation*, t.2, p.19-20).

66. Mme de La Fite, *Entretiens*, t.1, p.39.
67. Mme d'Epinay, *Les Conversations d'Emilie*, p.52.
68. Mme de La Fite, *Entretiens*, t.2, p.23.

bêtes' reste perceptible.[69] Pour eux, l'enjeu est de taille puisqu'il concerne
la reconnaissance par la science de l'âme immortelle donnée par Dieu à
l'homme. Mme de Genlis s'inscrit dans cette querelle en s'opposant aux
affirmations d'Helvétius dans *De l'esprit*[70] sur les capacités des animaux.[71]
Pour défendre son idée, elle se réclame de l'autorité de Buffon: 'Les
attentions, dit un illustre philosophe,[72] les respects, les offrandes flattent
[les éléphants] sans les corrompre: ils n'ont donc pas une ame humaine;
cela seul devroit suffire pour le démontrer aux Indiens.'[73] Ce qui lui
permet de concilier la modernité qui consiste à considérer l'homme à la
fois comme un animal et un être pensant avec ses convictions religieuses.
Pour étayer davantage son propos, elle prend pour exemple l'animal
qui ressemble le plus à l'homme physiquement, l'orang-outang.
Contrairement à son habitude, elle ne place pas les explications du savant
qu'elle cite dans des notes. Elle les intègre aux dialogues des personnages
de son conte en les différenciant au moyen de l'italique:

> Et si c'étoit un singe?... – Un singe! de cette taille: il est plus grand que moi: il
> marche naturellement comme nous, ses jambes ont la forme des nôtres. – Ce
> n'est cependant qu'un animal;[74] *mais un animal très-singulier, que l'homme ne peut
> voir sans rentrer en lui-même, sans se reconnoître, sans se convaincre que son corps n'est
> pas la partie la plus essentielle de sa nature... [...] Le Créateur n'a pas voulu faire pour le
> corps de l'homme un modèle absolument différent de celui de l'animal... mais en même
> temps qu'il lui a départi cette forme matérielle semblable à celle du singe, il a pénétré ce
> corps animal de son souffle divin.*[75]

L'argument se veut sans appel dans le cas d'un animal particulièrement
proche de l'homme. Mlle Le Masson Le Golft défend les mêmes idées.
Elle rejette avec force le présupposé d'une parenté des hommes et des
animaux et met en avant l'intelligence humaine qui lui permet de
dominer le reste de la nature; aussi bien les animaux que les éléments.
Cette démonstration lui sert également à introduire l'idée de l'intervention divine dans ce partage:

> En considérant les sciences intellectuelles, votre digne élève aura reconnu la
> supériorité de l'homme sur toute la nature [...] ne sera-t-elle pas prémunie

69. 'Ce qui devient saillant dans cette querelle [de l'âme des bêtes], et cela de Jérôme Rosarius
    (1485-1556) jusqu'à Condillac, est le problème des idées utilisées pour conserver la
    frontière entre l'homme et l'animal' (M. J. Ratcliff, 'Naturalisme', p.22).
70. Claude-Adrien Helvétius, *De l'esprit* (1758; Paris, 1988).
71. Mme de Genlis, *Les Veillées du château*, t.1, p.511-14. Helvétius prend le contre-pied du
    thomisme qui affirmait que la supériorité de l'homme sur les animaux s'illustre par sa
    position debout, sa main, ses capacités.
72. Note de bas de page: 'M. de Buffon'.
73. Mme de Genlis, *Les Veillées du château*, t.2, p.52-53.
74. Dans une note de bas de page, Mme de Genlis précise: 'L'orang-outang; il y en a qui ont
    plus de six pieds' (*Les Veillées du château*, t.2, p.2).
75. Mme de Genlis, *Les Veillées du château*, t.2, p.2-3.

contre ces discours captieux, qui placent à côté de lui le stupide animal, tendent à faire oublier que ce bel ordre que nous admirons aujourd'hui, cette magnificence créée pour manifester la puissance infinie, doit un jour se détruire, et que l'homme n'est jamais plus grand que lorsque dans l'esprit de l'Eglise, il s'humilie devant son créateur?[76]

La littérature éducative chrétienne se donne donc également pour but de combattre les théories jugées les plus subversives des savants et des philosophes des Lumières.[77] Le même objectif est poursuivi, de façon plus nuancée, par Mme Leprince de Beaumont lorsqu'elle aborde l'anatomie humaine.

L'anatomie est une science qui figure exclusivement dans le *Magasin des adolescentes*. Il apparaît que Mme Leprince de Beaumont juge nécessaire et importante dans la formation des jeunes filles une 'connaissance plus précise de l'organisation du corps humain et du fonctionnement de ses appareils'.[78] Dans ses explications, elle fait en sorte de privilégier le point de vue chrétien sur la distinction entre l'âme et le corps sans, pour autant, déprécier ce dernier qu'elle présente sous un double aspect. D'un côté, il s'agit d'une combinaison minutieuse et ingénieuse créée par Dieu. De l'autre, c'est une matière périssable à laquelle il ne faut pas s'attacher. C'est ainsi que Mlle Bonne décrit la mastication, la déglutition et la digestion pour démontrer que Dieu a pourvu les hommes des mécanismes nécessaires à leur survie. Les indications concernant la mastication et la déglutition sont très abrégées; mais elles sont conformes aux articles sur ces processus de l'*Encyclopédie*.[79] Quant à celui sur la digestion, il dénote des sources obsolètes: la 'pâte alimentaire', une fois arrivée dans l'estomac, subirait une 'cuisson', ce qui correspond à des théories bien antérieures aux découvertes du dix-huitième siècle. De même, elle indique le partage qui a lieu entre les composants des aliments nécessaires au corps et ceux qui, inutiles, 'tombent dans les boyaux' pour être éliminés. Le passage des premiers dans le corps se ferait à partir de l'estomac. Or, l'article de l'*Encyclopédie* sur la digestion montre que les savants avaient mis au jour le processus de passage des nutriments dans le sang à travers l'intestin. Malgré ces archaïsmes, elle expose un assez grand nombre de connaissances sur le corps humain qui sont loin d'être communes à son époque.

76. Marie Le Masson Le Golft, *Lettres relatives à l'éducation*, p.79-80.
77. '[Linné] accentue cette proximité de l'homme et des singes anthropoïdes en divisant le genre *Homo* en deux espèces: *Homo sapiens* et *Homo sylvestris* (l'ourang-outang). Ce sentiment de parenté est repris en France par les philosophes des Lumières: Robinet pense que l'orang-outang est un intermédiaire entre le singe et l'homme; Rousseau croit qu'il s'agit de l'homme dans l'état de pure nature' (E. Baratay, 'Zoologie', p.261-62).
78. Georges Barritault, 'L'anatomie en France au XVIIIe siècle: les anatomistes du Jardin du roi', thèse de médecine, Angers, 1940, p.9.
79. *Encyclopédie*, art. 'Déglutition' et 'Digestion', t.4 et 'Mastication' t.10.

Dans une autre leçon portant sur le cerveau, Mme Leprince de Beaumont cherche à concilier la sauvegarde de la foi et l'acceptation des découvertes mises au jour par l'anatomie. En effet, cette étude pose alors des problèmes dans sa relation avec l'âme car les philosophes s'entendent à faire d'une partie du cerveau le siège de cette dernière. L'auteur des *Magasins* reconnaît le rôle de l'organe pour la formulation de la pensée; cependant, dans une conception chrétienne, elle le subordonne à l'âme sans situer précisément celle-ci. Les termes qu'elle utilise montrent que ses références sont philosophiques et proviennent du siècle précédent:

MLLE BONNE

Les facultés essentielles de notre ame sont l'entendement et la volonté, c'est-à-dire que notre ame est capable de penser et de vouloir. Elle a un papier sur lequel elle écrit ses jugements et ses volontés, et ce papier c'est notre cervelle qui est renfermée dans notre tête. Vous avez vu sans doute la cervelle de quelque animal; il n'y en a aucune de vous qui n'ait mangé une tête de veau. C'est une matiere blanche et molle; la nôtre est aussi blanche et molle. Outre que notre ame a ce papier, elle a aussi des plumes pour écrire sur ce papier, et ce sont nos fibres; c'est-à-dire une prodigieuse quantité de petits filets propres à toucher notre cervelle, et à y écrire.[80]

C'est vraisemblablement à Malebranche[81] qu'elle emprunte cette démonstration. De plus, elle décrit les phénomènes de transmission des sensations jusqu'au cerveau par des fluides, véhiculés par les nerfs; ce qui correspond également à une théorie ancienne sur cette question. En effet, la plupart des savants considéraient que les nerfs possédaient une structure tubulaire, comme les vaisseaux sanguins. Les 'hypothèses' sur les 'substances véhiculées' étaient très variées: 'fluide nerveux très fin, éther, feu, lumière et électricité'.[82] Grâce à des sources philosophiques, Mme Leprince de Beaumont parvient donc à traiter de façon moderne une question qui aurait pu être épineuse pour un auteur chrétien.

Par ailleurs, l'anatomie s'avère être un moyen pour l'éducatrice d'aborder, sous un angle moral, la question de la temporalité de la vie sur terre. L'évocation d'une séance de dissection publique[83] est ainsi l'occasion de faire apparaître dans les dialogues une 'vanité littéraire[84].

---

80. Mme Leprince de Beaumont, *Magasin des adolescentes*, t.4, p.33-34.
81. Voir Nicolas Malebranche, *Conversations chrétiennes* (1677; Paris, 2010).
82. Voir Renato G. Mazzolini, 'Les lumières de la raison: des systèmes médicaux à l'organologie naturaliste', dans *Histoire de la pensée médicale en occident*, t.2, *De la Renaissance aux Lumières*, éd. Mirko D. Grmek (Paris, 1997).
83. Mme Leprince de Beaumont a certainement assisté aux dissections publiques de Le Cat à Rouen.
84. En peinture, le thème de la 'vanité' met en balance la mort et les connaissances ou œuvres humaines. Elle est destinée à faire réfléchir le spectateur à la brièveté de la vie humaine.

Elle repose sur le contraste entre la jeunesse et la beauté de l'une des élèves et le corps mort, destiné à la dissection, qu'elle a sous les yeux:

LADY LUCIE

J'admirai ensuite comment nous pouvons avoir de la vanité. Je regardois ce visage couvert d'une peau desséchée, et ensuite me regardant dans un miroir, je me disois en moi-même: prends bien soin d'orner cette tête, regarde ce visage avec complaisance: souhaite qu'on te loue qu'on t'admire; tu deviendras en peu fort aimable.[85]

En outre, cette scène confirme la modernité de Mme Le Prince de Beaumont qui ne met pas de limite aux découvertes, par les filles, des sciences modernes. De fait, pour permettre l'étude de l'anatomie à celles qui ne supporteraient pas la vue d'un corps mort, Mlle Bonne préconise le recours aux figures de cire. Il s'agit d'une innovation technique du dix-huitième siècle qui consistait à représenter le plus fidèlement possible un corps humain avec l'ensemble de ses organes à l'aide de pièces de cire. Finalement, cette discipline sert à alimenter l'une des préoccupations premières de l'enseignement de l'éducatrice: appuyer toute connaissance sur la religion. Cette même préoccupation se retrouve dans les leçons de physique.

iv. Les autres branches de la 'physique'

Le terme 'physique' peut encore servir à désigner au dix-huitième siècle toutes les sciences:

MLLE BONNE

Le mot de physique, en français, veut dire une science qui apprend à connaître tous les corps. Un physicien est donc un homme qui connaît la nature de l'air, du feu, de l'eau, de la terre; il connaît aussi les corps des hommes et des animaux, les arbres, les plantes, les fleurs, les minéraux et les métaux; et les dames peuvent savoir tout cela.[86]

Puis, avec la spécialisation et l'autonomie croissantes des sciences au cours du siècle, il finit par concerner plus spécifiquement les domaines que comprend la physique moderne – et notamment la physique pure avec la 'physique expérimentale' de l'abbé Nollet citée par Mlle d'Espinassy – ainsi que la chimie. Dans le cas de la physique, les découvertes les plus récentes sont susceptibles de trouver un écho immédiat auprès du public.

Ainsi l'électricité passionne, particulièrement à la suite de l'invention du paratonnerre par Franklin même si les études des savants ne portent alors que sur l'électricité statique. Pour répondre à cet engouement,

---

85. Mme Leprince de Beaumont, *Magasin des adolescentes*, t.3, p.72-73.
86. Mme Leprince de Beaumont, *Magasin des enfans*, t.2, p.167.

certains vulgarisateurs exploitent son aspect mystérieux tandis que dans les *Magasins* elle est présentée comme l'objet d'explications rationnelles. Partant, cet enseignement est destiné à 'guérir' les élèves, et par conséquent les lecteurs, de 'la folle idée des préstiges, ensorcellements, etc'.[87] Mme Leprince de Beaumont puise le contenu de ses leçons sur ce thème dans les articles de Le Cat:[88]

> Nos corps, et plusieurs autres sont pleins de cette matière phosphorale, qui est extrêmement subtile. Lorsqu'une personne frotte un globe de verre avec ses mains, il s'échappe de son corps une grande quantité de cette matière phosphorale qui passe au travers des pores du verre, et va former dans le centre de ce verre un globe de la matiere qui s'est échappée. C'est à cette matière qu'il faut attribuer les miracles de l'électricité, et si on parvenait à y faire entrer une trop grande quantité, elle produiroit le même effet que le tonnerre.[89]

L'auteur met donc à la portée du lectorat des *Magasins* le résultat d'un travail de vulgarisation considéré à son époque comme de qualité. En effet, il avait initialement été destiné à l'auditoire de l'Académie royale des sciences de Rouen puis au lectorat adulte aussi bien masculin que féminin du *Nouveau Magasin françois*. De plus, sous le masque du personnage de Mlle Bonne, elle décrit une expérience collective avec de l'électricité à laquelle elle a participé en tant que gouvernante. Mais, elle avoue que, ses connaissances dans ce domaine étant limitées, son discours a principalement pour but d'apporter un témoignage personnel sur la rationalité des phénomènes électriques: 'il seroit nécessaire pour cela d'entrer dans un détail qui seroit très-long, très-obscur, parce que je ne posséde ce sujet que très-superficiellement [...]. J'ai tiré de l'électricité tout ce qui pouvoit vous être utile, et je dois m'y borner.'[90] Dans le cas de la chimie, les explications sont plus approfondies.

Si la chimie est brièvement évoquée dans les *Lettres relatives à l'éducation* de Mlle Le Masson Le Golft comme un enseignement à inclure dans le plan d'éducation d'une demoiselle, elle fait l'objet de développements uniquement dans les *Magasins*. Mme Leprince de Beaumont propose des explications pour trois éléments, l'air, l'eau et la couleur. L'air est présenté comme constitué d'atomes épars[91] et, dans le même temps, ces 'atomes' sont assimilés à de la poussière; ce qui semble renvoyer à la

---

87. Mme Leprince de Beaumont, *Magasin des jeunes dames*, t.3, p.32.
88. 'Premier mémoire sur l'électricité, lû à l'assemblée publique de l'Académie royale des sciences à Rouen par Mr. Le Cat', article paru en juin 1751 dans *Le Nouveau Magasin françois*.
89. Mme Leprince de Beaumont, *Magasin des jeunes dames*, t.1, p.38-39.
90. Mme Leprince de Beaumont, *Magasin des jeunes dames*, t.1, p.39.
91. 'corps léger, fluide, transparent, capable de compression et de dilatation; qui couvre le globe terrestre jusqu'à une hauteur considérable' (*Encyclopédie*, t.1, p.225).

théorie des tourbillons de Descartes: 'Vous voyez pourtant la poussière ou les atomes, car c'est la même chose, parce que j'en ai fait lever une grande quantité, et que tous les grains de poussière se touchent; de même vous ne voyez pas l'air qui vous environne, parce que ces parties ne sont pas pressées les unes contre les autres.'[92] Mme Leprince de Beaumont est donc encore une fois partagée entre des théories du dix-septième siècle et les plus récentes mises au jour de son temps. De même, l'explication des couleurs apparaît comme relevant de sources anciennes; elles seraient formées d'atomes 'pressés' les uns contre les autres (p.163-64):

> Je vais vous faire comprendre cela par exemple, en versant du vin de Porto dans un verre. Vous voyez qu'il est bien rouge, j'en vais prendre une goutte avec mon doigt et la jeter sur mon mouchoir; regardez, mes enfans, ce vin qui est sur mon mouchoir n'est pas si rouge que le vin qui est dans le verre, parce que dans le verre il y a une plus grande quantité de parties, et qu'elles sont plus pressées, plus jointes ensemble que sur mon mouchoir.

En revanche, l'explication sur l'eau correspond aux découvertes du XVIIIᵉ siècle; elle semble s'inspirer des articles de l'*Encyclopédie* notamment pour expliquer le phénomène de la pluie: 'la chaleur du soleil attire perpétuellement les parties de l'eau les plus délicates, elles s'élèvent dans l'air en vapeurs, et l'air les soutient quand il n'y en a guère; mais quand il y en a une grande quantité, l'air ne peut plus la supporter, l'eau crève l'air, et retombe en pluie sur la terre' (p.160). Mme Leprince de Beaumont s'est donc informée des théories anciennes et nouvelles en chimie et les a transposées dans son ouvrage. Ce mélange pourrait apparaître comme peu efficace et peu ambitieux sur un plan strictement scientifique; envisagé sous un angle pédagogique, il semble que son propos était avant tout de mettre à la disposition de son lectorat quelques connaissances sur des domaines peu abordés habituellement dans le cadre d'une éducation féminine. Ce qui était une manière de donner à connaître et à réfléchir.

Le siècle des Lumières se caractérise par une volonté de donner accès à la connaissance au plus grand nombre de manière à lutter contre l'obscurantisme. Pourtant, il n'a pas fait une place particulière au savoir féminin. Ainsi, ce dernier reste étroitement associé à une formation sommaire et essentiellement tourné vers une application pratique. Au gré des situations particulières, quelques jeunes filles et quelques femmes peuvent échapper au destin commun et accéder à des domaines d'études réservés aux hommes. Mais dans l'ensemble, les femmes devaient se contenter de recevoir quelques 'lumières' de leurs contemporains et assister, sans y participer, à la constitution d'un savoir encyclopédique. Le seul lieu d'un changement possible de la conception que se faisait le

---

92. Mme Leprince de Beaumont, *Magasin des enfans*, t.2, p.163.

dix-huitième siècle du savoir féminin est donc l'espace de réflexion et de propositions offert par les ouvrages des éducatrices. C'est là, en effet, que la connaissance des filles et des femmes est envisagée avec une ambition digne des Lumières. Les auteurs ont fait participer le sexe féminin aux découvertes et avancées de leur siècle en mettant à la disposition de leurs lectrices l'indication des progrès qui modernisaient les différents domaines de connaissances. Grâce à leur intervention, l'histoire et la géographie pour les filles ne sont plus seulement envisagées comme leur permettant de connaître leur pays et l'Europe, mais également comme des moyens d'accéder au monde dans son ensemble et bien au-delà avec l'astronomie. De même, les sciences sont considérées comme des outils de la connaissance des phénomènes naturels mais également de l'homme lui-même. Par ailleurs, les éducatrices ont traduit pour les femmes et les filles des débats de leur siècle dans des domaines variés, notamment celui qui concernait l'opposition entre cartésiens et newtoniens. Finalement, cette façon de porter le sexe féminin vers la conscience de ce qu'étaient le monde et l'homme était la voie possible de sa liberté intellectuelle. Les éducatrices sont donc conscientes des enjeux qui marquent leur époque sur le plan des connaissances; elles le sont tout autant d'un point de vue social, politique et économique.

IV

Les fictions au miroir de la société des Lumières

La réflexion sur l'éducation va de pair avec une réflexion sur les contextes social, économique et politique. Mais, par crainte de la censure, cette dernière est masquée au sein des fictions: forme composée de Mme Leprince de Beaumont, Mme d'Epinay et Mme de La Fite et, également, une 'lettre d'affaire' dans *Les Conversations d'Emilie* ainsi que les lettres d'*Adèle et Théodore* de Mme de Genlis.[1] L'histoire ancienne dans les *Magasins* sert le même propos. Ainsi, au dix-huitième siècle, le choix du genre est particulièrement important pour traiter ces questions délicates:

> Le champ du politique reste *terra incognita*, à moins de l'aborder par le moyen des utopies situées dans des pays imaginaires, où l'on peut tout dire et mettre le monde cul par-dessus tête, tout supposer et tout reconstruire, puisque l'on se trouve ailleurs. Un autre biais consiste à traiter de la politique en puisant exclusivement des références dans un passé très lointain, chez les rois de la Bible, à Sparte ou à Athènes, dans la Rome de l'Antiquité.[2]

Si les textes des éducatrices s'apparentent sur certains points aux utopies, et principalement par la description de situations politiques insulaires, elles ne créent pas de sociétés idéales. Elles critiquent les travers de la société dans laquelle elles vivent et proposent des moyens de l'amender. Par ailleurs, elles développent une réflexion politique alimentée par des textes comme *Les Aventures de Télémaque* de Fénelon et leur observation de la situation contemporaine. Sans être exposée systématiquement dans les ouvrages, leur pensée sociale, politique et économique constitue un fil directeur qu'il est aisé de reconstituer.

---

1. Dans les traités, seule Mme de Miremont fait une brève allusion à la politique. En revanche, l'écriture pédagogique se 'politise' aux lendemains de la Révolution comme le montrent les traités de Mme de Genlis, *Discours sur la suppression des couvents* et *Projet pour une école rurale*.
2. André Zysberg, *La Monarchie des Lumières, 1715-1786* (Paris, 2002), p.440.

11. Le discours social

i. Une société d'ordres

Des personnages issus du peuple apparaissent régulièrement dans les ouvrages des éducatrices. Individuellement ou en famille, ils ont souvent une image et un rôle positifs. Ce sont les populations laborieuses rurales qui sont présentées sous le meilleur jour; principalement parce que, selon les idéaux du dix-huitième siècle, elles incarnent la vertu originelle de l'humanité: 'un paysan, toujours occupé, toujours actif, vivant loin des villes et des mauvais exemples, conserve des goûts simples, des mœurs pures, et des vertus naturelles dont nous avons tous le germe au fond du cœur'.[1] Dans *Les Conversations d'Emilie*, le père Noël – paysan de l'une des terres des parents d'Emilie – est un parangon du cultivateur méritant et vertueux. De plus, il est à la tête d'une famille à son image. Pour récompenser ces qualités, une voisine, la Maréchale, fait don d'une parcelle de terre à la fille du père Noël pour son mariage:

> Madame la Maréchale, quand il a voulu faire des cérémonies lui a dit: Pere Noël, malgré la distance des rangs et l'inégalité des conditions, il y a une ligne où tous les états doivent se confondre, elle égalise tout le monde: l'honneur et la probité donnent seuls le droit de s'y placer, et tous les honnêtes gens doivent s'y trouver, les uns à côté des autres, sans distinction.[2]

Ainsi, grâce aux valeurs morales partagées, une proximité virtuelle est possible entre les aristocrates et les paysans. Toutefois, pour que cela soit possible, ces derniers doivent se comporter conformément au rôle qui leur est assigné dans la société, c'est-à-dire en se consacrant presque exclusivement au travail. Ils forment, de ce fait, l'assise de l'architecture sociale:

EUGÉNIE

Contemplez ce vaste édifice bâti par vos ayeux; pour l'élever à cette hauteur, il a fallu l'asseoir sur des fondemens que vous ne pouvez apercevoir et qui sont invisibles à tous les yeux; ce ne sont pas eux que le vulgaire admire; il vante ces superbes colonnes, ornement et soutien du haut de l'édifice, mais qui s'écrouleroient avec lui, si les fondemens venoient à manquer.

ERNESTINE

Je crois que vous comparez ces fondemens cachés, auxquels on fait peu

1. Mme de Genlis, *Les Veillées du château*, t.1, p.88.
2. Mme d'Epinay, *Les Conversations d'Emilie*, p.374.

d'attention, et dont un édifice ne peut pas se passer, aux laboureurs, aux gens du peuple, qui sont absolument nécessaires au soutien de la société.[3]

En contrepartie de l'accomplissement de leur destinée par ces membres 'fondements' de la société, le devoir des gouvernements est de veiller à conserver l'équilibre qui existe entre une minorité de citoyens constituant les élites sociales et intellectuelles et une majorité formant la force de travail d'un pays: 'il ne faut pas souhaiter que les talens distingués, les avantages du rang, de la naissance, et de la fortune, deviennent plus communs qu'ils ne sont'.[4] Il se rencontre cependant quelques exceptions. Des personnages modestes venant de la campagne sont destinés à faire carrière en ville: dans *Adèle et Théodore*, Porphyre, le protégé de M. de La Garaye, devient un auteur chrétien talentueux. Dans *Les Veillées du château*, Augustin, un petit paysan possédant une vertu peu commune, est élevé avec les trois enfants de Clémire. Ainsi se dessine pour ces personnages la possibilité d'un avenir exceptionnel qui s'inscrit dans la tradition de l'édification chrétienne: 'L'histoire [d'Augustin] pourroit bien ressembler un jour à celle du cardinal d'Ossat.'[5]

En revanche, la perspective est plus moderne dans un drame des *Entretiens, drames et contes moraux, Le Paysan généreux*. Un noble, M. de Prévert, porte un intérêt uniquement altruiste au fils de son jardinier chez lequel il découvre de grandes capacités. Son comportement édifiant constitue un enseignement moral pour les enfants de Prévert et Mme de Prévert elle-même tandis que le discours de M. de Prévert reflète les idées nouvelles sur le vœu d'une égalité sociale entre les hommes:

M. DE PRÉVERT

Je lui ferai adopter les idées que j'ai moi-même, savoir que nous sommes réellement égaux, et qu'il viendra un temps où cette égalité se rétablira; que dans ce monde, la diversité des conditions est un effet du hazard, et que si une illustre naissance accorde quelques privilèges, ce n'est qu'à force de vertus que nous pouvons les mériter, et qu'ils sont un engagement à nous élever au dessus même de notre naissance.[6]

La remise en cause de la hiérarchie sociale pour des raisons morales exprimée dans cette pièce traduite par Mme de La Fite[7] ne semble pas correspondre aux idées de l'éducatrice que plutôt reflétées par les propos d'Eugénie. Néanmoins, son insertion dans les *Entretiens, drames et contes moraux* a un sens. Pour le saisir, il faut prendre en compte les contextes dans lesquels s'inscrivent les deux discours apparemment

3.   Mme de La Fite, *Eugénie*, t.1, p.25-26.
4.   Mme de La Fite, *Eugénie*, t.1, p.26.
5.   Mme de Genlis, *Les Veillées du château*, t.1, p.234.
6.   Mme de La Fite, *Entretiens*, t. I, p.217.
7.   La pièce est empruntée au *Der Kinderfreund* de C. F. Weisse.

opposés. Dans le cas de la pièce, il s'agit de la réflexion sociale et philosophique d'un particulier qui attend une évolution des mentalités vers davantage d'égalité sociale mais qui ne souhaite pas, pour autant, de bouleversement politique. Dans celui du dialogue entre les deux personnages d'*Eugénie et ses élèves*, il s'agit de la leçon d'une gouvernante formant une princesse à ses futures fonctions de souveraine. Or, selon l'éducatrice, la conservation des structures sociales existantes est le moyen de faire évoluer la politique dans un contexte de paix.

Outre ces cas exceptionnels, le peuple peut bénéficier d'une éducation tant qu'elle est strictement adaptée à sa destination sociale et à son mode de vie. On retrouve, à cette occasion, le consensus des idées et des discours des tenants de la société tant sociaux qu'intellectuels qui veulent maintenir l'ordre établi tout en améliorant la condition des plus pauvres.[8] Une éducation du peuple idéalisée est ainsi mise en scène par le biais de deux 'utopies' dans *Adèle et Théodore*.[9] Pour la première, Mme de Genlis s'inspire à nouveau de l'histoire des La Garaye.[10] L'éducation des enfants des villageois de leur terre est organisée selon un modèle correspondant aux idées à la fois chrétiennes et sociales de l'auteur; l'enseignement dispensé au sein de l'école du village porte essentiellement sur la morale:

> Ce cours de morale, qui forme un petit volume, est écrit avec autant de précision que de clarté et de simplicité; il est divisé par chapitres: M. de Lagaraye, à chaque séance, n'en lit jamais qu'un chapitre tout au plus [...]. Les enfants ne sont admis à l'école de M. de Lagaraye qu'à l'âge de onze ou douze ans jusqu'à quinze; et avant ce temps, le curé leur apprend le catéchisme [...]. Madame de Lagaraye, de son côté, avec les jeunes filles, suit exactement la même marche.[11]

L'auteur prône là une vision paternaliste dans laquelle la direction civile et spirituelle des habitants d'une petite communauté est octroyée à un homme qui la domine par son statut de noble et son exemplarité. Dans

---

8. 'En matière d'instruction primaire, la multiplication des petites écoles est un sujet d'inquiétude pour les administrateurs, qui craignent qu'elles n'engendrent dans le peuple des ambitions qui seraient dangereuses pour l'ordre social, et pour les propriétaires terriens qui ont peur que les paysans instruits quittent les campagnes et qu'il ne soit plus possible de trouver la main-d'œuvre bon marché dont ils ont besoin' (Claude Lelièvre et Christian Nique, *Bâtisseurs d'écoles*, Paris, 1994, p.142). L'éducation du peuple est également mal vue par des pédagogues, notables et philosophes comme Fleury, Caredeuc de La Chalotais et Voltaire.

9. Sur ce sujet, voir également Mme de Genlis, *Discours sur l'éducation publique du peuple*, dans *Discours moraux sur divers sujets, et particulièrement sur l'éducation* (Paris, 1802). Mme Leprince de Beaumont écrit un 'Magasin' destiné à un public adulte: *Magasin des pauvres, artisans, gens de la campagne*.

10. Mme de Genlis, *Adèle et Théodore*, p.217-18.

11. Mme de Genlis, *Adèle et Théodore*, p.290-91.

cette construction imaginaire politisée, le bonheur des humbles est donc organisé par une autorité bienfaisante qui est une image idéalisée de la monarchie. Il est question, en outre, de préserver la hiérarchie sociale et de réguler les relations entre les différentes classes grâce à la morale. Ainsi, pour les éducatrices, l'harmonie sociale dépend étroitement, d'une part du respect par le peuple de l'ordre établi; et, d'autre part, de l'exercice d'une gouvernance magnanime par les classes aisées. Si elles peignent des situations idéales, leur souci de transmettre un message à leurs contemporains les conduit à leur présenter également des tableaux réalistes. Car les bonnes relations qui peuvent exister entre les élites et les populations modestes courent le risque d'être compromises.

Quelques personnages populaires jouissant d'un statut supérieur à celui du petit peuple sont des intermédiaires entre ce dernier et les nantis; dès lors, ils peuvent perturber les liens tissés entre les premiers et les seconds. C'est le cas du régisseur du père d'Emilie qui remet en question les bienfaits de son maître à l'égard des paysans pauvres: 'quel profit trouverons-nous à avoir quatorze ou quinze fermiers, auxquels je ne connais pas de bien au soleil, à la place d'un Jacques Firmin qui payait toujours en especes sonantes et n'était jamais en retard?'[12] Ce rôle négatif de certains personnages populaires est davantage perceptible dans les villes, lieu de corruption des mœurs selon les idées du dix-hitième siècle. L'équation courante entre la vertu des paysans vivant à la campagne et le vice des domestiques de la ville est soulignée par les possibles exceptions: 'On peut trouver quelques paysans vicieux, et l'on peut rencontrer quelques domestiques vertueux.'[13] Or, les enfants de la bonne société sont régulièrement en contact avec les domestiques qui les servent et qui sont quelquefois chargés de les instruire dans des domaines simples comme celui de la couture. Il faudrait donc parvenir à les préserver de cette influence et une précaution particulière s'impose dans le cadre de l'éducation féminine car le service donne souvent lieu à des liens complices. Ainsi, lorsque les filles confient un secret à leur femme de chambre, elles courent le risque de se retrouver à sa merci si celle-ci n'est pas digne de confiance: 'Ne faites jamais votre confidente d'une domestique. Ne vous mettez jamais dans le cas d'avoir besoin qu'elle vous rende un service que vous n'oseriez avouer.'[14] Partant, l'enseignement des éducatrices fait systématiquement une place aux relations avec les domestiques; elles recommandent de limiter les con-tacts avec ces derniers au strict nécessaire. Mais les filles de la bonne société, destinées à diriger des maisons dans lesquelles le contingent

12. Mme d'Epinay, *Les Conversations d'Emilie*, p.226.
13. Mme de Genlis, *Les Veillées du château*, t.1, p.89.
14. Mme Leprince de Beaumont, *Magasin des adolescentes*, t.1, p.70.

ancillaire peut être très important, doivent être mises au courant des devoirs respectifs des maîtres et de ceux qui les servent. A cet égard, le discours sur les relations avec la domesticité est empreint à la fois de christianisme et de laïcité.[15] Dans une perspective chrétienne, il s'agit de traiter les domestiques avec bonté et de les considérer comme des parents pauvres et malheureux: 'Toutes les conditions sont égales aux yeux de Dieu, et même aux yeux de l'homme sage. [...]. Dieu ne leur demande pour être parfaits, que de s'acquitter fidelement des obligations de l'état dans lequel il les a placés. [...] Nous devons donc respecter les hommes vertueux dans tous les états, et même dans nos domestiques.'[16] Mme Leprince de Beaumont développe longuement cette idée dans sa réécriture de *L'Ile des esclaves* de Marivaux.[17] Au sein de ce conte sans titre inséré dans le *Magasin des enfans*, le renversement de la hiérarchie sociale sert à revaloriser l'image des serviteurs. Ils sont présentés comme les égaux de leurs maîtres au regard de Dieu; seule leur condition est subalterne:

> Et pourquoi, leur demandèrent les juges, vous croyez-vous en droit de commander à vos esclaves? La nature a-t-elle mis entre vous et eux une distinction réelle? vous n'oseriez le dire. L'esclave, le domestique et le maître, sortent du même père; et les dieux en les plaçant dans des conditions si différentes, n'ont pas prétendu que les uns fussent plus à leurs yeux que les autres. La vertu règle les rangs devant la divine sagesse: c'est le seul titre dont elle fasse cas; et c'est pour faciliter l'exercice de toutes les vertus, qu'elle a permis les différentes conditions. L'esclave doit se distinguer par son attachement à son maître, sa fidélité et son amour pour le travail. Il faut que les maîtres, par leur douceur, leur charité, adoucissent ce que la condition d'esclave a de dur; et il faut que les esclaves, par leur affection, leur obéissance et leur zèle, paient leurs maîtres des bontés qu'ils ont pour eux.[18]

Le thème de cette fiction, qui a un fort caractère politique et social chez Marivaux, est essentiellement destiné à faire une leçon morale et religieuse aux élèves aristocratiques de Mlle Bonne. En effet, l'auteur ne veut pas remettre en cause la hiérarchie sociale. Sa démarche a simplement pour but de réclamer de la part de son lectorat noble plus de charité chrétienne et d'humanité dans sa façon de traiter les valets et servantes. Dans une perspective laïque, Mme d'Epinay met l'accent sur l'interdépendance sociale qui existe entre les maîtres et les domestiques:

> puisqu'ils nous servent bien, ils ont droit d'être bien payés. Puisque leur état nous est nécessaire et qu'il les rapproche de la servitude, nous ne devons pas

---

15. Voir Jacqueline Sabattier, *Figaro et son maître: maîtres et domestiques à Paris au XVIIIe siècle* (Paris, 1984).
16. Mme Leprince de Beaumont, *Magasin des adolescentes*, t.1, p.73-74.
17. Voir Pierre de Marivaux, *L'Ile des esclaves* (1725; Paris, 2004).
18. Mme Leprince de Beaumont, *Magasin des enfans*, t.4, p.205-206.

exiger d'eux au-delà de ce qu'ils peuvent faire. Puisque nous disposons d'eux entiérement en temps de santé, nous devons les soigner dans leurs maladies. Puisqu'ils sont hommes comme nous, nous devons les consoler quand ils ont de la peine. Puisqu'enfin nous leur sommes supérieurs en tout, notre conduite doit être pour eux une leçon continuelle de justice, d'ordre, de probité.[19]

Nonobstant cet appel à l'égalité, l'attitude des personnages de maîtres à l'égard de leurs domestiques se caractérise par un certain paternalisme aussi bien chrétien ('Regardez-les comme vos enfants, et ils vous regarderont comme leur mere')[20] que laïque ('nous devons nous conduire avec eux comme un pere juste et bon se conduit avec ses enfans').[21] Ainsi, dans la pensée chrétienne, les maîtres ont la charge de l'âme de leurs employés et, dans la conception laïque, celle de leur bien-être. Finalement, malgré des discours prometteurs, les attitudes restent inchangées.

C'est surtout en tant que groupe ou foule que le peuple renvoie une image négative. En retraçant les principaux événements de la Rome antique, Mme Leprince de Beaumont condamne fortement la plèbe qui utilise sa force pour obtenir – illégitimement selon elle – un pouvoir politique. Pour Mme d'Epinay également, le peuple rassemblé forme une puissance potentiellement dangereuse. Dans *L'Ile heureuse ou les Vœux en l'air*, la reine Régentine organise des fêtes grandioses à l'occasion de l'oracle que les fées doivent prononcer au sujet des deux princesses. Or, l'ennui que celui-ci provoque parmi la population conduit celle-ci à consommer 'en moins de deux heures de tout ce qu'on lui avait préparé de rafraîchissements pour les neuf jours de fête qui devaient suivre'.[22] Cet excès entraîne de premiers débordements: 'Ainsi [...] une cérémonie des plus augustes, commencée avec tant de décence et de gravité, dégénéra [...] en une scene de tumulte des plus scandaleuses' (p.282). Mais le plus grand péril vient de la frustration ressentie par le public lorsqu'un spectacle populaire – une représentation dans laquelle devait jouer Jeannot[23] – est annulé sans explication par la souveraine de l'île. Cette circonstance, en apparence anodine, échauffe les esprits et risque de faire basculer la fête dans la révolte.[24] Malicieusement, l'auteur inverse l'ordre des événements en de pareilles circonstances. En effet,

19. Mme d'Epinay, *Les Conversations d'Emilie*, p.145.
20. Mme Leprince de Beaumont, *Magasin des adolescentes*, t.1, p.69.
21. Mme d'Epinay, *Les Conversations d'Emilie*, p.123.
22. Mme d'Epinay, *Les Conversations d'Emilie*, p.282.
23. C'est une référence à l'acteur Volange qui a connu un grand succès à partir de 1779 grâce à son rôle de Jeannot dans *Les Battus paient l'amende*, pièce de d'Aubigny.
24. Voir Yves-Marie Bercé, *Fête et révolte: des mentalités populaires du XVIe au XVIIIe siècle* (1976; Paris, 2006).

les temps de troubles étaient souvent accompagnés de chansons dénonciatrices à l'égard du pouvoir; des chansons qui circulaient spontanément au sein de la population. Pourtant, dans le conte, c'est le chef de la police[25] lui-même qui fait 'chanter dans les rues pendant trois jours consécutifs: Jean s'en alla, comme il était venu'.[26] Derrière la légèreté de la fiction et grâce au signal donné par la raillerie transparaît la critique d'une société sclérosée qui a perdu ses repères. Car le spectacle destiné au peuple est également réclamé par la bonne société, ce qui la rend hautement condamnable. Pour cette raison et pour d'autres, elle est l'objet d'un portrait critique de la part des éducatrices.

Deux éducatrices évoquent ce qui leur paraît être une manifestation du mauvais goût de la bonne société: son engouement pour les spectacles de foire[27]. Dans *L'Ile heureuse ou les Vœux en l'air*, Mme d'Epinay fait entendre sa voix réprobatrice et percer son regard clairvoyant lorsque la narratrice souligne avec ironie le contraste entre une représentation d'acrobates, célèbre à son époque, et le public noble: 'On avait fait venir la troupe du Petit Diable, le prodige de son siècle, secondé par le sieur Placide et le sieur Dupuis, deux autres prodiges. Tout ce qu'il y avait à la cour de plus distingué suivit avec fureur ce spectacle destiné au peuple.'[28] Pour un propos similaire, Mme de Genlis passe par l'emprunt de la construction discursive des *Lettres persanes*:[29] la lettre d'un chevalier revenu de l'étranger peint la société parisienne assistant au même spectacle. Le regard et le ton en apparence naïfs du personnage, extérieur à la scène qu'il observe et sur laquelle il communique ses impressions, possèdent une grande charge ironique et critique[30]: 'On les voit successivement, [...] à la foire, à l'Académie, à l'opéra, aux danseurs de corde, applaudissant et goûtant également Préville et Jeannot, Dauberval et le Petit-Diable.'[31] Grâce à ces procédés, les deux auteurs stigmatisent l'inconséquence de la grande bourgeoisie et de la noblesse qui apprécient autant voire plus les distractions populaires que les performances de grands artistes. Mais, c'est tout particulièrement la faveur que connaissent l'acteur Volange et la pièce qui l'a rendu célèbre,

25. Mme d'Epinay a été la voisine et l'amie du chef de police Sartine et de son épouse pendant des années. Voir F. Galiani et Mme d'Epinay, *Correspondance*.

26. Voir Mme d'Epinay, *Les Conversations d'Emilie*, p.285.

27. Emile Campardon, *Les Spectacles de la foire, depuis 1595 jusqu'à 1791* (1877; Genève, 2012).

28. Mme d'Epinay, *Les Conversations d'Emilie*, p.284.

29. Montesquieu, *Lettres persanes*.

30. Après un séjour de cinq ans à l'étranger, le chevalier d'Herbain revenant à Paris se juge 'tout aussi étranger, tout aussi neuf qu'[il] pouvai[t] l'être à Stockholm ou à Pétersbourg' (Mme de Genlis, *Adèle et Théodore*, p.159).

31. Mme de Genlis, *Adèle et Théodore*, p.162. 'Préville, Pierre-Louis Dubus, dit, (1721-1799), comédien français, brillant acteur de la Comédie Française. [...] Dauberval, Jean Bercher, dit, (1742-1810), [...] était le danseur le plus remarqué de l'Académie de musique, avant de devenir maître de ballet et chorégraphe' (I. Brouard-Arends, note p.646).

Les Battus paient l'amende, que les deux éducatrices dénoncent.[32] Mme d'Epinay critique le manque de distinction que ce comportement dévoile de la part des élites qui, au surplus, affectionnent les représentations manufacturières de l'acteur:

> on en est encore à comprendre par quel étrange caprice Régentine ne voulut jamais admettre [le spectacle de Jeannot] parmi les amusemens ni de la bonne ni de la mauvaise compagnie. Les cabales, les intrigues innombrables qui se formerent à la cour en sa faveur, ne produisirent aucun effet. Régentine poussa la pédanterie au point de défendre, pour le maintien du bon goût, à ce que disait son édit irrévocable, l'entrée des Jeanots en biscuit de porcelaine et sur tabatiere dans ses états.[33]

Après s'être également moquée de l'enchantement de la bonne société pour un spectacle grossier,[34] Mme de Genlis met en scène son rejet d'un comportement qu'elle juge indigne à un autre endroit de son ouvrage. L'un de ses masques, Mme d'Ostalis, refuse de participer aux représentations, très courues par ses pairs, des Variétés amusantes.[35] Ce personnage est le parangon de la femme du monde vertueuse qui évite tous les compromis que les femmes de son rang acceptent habituellement à l'égard des distractions: 'au reste, quand la mode [des Variétés amusantes] dont vous parlez serait absolument universelle, il ne m'en paraîtrait que plus tentant de ne pas l'adopter, puisque je me distinguerais encore mieux en ne la suivant pas'.[36] Une fois de plus, les auteurs défendent donc l'idée d'un partage nécessaire entre les classes sociales car celui-ci est susceptible de servir, selon elles, la morale exigeante, individuelle et collective, qui doit habiter une société et, en premier lieu, ses élites.

A l'inverse, la bonne société favorise le vice notamment en cultivant le luxe et l'ostentation. Sa soumission à la mode et son goût pour la superficialité sont particulièrement dénoncés par les éducatrices. Dans le conte *Zarine et Zara*, Mme de La Fite crée un microcosme – le château

---

32. Des auteurs et philosophes, dont Grimm, ont dénoncé la participation de la bonne société à cette frénésie.
33. Mme d'Epinay, *Les Conversations d'Emilie*, p.285. A l'époque, des reproductions de figurines de Jeannot circuleront en effet dans différents matériaux: porcelaine, plâtre...; la reine Marie-Antoinette elle-même en distribuera pour les étrennes.
34. 'Comment, vous ne connaissez pas *Les Battus payent l'amende?* Venez, venez, vous allez être charmé. A ces mots, on m'emmena, et l'on me conduisit dans une fort vilaine salle, mais dans laquelle nous trouvâmes la meilleure compagnie de Paris' (Mme de Genlis, *Adèle et Théodore*, p.166).
35. 'Les Variétés amusantes sont aussi connues sous le nom de Théâtre des Variétés. Créé en 1778 par l'acteur l'Ecluse, dont il porte d'abord le nom, le Théâtre des Variétés est parmi les théâtres de boulevard les plus populaires' (I. Brouard-Arends, note p.651, dans *Adèle et Théodore*).
36. Mme de Genlis, *Adèle et Théodore*, p.327.

de la fée Mondaine – qui reflète les habitudes d'une société de cour. Ses membres ne vivent que pour des distractions creuses et des intrigues galantes; c'est 'le séjour de la dissipation'.[37] Partant, une instruction sérieuse et morale ne peut y avoir de place comme en témoigne la bibliothèque de Mondaine (p.119):

> Miridas [historiographe et bibliothécaire de la fée Mondaine] s'empresse à lui montrer les livres confiés à ses soins: 'Ils sont' dit-il 'divisés en trois classes. Ceux-ci vous instruisent de l'origine et de l'histoire des nations [...]. Par un travail assidu j'ai retranché de ces savants écrits, l'ennuyeuse morale qui les déparoit.' (Au mot de morale Zéphyrine se mit à bâiller.) 'Et quels sont vos ouvrages?' demanda Zara. – 'Vous les trouverez dans la seconde classe'. – En y jetant les yeux elle y découvrit une immense collection de contes de fées.

Pour autant, tous les membres de la cour de Mondaine ne se laissent pas tromper par les apparences; ou leurs yeux finissent par se dessiller. C'est le cas pour Adine, une jeune femme qui a été 'trompée par de faux dehors' et qui est désabusée. En sa compagnie, Zara échappe à l'influence de Mondaine. Elles retrouvent ensemble le chemin du château de la fée Sapia dans lequel la vertu et la sagesse forment la société de cette souveraine. Le message du conte est donc explicite: les membres de la bonne société sont invités à abandonner un mode de vie superficiel pour se consacrer à des occupations solides et morales.

Mme d'Epinay insère également une condamnation de la cour et de la bonne société dans son conte *L'Ile heureuse ou les Vœux en l'air*; et, pour sa part, elle utilise l'humour que permet le conte parodique afin de provoquer chez ses lecteurs une prise de conscience et une adhésion à sa dénonciation. En premier lieu, elle décrit, sous un jour particulièrement ridicule, la naissance et la propagation d'une mode. A la cour de Régentine, la beauté éblouissante de la princesse Céleste a conduit quelques courtisans à se munir de 'lunetes vertes' pour en supporter l'éclat; une pratique qui s'impose finalement à tous: 'Cet usage avait d'abord été risqué avec une sorte de timidité par les créateurs les plus hardis de modes nouvelles; mais il fut bientôt couronné du succès le plus complet [...]. Un nez sans lunetes vertes aurait passé à la cour, pour un nez du seizieme siecle; c'eut été même une sorte d'indécence que de s'y présenter nez nud.'[38] Seul le prince Phoenix vertueux et doué d'esprit ne s'y plie pas.[39] C'est donc plus particulièrement l'absence d'esprit des courtisans qui se laissent subjuguer par des futilités que l'auteur vise. De plus, elle met en exergue les dépenses importantes que font les nobles par souci d'apparence: 'On avait dépensé des millions en équipages, en

---

37. Mme de La Fite, *Réponses à démêler*, p.124.
38. Mme d'Epinay, *Les Conversations d'Emilie*, p.273.
39. "[...] ce Prince [...] sans aucune affiche de singularité, s'était dispensé d'en porter [...] son seul exemple pensa en faire tomber la mode." (Mme d'Epinay, *Les Conversations d'Emilie*, p.288).

chevaux, en harnois, en livrées; c'était à qui se ruineroit avec le plus de
goût' (p.283). Mais la mode ne se limite pas aux accessoires, vêtements,
coiffures et équipements. Elle s'immisce également dans le langage.

Dotées d'un sens grammatical et stylistique sûr, Mmes d'Epinay et de
Genlis dénoncent le 'langage à la mode' qui fait partie des 'airs' que se
donnent les membres de la bonne société: 'j'ai voulu me mettre à la
mode, parler comme une dame du grand monde et de bonne
compagnie'.[40] Il s'agit également, de manière déguisée, de désigner le
style d'auteurs qui recherchent une forme d'ornementation dans la
construction de phrases complexes. Dans *Les Conversations d'Emilie*
comme dans *Adèle et Théodore*, les mères éducatrices condamnent des
excès qui affaiblissent la langue: 'Je me souviens que vous m'avez interdit
cette manière de parler: *Cela est incroyable, inouï, je suis outrée.*' Elles y
opposent un choix de mots en accord avec la situation décrite: 'Rien n'est
plus froid et plus insipide que cette éternelle exagération: en prodiguant
ainsi les épithètes fortes, on s'ôte la possibilité d'exprimer son
étonnement, son attendrissement, sa joie, lorsqu'on éprouve réellement
ces différents mouvements.'[41] Cette exigence d'une langue 'nette et
précise' comme le réclame Diderot, qui garderait ainsi sa force d'expression, correspond à un débat esthétique du XVIIIe siècle à propos de
'l'énergie de la langue'.[42] Mme de Genlis, selon les dires de ses
personnages, est d'accord avec l'idée d'une langue qui conserverait toute
sa 'force' grâce à la simplicité. Pourtant, elle n'adopte pas ouvertement –
et même elle pointe du doigt – une position qu'elle présente comme une
nouvelle mode. C'est comme s'il s'agissait pour elle de prendre ses
distances avec un discours tenu par de nombreux philosophes. Quant
à Mme d'Epinay, elle n'embrasse pas sans réserve cette pensée: elle a une
opinion assez nuancée. D'une part, elle apprécie un style neuf,
caractéristique des Lumières matérialistes; d'autre part, elle considère
qu'il ne convient pas à toutes les plumes:

EMILIE

C'est votre passion, la force; vous la voulez partout.

MÈRE

Voyez comme vous êtes injuste! Quand nous avons lu l'autre soir, avant de
nous coucher, cette idylle de Gessner, où Mirtile, par un beau clair de lune,
va visiter l'étang voisin[...]

EMILIE

[...] vous disiez que cet auteur avait un charme et une douceur inexprimables.

40. Mme d'Epinay, *Les Conversations d'Emilie*, p.307.
41. Mme de Genlis, *Adèle et Théodore*, p.496.
42. Voir Michel Delon, *L'Idée d'énergie au tournant des Lumières, 1770-1820* (Paris, 1988).

Et puis vous me permîtes de lire encore Amintas, et puis encore Titîre et Ménalque et Palémon, la plus belle de toutes [...].

MÈRE

Et m'avez-vous entendue reprocher à ces charmantes idylles de manquer de force? [...] Je n'exige donc pas de la force là où elle serait déplacée?

Ces deux auteurs participent donc par leurs analyses de l'une des ambitions des Lumières: faire de la langue le plus pur vecteur de la pensée. En définitive, la bonne société – et, en particulier, la société de cour – au sein de laquelle figurent certains écrivains, est peinte comme un groupe dont les membres, dotés de peu d'esprit et de goût, se soumettent aisément au diktat de la mode. Seuls quelques personnages – représentés par Adine dans *Zarine et Zara*, le prince Phoenix dans *L'Ile heureuse ou les Vœux en l'air* et Mme d'Ostalis dans *Adèle et Théodore* – se distinguent en s'y opposant. Cette classe semble donc peu susceptible de jouer un rôle déterminant dans la société. En outre, les éducatrices relèvent certains de ses travers – quelquefois partagés par le peuple – qui sont de nouvelles manifestations du manque de vertu des habitants des villes.

ii. Les problèmes sociaux: jeux et duels

Au dix-huitième siècle, les jeux sont partagés en différentes catégories. D'un côté, les jeux de commerce (ou de société) requièrent l'alliance de l'intelligence et de l'adresse; de l'autre, les jeux mixtes concernent le hasard et l'intelligence. Ces derniers sont permis par les autorités alors que les jeux de hasard pur sont proscrits.[43] Ils connaissent un grand succès alors qu'ils sont à l'origine de la ruine de nombreuses familles. Partant, ils représentent un problème de société que les éducatrices évoquent dans leurs ouvrages. Pour Mme Leprince de Beaumont, le jeu tel qu'il est pratiqué dans le monde représente une distraction contraire à l'esprit chrétien. De plus, il peut avoir des conséquences sociales désastreuses. Le discours de Mlle Bonne a donc pour objet de dissuader les jeunes filles de se livrer à cette distraction tout d'abord pour des raisons morales et, dans un second temps, afin d'éviter de perturber l'économie à une échelle locale. En effet, les sommes perdues empêchent les mécanismes habituels de passage de l'argent des riches aux pauvres:

Cette femme que vous venez de dépouiller avec tant de satisfaction, avoit peut-être besoin de l'argent qu'elle vient de perdre pour payer de

---

43. Voir Elisabeth Belmas, *Jouer autrefois: essai sur le jeu dans la France moderne, XVIᵉ-XVIIIᵉ siècle* (Seyssel, 2006), p.86 et Jean-Louis Harouel, 'La police, le parlement et les jeux de hasard à Paris à la fin de l'Ancien Régime', dans *Etat et société en France aux XVIIᵉ et XVIIIᵉ siècles: mélanges offerts à Yves Durand*, éd. Jean-Pierre Bardet *et al.* (Paris, 2000).

malheureux ouvriers qui attendent après cet argent pour vivre. Vous la mettez hors d'état de se procurer mille petites commodités, dont la privation lui causera beaucoup de chagrin. Vous lui enlevez un superflu qu'elle doit aux pauvres.[44]

La leçon concerne donc aussi bien ceux qui gagnent que ceux qui perdent et elle est doublée d'une autre portant sur les conséquences sociales du jeu.

A travers une sorte de parabole, Mme de Genlis met également en avant les enjeux financiers et moraux liés au jeu; elle fait de l'expérience du jeu l'une des dernières étapes de la formation morale d'un jeune homme. Le chevalier de Valmont – dont la famille n'est pas riche – se laisse emporter par la passion du jeu lors d'une soirée et contracte une dette importante. Il s'avère que son montant correspond à celui d'une somme que son grand-père a économisée pendant des années. C'est cet argent qui servira à honorer la dette du jeune homme. Le contraste entre la brièveté du temps qui a suffi pour dilapider la somme et les longues années nécessaires afin de la constituer est une leçon extrêment frappante pour le chevalier qui, par conséquent, renonce définitivement à cette distraction. Enfin, dans un registre de critique tant sociale que morale, Mme d'Epinay mentionne à travers son conte *L'Ile heureuse ou les vœux en l'air*, l'un des nouveaux passe-temps de la bonne société de la seconde moitié du dix-huitième siècle, les courses de chevaux. Importé d'Angleterre,[45] il engloutit des sommes immenses: les chevaux coûtent cher et les montants pariés sont très importants. Mme d'Epinay ironise sur ce phénomène de mode pour mieux le dénoncer:[46] 'Les paris furent énormes; mais la loi ne permettant de parier que des oranges de Malte, ces excès même tournerent en dernier ressort à l'encouragement de la culture.'[47] Le fruit choisi n'est cependant pas anodin: l'orange maltaise est alors la seule de toutes les variétés cultivées en Europe à posséder un goût sucré. Initialement, elle sert exclusivement de présent pour les personnes de sang royal. Le développement progressif de sa culture permet une diffusion plus importante; toutefois, elle reste réservée aux familles les plus aisées d'un royaume.[48] Le caractère indécent de la

---

44. Mme Leprince de Beaumont, *Magasin des adolescentes*, t.3, p.198-99.
45. Voir Alban d'Hauthuille, *Les Courses de chevaux* (Paris, 1982).
46. 'si l'on insiste [...] sur les mises fabuleuses des paris sur les courses de chevaux, c'est qu'elles scandalisent en cette période de crise' (Jean Sgard, 'L'anecdote émouvante en 1775', dans *Gazettes et informations politique sous l'Ancien Régime*, éd. Henri Duranton et Pierre Rétat, Saint-Etienne, 1999, p.426).
47. Mme d'Epinay, *Les Conversations d'Emilie*, p.284.
48. Voir Alain Blondy, *Parfum de cour, gourmandise de rois: le commerce des oranges entre Malte et la France au XVIIIᵉ siècle. D'après la correspondance entre Joseph Savoye, épicier à Paris, et son fils, l'abbé Louis Savoye, chapelain conventuel de l'ordre de Malte* (Paris, La Valette, 2003).

dilapidation de grandes sommes aux courses est ainsi dénoncé de manière plus latente par la substitution d'oranges à de l'argent; et ce souci de l'allusion correspond au genre du conte parodique. Mais les jeux de hasard ne sont pas l'apanage de la bonne société; le peuple a également une inclination prononcée pour ce type de distraction.

La question de la relation entre le peuple et les jeux de hasard a largement été débattue au dix-huitième siècle. L'intervention du pouvoir dans ce domaine était vivement souhaitée par les philosophes et moralistes, notamment par Diderot. Il est l'auteur de l'article 'Jouer' de l'*Encyclopédie* dans lequel il vilipende le manque d'implication des autorités sur cette question. Mme d'Epinay évoque le problème dans *L'Ile heureuse ou les Vœux en l'air* à travers un nouveau renversement. Des tables de jeux sont installées dans les rues durant les réjouissances offertes par Régentine; mais le peuple en est détourné parce qu'il est pris par les occupations innocentes prévues pour lui. Le conte reflète le débat de son époque puisque Régentine n'interdit pas les jeux; ce qui est une manière d'exprimer la certitude que l'interdiction serait bafouée. De manière plus efficace, elle fait en sorte d'occuper le public:

> Quant aux jeux de hasard, on s'atendait à les voir poussés aux derniers excès de fureur; c'est pourquoi Régentine ne jugea pas à propos de les défendre. Mais les mesures furent prises avec tant de sagesse, que quoiqu'on trouvât des tables de jeu partout, on n'eut jamais un seul instant ni le temps ni le désir de toucher aux cartes.[49]

Cette brève allusion est certainement une critique de l'impuissance du parlement de Paris qui cumulait les interdictions à l'égard du jeu sans parvenir à des résultats concluants. Toutefois, à l'époque de la publication du conte, en 1781, le parlement parvenait enfin à faire accréditer par le roi une mesure plus restrictive à l'égard des jeux, un 'Projet d'ordonnance contre le jeu'. Par ailleurs, cette question de la nécessité de légiférer apparaît pour un autre mal qui ronge la noblesse européenne, celui des duels.

Les édits royaux se succèdent pour tenter de combattre ce phénomène[50] et la littérature de l'époque est abondante sur le sujet. Mme Leprince de Beaumont est la seule éducatrice à l'évoquer: il constitue pour elle un enjeu à la fois chrétien et social. D'une part, les hommes qui meurent en se battant en duel sont damnés. D'autre part, cette pratique prive la société d'un certain nombre d'hommes: l'un des deux duellistes est très souvent tué, le second est soit condamné à mort soit contraint à l'exil.[51] C'est un enseignement que Mlle Bonne fait aux

---

49. Mme d'Epinay, *Les Conversations d'Emilie*, p.285.
50. Voir *Encyclopédie*, art. 'Duel', t.5, p.159-64.
51. Dans les faits, les exécutions étaient extrêmement rares.

jeunes filles de l'élite anglaise parce que, en tant que femmes, sœurs et mères d'hommes de leur rang, elles ont une influence sur eux. Elles peuvent donc être les vecteurs d'une amélioration de la situation, surtout si elles deviennent les éducatrices de leurs fils. Elles seraient alors susceptibles de leur transmettre des idées nouvelles sur l'honneur, différentes de celles qui ont cours dans la société. Mme Leprince de Beaumont voudrait que les membres de l'aristocratie en viennent à considérer que se battre pour une insulte équivaudrait à perdre son honneur. De même, un homme refusant les duels mais se comportant avec courage sur un champ de bataille ne pourrait être soupçonné de pusillanimité; son attitude démontrerait qu'il se réserve pour le service de son pays.[52]

Toutefois, l'éducatrice est consciente qu'une évolution des mentalités sur un tel sujet nécessite un processus très long. Partant, elle préconise donc une intervention des autorités pour contrecarrer les pratiques établies en prenant pour modèle l'initiative d'une souveraine qui semble avoir eu des résultats probants: 'On m'a dit que la reine de Hongrie[53] a trouvé par là le moyen d'extirper les duels.'[54] Il s'agit de faire humilier publiquement, par un bourreau, un homme qui s'est rendu coupable d'une insulte à l'égard d'un autre homme. La pédagogue imagine pousser à l'extrême cette solution en étalant la brimade sur un grand nombre d'années. De plus, elle ne limite pas cette application à un seul pays; une même loi condamnerait de manière identique les duellistes dans toute l'Europe (p.9):

> si j'étois législatrice de toute l'Europe, seulement pour vingt-quatre heures, je ne me contenterois pas de cela. Non seulement celui qui a insulté, souffriroit une peine infamante, mais aussi celui qui auroit repoussé l'insulte. On coupe la tête à un duelliste; bagatelle! le faux honneur est plus fort que la crainte de la mort. Au lieu de lui couper la tête, je le ferois mettre au carcan deux fois chaque semaine, pendant dix ans: je ferois subir la même peine à ceux qui refuseroient de servir avec un autre qui n'auroit pas voulu se battre, par la crainte de désobéir à son Dieu et à son roi; et bientôt les duels seroient absolument abolis.

Ainsi, Mme Leprince de Beaumont met entre les mains des femmes la possibilité d'un règlement à grande échelle du problème des duels. D'ailleurs, ces dernières jouent régulièrement un rôle social et quelquefois politique de manière détournée dans les ouvrages des éducatrices. Or, si les membres de la société peuvent agir à leur niveau pour régler des problèmes ponctuels, il est incontestable que seuls les

---

52. Mme Leprince de Beaumont, *Magasin des jeunes dames*, p.10-12.
53. Marie-Thérèse, archiduchesse d'Autriche, est également reine de Hongrie à partir de 1740.
54. Mme Leprince de Beaumont, *Magasin des jeunes dames*, p.8.

gouvernants peuvent modifier profondément le visage d'une société. Les éducatrices indiquent donc la formation qui leur semble souhaitable pour de futurs souverains avant de dépeindre les types de gouvernements auxquels elles aspirent.

12. L'éducation des princes et des princesses

i. La symbolique de Mentor

Pour la société du dix-huitième siècle, le Mentor des *Aventures de Télémaque* du 'divin Fénelon'[1] a 'cristallisé' la figure d'un précepteur plein de sagesse.[2] De même, Télémaque personnifie le jeune prince formé pour devenir un roi vertueux. Robert Granderoute a donné une première définition du roman pédagogique qui repose sur ses deux principaux personnages: 'D'une manière générale, le roman pédagogique se reconnaît, conformément à l'étymologie du terme, à la présence caractéristique du couple que forment le héros – ou l'héroïne – et son guide.'[3] Il la complète en indiquant que les éléments fondamentaux de ce type de roman sont l'élève et la formation qu'il reçoit (p.4):

> Précisons d'ailleurs, dès maintenant que le guide peut ne pas être continûment auprès de son élève – c'est alors l'apprentissage direct par la vie et le monde –, qu'il peut être aussi remplacé ou secondé, ou encore que son action peut se trouver en conflit avec celle d'autres maîtres – des anti-maîtres. Mais que ces influences se doublent ou se heurtent, on assiste bien au mouvement d'un être qui s'éveille, se forme ou se transforme et qui finit par acquérir une certaine 'philosophie' face aux problèmes que posent l'existence et la société.

Si l'élève reste une donnée indispensable, la source de son enseignement évolue donc. Cette évolution se trouve déjà dans le roman pédagogique de Mme Leprince de Beaumont, *Civan, roi de Bungo: histoire japonnoise ou tableau de l'éducation d'un prince*: si l'auteur conserve le couple traditionnel du mentor et de son disciple, elle remplace le précepteur masculin par une éducatrice philosophe et chrétienne.

Dulica est la 'fille d'un marchand portugais et d'une Françoise'.[4] Eduquée en France par un oncle philosophe, elle est initiée aux 'mystères de la philosophie' ce qui signifie qu'elle est formée aux sciences expérimentales aussi bien qu'à la philosophie morale. Cette dernière la

---

1. Mme d'Epinay, *Les Conversations d'Emilie*, p.311.
2. '*Le Véritable Mentor*, de Caraccioli (1756), le *Mentor vertueux*, de L.-P. Bérenger (1786); le *Mentor universel*, journal d'éducation fondé par l'abbé Roy en 1784; sans parler des divers ouvrages où Télémaque et son maître sont cités l'un comme le modèle des disciples, l'autre comme celui des éducateurs' (A. Chérel, *Fénelon au XVIIIe siècle en France*, p.568).
3. R. Granderoute, *Le Roman pédagogique*, p.3-4.
4. Mme Leprince de Beaumont, *Civan, roi de Bungo: histoire japonnoise ou tableau de l'éducation d'un prince* (1758), éd. Alix S. Deguise (Genève, 1998), Ire partie, p.7-8.

conduit à pratiquer la bienfaisance avec une grande libéralité; ce qui attire la suspicion et l'oppression sur elle et la contraint à fuir la France. Elle se rend en Inde déguisée en homme et accompagnée d'un parent portugais. Alors que les deux personnages tentent de rentrer en Europe, ils abordent par hasard une côte du Japon où Dulica s'installe finalement et épouse un Japonais. Avec l'aide de ce dernier, elle projette d'évangéliser le peuple du Bungo à travers son roi. C'est pourquoi elle décide d'élever l'enfant que le couple royal vient d'avoir, Civan. Durant le temps de sa formation, il ignorera quel genre de destin l'attend; puis, à la fin de son éducation, il reprendra son identité pour monter sur le trône. Parallèlement, un nourrisson de sang royal, Faraki, né au même moment que le jeune prince, lui sera substitué et, sous l'identité de Civan, sera élevé comme si la couronne devait lui revenir. Enfin, Dulica prend également sous sa tutelle Mera, la princesse destinée à épouser Civan; elle formera les deux enfants ensemble. Dans son roman, Mme Leprince de Beaumont apporte deux modifications importantes au modèle du couple pédagogique fénelonien. D'une part, le prince est élevé par une femme et en compagnie de la princesse qu'il doit épouser. D'autre part, l'éducation du héros est doublée par celle d'un autre prince. L'enjeu de cette disposition est de former un prince assez vertueux pour qu'il accepte de renoncer au trône auquel il se croyait promis. De la même façon, le modèle du couple formé par Mentor et Télémaque est soit repris avec des variations soit abandonné dans les ouvrages des éducatrices.

Le personnage de Mentor a quelquefois paru ambigu: déesse ayant pris les traits d'un vieillard, était-ce un homme ou une femme? Pourtant, le choix de l'allégorie est clair: c'est la sagesse elle-même qui forme et guide le jeune prince. Cette inspiration symbolique se retrouve au sein des contes des éducatrices. Dans *Zarine et Zara* de Mme de La Fite, c'est également une représentation de la sagesse, la fée Sapia, qui ramène Zarine sur le chemin de la vertu et qui, l'aidant à former sa fille Zara, fait de cette dernière une parfaite souveraine. Dans *Le Prince Charmant* de Mme Leprince de Beaumont, celle qui guide symboliquement le prince dans son initiation est Vraie-Gloire. Ses préceptes, que le prince suit fidèlement, lui indiquent les moyens de devenir un souverain sage. Enfin, dans la première version de *L'Ile heureuse* de Mme d'Epinay, c'est la fée Prudente qui initie progressivement les princes et les princesses aux vertus qu'ils doivent acquérir pour être de bons souverains tandis que dans celle de 1781, l'analyse est affinée: le rôle du mentor en tant que guide et éducateur est réduit, dégradé voire disparaît. Certes, entre le prince Trois-Etoiles et son compagnon de voyage, il existe le genre de relation faite de confiance et d'affection établie entre Mentor et Télémaque; cette fidélité au modèle fénelonien semble s'expliquer par le caractère vertueux des deux personnages. En revanche, Colibri – représentant un prince ridicule et sans esprit – est accompagné dans ses voyages par un écuyer qui remplit mal sa fonction en le laissant épouser la princesse Céleste sans le consentement de son père. Enfin, avec le prince Phoenix, la figure du mentor disparaît. Il voyage seul tout en faisant preuve de sagesse; or, c'est le seul prince qui aura à jouer un rôle politique. En définitive, dans la seconde version du conte de Mme d'Epinay, les principaux personnages princiers des deux sexes seront essentiellement formés par les événements.

Tout en se référant également à l'œuvre de Fénelon, Mme de Genlis diversifie ses modèles: elle lui associe notamment des contemporains, l'abbé Duguet[5] et Basedow.[6] Dans *Adèle et Théodore*, l'éducatrice ancre l'éducation d'un jeune prince européen dans son époque, celle des Lumières. Elle est confiée à un gouverneur, le comte de Roseville, qui se consacre exclusivement à sa tâche. Ainsi, tout en prônant l'éducation des garçons par les femmes à l'instar des autres éducatrices, Mme de Genlis établit une distinction dans le cas des princes: 'Je pense, comme vous, que l'éducation qu'elles n'auront pas ou dirigée ou perfectionnée, ne sera point entièrement finie, mais ce principe n'est rigoureusement vrai qu'à l'égard des particuliers.'[7] Toutefois, quelques mois après avoir été nommée gouverneur des enfants d'Orléans – ce qui l'instituait gouverneur de Philippe d'Orléans qui pouvait être amené à monter sur le trône –, elle fait paraître un *Essai sur l'éducation des hommes et particulièrement des princes par les femmes, pour servir de supplément aux Lettres sur l'éducation.*[8] Dans ce texte, il s'agit bien pour la pédagogue de rectifier l'idée selon laquelle une femme ne pourrait pas jouer le premier rôle dans l'éducation d'un prince. Certes, elle est chargée de la partie strictement éducative des apprentissages du prince: elle lui inculque des principes moraux, s'occupe de sa formation physique et de lui faire prendre conscience des réalités aussi bien sociales que naturelles du monde qui l'entoure[9] tandis que les connaissances intellectuelles et pratiques sont confiées à un précepteur. Mais c'est bien elle qui va modeler sa pensée et sa sensibilité et ce sont les convictions d'un roi qui

---

5. Jacques-Joseph Duguet, *Institution d'un prince ou traité des qualitez, des vertus et des devoirs d'un souverain* (Londres, Jean Nourse, 1743).

6. Johann Bernard Basedow, *De l'éducation des princes destinés au trône*, trad. Jean-François de Bourdoin (Yverdon, Société littéraire et typographique, 1777).

7. Mme de Genlis, *Adèle et Théodore*, p.337.

8. Paris, Guillot, 1782. Il sera suivi, quelques années après, par un *Discours sur l'éducation de M. Le Dauphin et sur l'adoption* (Paris, Onfroy et Née de La Rochelle, 1790).

9. Mme de Genlis a décrit son travail auprès des enfants d'Orléans dans plusieurs ouvrages; notamment dans ses *Mémoires* et dans *Leçon d'une gouvernante à ses élèves, ou fragmens d'un journal qui a été fait pour l'éducation des enfans de Monsieur d'Orléans* (Paris, Onfroy et Née de La Rochelle, 1791, 2 vol).

donnent l'impulsion à sa politique. Par ailleurs, particularité intéressante et unique au XVIIIe siècle, l'éducation princière conçue par les éducatrices s'enrichit de la prise en compte de celle des princesses.[10]

ii. Les spécificités de l'éducation des princesses

La plupart des personnages de souveraines sont moins destinés à régner qu'à assister leurs époux dans l'exercice du pouvoir; néanmoins, elles sont susceptibles de prendre les rênes du pouvoir en cas de régence. Pour autant, la princesse Mera dans *Civan, roi de Bungo* n'apprend rien de ses futures fonctions de reine. Elle doit seulement se préparer à accepter avec soumission l'époux qu'on lui désignera et dont le choix sera motivé par des impératifs politiques ('vous êtes née princesse, et l'on ne consulte guère l'inclination de vos semblables, lorsqu'il est question de leur choisir un époux'[11]) et à remplir un rôle 'secondaire' à ses côtés ('je me flatte que vous seconderez par votre prudence ces grandes entreprises' (p.167)). Certes, elle est présente aux côtés de Dulica et Civan durant la formation politique de ce dernier; mais, la préceptrice ne s'adresse pas à elle pendant les leçons et elle-même ne pose jamais de question. La place que Mme Leprince de Beaumont accorde à la princesse dans son roman pédagogique peut expliquer que ce type de personnage se limite à la figure d'une future épouse dans les contes des *Magasins*. De même – et malgré un contexte de gouvernement féminin –, l'éducation des princesses de *L'Île heureuse* n'est pas la meilleure; Régentine laisse notamment la plus grande pédagogue de son île aller exercer ses talents dans un autre pays ce qui révèle – une nouvelle fois glissée dans les plis du conte parodique – la critique politique de l'auteur.

En revanche, le modèle de l'éducation d'une princesse selon Mme de Monbart et Mme de La Fite est plus ambitieux parce qu'elles prennent en compte le possible rôle politique d'une souveraine. Partant, sa formation est placée sous l'égide de la morale fénelonienne: 'Les passions égarent, mais la foiblesse avilit un souverain, et le fait devenir l'instrument et la victime des passions d'autrui.'[12] Comme dans les ouvrages des autres auteurs, le rôle initial de la reine dans *De l'éducation d'une princesse*[13] et dans *Eugénie et ses élèves* est d'être le soutien de son époux et, à ce

---

10. La question de l'éducation de la princesse ne semble pas avoir représenté un objet de réflexion intéressant pour les écrivains et philosophes du dix-huitième siècle. On relève uniquement la parution d'un petit livret adjoint à une édition du dix-huitième siècle du *Traité de l'éducation des filles* de Fénelon: Joachim de La Chétardie, *Instruction pour une jeune princesse* (Amsterdam et Leipzig, Arkstée et Merkus, 1758). Malgré le titre, l'auteur ne traite pas d'éducation princière mais de l'éducation morale des filles.

11. Mme Leprince de Beaumont, *Civan*, p.124.

12. Mme de La Fite, *Eugénie*, t.2, p.230.

13. Mme de Monbart, *De l'éducation d'une princesse* (Berlin, Himburg, 1781).

moment-là, elle ne doit pas ambitionner de diriger le pays avec lui. Sa principale fonction est alors d'éduquer des princes promis à l'exercice du pouvoir: 'Une princesse éclairée influe sur l'éducation de ses fils, en leur inspirant ses principes; en dirigeant leurs études, et le choix de ceux qui les entourent' (p.224). Cette conviction est également celle de Mme de Genlis: pour qu'elle réussisse, il est important que l'éducation d'un prince soit menée par sa mère.[14]

D'ailleurs, les éducatrices présentent les implications de ce rôle éducatif comme déterminantes d'un point de vue politique. En effet, la transmission par la reine à son fils de ses 'vices' ou de ses 'qualités' peut avoir des conséquences sur 'le bonheur d'un Etat', 'le sort de l'Europe' et même 'la gloire d[u] siècle'.[15] L'image de la souveraine dans la postérité est donc liée aux actions de ses enfants qui auront régné: c'est ce qui permettra de juger de sa moralité. Quant à ses propres actions, elles visent principalement des buts moraux. Tout d'abord, elle doit être la protectrice des arts, des lettres et des sciences.[16] Il s'agit non seulement de les favoriser mais également de leur donner une orientation chrétienne. Et nonobstant son absence d'autorité politique durant la vie d'un roi, une reine possède la même relation symbolique avec ses sujets que le roi puisqu'elle doit être la 'mère de ses peuples'[17] et 'préférer l[eur] bonheur à son propre intérêt' (p.48). Enfin, elle peut se retrouver sur le devant de la scène politique si elle devient régente. C'est l'unique moment où elle est susceptible d'exercer des fonctions politiques de premier plan. Cette précision indique que Mme de Monbart et Mme de La Fite réfléchissent à la royauté à partir du modèle français. C'est en effet le seul qui, conformément à la loi salique, ne permet pas aux femmes de monter sur le trône; mais il accorde aux mères de futurs rois la possibilité de diriger le pays pendant la minorité de ceux-ci. Les rôles de la souveraine définis par les deux auteurs sont donc assez diversifiés même si Mme de La Fite ne développe pas aussi longuement que Mme de Monbart son plan d'éducation pour une princesse, comme si elle se contentait de faire écho au livre de sa contemporaine.

Dans un premier temps, elles reprennent le principe d'un mentorat de type fénelonien: il repose essentiellement sur la transmission d'une philosophie et d'une morale chrétiennes. Par la suite s'y ajoutent les éléments de l'institution princière du dix-huitième siècle dont le principal élément est l'Histoire. Rollin considérait que cette matière était un

---

14. Mme d'Epinay fait également éduquer un jeune prince par sa mère dans *L'Ile heureuse ou les Vœux en l'air*. Voir *Les Conversations d'Emilie*, p.299.

15. Mme de La Fite, *Eugénie*, t.2, p.225.

16. En revanche, c'est un rôle que Mme de Genlis fait figurer parmi les compétences du souverain. Voir *Adèle et Théodore*, p.557.

17. Mme de Monbart, *De l'éducation d'une princesse*, p.15.

moyen de donner aux grands des leçons qu'ils ne recevraient pas
autrement. En effet, elle révèle le lien qui existe entre le destin politique
d'un pays et les passions des princes. C'est le meilleur enseignement
politique pour de futurs souverains et il correspond également à
l'enseignement fénelonien selon lequel les princes doivent éradiquer
en eux toute passion:

> Pour tirer du fruit de l'Histoire, il faudroit l'envisager sous un point de vue
> moral, et se bien pénétrer des grandes vérités qu'elle présente: il en est une
> sur-tout que les princes ne sauroient trop méditer. Qu'ils parcourent
> l'Histoire de tous les siècles et de tous les pays, et par-tout ils verront que
> les passions du souverain, celles des favoris ou des ministres, ont fait le sort
> des empires.[18]

Partant, les seules lectures autorisées aux jeunes princes et princesses
sont historiques. La méthode se veut inductive; il s'agit de permettre à la
future souveraine de déterminer sa conduite en fonction des actions de
ses prédécesseurs: 'ce sont des modèles à suivre, des fautes à éviter, ce
sont en un mot des règles de conduite qu'elle doit extraire de cette foule
de souverains dont on va lui montrer les erreurs ou la sagesse, les vices ou
les vertus'.[19] Les princes sont donc tenus de se détourner dès l'enfance et
la jeunesse de ce qui est autorisé à ceux qu'ils gouverneront; leurs études
et leurs loisirs doivent être consacrés à la mission qu'ils sont appelés à
remplir. Pour les garçons, l'apprentissage théorique de la politique peut
être complété par une observation des cours de pays voisins durant des
voyages; cette expérience est impossible pour les princesses qui ont
cependant la possibilité d'étudier plus en détail les vies de reines célèbres
dans des mémoires.

Il s'agit notamment d'un enseignement donné par les exemples des
souveraines qui ont joué des rôles décisifs dans l'histoire de leurs pays:
'dites hardiment, dans telle occasion telle ou telle princesse se conduisit
ainsi'.[20] C'est ainsi que la gouvernante de la princesse Eugénie lit à son
élève des 'traits' des *Mémoires d'Anne d'Autriche* par Mme de Motteville[21]
afin de révéler tous les aspects du caractère de cette souveraine. Et
particulièrement ceux qui expliquent les raisons qui l'ont conduite à
faillir aux rôles les plus essentiels d'une reine; former des princes
capables de gouverner vertueusement et assurer une bonne régence:
'elle aima ses enfans, et ils furent mal élevés; elle aima ses sujets, et la
France fut malheureuse pendant sa régence'.[22] Enfin, une fois mariée la

---

18. Mme de La Fite, *Eugénie*, t.2, p.229.
19. Mme de Monbart, *De l'éducation d'une princesse*, p.35.
20. Mme de Monbart, *De l'éducation d'une princesse*, p.45.
21. Françoise Bertaut de Motteville, *Mémoires pour servir à l'histoire d'Anne d'Autriche, épouse de
    Louis XIII, roi de France* (Amsterdam, François Changuion, 1723).
22. Mme de La Fite, *Eugénie*, t.2, p.238.

princesse n'a pas pour autant achevé sa formation. En tant que jeune souveraine elle doit se préparer à un éventuel exercice du pouvoir en 's'appliquant à l'étude, en recherchant l'entretien de ceux qui [pourroient] l'éclairer sur les objets qu'il lui import[er]oit de connoître, tels que l'Histoire, le caractère, les intérêts du peuple' (p.246-47). Ainsi, pour Mmes de Monbart et de La Fite, le rôle politique d'une souveraine est loin d'être anodin: il importe pour l'équilibre d'un pays et même de l'Europe.

D'ailleurs, le portrait de la bonne souveraine tel qu'elles le conçoivent se retrouve, de manière concise, dans le conte *Zarine et Zara* de Mme de La Fite. Une particularité de taille est cependant introduite: la possibilité que la souveraine ne soit pas de sang royal. En effet, Zarine est la fille d'un simple dignitaire du royaume. Pourtant, elle est choisie comme épouse par le jeune roi de Circassie; en premier lieu parce qu'elle est une 'élève' de la fée Sapia c'est-à-dire de la sagesse. Elle accomplit dans l'espace fictionnel les tâches définies sur un plan théorique dans le dialogue entre Eugénie et Ernestine: 'Zarine n'eut d'autre ambition que celle de remplir ses devoirs; elle aima l'étude et le travail, protégea les vrais savans, encouragea les talens utiles, et tendit aux malheureux une main bienfaisante'.[23] En revanche, dans un autre conte inséré dans *Entretiens, contes et drames moraux*, 'Mina ou l'enfant corrigé', elle étend ses considérations à la gouvernance monarchique en général. Elle peint une fiction politique dans laquelle la souveraine – âgée de douze ans – est formée à l'exercice du pouvoir en admnistrant seule une petite île. Cette expérience est désastreuse pour le pays. Ce sont les conséquences des choix des gouvernants pour un pays qui font l'objet de l'analyse de Mme de La Fite et cette question, dans les ouvrages des éducatrices, peut concerner aussi bien des souverains que des souveraines.

iii. Vers l'exercice du pouvoir

Prendre le pouvoir sur soi

A l'âge adulte, les princes ont encore d'ultimes apprentissages à faire. Il s'agit tout d'abord d'apprendre à combattre leurs passions et principalement l'amour. De fait, l'éducation sentimentale est un élément formateur important dans les romans pédagogiques. Il s'agit de l'une des premières étapes de la formation de Télémaque: à la suite d'un voyage en mer, le jeune prince et son guide ont échoué sur l'île de Calypso où il s'éprend d'Eucharis. Cette passion lui ôte toute volonté et le détourne de son objectif initial: retrouver son père et retourner auprès de sa mère en Ithaque. Tous les raisonnements de Mentor restent sans effet sur son

---

23. Mme de La Fite, *Réponses à démêler*, p.133-34.

cœur épris. Pour arracher son élève à cette influence pernicieuse, Mentor est obligé de provoquer une rupture spectaculaire: il se jette avec lui dans la mer du haut d'une falaise. Cette fuite devant l'amour permettra au jeune prince de considérer la passion amoureuse avec distance et le conduira vers l'amour sage, l'amour matrimonial qui se concrétisera avec la fille d'Idoménée, Antiope. Civan fait également l'expérience du passage de l'amour passion à l'amour sage; mais avec la même jeune fille. Il aime Mera, la princesse élevée à ses côtés par Dulica pour devenir son épouse. Pour l'éprouver, la gouvernante les sépare. Ce qui fait presque perdre la raison au jeune homme: il projette de mettre fin à ses jours. Revenu de cette 'extrémité', il aura appris à faire passer son devoir de prince avant ses passions d'homme: 'il falloit cette fatale expérience, pour vous apprendre qu'une passion telle qu'elle soit, vient à bout d'ébranler les vertus qui paroissent les mieux établies'.[24] C'est la dernière étape de son éducation morale.

De même, dans *Adèle et Théodore*, le jeune prince conçoit une passion violente pour la fille d'une famille pauvre qu'il a tirée de la misère. Comme pour Télémaque et Civan, le rôle de son mentor est alors de le détourner de ce sentiment qui ne convient pas à un futur souverain. Par la suite, il favorisera l'amour conjugal par le choix d'une princesse digne de le faire naître dans le cœur du prince: 'j'ai proposé une jeune princesse d'une figure aimable, d'une éducation distinguée, et qui, par sa douceur, ses talents et son caractère, fera sûrement le bonheur du prince et l'ornement de la cour'.[25] L'éducation sentimentale est donc structurante dans la formation des princes. Toutefois, dans les contes, cet aspect n'est pas développé; certainement en raison du lectorat enfantin auquel ils sont en partie adressés. Ainsi, l'amour ressenti par les personnages princiers des formes brèves est de prime abord raisonnable et de nature conjugale: 'Ecoutez, Arbor, dit le prince; j'aimerais mieux mourir que de manquer de respect à mon père, en me mariant sans sa permission; mais promettez-moi de me garder votre fille, et je vous promets de l'épouser quand je serai roi; je consens à ne point la voir jusqu'à ce temps-là.'[26] Tenus d'éloigner d'eux des sentiments humains qui risqueraient de les affaiblir, les princes n'ont pas le droit de prétendre à un bonheur commun. Leur devoir étant de rendre leurs peuples heureux, ils peuvent tout au plus espérer tirer leur satisfaction de cette 'félicité publique'. Ils doivent être prêts à tout sacrifier à ce but et notamment leurs intérêts propres. La maîtrise de la passion amoureuse est donc un premier pas vers la sagesse politique. Or, un autre élément formateur, selon Fénelon et les éducatrices, est le malheur.

24. Mme Leprince de Beaumont, *Civan*, p.136.
25. Mme de Genlis, *Adèle et Théodore*, p.532.
26. Mme Leprince de Beaumont, *Magasin des enfans*, t.3, p.126.

En raison de leur position dominante, les princes sont normalement prémunis contre les peines que connaissent habituellement les hommes. Mais lorsqu'ils éprouvent eux-mêmes un malheur, ils sont abaissés au niveau des autres mortels. Cette expérience leur permet de mieux comprendre les souffrances du peuple et de les rendre sages dans leurs gouvernements. La narratrice de *Civan* émet une réserve sur le bénéfice de cette formation lorsqu'elle intervient tard. A l'âge adulte, elle juge que les princes ne sont plus susceptibles d'être touchés au même titre que les particuliers par le malheur: 'Les foibles ressources qui restent à l'homme mal élevé ne sont pas faites pour lui: quelles sont ces ressources? l'adversité; disons plus l'indigence [...] tout cela manque aux princes.'[27] Ainsi, lorsqu'un prince est malheureux dès l'enfance, il devient un excellent souverain; c'est la leçon du conte 'Fatal et Fortuné' inséré dans le *Magasin des enfans*. En revanche, pour Mme d'Epinay, l'expérience malheureuse peut réformer des princes adultes qui ont commis des erreurs en gouvernant: 'Le malheur avait réparé, en peu de temps, toutes les sotises des fées et tous les ravages de la postérité; il avait rendu la mere et les deux sœurs jumelles, trois créatures parfaites.'[28] C'est cet 'apprentissage' qui permettra ensuite à Régentine et à ses deux filles de gouverner sagement et vertueusement. Enfin, le voyage de formation est une étape qui permet aux princes de parfaire leur éducation politique.

Le périple de Mentor et Télémaque est à la base de l'œuvre de Fénelon. Et au dix-huitième siècle, les voyages de princes et de souverains sont devenus chose commune en Europe. Ils apparaissent donc dans la littérature aussi souvent comme des prescriptions que comme des descriptions. Dans *L'Ile heureuse ou les vœux en l'air*, les fêtes données par Régentine attirent à sa cour des princes étrangers qui visitent les pays voisins des leurs. De même, Mme de Genlis évoque, dans *Adèle et Théodore*, les voyages que devra effectuer le jeune prince sous la tutelle de son gouverneur. En premier lieu, il est nécessaire que le futur roi appréhende les réalités sociales et économiques de son pays. En second lieu, il s'agit de s'inspirer de l'exemple des cours étrangères pour éventuellement améliorer l'économie nationale. Quant au conte du *Prince Charmant* de Mme Leprince de Beaumont, il combine la pérégrination inspirée de l'antiquité et le voyage 'pratique' du dix-huitième siècle. En effet, le jeune prince visite les contrées étrangères pour y apprendre des techniques nouvelles et engager des artisans à venir travailler dans son pays tandis que, sous son impulsion, l'économie nationale devient florissante. Le modèle de ce personnage n'est autre

27. Mme Leprince de Beaumont, *Civan*, p.61.
28. Mme d'Epinay, *Les Conversations d'Emilie*, p.297.

que Pierre le Grand: 'Je pense aussi que le prince Charmant ressemble à Pierre-le-Grand, empereur de toutes les Russies, dont j'ai lu l'histoire dans les magasins français.'[29] Ainsi, se trouvent dans les contes des utopies sociales, économiques et politiques inspirées de la Salente des *Aventures de Télémaque* qui sont également des leçons aux futurs souverains. Puis, dès lors qu'ils sont formés et qu'ils tiennent les rênes du pouvoir, les princes ont à éviter d'autres écueils.

L'une des plus grandes difficultés de l'exercice du pouvoir est de savoir s'entourer de conseillers et de ministres dignes de confiance car un souverain attire davantage les flatteurs que les hommes honnêtes; d'autant plus qu'il accepte difficilement les critiques. La flatterie, qui occulte la vérité, environne les princes et Fénelon la dénonce à plusieurs reprises. C'est un problème également relevé par les éducatrices: 'Environnée de flatteurs [...] une princesse n'a qu'elle seule pour juge de ses actions.'[30] Pour distinguer les hommes vertueux de ceux qui cherchent à les 'amollir', les souverains doivent donc accepter de s'entendre dire la vérité:

EUGÉNIE

celui qui dévoile à son roi des vérités désagréables, doit avoir une vertu peu commune. Supérieur aux espérances qui attirent auprès du souverain le vulgaire des courtisans, il doit l'être encore à la crainte qui les porte à dissimuler.[31]

De plus, ils sont tenus d'étudier ceux qui les entourent afin de déterminer leurs vices et défauts ainsi que leurs qualités. Cette nécessité fait l'objet d'un enseignement particulier de la part du comte de Roseville. Toutefois, il prévient son élève qu'il ne devra jamais se fier entièrement aux hommes auxquels il délègue une partie du gouvernement: 'je vous le répète Monseigneur, dans les affaires véritablement importantes, écoutez plus d'un conseil, et n'en suivez aucun légèrement'.[32] Finalement, la sagesse acquise à travers ces différentes étapes permet aux princes de prendre conscience de la difficulté et de l'ingratitude de leur tâche. Leurs décisions doivent être irréprochables car toute erreur aurait des conséquences à l'échelle d'un pays: 'Les fautes des particuliers ne peuvent guère nuire qu'à un petit nombre de personnes, mais les fautes des princes nuisent à tout un Etat.'[33] En outre, il importe qu'il représent un modèle pour leurs sujets: les princes sont à la tête de peuples à leur image. Et finalement, la plus grande sagesse d'un prince – et sa plus grande vertu – réside dans le désir

29. Mme Leprince de Beaumont, *Magasin des enfans*, t.1, p.207-208.
30. Mme de Monbart, *De l'éducation d'une princesse*, p.41.
31. Mme de La Fite, *Eugénie*, t.1, p.63-64.
32. Mme de Genlis, *Adèle et Théodore*, p.605.
33. Mme de La Fite, *Entretiens*, t.1, p.206.

de ne pas avoir à gouverner: 'Il n'est point d'honnête homme qui put se résoudre à accepter la souveraine puissance, s'il avoit mûrement réfléchi sur ces inconvéniens.'[34] Ce souhait est même le gage d'un prince entièrement formé. Après cette prise de conscience, le souverain est entièrement investi dans son rôle de dirigeant et peut affronter la plus grande difficulté qui s'élève devant lui, la guerre.

Le discours sur la guerre

L'une des attributions du prince est de commander ses armées. Ainsi, Télémaque est un parfait stratège à l'image de son père; il s'illustre lors de batailles et s'attire ainsi le respect et les louanges de chefs alliés. Civan est également formé au combat dès son plus jeune âge. Devenu souverain du Bungo, il sera capable d'en imposer militairement à ses voisins. Dans *L'Île heureuse*, le prince Phoenix s'enrôle dans l'armée de Catherine II de Russie. Sa maîtrise militaire lui permet d'obtenir des protections et des honneurs ainsi que la fidélité des troupes de cosaques qu'il a commandées. Un bon prince doit donc connaître 'l'art de la guerre'. Pourtant, l'un des principaux enseignements de Mentor à Télémaque, répété tout au long du roman, est que 'La guerre est le plus grand des maux dont les dieux affligent les hommes.'[35] Fénelon démontre notamment que seule la recherche de ce qu'il nomme une 'fausse gloire' conduit les souverains à mener des guerres. Dans leurs livres, les éducatrices reprennent cette analyse et tirent les mêmes conclusions. Ainsi, dans *Le Prince Charmant*, Mme Leprince de Beaumont utilise le terme 'gloire' sous un jour allégorique; elle oppose deux fées 'Vraie-Gloire' et 'Fausse-Gloire'; la première conduit Charmant à se former pour devenir un prince éclairé, uniquement préoccupé par le bonheur de ses sujets. En revanche, Fausse-Gloire trompe le prince Absolu en lui faisant croire que la renommée d'un prince est liée au nombre de ses conquêtes guerrières. Pour illustrer son discours, elle lui montre les portraits de grands conquérants, Alexandre, César et Pyrrhus. Lorsqu'il réalise son erreur, Absolu meurt de douleur tandis que Charmant épouse Vraie-Gloire. A travers cette mise en scène manichéenne, le message est explicite: le choix de la guerre équivaut à une mort au moins morale et peut-être politique. Sur le même sujet, Mme de Genlis ne cite pas Fénelon mais l'abbé Duguet.[36] Pourtant, c'est bien l'idée fénelonienne sur la guerre qui est défendue par ce dernier: 'Malheur au prince qui entreprend une guerre injuste, s'écrie l'estimable auteur de *L'Institution*

---

34. Mme Leprince de Beaumont, *Civan*, p.219.
35. Fénelon, *Les Aventures de Télémaque*, p.305.
36. J.-J. Duguet, *Institution d'un prince*.

d'un prince.'[37] En effet, lorsque la guerre ne peut plus être évitée, il s'agit de faire en sorte qu'elle soit du moins 'juste' sur un plan éthique.

Non seulement un souverain doit s'abstenir de déclencher une guerre, mais il doit également faire tous ses efforts pour éviter celles qui se profilent: 'Lorsque le roi de Bungo fut sur sa frontière, il reçut des ambassadeurs de Syco roi de Saxuma, qui lui proposoit de terminer à l'amiable tous leurs différends. Civan haïssoit le sang; celui de ses sujets lui étoit précieux; et il saisit avec joye l'occasion de le ménager.'[38] De même, Mentor, par ses discours raisonnables, éteint la guerre qui s'allumait contre Idoménée dans *Les Aventures de Télémaque*. C'est par orgueil que ce souverain n'a pas hésité à compromettre la paix; comportement condamnable qui est également celui de Céleste dans *L'Ile heureuse*. Elle détermine son mari à faire placer des troupes sur les frontières de l'Ile heureuse: 'la vanité de Céleste fut blessée qu'on osât mettre en question le pouvoir et les droits de sa mère. Les ambassadeurs furent renvoyés et la guerre défensive résolue.'[39] Certes, la guerre ainsi amorcée répond aux manœuvres belliqueuses de Songecreux, le souverain voisin de l'île. Mais la princesse a eu tort de ne pas suivre l'avis du conseil qui préconisait de l'empêcher: le manque de réflexion et de prudence politique des gouvernants de l'Ile heureuse attire le malheur sur celle-ci. Le pays est envahi par l'armée de Songecreux et Céleste et son époux sont contraints de fuir. Finalement, ce n'est qu'après avoir tenté en vain tous les recours de la diplomatie qu'une guerre peut être considérée comme défensive et par conséquent juste.

Dans le discours sur la guerre, la notion de légitimité est donc importante. Et c'est dans cette perspective que Mme Leprince de Beaumont ajoute à la guerre défensive celle de reconquête. Cette dernière concerne la récupération de terres qui ont été spoliées soit sous le règne du roi au pouvoir soit sous ceux de ses ascendants. Ainsi, c'est d'abord la reconquête puis la défense qui justifient les deux campagnes militaires menées par Civan contre des pays voisins. Cependant, avant de les entreprendre, il tente les voies de la concertation. La reconquête permet, en outre, d'annuler une autre conséquence injuste de la guerre: l'occupation de terres appartenant à autrui. Il s'agit d'un déséquilibre dans les rapports entre les pays que Fénelon condamne: il préconise de 'n'usurper jamais le bien de ses voisins'.[40] Et, effectivement, selon Mme Leprince de Beaumont, des terres ainsi annexées et un peuple ainsi soumis seraient sources de

---

37. Mme de Genlis, *Adèle et Théodore*, p.603.
38. Mme Leprince de Beaumont, *Civan*, IIe partie, p.89.
39. Mme d'Epinay, *Les Conversations d'Emilie*, p.423.
40. Fénelon, *Les Aventures de Télémaque*, p.509.

troubles et de guerres ininterrompus car il n'y aurait jamais une totale assimilation entre les lieux conquis et le pays vainqueur; l'intelligence politique consisterait donc à faire du vaincu un allié:

> On conseilla à Tity de lui ôter tout son royaume; mais il dit: Je ne veux pas faire cela: les sujets, qui aiment toujours mieux leur roi qu'un étranger, se révolteraient, et lui rendraient la couronne; Violent n'oublierait jamais sa prison, et ce serait une guerre continuelle qui rendrait deux peuples malheureux; je veux au contraire rendre la liberté à Violent, et ne lui rien demander pour cela; je sais qu'il est généreux, il deviendra notre ami, et son amitié vaudra mieux pour nous que son royaume, qui ne nous appartient pas, et j'éviterai par-là une guerre qui coûterait la vie à plusieurs milliers d'hommes.[41]

Cette réflexion, communiquée dans un conte du *Magasin des enfans*, est illustrée par des événements contemporains dans le *Magasin des adolescentes*; l'analyse politique prend, de ce fait, un tour plus concret. Mme Leprince de Beaumont évoque la guerre qu'Anglais et Français se livrent au Canada pour la possession de territoires. Toutefois, enseignant et éditant ses livres à Londres, elle ne tranche pas la question de l'appartenance des terres pour lesquelles les deux armées s'affrontent. Elle rappelle seulement que cette appropriation dans les colonies doit revêtir un caractère légitime pour maintenir l'équilibre des rapports politiques entre les pays européens: 'Retenez bien, mesdames, que ce n'est pas la grandeur des possessions qui fait le bien des empires, mais la justice des possessions.'[42] Avec une intuition moderne, l'éducatrice pense donc qu'une réglementation éthique doit réguler les conflits et le partage des territoires entre les pays.

Mme de La Fite développe également un discours critique sur la guerre; toutefois, elle propose une analyse qui est plutôt d'ordre social: elle choisit d'en montrer les conséquences pour les familles, ce qui lui permet de donner un visage à la souffrance des sujets victimes des choix de leurs souverains. Elle le fait sans distinction de classe, aussi bien pour l'aristocratie que pour le peuple à partir de situations contemporaines peintes au sein de deux drames. Dans *Le Congé*, c'est une famille noble qui est représentée. La dénonciation de la guerre, adressée au prince et aux grands, est transmise par la voix des enfants de la famille:

EMILIE

O cette vilaine guerre!
    Quel bonheur ce seroit si les hommes étoient moins ambitieux, et s'ils s'aimoient comme nous nous aimons nous autres frères et sœurs...[43]

41. Mme Leprince de Beaumont, *Magasin des enfans*, t.3, p.125-26.
42. Mme Leprince de Beaumont, *Magasin des adolescentes*, t.2, p.213.
43. Mme de La Fite, *Entretiens*, t.2, p.90.

Outre les enjeux territoriaux à l'origine des conflits qui sont ainsi désignés, le discours attribué à des enfants met en cause l'une des fonctions premières de la noblesse, le service du roi (p.104-105):

JULIE

> Mais dites moi, messieurs, à quoi pense le roi d'enlever leur père à de pauvres enfans? Croit-il que nous n'avons pas besoin d'un père pour être bien élevés? [...] Par exemple, il me semble que notre papa en élevant bien ses enfants rendroit aussi un bon service à la patrie.

Toutefois, la critique est mitigée. L'ordre social et politique et, partant, le sentiment national ne doivent pas être remis en question: 'le devoir [des sujets] est d'obéir au souverain en sacrifiant s'il le faut leur vie et leur fortune au bien de la patrie' (p.90-91). En dernier lieu, l'image positive du prince est préservée car il donne son congé au père en raison de la vertu de ses enfants.

Dans *Le Fils reconnoissant*, c'est la classe paysanne qui est mise en scène. Face à elle, les représentants de la guerre ont deux visages. D'une part, le capitaine, fils méritant d'un couple de paysans, en offre une image positive. Il fait la guerre valeureusement pour son prince et, bon fils, envoie sa solde à ses vieux parents. De plus, à travers lui, l'armée apparaît comme un moyen de gravir les échelons sociaux. D'autre part, un soldat recruteur en donne une image négative. C'est celle de la bassesse, de l'oppression et de l'injustice. Ivrogne et grossier, il tente d'enrôler de force le fiancé de la sœur du capitaine. Ce qui aurait des conséquences humaines désastreuses: le jeune homme ne pourrait plus se marier et, surtout, il ne pourrait plus cultiver un champ grâce auquel sa mère peut vivre. Comme dans *Le Congé*, l'intervention magnanime du prince montre que Mme de La Fite ne critique pas le système monarchique; elle vise seulement les conséquences des guerres. En définitive, la réflexion sur la guerre se trouve à la jonction entre formation du prince et discours politique. Or, si les éducatrices prennent des positions fortes sur la question de la formation des princes, elles se sont également exprimées sur les types de gouvernements auxquels elles aspiraient.

13. Les éducatrices et la politique

i. La monarchie absolue

Montesquieu a ouvert la voie du questionnement politique avec *L'Esprit des lois* (1748): l'ouvrage 'marque l'application de l'esprit critique à la sphère de la politique'.[1] Cependant, le siècle des Lumières ne se caractérise pas par une contestation forte du régime en place. La plupart des philosophes n'envisagent l'établissement d'une nouvelle politique que par des réformes et améliorations: 'Les plus clairvoyants souhaitaient la mise en œuvre d'une constitution, mais ils ne voulaient pas le bouleversement de l'ordre politique, ni celui de l'ordre social, même si un courant commençait à émerger.'[2] C'est plus précisément la monarchie absolue qui est visée: 'Durant tout le XVIIIe siècle et jusqu'à la fin de l'Ancien Régime, deux courants plus ou moins homogènes font valoir des arguments tendant soit à la défense soit à la réforme de la royauté.'[3] C'est pourquoi les éducatrices attachées à la monarchie française éprouvent le besoin d'écrire en sa faveur. Mmes Leprince de Beaumont et de Genlis, en particulier, face aux modifications que subissent les autres monarchies européennes, louent ses qualités. Elle se caractérise, selon elles, par une continuité dans l'histoire qui explique l'attachement que porte le peuple français à ses rois. C'est ainsi que le sentiment patriotique des Français serait particulièrement vivace parce qu'il s'incarne dans une personne royale qui serait le reflet de leur nation:[4] 'tous les paysans crièrent: *Vive le roi*! avec cette effusion de cœur qui n'appartient qu'à des François. Ces transports, dit Madame de Clémire, ne sont que les tributs d'une juste reconnaissance; mais quelle nation sut jamais mieux que la nôtre mériter un bon roi!'[5] Le système monarchique est donc profondément lié à la personne royale. Pour autant, la foi en la nature divine du roi n'a plus court à l'époque où les éducatrices écrivent.

Dans la seconde moitié du dix-huitième siècle, le monarque a perdu l'aura surnaturelle que les politiques des siècles précédents s'étaient

1. A. Zysberg, *La Monarchie des Lumières*, p.440.
2. A. Zysberg, *La Monarchie des Lumières*, p.449.
3. Eric Gojosso, *Le Concept de république en France, XVIe-XVIIe siècle* (Aix-en-Provence, 1998), p.255.
4. Voir Yves-Marie Bercé, 'Les monarchies de l'âge moderne', dans *Les Monarchies*, éd. Yves-Marie Bercé (Paris, 1997), p.262.
5. Mme de Genlis, *Les Veillées du château*, t.2, p.177.

ingéniés à lui conférer et dont la manifestation la plus marquante était la guérison des écrouelles par un simple contact.[6] Ainsi, le roi a longtemps été considéré comme un représentant sur terre de l'autorité divine: 'Images du Très-Haut, objets particuliers de ses regards et de ses bienfaits, instrumens de sa puissance et de sa bonté, quel amour, quel respect ne doivent-ils pas à la source éternelle de leur existence; de leur gloire et de leur félicité!'[7] Mais à la fin de l'Ancien Régime, cette idée se laïcise, en particulier à travers des explications historiques de l'établissement de la royauté parmi les hommes:

> Le bien de la société demandoit que quelques hommes élevés au-dessus des autres eussent en main le pouvoir souverain pour maintenir l'ordre: quelque nécessaire, quelqu'avantageux même que fut ce joug, il devoit paroître odieux à des hommes nés libres et égaux: il étoit donc absolument nécessaire que les Dieux couvrissent les yeux de la multitude d'un voile épais, et ne lui permissent pas d'envisager les rois comme des hommes ordinaires.[8]

Et pour que les hommes acceptent de se soumettre à l'un des leurs, il a été nécessaire d'entourer ce dernier d'un 'decorum' qui puisse faire accepter sa fonction: '[les hommes] frappés, éblouis de tant d'éclat, à peine ils se souviennent que la nature vous a créés leur semblable'.[9]

L'un des leitmotivs des Lumières est donc que les souverains sont des hommes comme les autres; sur un plan religieux pour les auteurs chrétiens et naturel pour les autres. C'est d'ailleurs un principe qui fait partie de la formation éclairée d'un prince: 'Souvenez-vous, Monseigneur, de votre plus beau titre, de votre première dignité; n'oubliez point que vous êtes homme, et que vous ne pourriez avilir un autre homme sans vous dégrader vous-même.'[10] Sa seule légitimité dans l'exercice du pouvoir – bien plus que l'hérédité – réside dans une vertu au-dessus du commun. Dans le conte du prince Tity,[11] Mme Leprince de Beaumont met en scène le choix d'un souverain pour un royaume dont le roi est mort sans descendance. L'Eveillé, l'écuyer du prince Tity qui a fait preuve d'une grande vertu tout au long de la narration, est désigné. Cette situation est également l'occasion pour l'auteur de glisser dans le conte une critique à l'égard des préjugés des grands sur les questions d'ascendance:

---

6. 'Le roi touchait du doigt les tumeurs sises sur la gorge et disait "Le roi te touche, le roi te guérit" ' (Y.-M. Bercé, 'Les monarchies', p.251).
7. Mme de La Fite, *Eugénie*, t.2, p.222.
8. Mme Leprince de Beaumont, *Civan*, p.2-3.
9. Mme de La Fite, *Eugénie*, t.2, p.219.
10. Mme de Genlis, *Adèle et Théodore*, p.481.
11. Ce conte est empunté à un conte de Saint-Hyacinte: *Histoire du Prince Titi* (1736), dans *Nouveau Cabinet des fées*, éd. Charles-Joseph Mayer (Genève, 1978), t.12.

Rien de plus facile que de vous prouver l'ancienneté de la maison de l'Eveillé, dit la Fée. Il sort d'Elisa, l'aîné des fils de Japhet, fils de Noé; qui s'établit dans le Péloponnèse; et vous sortez du second fils de ce même Japhet. [...] [Violent] pensa en lui-même, qu'effectivement tous les hommes étaient égaux par leur naissance, puisqu'ils sortaient tous de Noé, et qu'il n'y avait de différence entre eux que celle qu'ils y mettent par leurs vertus.[12]

Selon cette démonstration, si un homme est placé à la tête de ses concitoyens c'est parce que toute société a besoin d'un chef pour l'organiser et la conduire, il s'agit d'un choix humain et non divin: 'les peuples ne se sont soumis à leurs égaux en leur donnant la couronne, que pour se donner des pères, des protecteurs aux lois, un refuge aux pauvres et aux opprimés' (p.176). Cette façon de considérer la royauté impliquait que le souverain travaillât uniquement pour le bien des peuples; il devait s'effacer complètement devant cette tâche.

L'image qui, de tous temps, a servi à représenter le roi est celle de père de ses peuples.[13] Elle est régulièrement répétée dans les ouvrages des éducatrices comme dans de nombreux écrits de leur époque.[14] La forme patriarcale de la monarchie semble positive à Mme d'Epinay elle-même. En effet, elle serait une garantie de bonheur pour les particuliers. Très critique à l'égard de la monarchie de son époque, Mme d'Epinay suggère, par la nuance qu'elle introduit à travers le qualificatif 'bon' dans les expressions 'bon roi' et 'bon père' qu'elle décrit, un idéal:

EMILIE

C'est beau d'être roi?

MÈRE

Et sur-tout de mériter le titre de bon roi.

EMILIE

Et pourquoi cela est-il si beau?

MÈRE

Parce qu'un bon roi est le pere de son peuple, qu'il est souverainement juste, qu'il fait la gloire de sa nation, et que le bien public, c'est-à-dire de tous les ordres de citoyens est son ouvrage, comme le bonheur d'une famille est l'ouvrage et l'occupation d'un bon pere.[15]

---

12. Mme Leprince de Beaumont, *Magasin des enfans*, t.3, p.170.
13. Voir Y.-M. Bercé, 'Le roi père', dans *Les Monarchies*.
14. 'Un roi absolu, quand il n'est pas un monstre, ne peut vouloir que la grandeur et la prospérité de son Etat, parce qu'elle est la sienne propre, parce que tout père de famille veut le bien de sa maison' (Voltaire, *Supplément au Siècle de Louis XIV*, éd. Claude Lauriol, *OCV*, t.32C, p.333).
15. Mme d'Epinay, *Les Conversations d'Emilie*, p.150.

Ainsi, le principal rôle d'un roi est de faire respecter les lois qui ont été établies pour assurer la justice dans une société.[16] C'est ce qui différencie la monarchie du despotisme: 'Dans une monarchie le prince gouverne par des loix déjà établies; dans un état despotique, la volonté du souverain peut tenir lieu de loi.'[17] Le problème selon les auteurs est que, généralement, les rois perdent de vue leurs devoirs et utilisent leur position pour leurs propres intérêts. Toutefois, à l'exception de Mme d'Epinay, les éducatrices rappellent les avantages de ce genre de gouvernement afin de restaurer son image et aussi pour s'opposer aux voix contestataires. C'est particulièrement perceptible dans les *Magasins* à travers l'analyse de l'histoire romaine.

Pour Mme Leprince de Beaumont, la monarchie est le modèle 'naturel' des sociétés. Elles doivent être hiérarchisées et avoir un souverain à leur tête, lui-même secondé par une aristocratie, tenante d'un savoir qui lui permet de participer au gouvernement: 'Ne pourroit-on pas dire aussi que les riches ayant plus d'éducation que les pauvres, ont plus de lumieres, et sont par conséquent plus capables de connoître ce qui est le plus ou le moins avantageux à l'Etat?';[18] et ces deux entités ont pour rôle de diriger le peuple. Selon l'auteur, ce modèle garantit la sécurité et la prospérité d'un pays. En effet, l'intérêt du roi est de travailler à préserver l'équilibre intérieur d'un pays qui – selon une métaphore liée à la propriété – représente son bien. Il a de plus intérêt à le protéger contre les agressions extérieures. C'est pourquoi elle défend avant tout la monarchie héréditaire. Le désir d'un père de transmettre à son fils le pays intact et prospère est une assurance de bonne gestion: 'dans un royaume héréditaire le roi sait que son Etat est l'héritage, le bien de son enfant, par conséquent l'avantage de l'Etat et celui de son fils sont réunis'.[19] De plus, la monarchie doit être absolue pour être pleinement bénéfique: 'un roi, qui est maître absolu pour faire du bien, doit avoir les mains liées lorsqu'il est question de faire du mal'.[20] D'ailleurs, un pouvoir partagé entre plusieurs individus perdrait de son efficacité, car alors, chacun tenterait de privilégier ses intérêts propres au détriment de l'intérêt général.

A nouveau, pour illustrer son propos, l'auteur a recours à la métaphore de la famille: 'Il est certain que quand [un père de famille]

---

16. 'Les rois sont les juges nés de leurs peuples; c'est pour cette fonction quoiqu'ils l'aient tous abandonnée, qu'ils ont été établis' (Jean-Jacques Rousseau, *Considérations sur le gouvernement de Pologne et sur sa réformation projetée*, 1771-1772, dans *Textes politiques*, Lausanne, 2007, p.234).

17. Mme de La Fite, *Réponses à démêler*, p.168.

18. Mme Leprince de Beaumont, *Magasin des adolescentes*, t.4, p.249.

19. Mme Leprince de Beaumont, *Magasin des enfans*, t.4, p.245.

20. Mme Leprince de Beaumont, *Magasin des enfans*, t.3, p.176.

conserve toute l'autorité, ses enfants et ses domestiques sont plus heureux que quand il a la foiblesse de la partager avec quelques-uns de ses enfants ou avec un domestique.'[21] Par ailleurs, l'éducatrice s'oppose aux idées de son époque qui accusent la monarchie absolue de restreindre les libertés; elle énonce que l'autorité absolue du roi est le meilleur moyen d'assurer celles des citoyens. Cependant, c'est la liberté commune et non individuelle qui est concernée: la 'vraie liberté consiste à être soumis à des supérieurs légitimes [...] maîtres de faire observer les loix reçues'.[22] Et pour que ce type d'organisation soit possible, il faut que les citoyens fassent corps: 'la liberté publique doit avoir le pas sur celle des particuliers'.[23] En outre, les élites sociales et financières associées au pouvoir ont le même besoin de préserver la paix du pays. Elles bénéficient d'une situation idéale qui ne peut perdurer que dans le maintien de l'ordre établi. Ainsi, la société monarchique que Mme Leprince de Beaumont souhaite voir perdurer tout comme Mme de Genlis est une organisation immuable dans laquelle chaque classe remplit le rôle qui lui est imparti.

Pour ces deux éducatrices, il arrive que le lien naturel qui existe entre le peuple et le roi soit rompu. Mme Leprince de Beaumont rejette la faute de cette rupture sur les conseillers qui entourent le roi; elle peint un portrait critique de ces derniers qui, au lieu d'aider le roi à servir le pays, serviraient leurs intérêts:

> Les grands sont liés d'intérêt, ou par le sang, ou par la politique; ils ferment les yeux sur les oppressions de leurs semblables, afin de pouvoir opprimer impunément le faible à leur tour; ils bouchent tant qu'ils peuvent les avenuës du thrône au misérable; ses cris ne peuvent percer jusqu'au prince, qui sans le savoir devient le ministre des Grands, pour le malheur du peuple, ce qui n'arriveroit jamais si on pouvoit porter ses plaintes immédiatement au roi.[24]

Pour éviter qu'un monarque ne desserve son peuple, il est donc nécessaire qu'il soit accessible à ce dernier. Mme de Genlis illustre cette idée en mettant en scène la réception par un prince d'un vieux soldat qui vient lui porter ses doléances.[25] Elle évoque également un moyen permettant aux citoyens de communiquer leur opinion directement au souverain qui n'est pas sans rappeler les bouches de dénonciation de villes comme Gênes, Rome ou Venise au quatorzième siècle: 'J'ai ouï dire qu'un grand prince, voulant donner à tous ses sujets un moyen facile de lui offrir la vérité, a fait établir dans un de ses cabinets une espèce de

---

21. Mme Leprince de Beaumont, *Magasin des jeunes dames*, t.3, p.36.
22. Mme Leprince de Beaumont, *Magasin des jeunes dames*, t.3, p.34.
23. Mme Leprince de Beaumont, *Magasin des adolescentes*, t.4, p.242.
24. Mme Leprince de Beaumont, *Civan*, IIe partie, p.41.
25. Mme de Genlis, *Adèle et Théodore*, p.480-81.

tronc qui donne dans un passage public; chacun peut, en passant, y jeter
un papier, et le prince a seul la clef de cette cassette intéressante et
mystérieuse' (p.605). Mais celui-ci ne peut concerner que les habitants de
la capitale. Pour que le reste de la population soit entendue, les princes,
quand ils le peuvent, doivent voyager dans leurs pays et de préférence
incognito. C'est une autre manière de conserver un lien avec les plus
modestes et de vérifier que les rapports faits par les conseillers correspondent à la réalité (p.510):

> Voyagez encore six semaines dans mes Etats, rapportez-moi des mémoires
> détaillés et fidèles: si, dans quelques provinces éloignées de la cour, le mérite
> et la vertu languissent ignorés, opprimés peut-être, arrachez-les à l'obscurité:
> enfin, tandis que les soins du gouvernement me retiennent au milieu d'une
> cour trompeuse, où je ne puis entendre les cris du peuple et les plaintes des
> infortunés, vous, mon fils, libre encore, remplissez le devoir sacré d'un sujet
> fidèle, d'un ami tendre; instruisez-vous pour m'éclairer.

C'est donc une épuration du système monarchique que les deux auteurs
préconisent car elles sont conscientes qu'à leur époque, la monarchie n'a
rien de l'idéal auquel elles aspirent. Mme d'Epinay, pour sa part, dénonce
l'état du royaume français à la fin de l'Ancien Régime.

Comme ses contemporains, la 'mère d'Emilie' a mis beaucoup
d'espoirs dans l'avènement du règne de Louis XVI. Elle écrit à son ami
Galiani que la montée sur le trône du jeune roi marquera l'époque de
nouvelles mœurs sociales et politiques.[26] Mais ces espoirs sont vite déçus.
Malgré sa bonne volonté et son souci des intérêts du peuple, le jeune roi
n'a pas la fermeté nécessaire pour mener à bien les réformes nécessaires
et, surtout, pour soutenir celui qui commençait à les mettre en place,
Turgot. La lettre du régisseur, insérée dans *Les Conversations d'Emilie*, est
un morceau de bravoure sur ce sujet qui a stupéfait Galiani. Le texte met
en lumière une confrontation entre deux pouvoirs. D'une part,
Louis XVI et surtout Turgot – figurés par le père d'Emilie – s'attaquent
à certains privilèges. D'autre part, les tenants de ces privilèges –
représentés par le régisseur – ne veulent pas les voir amoindris. En effet,
les entreprises du ministre menacent la position des nobles, des fermiers
généraux et même des membres de la famille royale. Ces derniers
s'organisent donc pour contrer des changements qui les desservent.

Et alors que les élites religieuses étaient outrées par les mesures
'libérales' que Turgot planifiait – susceptibles de léser les intérêts de
l'Eglise et de compromettre sa main-mise sur la population –, Mme
d'Epinay donne un rôle positif à un représentant du pouvoir religieux.
Cela pourrait être étrange si celui-ci, un curé cité dans la 'lettre d'affaire',
n'était un personnage éclairé, conscient de l'intérêt que les réformes

---

26. Lettre de Mme d'Epinay à Galiani du 15 mai 1774, *Correspondance*, IV, p.141.

représentent d'un point de vue moral, social et économique pour les paysans.[27] De fait, il soutient les mesures du seigneur de son canton dont il représente la volonté par l'une des formules des rois de France lorsqu'ils voulaient imposer une décision: '*Mon enfant, le* Je le veux *est prononcé*.'[28] Ainsi, Mme d'Epinay associe les autorités royale et religieuse pour soutenir les réformes contre les résistances: 'Je ne suis pas médiocrement ravi que les discours d'un aussi savant et discret personnage que notre curé [...] se trouvent conformes à vos propres idées, et de l'accord parfait qui en résulte entre les deux puissances spirituele et temporele' (p.230). Cette entente doit favoriser la 'nouvelle cuisine' prévue par le seigneur; la formule parodie explicitement la 'nouvelle politique' de Turgot destinée à changer la politique financière de la France. Mais Louis XVI subit de nombreuses pressions pour le renvoi de Turgot qui a finalement lieu en 1776. Très vite, c'est le train habituel de la cour qui reprend le dessus avec ses dépenses et sa mauvaise gestion financière. Mme d'Epinay continuera à décrire la vie politique française à Galiani dans des lettres codées où le couple royal – et en particulier la reine – est peint sous un jour particulièrement critique.[29] C'est une représentation qu'elle reprend sous le voile de la fiction merveilleuse dans *L'Ile heureuse ou les Vœux en l'air*.

La souveraine de l'île, Régentine, apparaît comme une femme relativement habile en politique. Pourtant, elle se laisse facilement influencer par les personnages qui gravitent autour d'elle. C'est ainsi que grâce à son ascendant, l'une de ses dames de compagnie particulièrement superstitieuse l'engage à accepter que deux fées prédisent l'avenir de ses filles. A cette occasion, elle décide de donner des fêtes superbes destinées à faire 'briller' son royaume et à impressionner les pays voisins; or, elles seront surtout à l'origine de dépenses exorbitantes en raison du manque de prévoyance de la souveraine. Par le biais de la fiction, Mme d'Epinay dénonce l'incon-séquence des souverains, en particulier français, qui organisent trop souvent des réjouissances coûteuses. Véritables gouffres financiers, ces dernières grèvent lourdement le budget royal et épuisent le pays économiquement. De manière générale, l'auteur blâme le luxe ostentatoire, les dépenses outrancières et les gaspillages de la cour de Louis XVI qui sont à l'origine des pénuries voire des famines; des excès

---

27. Ce choix peut s'expliquer par l'amitié qui lie Mme d'Epinay à des hommes d'Eglise, comme par exemple, l'abbé Galiani.
28. Mme d'Epinay, *Les Conversations d'Emilie*, p.227.
29. 'Nous avons eu nombre de fêtes brillantes à la cour: vous pensez bien que ma cousine n'a pas manqué ces occasions de faire sa cour à la reine, j'en suis fâchée en un sens parce qu'elle fait une dépense enragée et que son mari qui ne veut la contrarier sur rien la laisse faire' (lettre de Mme d'Epinay à Galiani du 12 mars 1775, *Correspondance*, IV, p.230).

dont elle prévoyait déjà sous le règne de Louis XV qu'ils menaceraient la pérennité de la monarchie:

> je n'exigeois pas de vous des réflexions au-dessus de votre âge, qui vous auroit fait par exemple regarder comme un malheur d'être né dans un siecle de luxe, parce qu'il est l'avant-coureur infaillible du dépérissement des mœurs, des forces et de la considération d'un Etat, et qu'on ne peut plus attendre rien de bon d'un peuple parmi lequel il s'est glissé.[30]

De plus, la superficialité et la vanité des personnages de sang royal ainsi que le manque de conscience et de vertu de leurs conseillers entraînent des décisions politiques absurdes. C'est ce que reflète, par exemple, le mariage mal assorti de la princesse Céleste et du prince Colibri qui n'est qu'un petit-maître dénué de stature politique. Ainsi, Mme d'Epinay rejette la monarchie uniquement parce qu'elle constate qu'elle est incapable de remplir son rôle. Il s'agit donc pour elle et pour d'autres éducatrices d'explorer les autres formes de gouvernement.

ii. Les autres types de gouvernements

La monarchie élective pourrait représenter une alternative à la monarchie absolue. Un certain nombre d'îles en Europe, qui avaient adopté ce type de gouvernement, en démontraient la viabilité. Mais c'est surtout son fonctionnement en Pologne qui intéresse au dix-huitième siècle. Mme Leprince de Beaumont – qui a vécu à Lunéville à la cour de Stanislas Leszczynski élu roi en Pologne avant d'être chassé – l'évoque; et l'analyse qu'elle en fait est sans appel: l'élection convient peu à la dignité royale, elle peut être source de troubles en raison de l'affrontement des différents partis et elle n'est pas gage d'une bonne gestion politique. En effet, un roi qui sait qu'il ne transmettra pas son royaume à son fils n'aura pas pour objectif de le préserver aussi fidèlement que dans le cas d'une monarchie héréditaire. Dans une telle situation, au lieu d'être confondus, les intérêts de la monarchie et ceux du pays sont en quelque sorte opposés: 'Je n'aime pas les royaumes électifs; [...] cela fait deux intérêts dans un royaume, celui de l'Etat et celui de la famille du roi régnant.'[31] En outre, la restriction des pouvoirs par d'autres organes politiques comme le parlement ne permet pas au roi de diriger le pays comme il l'entend et ainsi d'assurer la liberté du peuple.

Ces conclusions sont en tout point opposées à celles que Rousseau proposera quelques années plus tard dans ses *Considérations sur le gouvernement de Pologne*. Le philosophe considère en effet que seul le principe électif peut garantir une certaine liberté aux citoyens: 'La

---

30. Mme d'Epinay, *Lettres à mon fils*, p.177.
31. Mme Leprince de Beaumont, *Magasin des adolescentes*, t.4, p.244-45.

Pologne est libre parce que chaque règne est précédé d'un intervalle où la nation rentrée dans tous ses droits et reprenant une vigueur nouvelle coupe le progrès des abus et des usurpations, où la législation se remonte et reprend son premier ressort.'[32] Il propose donc de conserver et même de renforcer le principe de l'élection en rendant impossible l'accession au trône 'au moins immédiatement' du fils d'un ancien roi. Selon lui, la certitude de ne pas transmettre de couronne reporterait l'ambition du roi sur le désir de marquer autrement le pays; notamment par des actions bénéfiques pour le peuple. Ainsi, ce système engage les rois élus à (p.236):

> porter toute leur activité vers la gloire et la prospérité de l'Etat, la seule vue qui reste ouverte à leur ambition. [...] le chef de la nation en deviendra, non plus l'ennemi-né, mais le premier citoyen. [...] il fera sa grande affaire d'illustrer son règne par des établissements utiles qui le rendent cher à son peuple, respectable à ses voisins, qui fassent bénir après lui sa mémoire.

C'est la vision d'un penseur qui estime que le pouvoir des rois doit être circonscrit pour être bénéfique au peuple. Mme Leprince de Beaumont juge au contraire qu'il ne doit pas être limité: c'est leur vertu, et par conséquent un arbitrage intérieur, qui les conduirait à faire le bien plutôt que le mal. Suivant cette conviction, elle condamne également la monarchie parlementaire.

Ce type de monarchie, établi en Angleterre, a la faveur de philosophes comme Montesquieu et Voltaire parce qu'il leur semble être celui qui garantit le mieux les libertés des citoyens. Cet argument est inséré par Mme Leprince de Beaumont dans le discours d'une élève des *Magasins*:

> Je vais vous dire ce que j'entends par la liberté d'un peuple en général. C'est celui qui est gouverné par de bonne loix, et chez lequel personne n'a la liberté de les violer impunément. J'ai ouï dire qu'il en étoit ainsi chez les Romains, et il me semble que ce gouvernement, que je chéris, est celui sous lequel nous vivons en Angleterre.
> Par rapport à la liberté des particuliers, il me semble qu'elle est telle qu'elle doit l'être sous un tel gouvernement, sur-tout quand on a la liberté, comme ici, de penser à sa fantaisie, et d'écrire tout ce que l'on pense.[33]

Mais si elle évoque ces idées, c'est pour mieux les combattre. L'éducatrice, qui a vécu en Angleterre durant de longues années et qui connaît bien ses institutions, s'oppose à cette forme de gouvernement qui contrebalance les pouvoirs du roi. Elle pense même que c'est le genre de monarchie le plus dégradé. D'une part, parce que la personne du roi n'y est pas intouchable et, d'autre part, parce que le peuple a une

---

32. J.-J. Rousseau, *Considérations*, p.235.
33. Mme Leprince de Beaumont, *Magasin des adolescentes*, t.4, p.237.

fonction dans la vie politique.[34] De plus, au lieu de la préserver, il bafouerait la liberté car elle ne serait plus garantie par une autorité tutélaire. L'auteur considère visiblement que le pouvoir en Angleterre est principalement détenu par le parlement. Or, ce contre-poids au pouvoir royal lui semble particulièrement nuisible dans une monarchie héréditaire:

LADY LOUISE

Voilà précisément le gouvernement que j'aime. Un roi dont l'autorité soit bornée par l'autorité d'un parlement et par celle du peuple.

MLLE BONNE

Cela est excellent dans un royaume électif, mais dans un royaume héréditaire, c'est, selon moi, la chose la plus dangereuse et la moins convenable.[35]

Le danger pour Mme Leprince de Beaumont se situe principalement du côté du peuple dont elle se méfie quand il ne se conforme pas au rôle qu'elle lui attribue. Toutefois, si elle passe en revue les différentes monarchies – existantes ou ayant existé –, elle n'évoque jamais explicitement la française comme si elle reconnaissait implicitement que l'Etat en place dans son pays était très éloigné du modèle qu'elle défend. Néanmoins, forte de ses convictions, elle poursuit sa démonstration en attaquant le modèle républicain tandis que Mme d'Epinay l'évoque comme une perspective souhaitable mais utopique.

Au dix-huitième siècle, 'la lassitude ou l'hostilité aux principes de la monarchie absolue de droit divin débouche sur une revalorisation de la république, bien que ses promoteurs ne s'accordent pas sur un projet positif commun'.[36] Pour combattre ces nouvelles tendances, Mme Leprince de Beaumont s'emploie à relever tous les inconvénients d'un gouvernement républicain. C'est surtout la république démocratique qui lui semble intolérable. Elle insère donc dans ses dialogues de nombreuses attaques contre le peuple destinées à démontrer qu'il n'a pas à intervenir dans la vie politique car il serait susceptible de compromettre l'ordre public.[37] Et pour défendre son idée, la pédagogue a recours à un

---

34. Du moins en théorie. Dans les faits, la Chambre des lords concentrait l'essentiel des pouvoirs.
35. Mme Leprince de Beaumont, *Magasin des adolescentes*, t.4, p.67.
36. E. Gojosso, *Le Concept de république*, p.255.
37. Montesquieu ne faisait pas davantage confiance au peuple dans un cadre politique: 'Le peuple est admirable pour choisir ceux à qui il doit confier quelque partie de son autorité', mais il 'n'est pas propre à gérer par lui-même' (*De l'esprit des lois*, II.2, cité par E. Gojosso, *Le Concept de république*, p.322). Montesquieu considère, en revanche, que le peuple est capable de se choisir un représentant. Pour Mme Leprince de Beaumont, il n'est pas en mesure de faire ce choix.

sophisme. Selon son hypothèse les intérêts du roi et des élites se confondant avec ceux du pays impliqueraient que la préservation de la paix leur importerait au plus haut point. Cette prémisse en appellerait une seconde, diamétralement opposée à propos du peuple: ne possédant rien ou presque rien, il n'aurait rien à perdre en cas de troubles; il serait même susceptible d'en provoquer pour en tirer quelques biens.[38] La conclusion qui découlerait de ces deux propositions est que la monarchie fait prospérer un état tandis que la démocratie le fait péricliter. Même une simple participation du peuple aux affaires publiques apparaît à l'éducatrice comme une menace. En cas de consultation du peuple, des dissensions s'élèveraient: chacun s'exprimerait selon ses intérêts propres et non pour le bien général. La prise de décisions s'avérerait difficile voire impossible paralysant les institutions du pays: 'Voilà la suite du gouvernement partagé. L'un est d'une opinion, l'autre d'une autre, et on ne détermine rien.'[39] Le peuple, incapable de se prononcer unanimement, en viendrait à élire un représentant – un 'tribun' – qui parlerait en son nom. Et alors, les problèmes seraient identiques voire aggravés. Le 'tribun', manipulant le peuple comme il lui plairait, compromettrait le bien général dans lequel il ne trouverait aucun avantage (p.304):

> [le peuple] n'est point fait pour conduire, mais pour être mené; et si on examine bien ce qui s'est passé, et ce qui se passe tous les jours dans les républiques, on y découvrira presque tous les jours un tribun, qui, assez habile pour se rendre maître des esprits, conduit la multitude à tout, même contre ses propres intérêts et ceux de l'Etat.

Cependant, au dix-huitième siècle le peuple romain avait la réputation de posséder un sens politique assez développé: il semblait capable de faire passer le général avant le particulier. Mme Leprince de Beaumont lui reconnaît cette qualité; mais elle la considère comme exceptionnelle et peu susceptible de se retrouver dans d'autres populations à d'autres époques: 'l'autorité n'est point faite pour être entre les mains de la multitude, chez les nations beaucoup moins équitables que ne l'étaient les Romains' (p.153). D'ailleurs, l'éducatrice estime que le peuple romain a échoué lorsqu'il s'est agi d'établir un système préservant la liberté en prévoyant la possibilité qu'un magistrat soit dictateur. Car, dans un système égalitaire, elle est compromise dès qu'un individu concentre toute l'autorité même si ce n'est que dans une situation exceptionnelle: 'dans une république, où tous les membres sont ou doivent être égaux, c'est un attentat à la liberté publique de passer le

---

38. Mme Leprince de Beaumont, *Magasin des adolescentes*, t.4, p.248.
39. Mme Leprince de Beaumont, *Magasin des jeunes dames*, t.4, p.294-95.
40. Mme Leprince de Beaumont, *Magasin des jeunes dames*, t.2, p.48.

pouvoir de sa charge'.[40] De plus, l'indépendance du peuple peut être un frein à la bonne marche des institutions. Privé des 'lumières' qui permettent de prendre des décisions avec discernement puis de s'y tenir, il agirait de manière anarchique. Par conséquent, pour jouir d'une véritable liberté, le peuple doit nécessairement la tenir d'une autorité supérieure: 'Ah! la belle liberté qui consistoit à défaire un jour ce que l'on avoit fait l'autre! Mais il ne faut pas attendre un meilleur usage de la liberté chez la multitude; c'est un fardeau trop pesant pour elle, et sous le poids duquel il falloit nécessairement qu'elle succombe.'[41] Ainsi, Mme Leprince de Beaumont condamne la république comme un système inapte à assurer le but d'un gouvernement: la prospérité d'un pays, la liberté et le bonheur du peuple, qu'il s'agisse d'un modèle antique ou contemporain: 'l'autorité légitime d'un seul est moins sujette à l'inconvénient de la tyrannie que l'autorité partagée, comme elle le fut chez les Romains, et comme elle l'est encore dans quelques républiques'.[42] En revanche, Mme d'Epinay, qui a perçu et exposé les limites de la monarchie, envisage la république comme une possibilité de renouveau politique.

Dès sa jeunesse, l'éducatrice a découvert un contrepoint à la monarchie: la république genevoise. Celle-ci alimente sa réflexion politique et elle l'envisage comme le type de gouvernement qui pourrait correspondre à ses valeurs. Elle remarque, en effet, que Genève a mis à sa tête des magistrats irréprochables qui renvoient à la population une image de simplicité. Ils s'opposent, par leur sobriété, au luxe ostentatoire d'une monarchie et leur exemple insuffle un esprit vertueux parmi la population.[43] De plus, elle apprécie l'organisation des institutions qui permet à la population de s'exprimer tout en évitant les risques de troubles politiques (p.443):

> Lorsque le peuple, ou quelque particulier, a quelque question importante à proposer touchant le gouvernement, ou quelque représentation à faire, il présente sa requête au Petit-Conseil, qui délibère et décide s'il y a lieu, ou non, de convoquer le Conseil-Général. C'est ce qu'on appelle le droit négatif. Cette loi me paraît, à moi, très sage; car si chaque brouillon avait le droit d'assembler les Conseils à sa réquisition, cela produirait une fermentation perpétuelle et beaucoup d'autres inconvéniens que je n'ai pas besoin de vous détailler.

Aussi pense-t-elle trouver à Genève la parfaite incarnation du gouvernement républicain. C'est également un lieu qui constitue une

---

41. Mme Leprince de Beaumont, *Magasin des jeunes dames*, t.4, p.91-92.
42. Mme Leprince de Beaumont, *Magasin des jeunes dames*, t.3, p.35-36.
43. Mme d'Epinay, *Histoire de Mme de Montbrillant*, t.3, p.419.

leçon sociale et politique vivante pour les étrangers quel que soit leur âge (p.418-20):

> Je trouve que mon fils gagne beaucoup à son séjour ici. L'exemple a un grand avantage sur les enfans; il en est une preuve sensible. Il ne se soucie plus de son habit de velours, ni de ses dentelles; il n'en voit pas porter. Il en a, au contraire, essuyé des railleries; il voit que les égards et les distinctions sont proportionnés au mérite; cela lui donne une émulation dont nous nous apercevons tous les jours. [...] Au reste, il n'est pas le seul à qui ce pays apprenne à vivre.

Tout en exprimant son enthousiasme à l'égard de ce type de gouvernement, elle en perçoit les limites. Le bon fonctionnement d'une république telle que la genevoise s'explique en partie par sa petite taille qui rend possible le partage des décisions. Malgré cela, le gouvernement est loin d'être le fait de l'ensemble de la population; c'est une minorité de citoyens détenant l'essentiel des droits politiques, les 'patriciens', qui en est venue progressivement à diriger la 'cité-Etat'.[44] Or, les classes écartées de la gouvernance politique souhaiteraient en bénéficier. Cette situation donne lieu à des troubles durant le dix-huitième siècle auxquels Mme d'Epinay fait référence malicieusement au sein de l'*Histoire de Mme de Montbrillant* dans une métaphore aviaire visiblement inspirée des *Oiseaux* d'Aristophane:[45]

> Nous avons fondé une république de poules et de pigeons, et nous sommes les puissances protectrices qui veillons au maintien de la liberté, ce qui nous donne beaucoup d'affaires. Il se trouve de temps en temps des dindons séditieux qui se révoltent contre les médiateurs. J'en ai fait mettre un au pot, pour l'exemple; cela leur a donné beaucoup à penser. Il faut leur apprendre jusqu'à quel point ils sont, ou ne sont pas libres.[46]

Cette plaisanterie met en relief les difficultés de la république genevoise qui avait été obligée de recourir à la 'médiation' de la France pour apaiser les tensions en 1737. Il s'agit donc de dépasser cet exemple pour trouver le pur modèle républicain. L'éducatrice propose dans *Les Conversations d'Emilie* un schéma théorique de la république qui relie de façon idéale le particulier et le public:

> vous devez y avoir remarqué qu'un des plus grands avantages de la forme républicaine, c'est d'influer directement sur les caracteres, d'animer la masse générale dans toutes ses parties, d'y porter l'activité et la vie, et par conséquent de faire connaître à chaque individu sa valeur propre, dont il ne se serait peut-être pas douté sous un autre gouvernement; de former en même

---

44. Voir Grégoire Favet, *Les Syndics de Genève au XVIIIᵉ siècle: étude du personnel politique de la République*, dans *Les Cahiers de la Société d'histoire et d'archéologie de Genève* 6 (1998), p.9.
45. Aristophane, *Les Oiseaux* (-414) dans *Théâtre complet vol. 2* (Paris, 1991).
46. Mme d'Epinay, *Histoire de Mme de Montbrillant*, t.3, p.658.

temps un esprit public, qui, par la profession libre des mêmes principes, réunit toutes ces forces diverses et mises en valeur, dans un centre commun, pour le bien général.[47]

Cette description, quoique brève, semble renvoyer à une république démocratique. Pour la compléter, c'est dans la correspondance de Mme d'Epinay avec Galiani qu'il faut chercher des informations permettant de mieux cerner sa pensée politique, conforme sur plusieurs points à celle de Montesquieu. Elle considère, en effet, qu'il est nécessaire dans un premier temps d'observer les peuples pour pouvoir ensuite élire un type de gouvernement qui correspondrait à leurs mœurs. Puis, dans l'éventualité où le pays parviendrait à atteindre un équilibre, la forme gouvernementale devrait évoluer en même temps que les réalités humaines. Or, Mme d'Epinay se montre sceptique sur l'éventuelle application de ces idées. Voilà pourquoi, à l'instar des autres éducatrices, elle exprime principalement le souhait que les sociétés civiles parviennent à conserver un certain ordre et à éviter les troubles.

iii. Le respect de l'ordre et le droit naturel

La mission que les éducatrices assignent à un gouvernement est de maintenir l'ordre aussi bien social qu'économique. Pour le premier, dans le cadre d'une monarchie, il s'agit notamment de limiter la contestation, en particulier, celle qui vise les grands et le roi. L'attaque de la tête du pays est dangereuse pour la paix publique selon une monarchiste comme Mme Leprince de Beaumont. C'est dans une note de bas de page – et donc sans voile – qu'elle souligne la dangerosité de la liberté d'expression qui existe en Angleterre: 'les enfants entendent leurs parents blâmer hautement les actions du roi et de ses ministres, et en parler avec une licence qui doit faire horreur à tous ceux qui ont quelque amour pour l'ordre'.[48] La liberté de parole décrite par l'éducatrice pour l'Angleterre des années 1750-1760 est arrivée en France dans le dernier tiers du siècle. Observatrice de ce nouvel état de fait, Mme de Genlis dénonce également toute critique directe ou indirecte du pouvoir en place: 'On parle sur le gouvernement avec une légèreté que trop souvent la présence des domestiques ou des enfants ne peut réprimer.'[49] Et surtout, elle souhaite qu'un souverain empêche toute velléité de critique à son égard: 'faut-il qu'un prince laisse impuni l'auteur d'un libelle qui le déchire? Non sûrement, puisqu'il doit punir les scélérats' (p.511). D'ailleurs, le gouverneur du prince dans *Adèle et Théodore* conseille à son élève de ne jamais lire les critiques sur sa personne qui pourraient

---

47. Mme d'Epinay, *Les Conversations d'Emilie*, p.403.
48. Mme Leprince de Beaumont, *Magasin des jeunes dames*, t.1, p.27.
49. Mme de Genlis, *Adèle et Théodore*, p 490.

paraître dans les papiers publics quand il règnera. Bien plus, il l'encourage à ne jamais ouvrir de courrier ne portant pas le nom et l'adresse de l'expéditeur et sans avoir fait vérifier qu'ils existent réellement.

Ce désir d'éradiquer toute critique montre que, pour l'éducatrice, la souveraineté d'un roi dépend en grande partie du degré de respect que lui porte la population. Par ailleurs, Mme de Genlis juge nécessaire de contrebalancer un autre pouvoir implicite, 'insidieux' qui, dans le dernier tiers du dix-huitième siècle, érode quelque peu l'autorité du trône: la philosophie des Lumières. Contrairement au pouvoir religieux, cette dernière exprime une façon d'envisager la société et l'homme différente de celle du pouvoir officiel. Et ses idées influencent nécessairement certaines parties de la population; elle peut donc représenter, à terme, une menace politique. Dans les années 1750, une opposition 'intellectuelle' – doublant la censure officielle de la monarchie, de la Sorbonne et du parlement – est mise en place par des écrivains chrétiens défendant la monarchie et la religion contre les écrits des philosophes. Mais leurs bataillons se sont raréfiés après 1760, et à l'époque à laquelle Mme de Genlis écrit *Adèle et Théodore*, les philosophes sont établis à la fois dans l'opinion publique et dans des institutions comme l'Académie française. L'auteur présente donc comme valeureuse l'entreprise qui consiste à s'opposer, la plume à la main, au courant philosophique: 'je ne connais point d'ouvrage qui peigne aussi fidèlement les mœurs et le monde; vous critiquez avec courage les ridicules, les travers et les vices; hardiesse beaucoup plus grande que celle dont s'enorgueillissent les insensés qui attaquent la religion, les rois et le gouvernement' (p.505). En fait, à travers la fiction, Mme de Genlis évoque l'action qu'elle mène elle-même face aux philosophes. Et, pour davantage d'efficacité, les éducatrices chrétiennes en appellent au pouvoir.

Elles préconisent une participation du souverain au sein des académies pour contrer la présence dans celles-ci des philosophes. Il s'agit de faire parler d'une même voix l'autorité politique et les artistes: 'L'académie de*** est chargée par [le prince] de donner tous les ans une médaille d'or à l'homme de lettres ou au savant qui a fait le meilleur ouvrage dans le cours de l'année, sous la condition expresse que le sujet nommé jouira d'une bonne réputation, et n'aura précédemment rien écrit contre la religion, le gouvernement et les mœurs.'[50] De même, il importe que les princes distinguent des savants et intellectuels chargés de représenter une pensée conforme à l'ordre royal: 'vous comprenez sans doute que [...] la protection et les honneurs accordés aux vrais savans, aux gens de lettres vraiment estimables, influent [...] sur le

50. Mme de Genlis, *Adèle et Théodore*, p.557.

bonheur de la société. Il s'agit évidemment d'écrivains et de philosophes chrétiens dont les discours sont empreints de religion.'[51] Outre une opposition officielle ou officieuse à la philosophie des Lumières, l'une des manières de combattre son influence auprès de la population est de s'approprier – ou de s'associer – son image progressiste: l'enjeu est de présenter la monarchie comme capable de remplir une mission philosophique et morale. Ce serait alors par un biais officiel que des 'lumières' seraient transmises aux peuples: 'Oui, madame, cette influence qu'ont les souverains sur les hommes qu'ils gouvernent; l'heureux pouvoir de favoriser les progrès de la vertu et des connoissances utiles, est le plus noble privilège de la royauté.'[52] Cependant, il peut être aussi – voire plus – efficace d'utiliser des moyens indirects.

Dans l'Europe des Lumières, de véritables 'campagnes de communication' étaient quelquefois mises en place pour raviver l'image ternie de la monarchie. Cette fonction était notamment déléguée aux journaux et gazettes. La fidélité des faits rapportés par ces médias était variable selon le type de périodique,[53] mais leur diffusion était passablement efficace. Des journaux avaient plus spécifiquement pour fonction de rapporter des moments de la vie des familles royales d'Europe. Il ne s'agissait pas seulement de relater les événements exceptionnels comme les mariages et les naissances: certains articles étaient de simples 'bulletins' décrivant par exemple une sortie en traîneau. Parmi ces récits, ceux qui étaient susceptibles de rallier l'opinion publique en faveur des princes faisaient mention de leurs actions bienfaisantes; notamment parce que la population avait, en particulier, un goût prononcé pour les 'anecdotes émouvantes'.[54] Suivant ce principe, Mme de Genlis expose dans *Adèle et Théodore* un moyen moderne de répandre une image positive de la monarchie: par le média de l'image. Un geste charitable du jeune prince fait l'objet d'une communication à travers le royaume: la scène lors de laquelle il a donné sa pelisse à une jeune fille presque nue est reproduite sur une estampe. Confiée au roi son père, elle est vue par toute la cour. Par la suite, l'image est diffusée au sein de la population. Cet acte de bienfaisance, grâce à la publicité qui accompagne tous les gestes d'un

---

51. Mme de La Fite, *Eugénie*, t.1, p.190.
52. Mme de La Fite, *Eugénie*, t.2, p.218.
53. 'Pour [Panckoucke] une gazette recueille les récits et les rumeurs du moment, les consigne à la hâte, vrais ou faux, les destine à un public avide. Un journal présente des faits dont l'existence est prouvée par des témoignages, épurés de toute incertitude' (Louis Trénard, 'Moyens de diffusion de la réflexion politique', dans *Modèles et moyens de la réflexion politique au XVIIIᵉ siècle* (Villeneuve d'Ascq, 1977), t.1, p.206-207).
54. 'Le prince, les yeux baignés de larmes, se hâta de prodiguer des secours à cet infortuné, et lui fit, au plus tôt, apporter un lit, et tout ce qui pouvait lui être nécessaire, pour adoucir son indigence', paru dans le *Mercure de France* de juillet 1776, cité par Jean Sgard, 'L'anecdote émouvante en 1775', p.421.

prince, devient un acte politique: 'les démarches des princes ne peuvent jamais être cachés, trop de gens les éclairent et les épient'.[55] Ainsi, Mme de Genlis se montre perspicace sur l'importance de la communication qui doit accompagner l'exercice du pouvoir. Cette stratégie est d'ailleurs pensée – consciemment ou pas – en réponse à un pouvoir en train de se constituer et qu'il faut contenir, l'opinion publique.[56]

Mme d'Epinay a tout autant le souci de la préservation de l'ordre et, alors qu'elle attribue la plupart des désordres qui peuvent survenir dans la société à la mauvaise gestion politique de la monarchie, elle n'en attend rien pour le maintien de l'ordre social. Sa préconisation est que les élites sociales et financières respectent le travail des catégories les plus modestes de la population. En effet, selon la pédagogue l'équilibre de la société repose en grande partie sur ce qui en forme le 'socle': le travail des classes laborieuses. Il est donc nécessaire de leur donner les moyens d'accomplir leur tâche au mieux. Pour cela, à la campagne, il s'agit de respecter les rythmes et habitudes de vie relativement sains des paysans et, partant, l'ordre qui y règne naturellement:

> ne pas déranger les heures de sommeil, de ne pas retarder le repos de ceux que le retour du soleil doit trouver rendus au travail. Faire veiller le peuple et surtout les gens de la campagne, c'est les inviter à la paresse et au désordre, c'est leur ôter le goût et les habitudes essentieles de leur état, c'est corrompre leurs mœurs.[57]

La même prescription s'applique aux villes; les dérèglements y ont même des conséquences plus graves car il s'agit de lieux propices à la corruption. De plus, les liens entre les riches et les modestes, relativement préservés à la campagne, sont distendus en ville. Partant, il faut que des règles rigoureuses empêchent ceux qui détiennent un pouvoir du fait de leur position sociale d'en abuser et, ainsi, de perturber un ordre social et économique fragile (p.346):

> Que reste-t-il donc à l'ouvrier à qui l'on prend tous les jours un quart ou la moitié de sa journée? Le seul parti, de regagner le temps perdu par la vîtesse et la négligence du travail; la nécessité par conséquent de faire mal. Car la dépendance où le pauvre est du riche, et l'ouvrier de celui qui l'emploie, lui interdit toute plainte, toute remontrance; et voilà comment l'injustice et l'insensibilité du riche détériorent le travail du peuple et corrompent son caractere.

---

55. Mme de Genlis, *Adèle et Théodore*, p.210.

56. Voir notamment Jürgen Habermas, *L'Espace public: archéologie de la publicité comme dimension constitutive de la société bourgeoise*, trad Marc Buhot de Lannay (1962; Paris, 1998) et Arlette Farge, *Dire et mal dire: l'opinion publique au XVIIIᵉ siècle* (Paris, 1992).

57. Mme d'Epinay, *Les Conversations d'Emilie*, p.373.

En définitive, Mme d'Epinay confie aux élites le soin de préserver ou de restaurer des relations sociales saines. Celles-ci permettront le respect du pouvoir en place, quel qu'il soit, afin que le pays vive en paix. Mais avant même d'apprendre les règles concourant à la préservation de la société, tout individu possède la connaissance spontanée de lois destinées à la sauvegarde de l'humanité.

La loi naturelle – ou droit naturel – est un ensemble de lois morales inscrites en chaque homme et qui permettent une vie en commun sûre. Elles servent également à la conservation de l'individu par exemple en frappant d'interdit le suicide. Les rois eux-mêmes y sont soumis: grâce à elles, leurs sujets sont assurés de pouvoir jouir de leur liberté, de la possession de leurs biens et d'être traités avec justice. Elles sont, par conséquent, supérieures aux lois d'un pays. Ainsi, lorsqu'un législateur promulgue une loi injuste, un citoyen est en droit de ne pas s'y soumettre:[58] 'Pour que l'obéissance aux lois soit une vertu, il faut que ces loix soient bonnes; si elles sont mauvaises, plus on est exact à les observer, plus on est méchant.'[59] Mme Leprince de Beaumont en fait le principe qui doit, en premier lieu, organiser la vie civile. Elle s'en sert pour démontrer l'injustice d'un système politique comme la république qui, n'étant pas 'naturel', doit imposer certaines décisions par la force:

> La loi naturelle est la première de toutes les loix, elle défend d'ôter à un homme ce qui lui appartient, et jamais il n'est permis de manquer à cette loi: mais la belle passion de Lycurgue étoit l'égalité, et il croyoit que tout lui étoit permis, pourvu qu'il n'y eût pas dans Sparte un seul homme plus riche que l'autre.[60]

Avec le désir d'appliquer le même principe, Mme d'Epinay tire des conclusions opposées. Dans une république démocratique, les règles du droit naturel guideraient l'ensemble des citoyens:

> La réunion établit et apprend à respecter les droits fondamentaux de la société générale; le mérite et le talent, ou plutôt l'espérance qui les devance et les annonce, y assigne à chacun sa place. La justice y décide seule et uniformément, sans acception de personne. L'exemple, l'expérience, la nécessité, sont les précepteurs qui enseignent, ou plutôt les maîtres qui commandent.[61]

---

58. 'Quelque savant que soit un législateur, dès qu'il introduit des coutumes et des règles contraires aux maximes du droit naturel, je n'en fais aucun cas' (Jean-Baptiste de Boyer, marquis d'Argens, *Lettres juives, ou Correspondance philosophique, historique et critique entre un juif voyageur en différents Etats de l'Europe et ses correspondans en divers endroits*, 6 vol. (La Haye, P. Paupie, 1738)).

59. Mme Leprince de Beaumont, *Magasin des adolescentes*, t.1, p.195.

60. Mme Leprince de Beaumont, *Magasin des adolescentes*, t.2, p.140.

61. Mme d'Epinay, *Les Conversations d'Emilie*, p.403.

Finalement, si des lois bénéfiques sont inscrites initialement en tout homme, il est nécessaire qu'un contexte politique et social favorise leur application; mais la réalité est bien loin de rejoindre cet idéal. L'économie est un autre domaine qui en atteste.

14. L'économie

i. L'agriculture

Alors que l'économie de la France du dix-huitième siècle repose principalement sur l'agriculture,[1] certaines éducatrices prévoient que la formation des demoiselles doit comprendre une initiation dans ce domaine. Cette prescription dévoile la place qu'elles souhaitent donner à leur sexe dans une société moderne: 'Ce que vous m'avez fait l'honneur de me dire, madame, de vive voix et par écrit sur les délices de la vie champêtre, me rappelle encore l'agriculture qui est portée en France à un très haut point, et me fait croire que vous en aurez souvent entretenu Mademoiselle de...'[2] La littérature et la vie sociale de l'époque permettent de développer les connaissances d'une fille sur cette question. D'un côté, elle peut consulter 'le Cours complet d'agriculture, que nous devons à M. l'abbé Rozier[3]'. De l'autre, 'voir les belles expériences tentées aux environs de cette capitale par M. Parmentier' (p.120), d'autant que cet enseignement joue un rôle important dans la constitution d'un sentiment national:

> On trouve chez les physiocrates cette transformation de l'amour patriotique (dévolu aux seules républiques, parce qu'il en fait aimer les lois) en attachement national (qui ne définit pas le seul rapport à la constitution) en quoi l'on fait consister la nouveauté, par rapport à l'Antiquité, de l'idée nationale. Pour les physiocrates, la raison de cet attachement est dans la terre, dans le rapport à la fécondité naturelle.[4]

Ainsi, l'agriculture représente un enjeu politique aussi bien qu'économique. Dans l'une des lettres qu'elle adresse à son fils, Mme d'Epinay insiste sur le lien fondamental qui relie la grandeur d'un Etat à cette activité première: 'L'agriculture est l'ame des peuples et la source de leur prospérité: sans elle la gloire d'une nation est vaine et passagere.'[5] Elle lui conseille, à ce propos, de relire *Les Aventures de Télémaque*. En effet, l'administration sensée et centralisée des ressources agricoles est omniprésente dans les leçons des romans pédagogiques. Pour la réorganisation de Salente, l'une des premières initiatives de Mentor est

1. Voir Pierre Goubert et Daniel Roche, *Les Français et l'Ancien Régime* (1984; Paris, 1991).
2. Marie Le Masson Le Golft, *Lettres relatives à l'éducation*, p.119.
3. Jean-Baptiste François Rozier, *Cours complet d'agriculture théorique, pratique, économique, et de médecine rurale et vétérinaire, suivi d'une Méthode pour étudier l'agriculture par principes, ou Dictionnaire universel d'agriculture, par une société d'agriculteurs* (Paris, rue et hôtel Serpente (t.i-vii), chez Delalain fils (t. viii), chez Moutardier (t. ix-x), 1781-1800), 10 vol.
4. Catherine Larrère, *L'Invention de l'économie au XVIIIᵉ siècle, du droit naturel à la physiocratie* (Paris, 1992), p.15.
5. Mme d'Epinay, *Lettres à mon fils*, p.165.

de faire cultiver les terres en friche qui entourent la ville. De même, Civan, lorsqu'il réorganise le Bungo, développe l'agriculture et fait reconvertir des artisans, ouvriers et domestiques en paysans. Selon les éducatrices, une bonne gestion politique consiste donc à favoriser une activité qui représente la base de toute économie saine. Bien plus, Mme Leprince de Beaumont et Mme d'Epinay préconisent un nouveau partage, plus juste, des terres cultivables. C'est ainsi que le roi Civan fait retirer aux religieux leurs terres en leur laissant un revenu suffisant pour une vie modeste.[6] Ces terres sont ensuite distribuées équitablement à des familles qui les exploiteront pour se nourrir et payer les impôts. La 'lettre d'affaire' des *Conversations d'Emilie* laisse paraître la même préoccupation. Le père d'Emilie a donné l'ordre à son régisseur de partager une 'grosse ferme' en plusieurs petites parcelles de manière à ce qu'elles soient distribuées à des paysans pauvres:

> j'ai presque décidé [Jacques Firmin le meunier] à nous rendre à l'amiable les différens petits cantons que votre fantaisie est de partager, je ne sais à quelle instigation, entre différens habitans du lieu [...].[7]

Dans la pensée des éducatrices, il s'agit de bannir le profit et de considérer l'agriculture comme une activité destinée principalement à nourrir les populations. Les auteurs développent donc autour d'elle une symbolique particulièrement positive.

Suivant leurs idées héritières de celles de Fénelon, la terre nourricière peut pourvoir aux besoins de tous ceux qui la travaillent sans paresse. Néanmoins, il ne s'agit pas de permettre aux familles paysannes de s'enrichir car cela déclencherait des mécanismes de corruption. Elles doivent posséder des lopins de terre qui correspondent exactement à leurs besoins, ce qui est également une assurance du maintien de l'ordre: 'Chaque famille, étant nombreuse et ayant peu de terre, aura besoin de la cultiver par un travail sans relâche. C'est la mollesse et l'oisiveté qui rendent les peuples insolents et rebelles.'[8] Partant, les éducatrices font du travail de la terre un élément indispensable à une économie saine mais également vertueuse. C'est, en effet, un domaine qui rejoint un idéal de pureté des mœurs en accord avec les images positives du monde rural qui sont alors véhiculées par la littérature et l'imaginaire collectif. Pour Mme d'Epinay, elle correspond à l'état originel de l'homme et lui confère 'la vertu et la santé'.[9] De la prise en compte de la valeur de l'agriculture dépendrait donc la vertu de toute une nation. Or, l'enjeu que représentent ses productions, en particulier celle du blé, tend plutôt à générer des comportements délétères.

6. Mme Leprince de Beaumont, *Civan*, IIe partie, p.39.
7. Mme d'Epinay, *Les Conversations d'Emilie*, p.226.
8. Fénelon, *Les Aventures de Télémaque*, p.347.
9. Mme d'Epinay, *Lettres à mon fils*, p.166.

ii. Le commerce du blé

Le commerce dans son ensemble, en particulier avec les pays étrangers, est considéré comme bénéfique pour un royaume. Les auteurs des *Aventures de Télémaque* et de *Civan, roi de Bungo* en font l'un des pôles majeurs de l'économie des royaumes. Mais le cas des 'grains' – et en particulier celui du blé – nécessite un traitement spécifique. Indispensable pour l'élaboration du pain, l'aliment de base du peuple, le blé représente un enjeu économique – et par conséquent politique – considérable. Il fait l'objet de spéculations de la part de certains marchands dans les périodes de mauvaises récoltes et de pénuries; ce qui peut provoquer des troubles et des révoltes au sein de la population. Les éducatrices estiment que seule une bonne gestion de ce commerce par l'Etat peut maintenir l'ordre public et empêcher les révoltes. C'est ainsi que Mme Leprince de Beaumont met en scène une situation de ce type destinée à servir de leçon au futur roi Civan.

Durant une grave pénurie, Dulica et le prince assistent aux manœuvres spéculatives de quelques marchands qui entreposent les récoltes qu'ils ont achetées au lieu de les vendre. Cette tactique entraîne mécaniquement une augmentation du prix du blé. Pour enrayer ce phénomène, la 'mentor' et son disciple achètent du blé au prix fort à l'un des marchands, 'celui des usuriers qui passoit pour le moins impitoyable',[10] puis le revendent aux particuliers à un prix inférieur. Ils reproduisent le même processus les jours suivants en baissant chaque fois davantage le prix. Cette situation inattendue force les spéculateurs à remettre leur blé sur le marché au prix qui est alors pratiqué et qui est presque parvenu à son niveau habituel. Dans cet épisode, la narratrice rappelle l'action de Louis XIV qui, assisté de Colbert, avait ainsi contrecarré la spéculation en période de pénurie (p.117). Il apparaît donc que le pouvoir doit être attentif et réglementer le du commerce du blé. Ce problème est traité par Mme d'Epinay en relation avec l'actualité de son époque.

Dans *L'Ile heureuse ou les Vœux en l'air*, l'auteur évoque le débat sur le commerce du blé qui a lieu dans les années 1770. Il oppose principalement l'abbé Galiani et les physiocrates. Dans ses *Dialogues sur le commerce des bleds*,[11] l'abbé défend l'idée que ce commerce doit être organisé en fonction de la réalité géographique d'un pays. Il donne l'exemple de l'Espagne dont la principale région productrice est la Castille qui a une position à peu près centrale dans le pays. Avant de parvenir aux ports, le blé destiné au commerce avec d'autres pays passe par toutes les régions espagnoles, et, éventuellement, par celles qui sont

10. Mme Leprince de Beaumont, *Civan*, Ire partie, p.115.
11. L'abbé est rappelé à Naples en 1769.

en situation de pénurie. Il sera alors immédiatement vendu: 'le bled s'arrêtera où il trouvera le besoin, la recherche, le haut prix et n'ira pas plus loin. Personne n'est assez dupe pour traverser, sans s'arrêter, toute une province où le bled est à un prix considérable, refuser de le vendre et aller chercher une fortune incertaine plus loin' (p.15). En revanche, la configuration géographique de la France est tout autre: l'acheminement de la région de production vers des lieux de commercialisation à l'étranger peut être directe. Pour éviter des situations de disette, il est donc nécessaire que le pouvoir monarchique règlemente le commerce du blé. En effet, il ne faudrait pas qu'en cas de pénurie dans une région, les récoltes françaises d'une autre nourrissent 'l'étranger, l'ennemi peut-être de la nation', alors que 'les sujets du roi mourront de faim' (p.16). Mais les mesures que prend Turgot, influencé par les physiocrates, sont à l'opposé de cette analyse: il libéralise le commerce des blés. Et, comme pour lui donner tort et donner raison à l'abbé Galiani, la mauvaise récolte de 1774 entraîne la 'guerre des farines' en 1775, une période de troubles déclenchés par la hausse importante du prix du pain.

Dans le conte de Mme d'Epinay, pour pallier la pénurie et la menace de disette que connaît l'Ile heureuse, un 'serpent tricolore' – qui fait office de monture pour les fées – est envoyé se fournir sur les principaux marchés du continent. Les besoins des insulaires sont ainsi pourvus. En revanche, ce sont les pays qui ont été privés brusquement de réserves par ce procédé qui connaîtront la famine. Cette circonstance est évoquée brièvement dans la fiction: 'L'accaparement subit [du serpent] fut au reste la véritable cause, mais peu connue, de la famine qui désola vers ce temps tout le continent.'[12] Cependant, elle indique que l'éducatrice critique la libéralisation du commerce du blé qui, selon elle, peut avoir des conséquences désastreuses. Ainsi, les éducatrices privilégient une économie traditionnelle et protégée. Or au dix-huitième siècle, celle-ci connaît un véritable essor grâce au développement de l'industrie. En outre, de nouvelles façons de considérer les impôts et l'esclavage se font jour.

iii. Le luxe, les impôts et l'esclavage

Le luxe

Le débat sur le luxe qui a lieu au dix-huitième siècle voit s'affronter deux camps. Selon les partisans de cette activité, les sociétés parviennent invariablement à l'étape du luxe. Ainsi Saint-Lambert, l'auteur de l'article 'Luxe' de l'*Encyclopédie* le voit comme le reflet d'une économie moderne; toutefois, pour être profitable à un pays, il doit être adapté aux types de productions de celui-ci:

12. Mme d'Epinay, *Les Conversations d'Emilie*, p.283.

Le luxe est contraire ou favorable à la richesse des nations, selon qu'il consomme plus ou moins le produit de leur sol et de leur industrie, ou qu'il consomme le produit du sol et de l'industrie de l'étranger, qu'il doit avoir un plus grand ou un plus petit nombre d'objets, selon que ces nations ont plus ou moins de richesses: le luxe est à cet égard pour les peuples ce qu'il est pour les particuliers, il faut que la multitude des jouissances soit proportionnée aux moyens de jouir.[13]

Ainsi, le luxe est lié de façon étroite à l'économie d'un pays; il l'est également à sa politique. Si un état est despotique et oppresseur – accablant par exemple les paysans sous les impôts – il peut être la cause de la désertification des campagnes. Or, le luxe, en donnant aux paysans du travail dans les villes contribue à éviter les exodes vers d'autres pays. Finalement, pour ses défenseurs, le luxe est utile tant qu'il a un caractère national. Les éducatrices s'opposent à cette vision et s'inscrivent dans le courant de pensée qui rejette le luxe comme contraire à une économie saine. Suivant cette posture, il représenterait un risque majeur pour la pérennité d'un Etat.

Nombre d'auteurs qui le dénoncent y voient la cause de la déchéance de puissants peuples de l'antiquité. C'est ainsi que Mme Leprince de Beaumont explique la chute de l'empire perse par l'amollissement des mœurs et le développement du goût pour le luxe. En perdant la rigueur qui les caractérisait, les Persans auraient été rapidement dominés par leurs ennemis. Pour les éducatrices, le luxe est condamnable tant d'un point de vue économique que politique et moral. Une bonne gestion économique consisterait donc à supprimer ce superflu qui n'apporte aucune richesse et qui, au contraire, dérégule les relations humaines et commerciales. Toutefois, conscientes de la réalité de son emprise sur les sociétés modernes, elles l'admettent avec des limites:

Ce n'est pas où règnent le faste et l'ostentation que vous trouverez de la bienfaisance chez les riches, et de l'aisance parmi le peuple. Le luxe, dit-on, soutient les manufactures, fait vivre une multitude d'ouvriers; oui, quand il est modéré; mais quand il est excessif, il ruine également les particuliers et les ouvriers. Les premiers alors ne payent point, les derniers meurent de faim, et les marchands font banqueroute.[14]

D'ailleurs, cette conviction est mise en pratique par l'une des mesures prises par Mentor pour la réorganisation de Salente: il supprime tous les signes ostentatoires de richesse dans les vêtements, les meubles, l'architecture et la nourriture. De même, des décisions visant à restreindre les excès apparaissent dans *Civan*: le luxe superfétatoire est proscrit du royaume du Bungo. C'est ainsi qu'une économie délétère et

---

13. *Encyclopédie*, t.5, p.765.
14. Mme de Genlis, *Adèle et Théodore*, p.545.

inutile est remplacée par une activité saine et nécessaire. Or, le luxe est d'autant plus nuisible que, pour pouvoir se permettre les importantes dépenses qu'il implique, les souverains sont amenés à imposer plus lourdement leurs peuples.

Les impôts

La question de la fiscalité est largement débattue dans la seconde moitié du dix-huitième siècle. Toutes les éducatrices s'entendent pour condamner un système qui pèse essentiellement sur les populations les plus modestes. A travers l'utopie politique que constitue la seconde partie de *Civan*, Mme Leprince de Beaumont fait référence au système fiscal établi en France. Le roi reçoit tout d'abord le produit estimé des prélèvements fiscaux qui lui est versé par les fermiers généraux. Ces derniers récupèrent ensuite ces sommes auprès de la population en les majorant très largement. Ils peuvent également revendre leur droit de perception:

> Jusqu'alors les rois de Bungo avoient affermé leurs revenus à des hommes qui se chargeaient de les lui payer en gros, ces fermes se donnoient au plus offrant, ce qui n'empêchoit pas qu'elles ne fussent adjugées à un assez bas prix, pour enrichir ceux qui avoient le bonheur de l'emporter sur leurs concurrens, et cela sans beaucoup fouler le peuple; mais par un abus auquel Origendoo[15] n'avait réfléchi, ces premiers acheteurs des droits du roi les revendoient à d'autres et tiroient des sommes immenses de cette seconde vente.[16]

Lorsqu'il accède au trône, Civan remplace cette imposition injuste par une fiscalité proportionnelle aux revenus de chacun. Et surtout, il supprime l'impôt pour les familles avec de nombreux enfants. Cette solution que Mme Leprince de Beaumont propose dans sa fiction romanesque aurait pu être réalisée quelques années après la parution de son livre. En tant que contrôleur général, Turgot était tenté par l'idée de supprimer la ferme générale et de la remplacer par un système de régie. Cette réflexion sur la mise en place d'une nouvelle façon de gérer la perception des impôts est le signal d'une entreprise de modernisation à la fin de l'Ancien Régime.[17] Mais Turgot n'aura pas le temps de poursuivre son projet. Du moins, son refus du pot-de-vin que les fermiers versaient à chaque nouvel intendant des finances annonçait son désir

---

15. Père de Civan.
16. Mme Leprince de Beaumont, *Civan*, IIe partie, p.48.
17. 'En 1774, Turgot met en recouvrement des rentes et recettes dues à l'Etat par les détenteurs de terres et de droits domaniaux engagés: vingt régisseurs gagés sont chargés de cette tâche' (Guy Cabourdin et Georges Viard, *Lexique historique de la France d'Ancien Régime*, 1978; Paris, 1998, p.286).

d'en finir avec une méthode de perception peu équitable et ruineuse.[18] Le refus de l'inéquité fiscale est également l'un des enseignements du comte de Roseville à son élève princier dans *Adèle et Théodore*. Mme de Genlis laisse transparaître le désir d'un rééquilibrage des prélèvements au sein de la société par une imposition qui concernerait d'autres catégories que les plus laborieuses: 'Vous croyez avec raison, mon cher baron, que je n'ai rien épargné pour inspirer à mon élève l'aversion des impôts [...]. Les circonstances présentes viennent de forcer le ministre à établir un nouvel impôt, mais qui ne tombe en aucune manière sur le peuple.'[19] Ainsi, les éducatrices dessinent un système fiscal un peu plus juste dans lequel l'impôt échoit à tous les citoyens. C'est un aspect important de la morale politique qu'elles définissent. Sur cette question, il existe une autre controverse, celle des corvées.

La seconde moitié du dix-huitième siècle est une époque de transition lors de laquelle le travail – au sein de l'économie réformée que veulent en particulier les économistes et les physiocrates – prend une nouvelle valeur. Un impôt tel que la corvée royale, qui attribuait des jours de travail au roi, devient donc un objet de questionnement. Plutôt ponctuelle jusqu'en 1738, elle est généralisée à partir de ce moment par une mesure de Trudaine. Les journées travaillées ainsi obtenues ont permis de faire construire ou réparer des routes et chemins de France.[20] Avec les divers systèmes d'exemption – qui concernaient principalement la noblesse, le clergé et ses serviteurs, les habitants des villes ainsi qu'un certain nombre de professions comme les marins ou les bergers – cette charge pesait essentiellement sur les paysans et les ouvriers. Les défauts de ce système alimentent durant toute la seconde moitié du dix-huitième siècle un débat dans lequel interviennent des économistes, des parlementaires et des philosophes. Turgot, ainsi que ses conseillers estiment, d'une part, 'que la corvée royale constitu[e] une charge injuste et contraire à la dignité humaine' et, d'autre part, que le système des corvées 'frein[e] [...] le développement des entreprises de travaux publics'.[21] Les physiocrates publient un certain nombre de calculs destinés à prouver que les corvées coûtent plus cher qu'un travail rémunéré, principalement en raison du manque de motivation et de compétence des 'corvéables'. Leur abolition est donc promulguée par décret en février 1776, et face aux remontrances du parlement de Paris, cette décision est entérinée par un lit de justice en mars 1776. Pour le financement des routes, un nouvel impôt devait être levé. Il aurait été

---

18. Voir A. Zysberg, *La Monarchie des Lumières*, p.349-50.
19. Mme de Genlis, *Adèle et Théodore*, p.364.
20. Toutefois, certaines régions en étaient exemptées. Voir A. Zysberg, *La Monarchie des Lumières*, p.354.
21. A. Zysberg, *La Monarchie des Lumières*, p.354.

essentiellement appliqué aux revenus fonciers, sans aucune exemption. Mais lorsque Turgot est renvoyé, la réforme est supprimée. L'un des éléments déclencheurs de cette disgrâce est d'ailleurs l'ouvrage de Boncerf, un commis du ministre. Intitulé *Les Inconvénients des droits féodaux*, il démontre que le système féodal est injuste et coûteux; par ailleurs, il expose les moyens d'y mettre fin grâce au 'rachat des servitudes féodales'.[22] Or, dans la droite ligne de ces idées, Mme d'Epinay prend parti pour l'abolition de la corvée royale et des droits seigneuriaux.

L'auteur semble désigner le problème, d'un côté, à un niveau national: la 'lettre d'affaire' des *Conversations d'Emilie* refléterait la tentative de Turgot d'établir une nouvelle politique. De l'autre, elle l'évoque à un niveau local, celui d'une seigneurie, en mettant en scène la suppression de la corvée seigneuriale.[23] C'est un impôt en nature que les seigneurs étaient en droit d'exiger des paysans vivant sur leurs terres. Il contraignait ces derniers à exécuter gratuitement quelques jours par an – divers travaux; ce temps passé en dehors de leurs terres était conséquent alors que leurs revenus se comptaient presque à l'aune de leur labeur quotidien. Variables selon les régions, ces travaux avaient généralement trait aux moissons et aux récoltes. De plus, les paysans devaient maintenir en état les chemins du village, les douves et les remparts du château. Or, la mère d'Emilie refuse que les paysans de ses terres s'acquittent de la corvée. C'est le souci de ne pas perturber le travail paysan qui transparaît: 'Le pere Noël a dit: Dieu soit loué! L'année sera bonne. Ensuite, quand nous sommes parties, il m'a dit: mademoiselle, voilà comme est madame votre mere; elle ne veut pas que je quite mon pressoir, pour lui rendre ce que je lui dois.'[24] De même, il apparaît que le père d'Emilie a aboli le système des corvées: 'le malheur veut que vous ayez une dent contre les corvées' (p.229). Quant aux besoins de la communauté, ce sera le seigneur qui les financera. C'est ainsi qu'il doit faire construire à ses frais un chemin allant du village à la rivière. Il s'agit donc d'une conception moderne du travail et de sa rémunération. Par ses prises de position, Mme d'Epinay dénonce visiblement l'archaïsme d'une organisation qui pèse lourdement sur les paysans alors qu'ils représentent la principale force de production du pays.

En outre, l'éducatrice s'oppose à d'autres droits seigneuriaux, les banalités. Cette coutume contraignait les paysans à utiliser le moulin, le pressoir et le four du seigneur et à verser pour cela une redevance soit en nature soit en argent. Il n'est pas envisagé d'abrogation pour ce

22. Pierre-François Boncerf, *Les Inconvénients des droits féodaux* (Paris, Valade, 1776), p.12.
23. 'La coutume locale fixe la durée de la corvée, c'est-à-dire le nombre de jours consacrés par les sujets au travail [...] et aux charrois au bénéfice du seigneur' (G. Cabourdin et G. Viard, *Lexique historique*, p.90).
24. Mme d'Epinay, *Les Conversations d'Emilie*, p.263.

système comme dans le cas des corvées. En revanche, les tentatives des paysans pour l'éviter et les efforts du régisseur pour le faire appliquer sont mis en scène de façon comique. Le mutisme du seigneur sur ce point fait comprendre qu'il se soucie aussi peu du respect des banalités que des corvées: 'je prendrai *in flagranti* et ferai flanquer à l'amende ce mauvais pelican de Jérome de l'Ecu, et cet autre Antoine Gouju, qui avec votre permission sont plus rétifs que tous les ânes de Jacques Firmin ensemble, pour mener toujours moudre ailleurs qu'au moulin du Petit Hurleur'.[25] L'obligation de moudre au moulin du seigneur était l'une des banalités les plus détestées des paysans: outre le versement d'une partie de la farine au seigneur, ils devaient payer le meunier de la même manière. Enfin, un autre tribut en nature dû par les paysans est évoqué de manière plaisante, mais sans que son origine soit clairement définie (p.228):

> J'ai encore une autre discussion avec ce Jérome [de l'Ecu] sur une redevance annuelle d'un porc et de deux oies grasses à porter au château la veille de la Saint-Martin. Il convient du porc, conteste les oies, n'en porte ni de maigre ni de grasses, et fait si bien que tandis que je suis à éclaircir le fait en consultant consciencieusement nos parchemins, il ne vient de l'Ecu ni porc ni oies.

L'éducatrice ironise particulièrement sur le recours à des textes de coutumes sur lesquels les seigneurs s'appuient pour exiger des paysans qu'ils se soumettent à un carcan de règles et d'obligations anciennes. Derrière le comique, l'arbitraire et l'absurdité d'habitudes aux origines obscures qui pèsent sur les paysans sont une fois de plus dénoncés. De manière générale, à travers la 'lettre du régisseur', Mme d'Epinay oppose un désir de modernité sociale – qu'elle partage avec un certain nombre de philosophes et de penseurs des Lumières – à celui de la conservation de privilèges désuets qui était le fait d'une partie de la noblesse inquiète à l'idée de changements qui pouvaient remettre en question son train de vie. Or, la question du travail non rémunéré des hommes s'articule avec celle de l'esclavage: 'Comparer la condition des esclaves des colonies à celle des paysans d'Europe, rapprocher ou confondre esclavage et servage tend à rendre l'esclavage colonial plus acceptable à une conscience d'Européen éclairé. Le rapprochement peut cependant induire une conclusion inverse: qui combat le servage n'a-t-il pas des raisons au moins aussi fortes de condamner aussi l'esclavage?'[26] Ce débat mobilise les écrivains, les philosophes et deux éducatrices.

---

25. Mme d'Epinay, *Les Conversations d'Emilie*, p.227.
26. Jean Erhard, *Lumières et esclavage: l'esclavage colonial et l'opinion publique en France au XVIIIᵉ siècle* (Bruxelles, 2008), p.121.

L'esclavage

Au siècle des Lumières, l'humanité des Noirs ne fait pas de doute. Buffon, notamment, a mis en relief les nuances de couleurs des différents peuples à travers les continents. Le débat concerne donc la légitimité ou l'illégitimité de l'asservissement de certains hommes par d'autres, sans, toutefois, que l'idée de l'abolition de l'esclavage y soit immédiatement associée: 'l'antiesclavagisme, s'il ne débouchait pas automatiquement sur l'abolitionnisme, devait nécessairement le précéder. Or, personne ne peut refuser sérieusement à l'auteur de *L'Esprit des lois* le mérite d'avoir été le premier en France à en poser les principes théoriques, bientôt suivi par celui de l'*Origine de l'inégalité* et du *Contrat social*.'[27] Dans la société française, les idées sont partagées entre le recours à un système nécessaire à l'économie des colonies et un procédé jugé inhumain. L'Eglise elle-même adopte un discours prudent qui justifie le plus souvent la traite par les besoins de l'évangélisation.

Parmi les éducatrices, ce sont deux auteurs chrétiens défendant l'ordre établi religieux, social et politique qui se prononcent sur la question. Dans un récit bref inséré dans *Les Veillées du château* et intitulé *Les Esclaves ou le Pouvoir des bienfaits*, Mme de Genlis s'insurge contre une pratique inique qui permet à des hommes d'en utiliser d'autres comme des marchandises: 'commerce affreux que l'usage ne saurait autoriser, puisqu'il outrage la nature'.[28] Mais cette considération humaniste est paradoxalement accompagnée d'une autre, purement matérielle: un tel commerce est peu rentable parce qu'il est trop dangereux pour ceux qui s'y livrent. Comme dans la controverse sur l'abolition des corvées, cette vision 'combine [...] selon l'esprit du siècle humanité et intérêt'.[29] Le récit de Mme de Genlis a pour héros Snelgrave, un navigateur anglais qui a réellement existé et qui pratiquait la traite des Noirs. Malgré cela, il est 'absout' par Mme de Genlis en raison d'une action vertueuse: il sauve de la mort le fils d'une jeune esclave qu'il vient d'acheter. Dès lors, cette dernière et tous ses compagnons d'infortune font le serment de se soumettre à Snelgrave; ils vont jusqu'à le considérer comme leur 'père'. Néanmoins, le récit ne s'achève pas sur l'émancipation des captifs transportés vers l'Amérique: ils connaîtront le sort auquel ils étaient destinés. Du moins, leur voyage se déroulera dans des conditions respectant l'humanité. Le capitaine anglais peut donc échapper aux inconvénients de son commerce – tels que les révoltes des Noirs – en raison de son geste vertueux. Ainsi, l'introduction d'un comportement humain et bienfaisant dans le cadre de ce commerce très particulier est ce que

27. J. Erhard, *Lumières et esclavage*, p.141.
28. Mme de Genlis, *Les Veillées du château*, t.2, p.167.
29. J. Erhard, *Lumières et esclavage*, p.190.

l'éducatrice préconise afin de le rendre profitable aux Européens et supportable pour les Africains. Mme de La Fite a une vision différente de l'esclavage, même si elle associe également humanisme et intérêts économiques.

Dans *Walter Mifflin et Jacques. Anecdote américaine*,[30] la situation est idéalisée ou du moins exceptionnelle. Un quaker[31] décide d'affranchir tous ses esclaves; il accompagne ce moment d'un discours qui a les accents de la plus profonde humanité et adressé en premier lieu à l'esclave Jacques: 'Plût à Dieu, le père de tous les hommes, que les blancs n'eussent jamais pensé à faire le commerce de tes frères d'Afrique! Puisse-t-il inspirer à tous les Américains le désir de suivre notre exemple!'[32] Ainsi, à travers la fiction, l'éducatrice se prononce pour l'abolition de l'esclavage. Pourtant, à l'instar de Mme de Genlis, il apparaît que sa motivation est double. D'une part, c'est la compassion et la religion qui président à ce désir. Mme de La Fite est protestante et vit dans un pays protestant, les Pays-Bas, ce qui lui confère une sensibilité proche de celle des pionniers quakers d'Amérique. D'autre part, ce sont des enjeux économiques qui se profilent derrière cette action, même s'ils ne sont pas clairement énoncés. Car les esclaves devenus libres iront se 'louer à ceux qui [...] donneront les plus hauts gages' (p.178). Bien plus, c'est une pensée sociale et nataliste que le texte de l'éducatrice révèle. De fait, les anciens esclaves représentent un potentiel de peuplement et de développement des colonies: 'Dans quelques années tu acheteras de la terre, tu épouseras alors une négresse sage et industrieuse comme toi; tu élèveras tes enfans, comme je t'ai élevé, dans la crainte de Dieu, et l'amour du travail' (p.178). Or, comme dans la narration de Mme de Genlis, cette bienfaisance du maître lui attire en retour un avantage économique puisque, libre de disposer de lui-même, Jacques décide de continuer à travailler aux côtés de son ancien maître. La conclusion est éloquente; les hommes indépendants et bien traités travaillent de manière plus rentable pour un exploitant: 'aucun travailleur du comté de Kent ne sera jamais plus diligent que celui qu'on appelera désormais le fidèle Jacques' (p.180). Ce qui fait écho à l'opposition entre corvées et travail rémunéré. Ainsi, les textes de Mme de Genlis et Mme de La Fite reflètent le paradoxe d'une époque qui se partage entre la défense de l''humain frère', telle qu'elle apparaît dans les discours des philosophes, et l'homme qu'il est tolérable d'utiliser comme une marchandise ou une bête de somme parce qu'il est différent de la référence humaine reconnue en Europe.

---

30. Mme de La Fite, *Réponses à démêler*.
31. Les quakers, dissidents de l'Eglise anglicane, étaient connus pour s'opposer à l'esclavage.
32. Mme La Fite, *Réponses à démêler*, p.178.

En définitive, force est de constater que, dans un premier temps, les réflexions sociales, politiques et économiques des éducatrices s'harmonisent avec celles de leurs milieux respectifs. Mme d'Epinay, proche des philosophes, voudrait que le gouvernement en place instaure une société véritablement vertueuse. Toutefois, elle ne remet pas en cause l'ordre établi tel qu'elle le connaît. Son vœu d'un cadre républicain permettant d'envoyer une petite fille dans une école publique laïcisée est présenté comme un souhait irréalisable; c'est davantage une invitation adressée aux lecteurs pour qu'ils approfondissent cette réflexion. Mmes Leprince de Beaumont, de Genlis et de La Fite, royalistes et chrétiennes, souhaitent également une société plus vertueuse. Mais, pour leur part, elles l'attendent de la monarchie. C'est un type de gouvernement qui leur paraît incarner les valeurs qu'elles défendent même si elles sont conscientes de sa fragilité à leur époque. Il leur semble être, en particulier, un rempart pour la religion mise à mal par la philosophie des Lumières. Cependant, au-delà de leurs différences de convictions politiques et religieuses, les auteurs ont des idées relativement proches à l'égard d'un enjeu: la nécessité d'une régénération morale de la société. C'est pourquoi, sur les modèles de gouvernements, prévalent les valeurs morales qui doivent guider les gouvernants dans l'exercice du pouvoir. Leur action, en tant qu'auteurs, est donc à la fois de dénoncer, sous le couvert de la fiction, les situations sociales, politiques et économiques qui leur semblent contraires à la morale et de proposer des réformes qui pourraient faire espérer une amélioration de la situation. En cela, elles remplissent la fonction des écrivains des Lumières qui devaient être les chantres de propositions nouvelles pour la société. Ainsi, leurs réflexions participent de façon clairvoyante du débat politique et social de leur époque et permettent d'affirmer que les éducatrices ont occupé une place importante dans l'histoire des idées.

Conclusion

Les Lumières ont représenté un tournant déterminant dans l'histoire de la pensée. Nombreux sont les concepts et valeurs qui, de nos jours, proviennent de cette époque:

> Les Lumières sont à la fois rationalistes et empiristes, héritières de Descartes comme de Locke. Elles accueillent les Anciens et les Modernes, les universalistes et les particularistes, elles sont éprises d'histoire et d'éternité, de détails et d'abstractions, de nature et d'art, de liberté et d'égalité. Les ingrédients sont anciens, pourtant leur combinaison est neuve: non seulement ils ont été agencés entre eux, mais, et cela est essentiel, c'est au moment des Lumières que ces idées sortent des livres pour passer dans le monde réel.[1]

Cette pluralité, cette dynamique et le vœu d'une application concrète des idées se retrouvent dans les ouvrages des éducatrices. Suivant 'l'esprit des Lumières', elles ont formulé une redéfinition de l'éducation à partir de l'exposé de méthodes et de principes nouveaux. Et à travers les fictions, elles exposent les modèles sociaux et politiques qui leur semblent susceptibles de renouveler la société sans la bouleverser. Partant, elles sont à l'origine de l'une des nombreuses propositions du siècle des Lumières pour l'avènement d'une société meilleure et participent d'une perception nuancée des Lumières.

En effet, leurs livres permettent de confirmer que cette époque ne se divisait pas schématiquement entre partisans des idées modernes et défenseurs de la tradition, que le désir de progrès était assez généralement partagé et que chacun devait tenter d'adapter des valeurs devenues communes à des convictions personnelles liées à des milieux sociaux différents. A cet égard, Mme Leprince de Beaumont, qui allie une foi profonde à l'exigence de la raison, est incontestablement une représentante de la philosophie chrétienne des Lumières. De même, Mme de Genlis est la porte-parole convaincante d'un modèle social et politique de type 'monarchie des Lumières' alliant la tradition royale à des valeurs et à des expressions modernes. Enfin, face à la progression de la laïcité, les auteurs chrétiens et une philosophe comme Mme d'Epinay se rejoignent autour d'une conception similaire de la morale, traduite notamment par la bienfaisance. Cette référence commune aux valeurs des Lumières préside à des choix littéraires et esthétiques nouveaux. Il s'agit tout d'abord d'établir une dialectique avec le lecteur, que celui-ci

---

1. Tzvetan Todorov, *L'Esprit des Lumières* (Paris, 2006), p.9.

soit mis en scène dans le discours théorique ou qu'il soit représenté par des personnages dans les fictions. La définition du public auquel sont adressés les textes est ainsi relativement précise. Les intentions littéraires des auteurs se dévoilent également dans le choix de formes reflétant la vraisemblance, la raison et la morale. Les genres dialogiques sont donc privilégiés qu'il s'agisse de la lettre, réelle ou fictive, de l'essai, du discours rousseauiste ou du dialogue.

Dans cet ensemble de textes, les formes 'composées' constituent une création particulièrement nouvelle et originale. D'une part, recueils de multiples savoirs, elles reflètent le principe de l'encyclopédisme propre aux Lumières. D'autre part, elles se caractérisent par l'hybridation: le dialogue accueille plusieurs formes brèves. Enfin, elles tentent de formaliser l'éducation à grande échelle. Mais le changement de société qui intervient avec la Révolution rend inutile le modèle esthétique et conceptuel ainsi élaboré: le discours normatif sur l'éducation sera récupéré par les autorités politiques. Parallèlement, une littérature enfantine se développera de façon autonome; elle se caractérisera, notamment, par l'introduction d'illustrations dans les ouvrages. Un nouveau rapport au livre sera donc créé pour les jeunes lecteurs. Tout cela permet d'avancer que la forme 'composée' n'était faite pour exister que sous l'Ancien Régime car elle répondait aux besoins de la bonne société. C'est à cette dernière, élitiste et exigeante, que s'adressaient les modèles des éducatrices; en dehors de cette réalité, ils ne sont plus opérants. En outre, c'est certainement en raison de la brièveté de son temps d'apparition dans l'histoire littéraire et de l'apparente spécificité de son message et de son public qu'elle n'a jamais été comprise autrement que comme une littérature pédagogique et didactique féminine. Finalement, après la Révolution, l'avènement d'une société bourgeoise forme une nouvelle élite qui, tout en s'inspirant en partie de celle qui l'a précédée, doit inventer de nouveaux critères.

Le discours des éducatrices propose donc des modèles éducatifs propres à la société contrastée qui est née de l'association des valeurs traditionnelles de l'Ancien Régime et des idées nouvelles des Lumières. Or, s'agissait-il pour elles d'un véritable projet destiné à être appliqué ou proposaient-elles seulement les éléments d'une réflexion susceptible de conduire à des changements? Elles visaient certainement ces deux présupposés. D'une part, leur discours ne s'oppose pas de front à l'éducation traditionnelle même si elles en dénoncent les principes et les applications. Elles conservent même quelques-uns de ses éléments; toutefois ce sont principalement ceux qui participent d'un vernis social: convenances, modestie, arts d'agrément. Sur ce point, elles témoignent d'un désir de proposer des plans d'éducation susceptibles de s'adapter aux préjugés et habitudes établis dans les milieux auxquels elles s'adressent, grande bourgeoisie et noblesse. D'autre part, elles définissent des principes éducatifs qui s'opposent à l'éducation qui a traditionnellement cours dans la société. Ainsi, elles font de la raison et de la réflexion les éléments fondamentaux d'une éducation réussie. Et elles défendent l'idée d'une acquisition du savoir qui ne doit pas connaître de limites même s'il n'aura pas d'application pratique dans la vie des filles une fois qu'elles seront adultes. C'est une façon de revendiquer le savoir autotélique et, par conséquent, étendu contre un savoir utile et donc limité.

Ainsi, le mélange de tradition et de modernité des livres des éducatrices ne doit pas être lu comme un échec du projet de cette littérature. Il témoigne de la conscience très vive que possédaient les auteurs de la nécessité de prendre en compte les impératifs sociaux et les réticences du public afin de parvenir à faire entendre et accepter un discours neuf. Leurs modèles éducatifs sont donc une voie d'ouverture vers une réelle amélioration de l'éducation. Même si leur message a été peu compris des lecteurs, le succès de certains ouvrages et la mise en lumière de cette littérature à travers l'obtention du prix Montyon de l'Académie française par *Les Conversations d'Emilie* en 1783 témoignent d'un désir de changement de la part du public et des institutions.

La réflexion des éducatrices a également porté sur le cadre dans lequel une éducation renouvelée pourrait être transmise. Quelques-unes en viennent à remettre en question les bienfaits de l'éducation maternelle pour les filles. C'est, en particulier, la compréhension d'auteurs comme Mme d'Epinay et Mme de Miremont de l'opportunité de penser l'éducation des filles comme une partie de l'ensemble constitué par le corps social qui les amène à évoquer la possibilité d'une éducation féminine publique et laïque. Pour Mme d'Epinay, l'efficacité de cette nouvelle école dépendrait également de la prise en compte du type de gouvernement au pouvoir; ces pistes peu développées posaient cependant la nécessité de réfléchir conjointement l'éducation et la politique. D'ailleurs, les ouvrages de Mme de Genlis témoignent de l'adaptation du discours éducatif littéraire au contexte politique. La pertinence des longs *Adèle et Théodore* et *Les Veillées du château* était liée à la multiplication de procédés destinés à convaincre le public par le biais des séductions de la fiction; ce dernier était donc conduit à envisager voire à adopter de nouvelles idées pédagogiques à travers le prisme d'un cadre qui lui était familier. En revanche, le *Discours sur la suppression des couvents de religieuses* et le *Projet d'une école rurale pour les filles* possèdent un ton pratique et établissent un plan immédiatement applicable; en outre, ils constituent un discours adressé à une grande partie de la population.

Or, ces idées sur l'éducation publique féminine font écho au débat sur l'éducation publique masculine qui débute, dès 1762, avec la fermeture des collèges de jésuites et qui se poursuit durant et après la Révolution. La réflexion sur la mise en place d'une éducation 'nationale' aurait pu être l'occasion de penser une éducation commune pour les deux sexes. Mais les hommes de l'Ancien Régime ne seront pas prêts à l'envisager; pas davantage que ceux de la Révolution.[2] Néanmoins, lorsque les éducatrices proposent des schémas nouveaux destinés à répondre aux réalités sociales, elles pensent le plus possible des modèles similaires pour les deux sexes, point de départ possible d'une réflexion pour une éducation mixte.[3] Ce qui pouvait représenter une démarche préalable pour penser la société dans son ensemble.

D'ailleurs, au sein des fictions, la réflexion pédagogique est prolongée par une réflexion sur la société et la politique. Les éducatrices ont été des observatrices de leur temps et ont communiqué leurs réflexions et leurs idées dans des formes également utilisées à la même époque par d'autres auteurs: livre d'institution du prince, conte parodique et allégorique, histoire antique, fiction épistolaire. A travers des tableaux de la vie sociale et politique, les éducatrices traduisent leur sentiment – comme cela a souvent été décelé dans la littérature de leur époque – de se trouver à un moment critique de l'histoire. Et leurs représentations de sociétés stables et sûres ou rendues à la paix expriment certainement leur désir de voir leur monde perdurer. Finalement, par-delà les différences de conviction, c'est un idéal qui transcende la politique même – celui d'un gouvernement et de gouvernants vertueux – qui se retrouve dans tous les ouvrages. Ce sont les principes et les valeurs des Lumières qui rassemblent ces auteurs dans une vision sociale et politique relativement unifiée.

Cette littérature éducative se caractérise également par le cosmopolitisme propre aux Lumières. Les *Magasins* ont été écrits et publiés en premier lieu en Angleterre; les rééditions en France seront nombreuses et ils seront traduits dans plusieurs langues. *Les Conversations d'Émilie* ont également eu un succès important en France et en Europe. Particulièrement séduite par le style et les idées de Mme d'Epinay, Catherine II, pédagogue avertie,[4] voulait faire traduire l'ouvrage en russe. Après la mort de l'auteur, elle fera parvenir ses chiffres en diamants à Emilie de Belsunce qui avait fourni le modèle de la fillette des 'conversations' écrites par sa grand-mère.

2.   La situation perdure au dix-neuvième siècle. Voir Rebecca Rogers, 'L'impensable mixité de l'enseignement secondaire féminin en France au XIXe siècle', dans *La Mixité dans l'éducation: enjeux passés et présents*, éd. Rebecca Rogers (Lyon, 2004), p.101-14.
3.   Voir par exemple Mme de Genlis, *Projet d'une école rurale*, p.2.
4.   Voir Alexandre Stroev, 'L'Art d'être grand-mère: les écrits pédagogiques de Catherine II', dans *Femmes éducatrices au siècle des Lumières: discours et pratiques* (Rennes, 2007), p.299-316.

Adèle et Théodore est celui des deux ouvrages de Mme de Genlis qui connaîtra le plus grand succès aussi bien en France que dans d'autres pays européens. Il est particulièrement apprécié en Angleterre où les idées qu'il véhicule ont été beaucoup louées par des auteurs anglais.[5] Quant à Mme de Miremont, son long *Traité d'éducation pour les femmes et cours complet d'instruction* a été applaudi en France où il est notamment recommandé par le *Journal des savants*; il l'est également par des journaux allemands et autrichiens. De plus, l'auteur est reçu dans l'Ordre impérial de la Croix étoilée, distinction réservée par la cour d'Autriche aux dames de mérite. Les *Lettres relatives à l'éducation* de Mlle Le Masson Le Golft sont estimées par ses pairs, les membres de l'Académie royale des belles-lettres d'Arras, et également, dans les colonies, par les membres du cercle des Philadelphes auquel elle appartenait.[6] Cette réception témoigne de la dimension internationale de théories et de formes nouvelles qui, toutefois, ne trouvent pas d'application dans toutes les sociétés européennes. Ce qui laisse supposer qu'elles ne pouvaient être reçues que dans celles dont les idées et les valeurs les avaient préparées à les accueillir. C'est ainsi qu'en Espagne, malgré la diffusion d'auteurs comme Mme Leprince de Beaumont et Mme de Genlis, le 'dialogisme culturel' qui aurait pu s'établir entre les idées des éducatrices et les pratiques sociales n'a pas eu lieu.[7]

Enfin, ces auteurs baptisés 'éducatrices' tout au long de cette étude sont loin de s'être consacrés uniquement à des questions éducatives: elles ont écrit dans de nombreux genres, à l'image des pratiques scripturairs des Lumières. Journalisme (Mme Leprince de Beaumont, Mme de La Fite et Mme d'Epinay), théâtre (Mme de Genlis), contes moraux (Mme Leprince de Beaumont, Mme de Monbart), traités scientifiques (Mlle Le Masson Le Golft), livres d'histoire (Mlle d'Espinassy, Mme Leprince de Beaumont, Mme de Genlis), romans (seules exceptions: Mlle d'Espinassy et Mlle Le Masson Le Golft), traductions (Mme de La Fite). La diversité de leurs écrits reflète la variété des préoccupations intellectuelles de ces auteurs et fait partie de la richesse littéraire du dix-huitième siècle; et elle permet certainement de les considérer comme des 'auteurs féminins des Lumières'.

---

5. Voir Gillian Dow, '*The good sense of the readers has encouraged the translation of the whole*: les traductions anglaises des œuvres de Mme de Genlis dans les années 1780', dans *La Traduction des genres non romanesques au XVIIIe siècle* (Metz, 2003).

6. Il n'existe pas de témoignages de ce type en ce qui concerne l'*Essai sur l'éducation des demoiselles* de Mlle d'Espinassy, *Sophie ou De l'éducation des filles* de Mme de Monbart et les ouvrages de Mme de La Fite.

7. Voir Lydia Vasquez, 'Histoire d'une adaptation impossible: le rêve "ilustrado" d'un renouveau éducatif', *Cahiers d'histoire culturelle* 4 (1997), p.63-82.

Bibliographie

i. Ouvrages de référence

Epinay, Louise Tardieu d'Esclavelles, marquise d', *Les Conversations d'Emilie*, SVEC 342 (1996).

–, *Les Conversations d'Emilie* (Leipzig, Siegfried Lebretcht Crusius, 1774)

–, 'Lettre à la gouvernante de ma fille' (1756), dans *Mes moments heureux* (Genève, De mon Imprimerie, 1758 et 1759).

–, *Lettres à mon fils* (Genève, De mon Imprimerie, 1759).

Espinassy, Adélaïde, Mlle d', *Essai sur l'éducation des demoiselles* (Paris, B. Hochereau, 1764).

Genlis, Stéphanie-Félicité Du Crest, comtesse de, *Adèle et Théodore ou Lettres sur l'éducation, contenant tous les principes relatifs aux trois différents plans d'éducation des princes et des jeunes personnes de l'un et l'autre sexe*, éd. Isabelle Brouard-Arends (Rennes, 2006).

–, *Discours sur la suppression des couvents de religieuses et l'éducation publique des femmes* (Paris, Onfroy, 1790).

–, *Les Mères rivales, ou la Calomnie* (Paris, 1800).

–, *Projet d'une école rurale pour l'éducation des filles* (Paris, 1801).

–, *Les Veillées du château, ou Cours de morale à l'usage des enfans, par l'auteur d'Adèle et Théodore* (1782), 3 vol. (Paris, Lambert et Baudouin, 1784).

La Fite, Marie-Elisabeth Bouée, Mme de, *Entretiens, drames et contes moraux, à l'usage des enfans* (1778), 2 vol. (La Haye, Detune, 1783).

–, *Eugénie et ses élèves, ou Lettres et dialogues à l'usage des jeunes personnes* (Paris, Née de La Rochelle et Onfroy, 1787).

–, *Réponses à démêler, ou Essai d'une manière d'exercer l'attention. On y a joint divers morceaux qui ont pour but d'instruire ou d'amuser les jeunes personnes* (Lausanne, Hignou et A. Fischer, 1791).

Le Masson Le Golft, Marie, *Lettres relatives à l'éducation* (Paris, Buisson, 1788).

Leprince de Beaumont, Jeanne-Marie, *Civan, roi de Bungo: histoire japonnoise ou tableau de l'éducation d'un prince* (1758), éd. Alix S. Deguise (Genève, 1998).

–, *Instructions pour les jeunes dames qui entrent dans le monde, se marient, leurs devoirs en cet état, et envers leurs enfans. Pour servir de suite au Magasin des adolescentes* (Londres, J. Nourse et Paris, Dessaint et Saillant, 1764).

–, *Magasin des adolescentes, ou Dialogues entre une sage gouvernante et plusieurs de ses élèves, de la première distinction* (1760), 4 vol. (Londres, Nourse, 1761).

–, *Magasin des enfans, ou Dialogues d'une sage gouvernante avec ses élèves* (1756), 4 vol. (Paris, 1807; 2e éd, 1815).

–, *Magasin des jeunes dames qui entrent dans le monde et se marient; leurs devoirs dans cet état, et envers leurs enfants: pour servir de suite au Magasin des adolescentes*, 4 vol. (Paris, Bassompierre, 1772).

Miremont, Anne d'Aubourg de La Bove, comtesse de, *Traité de l'éducation des femmes et cours complet d'instruction*, 7 vol. (Paris, P.-D. Pierres, 1779-1789).

Monbart, Marie-Josèphe de l'Escun,

Mme de, *De l'éducation d'une princesse* (Berlin, Himburg, 1781).

–, *Sophie ou De l'éducation des filles* (Berlin, G. J. Decker, 1777).

ii. Sources primaires

Addison, Joseph, et Richard Steele (éd.), *Le Mentor moderne ou Discours sur les mœurs du siècle; traduit de l'anglois du 'Guardian' de Mrs Steele, Addison, et autres auteurs du 'Spectateur'*, trad. Justus Van Effen (Rouen, Charles Ferrand, 1725).

–, *The Spectator*, 1711-1712 (Londres, J. Tonson, 1726).

Alletz, Pons-Augustin, *Magasin des adolescents, ou Entretiens d'un gouverneur avec son élève. Dans lequel on retrace aux yeux des jeunes gens qui sortent de Rhétorique, 1°. Les règles de la langue françoise dans la plûpart des cas douteux. 2°. Les principes de l'éloquence et les divers genres de style. 3°. Des exemples servant d'application aux règles, et tirés, soit de Cicéron, soit des orateurs françois les plus estimés, tant de la Chaire que du Barreau. Le tout entremêlé de réflexions propres à former et les mœurs et le goût* (Paris, Guillyn, 1765).

Argens, Jean-Baptiste de Boyer, marquis d', *Lettres juives, ou Correspondance philosophique, historique et critique entre un Juif voyageur et différents Etats de l'Europe et ses correspondans en divers endroits*, 6 vol. (La Haye, P. Paupie, 1738).

Arioste, Ludovico Ariosto, l', *Roland furieux* (1532), éd. André Rochon (Paris, 1999).

Aristophane, *Les Oiseaux* (-414) dans *Théâtre complet vol. 2* (Paris, 1991).

Aulnoy, Marie-Catherine Le Jumel de Barneville, baronne d', *Serpentin vert, conte* (1697), dans *Contes des fées, suivi des Contes nouveaux ou les Fées à la mode*, éd. Nadine Jasmin (Paris, 2004).

Basedow, Johann Bernhard, *De l'éducation des princes destinés au trône*, trad. Jean-François de Bourdoin (Yverdon, Société littéraire et typographique, 1777).

Batteux, Charles, *Cours de belles-lettres, ou Principes de la littérature*, 4 vol. (Paris, Desaint et Saillant, Durant, 1753).

Bernardin de Saint-Pierre, Henri, *Œuvres complètes de Jacques-Henri-Bernardin de Saint-Pierre*, 8 vol. (Bruxelles, Auguste Wahlen, 1820).

Boie, Heinrich Christian, et Christian Wilhelm von Dohm (éd.), *Deutsches Museum* (Leipzig, Waygand, 1776-1788).

Boncerf, Pierre-François, *Les Inconvénients des droits féodaux* (Paris, Valade, 1776).

Bossuet, Jacques Benigne, *Discours sur l'histoire universelle à Monseigneur le Dauphin, pour expliquer la suite de la religion, et des changemens des empires (1681)* 2 vol. (Paris, Christophe David, 1764).

Buffier, Claude, *Abrégé de l'histoire d'Espagne, par demandes et par réponses* (Paris, Jean Mariette, 1704).

Buffon, Georges-Louis Leclerc, comte de, *Histoire naturelle, générale et particulière, avec la description du cabinet du roi* (Clermont-Ferrand, 2003).

Buy de Mornas, Claude, *Atlas méthodique et élémentaire de géographie et d'histoire*, 4 vol. (Paris, chez l'auteur et chez Desnos, 1761-1762).

Cabinet des fées, ou Collection choisie des contes de fées, et autres contes merveilleux, ornés de figures, 41 vol. (Paris, rue et hotel Serpente, 1785-1786).

Campe, Joachim Heinrich, *Kleine*

Kinderbibliothek (1779; Francfort-sur-le-Main, 1796).

Caradeuc de La Chalotais, Louis-René de, *Essai d'éducation nationale ou Plan d'études pour la jeunesse*, éd. Robert Granderoute (1763; Saint-Etienne, 1996).

Carron, Guy-Toussaint-Julien, *Les Epoux charitables ou Vies de M. le comte et de Mme la comtesse de La Garaye* (Rennes, N. Audran, 1782).

Castel de Saint-Pierre, Charles-Irénée, *Œuvres diverses* (Paris, Briasson, 1730).

–, *Projet pour multiplier les collèges des filles* (1733; Paris, 1868).

–, *Projet pour perfectionner l'éducation. Avec un discours sur la grandeur et la sainteté des hommes* (Paris, Briasson, 1728).

Charnes, Jean-Antoine de, *Conversations sur la critique de la Princesse de Clèves* (Paris, Claude Barbin, 1679).

Choderlos de Laclos, Pierre-Ambroise-François, *De l'éducation des femmes* (1783; Grenoble, 1991).

Coicy, Mme de, *Les Femmes comme il convient de les voir, ou Aperçu de ce que les femmes ont été, de ce qu'elles sont, et de ce qu'elles pourroient être* (Paris, Bacot, 1785).

Copponay, Marie-Gasparde de, *Plaidoyer de Marie-Gasparde de Copponay en faveur de l'enseignement des sciences aux dames* (c.1714; Paris, 1983).

Compan, Charles, *Dictionnaire de danse contenant l'histoire, les règles et les principes de cet art, avec des réflexions critiques, et des anecdotes curieuses concernant la danse ancienne et moderne; le tout tiré des meilleurs auteurs qui ont écrit sur cet art* (Paris, Les Marchands de nouveautés, 1787).

Coyer, Gabriel-François, *De l'éducation publique* (1770), dans *Œuvres complètes*, 7 vol. (Paris, Veuve Duchesne, 1783).

De Cerfvol, *La Gamologie ou De l'éducation des jeunes filles destinées au mariage* (Paris, Veuve Duchesne, 1772).

De l'éducation publique (1762; Amsterdam [Paris, Laurent Durand], 1763).

Derham, William, *Physico-Theology, or a demonstration of being and attributes of God from his works of creation* (Londres, 1713).

Desessartz, Jean-Charles, *Traité de l'éducation corporelle des enfants en bas âge, ou Réflexions pratiques sur les moyens de procurer une meilleure constitution aux citoyens* (Paris, Jean-Thomas Hérissant, 1760).

Diderot, Denis, *Les Bijoux indiscrets*, dans *Romans et contes* (Paris, 2004).

–, *Œuvres complètes* (Paris, 1876).

–, et Jean Le Rond D'Alembert (éd.), *Encyclopédie ou Dictionnaire raisonné des sciences, des arts et des métiers par une société de gens de lettres*, 35 vol. (Paris, 1751-1780).

Duguet, Jacques-Joseph, *Institution d'un prince ou traité des qualitez, des vertus et des devoirs d'un souverain* (Londres, Jean Nourse, 1743).

Epinay, Louise Tardieu d'Esclavelles, marquise d', *Les Contre-confessions: Histoire de Mme de Montbrillant* (1757-1770), éd. Georges Roth, préface d'Elisabeth Badinter (Paris, 1989).

–, *Mes moments heureux* (Genève, De mon imprimerie, 1759).

Espinassy, Adélaïde, Mlle d', *Nouvel Abrégé de l'histoire de France, à l'usage des jeunes gens*, 7 vol. (Paris, Saillant et Desaint, 1766-1771).

Fénelon, François de Salignac de La Mothe, *Fables, contes et histoires* (Limoges, 1890).

–, *Traité de l'éducation des filles* (1687; Paris, 1994).

Fèvre Du Grandvaux, *Lettre à Madame la Comtesse de *** sur* *l'éducation des jeunes demoiselles* (Paris, Belin, 1789).

Fleury, Claude, *Traité du choix et de la méthode des études* (Paris, 1829).

Fontenelle, Bernard Le Bovier de, *Entretiens sur la pluralité des mondes* (1686), éd. Alexandre Calame (Paris, 1991).

Fromageot, Pierre, *Cours d'études des jeunes demoiselles, ouvrage non moins utile aux jeunes gens de l'autre sexe*, 8 vol. (Paris, Vincent, Prault fils et Lacombe, 1772-1775).

Galiani, Ferdinando, *Dialogues sur le commerce des bleds* (Paris, Merlin, 1770).

–, et Mme d'Epinay, *Correspondance*, I, 1769-1781 (Paris, 1992); IV, juin 1773-mai 1775 (Paris, 1996); V, juin 1775-juillet 1782 (Paris, 1997).

Garsault, François-Alexandre-Pierre de, *Faits des causes célèbres et intéressantes, augmentés de quelques causes* (Amsterdam, Chastelain [Paris, Charles-Antoine Jombert], 1757).

Genlis, Stéphanie-Félicité Du Crest, comtesse de, *Annales de la vertu, ou Cours d'histoire à l'usage des jeunes personnes* (1781), 2 vol. (Paris, Lambert et Baudouin, 1784).

–, *Arabesques mythologiques, ou les Attributs de toutes les divinités de la fable*, 2 vol. (Paris, 1810-1811).

–, *Discours sur l'éducation de M. Le Dauphin et sur l'adoption* (Paris, Onfroy et Née de La Rochelle, 1790).

–, *Discours sur l'éducation publique du peuple*, dans *Discours moraux sur divers sujets, et particulièrement sur l'éducation* (Paris, 1802).

–, *Emile ou De l'éducation; par J.-J. Rousseau. Nouvelle édition à l'usage de la jeunesse, avec des retranchements, des notes, et une préface*, 3 vol. (Paris, 1820).

–, *Essai sur l'éducation des hommes et particulièrement des princes par les femmes, pour servir de supplément aux Lettres sur l'éducation* (Paris, Guillot, 1782).

–, *Herbier moral ou Recueil de fables nouvelles et autres poésies fugitives* (Paris, Moutardier, s.d.).

–, *Les Jeux champêtres des enfants et de l'île des monstres pour faire suite aux Veillées du château dédiés à S. A. S. Monseigneur le duc de Chartres* (Paris, s.d [c.1825]).

–, *Leçon d'une gouvernante à ses élèves, ou Fragmens d'un journal qui a été fait pour l'éducation des enfans de Monsieur d'Orléans par Mme de Sillery-Brulart*, 2 vol. (Paris, Onfroy et Née de La Rochelle, 1791).

–, *Maison rustique pour servir à l'éducation de la jeunesse ou Retour en France d'une famille émigrée* (Paris, 1810).

–, *Mémoires* (1825), éd. Didier Masseau (Paris, 2004).

–, *Méthode d'enseignement pour la première enfance, contenant, 1°. Une nouvelle méthode d'instructions et de lectures morales pour les enfans de cinq ou six ans; 2°. Des dialogues et un conte; 3°. Des maximes détachées; 4°. Des modèles de compositions; 5°. Une nouvelle méthode pour enseigner aux enfants à dessiner et à peindre* (Paris, 1801).

–, *Théâtre d'éducation* (1779-1780), 4 vol. (Paris, Lecointe, 1829).

Gesser, Solomon, *Idylles et poèmes chámpêtres*, trad. M. Hubert (Lyon, J.-M. Bruyset, 1762).

Giroust de Morency, Suzanne, *Illyrine ou l'Ecueil de l'inexpérience* (1799; Paris, 1983).

Gleim, Johann Wilhelm Ludwig, *Halladat oder Das rothe Buch* (Hambourg, Bode, 1774).

Golovkin, Fédor, comte de, *Mes idées sur l'éducation du sexe ou Précis d'un plan d'éducation pour ma fille* (Londres, s.n., 1778).

Graffigny, Françoise de, *Lettres d'une péruvienne* (1747; Paris, 1996).

Guys, Pierre-Augustin, *Voyage*

littéraire de la Grèce ou Lettres sur les Grecs, anciens et modernes, avec un parallèle de leurs mœurs (1771; Paris, Veuve Duchesne, 1776).

Hawkesworth, John (éd.) *The Adventurer* (1752-1754), 2 vol. (Dublin, 1771).
Helvétius, Claude-Adrien, *De l'esprit* (1758; Paris, 1988).
–, *De l'homme* (1773; Paris, 1989).

Journal des savants (Paris, Jean Cusson, 1780).

La Chétardie, Joachim de, *Instruction pour une jeune princesse* (Amsterdam et Leipzig, Arkstée et Merkus, 1758).
La Harpe, Jean-François de, *Abrégé de l'histoire générale des voyages* (Paris, Hôtel de Thou, 1780-1786).
Lambert, Anne-Thérèse de Marquenat de Courcelles, marquise de, *Œuvres*, éd. Robert Granderoute (Paris, 1990).
La Motte, Antoine Houdar de (Antoine Lamotte-Houdar), *Fables nouvelles, dédiées au roy avec un discours sur la fable* (Paris, Grégoire Dupuis, 1719).
La Roche, Sophie von, *Mémoires de Mlle de Sternheim*, trad. Mme La Fite (La Haye, Gosse, 1773).
Le Masson Le Golft, Marie, *Balance de la nature* (1784), éd. Marc Décimo (Dijon, 2005).
–, *Entretiens sur Le Havre* (Le Havre, Chez les libraires, 1781).
–, *Esquisse d'un tableau général du genre humain où l'on aperçoit d'un seul coup d'œil les religions et les mœurs des différents peuples, les climats sous lesquels ils habitent, et les principales variétés de formes et de couleurs de chacun d'eux.* Carthographe, Maurille-Antoine Moithey (Paris, Moithey, [c.1778]).
Lenclos, Anne *dite* Ninon de, *Lettres au marquis de Sévigné ou l'Art de se faire aimer* (Paris, 1999).

Le Noble, Eustache, *L'Ecole du monde, troisième entretien. De la complaisance et du bienfait* (Paris, Martin Jouvenel et Claude Mazuel, 1694).
Leprince de Beaumont, Jeanne-Marie, *Contes et autres écrits* (1774), éd. Barbara Kaltz (Oxford, 2000).
–, *Conte moraux* (Paris, Pierre Bruyset Ponthus, 1774).
–, *La Dévotion éclairée ou le Magasin des dévotes* (Lyon, Pierre Bruyset Ponthus, 1779).
–, *Education complète ou Abrégé de l'histoire universelle, mêlé de géographie et de chronologie* (La Haye, Pierre Gosse et Daniel Pinet, 1763).
–, *Magasin des pauvres, artisans, gens de la campagne*, 2 vol. (Saint-Malo, L. H. Hovius, 1784).
–, *Le Mentor moderne, ou Instruction pour les garçons et pour ceux qui les élèvent*, 12 vol. (Paris, C. Herissant, 1772).
–, *Nouveaux Contes moraux* (Lyon, Pierre Bruyset Ponthus, 1776).
–, *La Nouvelle Clarice, histoire véritable* (Lyon, Pierre Bruyset Ponthus, 1767).
– (éd.), *Le Nouveau Magasin françois, ou Bibliothèque instructive et amusante* (Londres, s.n., 1750-1752).
Le Ragois, Claude, *Instruction sur l'histoire de France et romaine. On y a ajouté un abrégé des Métamorphoses d'Ovide; de l'histoire poétique; de la géographie; et une chronique de nos rois, en vers: le tout en faveur de la jeunesse* (1684; Paris, J. Barbou, 1778).
Liancourt, Jeanne de Schomberg, duchesse de, *Règlement donné par une dame de haute qualité à M*** sa petite-fille, pour sa conduite, et pour celle de sa maison: avec un autre règlement que cette dame avoit dressé pour elle-mesme* (1698; Paris, 1997).
Locke, John, *De l'éducation des enfans* (1693), trad. M. Coste (Londres et Paris, Serviere, 1788).
Loquet, Marie-Françoise, *Entretiens*

d'Angélique pour exciter les jeunes personnes du sexe à l'amour et à la pratique de la vertu (Paris, Benoît Morin, 1781).

–, *Entretiens de Clotilde pour exciter les jeunes personnes du sexe à la vertu, et servir de suite aux Entretiens d'Angélique* (Paris, Benoît Morin, 1788).

Los Rios, Angélique de, *Magasin des petits enfants, ou Recueil d'amusemens à la portée de leur age, suivi de deux traités instructifs et édifians* (Anvers, J. B. Grangé, 1770).

Lyonnet, Pierre, *Traité anatomique de la chenille qui ronge le bois de saule* (La Haye, P. de Hondt, 1760).

Magny, M., *Principes de chorégraphie, suivis d'un traité de la cadence, qui apprendra les tems et les valeurs de chaque pas de la danse, détaillés par caracteres, figures et signes démonstratifs* (Paris, Duchesne et De la Chevardière, 1765).

Maintenon, Françoise d'Aubigné, marquise de, *Conseils et instructions aux demoiselles pour leur conduite dans le monde*, éd. Th. Lavallée (Paris, 1857).

–, *Conversations* (1757; 3ᵉ éd., Paris, 1828).

–, *Lettres de Mme de Maintenon*, éd. La Baumelle, 3 vol. (Paris, Rollin fils, 1752).

–, *Lettres et entretiens sur l'éducation des filles*, éd. Th. Lavallée (Paris, 1854).

Malebranche, Nicolas, *Conversations chrétiennes* (1677), (Paris, 2010).

Marivaux, Pierre de, *L'Île des esclaves* (1752; Paris, 2004).

Marmontel, Jean-François, *Contes moraux* (Paris, Merlin, 1765).

Martinet, J. J., *Essai ou principes élémentaires de l'art de la danse, utile aux personnes destinées à l'éducation de la jeunesse* (Lausanne, Monnier et Jaquerod, 1797).

Mehegan, Guillaume-Alexandre de, *Lettre sur l'éducation des femmes*, dans *Considérations sur les révolutions des arts* (1755; Genève, 1971).

Mentelle, Edme, *Géographie comparée; ou Analyse de la géographie ancienne et moderne des peuples de tous les pays et de tous les âges; accompagnée de tableaux analytiques, et d'un grand nombre de cartes, etc.*, 9 vol. (Paris, Théophile Barrois, 1788).

Mirabeau, Honoré-Gabriel Riqueti, comte de, *Travail sur l'éducation publique trouvé dans les papiers de Mirabeau l'aîné*, éd. P. J. G. Cabanis (Paris, Imprimerie nationale, 1791).

Miremont, Anne d'Aubourg de La Bove, comtesse de, *Mémoires de Madame la marquise de Crémy écrits par elle-même*, 3 vol. (1766; Paris, 1808).

Monbart, Marie-Josèphe de l'Escun, Mme de, *Lettres taïtiennes* (Paris, les marchands de nouveauté, s.d.).

Montesquieu, Charles-Louis de Secondat de, *Lettres persanes* (1721) (Paris, 2013)

Motteville, Françoise Bertaut de, *Mémoires pour servir à l'histoire d'Anne d'Autriche, épouse de Louis XIII, roi de France* (Amsterdam, F. Changuion, 1723).

Palairet, Jean, *Abrégé de la Nouvelle Introduction à la géographie moderne, en deux parties. La première contient un abrégé d'astronomie, et un traité de l'usage des globes; la seconde, une connoissance succinte de toutes les parties de la terre et de l'eau; de leur situation, de leur étendue, de leur qualité; du gouvernement, de la religion, du commerce et des mœurs des peuples; etc. Avec une espèce d'atlas portatif, qui supplée en quelque manière au défaut d'un vrai atlas, pour imprimer dans la mémoire des jeunes gens, les positions des lieux* (Londres, Nourse, 1761).

Panckoucke, André-Joseph, *Les Etudes convenables aux demoiselles* (Lille, Panckoucke, 1749).

Pascal, Blaise, *De l'esprit géométrique* (1657-58) dans *De l'esprit géométrique, Ecrits sur la Grâce et autres textes* (Paris, 1985).

Perrault, Charles, *Contes*, éd. Gilbert Rouget (Paris, 1991).

–, *Riquet à la houppe, conte*, dans *Nouveau Cabinet des fées*, éd. Charles-Joseph Mayer (Genève, 1978), t.12.

Pibrac, Guy Du Faur, seigneur de, *Les Quatrains du Seigneur de Pybrac, conseiller du roy en son conseil privé. Contenans preceptes et enseignemens utiles et profitables pour tous chrestiens. Avec les Quatrains du Presidens Faure* (Paris, Anthoine Rafflé, 1661).

Pluche, Antoine, *Le Spectacle de la nature, ou Entretiens sur les particularités de l'histoire naturelle, qui ont paru les plus propres à rendre les jeunes gens curieux, et à leur former l'esprit*, 8 vol. (Paris, Veuve Estienne, 1732-1750).

Racine, Jean, *Athalie* (1691; Paris, 1999).

Réaumur, René Antoine Ferchault de, *Mémoires pour servir à l'histoire des insectes*, 6 vol. (Paris, Imprimerie Royale, 1734-1742).

Reyre, Joseph, *L'Ecole des jeunes demoiselles ou Lettres d'une mère vertueuse à sa fille*, 2 vol. (Paris, Varin, 1786).

Riballier, *De l'éducation physique et morale des femmes avec une notice alphabétique de celles qui se sont distinguées dans les différentes carrières des sciences et des beaux-arts, ou par des talents et des actions mémorables* (Paris et Bruxelles, Frères Estienne, 1779).

Richardson, Samuel, *Lettres anglaises ou Histoire de miss Clarisse Harlove*, trad. Antoine François Prévost (1751; Paris, 1999).

Roland de La Platière, Jeanne-Marie, *Une éducation bourgeoise au XVIIIᵉ siècle*, suivi du *Discours de Besançon* (Paris, 1964).

Rollin, Charles, *De la manière d'enseigner et d'étudier les Belles Lettres par rapport à l'esprit et au cœur* (1726-1728), 4 vol. (Paris, Veuve Estienne, 1732).

–, *Discours préliminaire du 'Traité des études'* (Paris, 1998).

–, *Traité des études* (1734; Paris, 1845).

Rousseau, Jean-Jacques, *Considérations sur le gouvernement de Pologne et sur sa réformation projetée*, dans *Textes politiques* (Lausanne, 2007).

–, *Emile ou De l'éducation* (1762; Paris, 1992; 1999).

–, *Lettres élémentaires sur la botanique* (1771-1773; Paris, 2002).

–, *La Reine Fantasque* (1769), dans *Nouveau Cabinet des fées*, éd. Charles-Joseph Mayer (Genève, 1978), t.12.

Rozier, Jean-Baptiste François, *Cours complet d'agriculture théorique, pratique, économique, et de médecine rurale et vétérinaire, suivi d'une Méthode pour étudier l'agriculture par principes, ou Dictionnaire universel d'agriculture, par une société d'agriculteurs* (Paris, rue et hôtel Serpente (t.i-vii), chez Delalain fils (t. viii), chez Moutardier (t. ix-x), 1781-1800), 10 vol.

Saint-Hyacinthe, Thémiseul de, *Histoire du Prince Titi*, dans *Nouveau Cabinet des fées*, éd. Charles-Joseph Mayer (Genève, 1978), t.12.

Sauri, Jean, *Histoire naturelle du globe, ou Géographie physique; ouvrage dans lequel on a renfermé ce qu'on fait de plus intéressant sur la symétrie et la position des continens, la salure de la mer etc.... les différentes espèces de terres, de sels, de pierres et de pierreries, des minéraux, des métaux et des végétaux; à l'usage des jeunes physiciens, des pensions et des colleges et de tous ceux qui veulent s'initier dans l'histoire naturelle, en peu de temps et sans beaucoup de peine, formant la quatrieme partie des Opuscules de l'auteur*, 2 vol. (Paris, chez l'auteur/Delalain/Moutard/ Lacombe, 1778).

–, *Précis d'histoire naturelle, extrait des meilleurs auteurs françois et étrangers; servant de suite et de supplément au Cours de physique de l'auteur, et à son Histoire naturelle du globe*, 2 vol. (Paris, chez l'auteur, 1778).

Schummel, Johann Gottlieb, *Kinderspiele und Gespräche*, 3 vol. (Leipzig, Crusius, 1776-1778).

Sigaud de La Fond, Joseph-Aignan, *Dictionnaire des merveilles de la nature*, 2 vol. (Paris, rue et hotel Serpente, 1781).

Sonnerat, Pierre, *Voyage aux Indes orientales et à la Chine, fait par ordre du roi, depuis 1774 jusqu'en 1781, dans lequel on traite des mœurs, de la religion, des sciences et des arts des Indiens, des Chinois, des Pégouins et des Madégasses; suivi d'Observations sur le cap de Bonne-Espérance, les isles de France et de Bourbon, les Maldives, Ceylan, Malacca, les Philippines et les Moluques, et de recherches sur l'histoire naturelle de ces pays* (Paris, L'auteur, 1782).

St John de Crèvecœur, J. Hector, *Lettres d'un cultivateur américain*, 2 vol. (Paris, 1785; Genève, 1979).

Swinburne, Henry, *Travels in the Two Sicilies*, 2 vol. (Londres, P. Elmsly, 1783).

Valmont de Bomare, Jacques-Christophe, *Dictionnaire raisonné universel d'histoire naturelle, contenant l'histoire des animaux, des végétaux et des minéraux, celle des corps célestes, des météores et des autres principaux phénomènes de la nature; avec l'histoire et la description des drogues simples tirées des trois règnes, le détail de leurs usages dans la médecine, dans l'économie domestique et champêtre, et dans les arts et métiers: avec une table concordante des noms latins, et le renvoi aux objets mentionnés dans cet ouvrage* (1764), 9 vol. (Lyon, Jean-Marie Bruyset, 1776).

Villedieu, Gabrielle-Suzanne de, *La Belle et la Bête*, dans *Nouveau Cabinet des fées*, éd. Charles-Joseph Mayer (Genève, 1978), t.12.

–, *La Jardinière de Vincennes*, 2 vol. (Paris, Hochereau l'aîné, 1753).

Voltaire, *Ce qui plaît aux dames* (1763), dans *Contes en vers et en prose* (Paris, 1992).

–, *Dictionnaire philosophique*, éd. Christiane Mervaud, *OCV*, t.36.

–, *Discours en vers sur l'homme*, *OCV*, t.17.

–, *Supplément au Siècle de Louis XIV*, éd. Claude Lauriol, *OCV*, t.32c.

Weisse, Christian Felix, *Der Kinderfreund* (Leipzig, Crusius, 1775-1782).

iii. Etudes

Abensour, Léon, *La Femme et le féminisme avant la Révolution* (Paris, 1923).

–, *Histoire générale du féminisme* (Paris, 1921).

Abramovici, Jean-Christophe, préface des *Bijoux indiscrets*, dans Denis Diderot, *Romans et Contes*, éd. Michel Delon et Jean-Christophe Abramovici (Paris, 2004).

Adams, David James, *Bibliographie d'ouvrages français en forme de dialogue 1700-1750*, SVEC 293 (1992).

Albertan, Christian, 'Entre foi et science: les *Mémoires de Trévoux* et le mouvement scientifique dans les années 50', *Dix-huitième Siècle* 34 (2002), p.91-97.

Angenot, Marc, *Les Champions des femmes: examen des discours sur la supériorité des femmes, 1400-1800* (Montréal, 1977).

Artigas-Menant, Geneviève, *Lumières clandestines: les papiers de Thomas Pichon* (Paris, 2001).

–, 'La médecine dans *Le Nouveau Magasin français*', dans *La Médecine du peuple de Tissot à Raspail (1750-1850)*, éd. Daniel Teysseire (Créteil, 1995).

–, 'La vulgarisation scientifique dans *Le Nouveau Magasin français* de Mme Leprince de Beaumont', *Revue d'histoire des sciences* 3-4 (juillet-décembre 1991), p.343-57.

Astbury, Kate, 'Le conte moral allemand en France: réécriture et interprétation de la morale', dans *Réécritures 1700-1820*, éd. Malcolm Cook et Marie-Emmanuelle Plagnol-Diéval (Berlin, 2002).

–, 'Les éducatrices françaises à Londres pendant la Révolution', dans *Femmes éducatrices au siècle des Lumières: discours et pratiques*, éd. Isabelle Brouard-Arends et Marie-Emmanuelle Plagnol-Diéval (Rennes, 2007).

–, *The Moral tale in France and Germany 1750-1789*, SVEC 2002:07.

Badinter, Elisabeth, *Emilie, Emilie: l'ambition féminine au XVIIIᵉ siècle* (Paris, 1983).

Baratay, Eric, 'Zoologie et Eglise catholique dans la France du XVIIIᵉ siècle (1670-1840): une science au service de Dieu', *Revue d'histoire des sciences* 3 (1995), p.241-65.

Barchilon, Jacques, *Le Conte merveilleux français de 1690 à 1790: cent ans de féerie et de poésie ignorées de la littérature française* (Paris, 1975).

Barritault, Georges, *L'Anatomie en France au XVIIIᵉ siècle: les anatomistes du Jardin du roi*, thèse de médecine, Angers, 1940.

Belmas, Elisabeth, *Jouer autrefois: essai sur le jeu dans la France moderne, XVIᵉ-XVIIIᵉ siècle* (Seyssel, 2006).

Bénouis, Mustapha Kémal, *Le Dialogue philosophique dans la littérature française du seizième siècle* (Paris, 1976).

Bercé, Yves-Marie, *Fête et révolte: des mentalités populaires du XVIᵉ au XVIIIᵉ siècle* (1976; Paris, 2006).

–, 'Les monarchies de l'âge moderne', dans *Les Monarchies*, éd. Yves-Marie Bercé (Paris, 1997).

Beugnot, Bernard, *L'Entretien au XVIIᵉ siècle* (Montréal, 1971).

Billot, Claude-Charles, *Les Epoux au grand cœur, Claude et Marguerite de La Garaye* (Paris, 2003).

Blondy, Alain, *Parfum de cour, gourmandise de rois: le commerce des oranges entre Malte et la France au XVIIIᵉ siècle. D'après la correspondance entre Joseph Savoye, épicier à Paris, et son fils, l'abbé Louis Savoye, chapelain conventuel de l'ordre de Malte* (Paris, La Valette, 2003).

Bosquet, Marie-Françoise, *Images du féminin dans les utopies françaises classiques*, SVEC 2007:01.

Bouillier, Francisque, *Histoire de la philosophie cartésienne* (1868; Genève, 1970).

Boulerie, Florence, '*Civan, roi de Bungo* de Mme Leprince de Beaumont ou quand un Japonais sert de modèle aux princes chrétiens', *Acculturation dans les époques d'internationalisation* (Kumamoto, 2007), p.3-17.

–, 'L'élaboration de l'idée d'éducation nationale 1748-1789', thèse de doctorat, Paris, 2000.

Bray, Bernard, 'Le dialogue comme forme littéraire au XVIIᵉ siècle', *Cahiers de l'association internationale des études françaises* 24 (mai 1972), p.9-29.

Briquet, Marguerite Ursule Fortunée Bernier, *Dictionnaire historique, littéraire, et bibliographique des françaises et des étrangères naturalisées en France depuis la monarchie jusqu'à nos jours* (1804; Paris, 1997).

Broglie, Gabriel de, *Madame de Genlis* (Paris, 1985).

Brouard-Arends, Isabelle, 'L'éducation au siècle des Lumières: progrès et stagnation', dans *Diffusion du savoir et affrontement des idées, 1600-1770* (Montbrisson, 1993), p.311-24.

–, 'Les géographies éducatives dans *Adèle et Théodore* de Mme de Genlis', dans *Locus in fabula: la topique de l'espace dans les fictions d'Ancien Régime*, éd. Nathalie Ferrand (Louvain et Paris, 2004).

–, 'Trajectoires de femmes, éthique et projet auctorial, Mme de Lambert, Mme d'Epinay, Mme de Genlis', *Dix-huitième Siècle* 36 (2004), p.189-96.

–, *Vies et images maternelles dans la littérature française du XVIIIe siècle*, *SVEC* 291 (1991).

– (éd.), *Lectrices d'Ancien Régime* (Rennes, 2003).

–, et Marie-Emmanuelle Plagnol Diéval (éd.), *Femmes éducatrices au siècle des Lumières: discours et pratiques* (Rennes, 2007).

Brown, Penny, 'Rational fairies and the pursuit of virtue: didactic strategies in early French children's litterature', *SVEC* 2000:05, p.341-53.

Cabourdin, Guy, et Georges Viard, *Lexique historique de la France d'Ancien Régime* (1978; Paris, 1998).

Campan, Mme, *De l'éducation, suivi des Conseils aux jeunes filles, d'un théâtre pour les jeunes personnes et de quelques essais de morale* (Paris, 1824).

Campardon, Emile, *Les Spectacles de la foire*, depuis 1595 jusqu'à 1791 (1877; Genève, 2012).

Cassirer, Ernst, *La Philosophie des Lumières*, trad. et éd. Pierre Quillet (1932; Paris, 1966).

Cazanave, Claire, 'Le dialogue des Lumières au miroir de l'âge classique: l'enseignement des dictionnaires', dans *Correspondance, dialogues, history of ideas, SVEC* 2005:07.

Charrak, André, *Contingence et nécessité des lois de la nature au XVIIIe siècle: la philosophie seconde des Lumières* (Paris, 2006).

Charrier-Vozel, Marianne, 'De la théorie à la pratique selon Mme de Miremont: éducation, écrits pédagogiques et romans', dans *L'Educazione dell'uomo e della donna nella cultura illuministica, Memorie dell'Academia delle Science di Torino* 3 (2000), p.151-65.

Chartier, Roger, *Lectures et lecteurs dans la France d'Ancien Régime* (Paris, 1987).

–, Marie-Madeleine Compère, et Dominique Julia, *L'Education en France du XVIe au XVIIIe siècle* (Paris, 1976).

Chérel, Albert, *Fénelon au XVIIIe siècle en France (1715-1820), son prestige, son influence* (1917; Genève, 1970).

Cherrad, Sonia, 'De l'éducation des mères à une possible éducation publique, Mmes d'Epinay et de Miremont', dans *Femmes éducatrices au siècle des Lumières: discours et pratiques*, éd. Isabelle Brouard-Arends et Marie-Emmanuelle Plagnol-Diéval (Rennes, 2007).

–, 'Mme d'Epinay, pédagogue et philosophe', dans *Mme d'Epinay, écrivain-philosophe des Lumières*, éd. Jacques Domenech (Paris, 2010).

Chervel, André, 'L'histoire des disciplines scolaires', *Histoire de l'éducation* 38 (mai 1988), p.59-119.

Cheval, Albert, 'La pédagogie fénelonienne, son origine, son influence au XVIIIe siècle', *Revue d'histoire littéraire de la France* 25 (1918), p.505-31.

Chouillet, Jacques, *La Formation des idées esthétiques de Diderot, 1745-1763* (Paris, 1973).

Colin, Maurice, 'La fiction au service de l'éducation', *Cahiers d'histoire littéraire comparée* 3 (1978), p.61-83.

Compayré, Gabriel, *Histoire critique des doctrines de l'éducation en France depuis le seizième siècle* (Paris, 1879).

Coulet, Henri, 'Le récit court en France au XVIIIe siècle', dans *Anecdotes, faits-divers, contes, nouvelles (1700-1820)*, éd. Malcolm Cook et Marie-Emmanuelle Plagnol-Diéval (Bern, 2000).

Dainville, François de, 'L'enseignement de l'histoire et de la géographie et le "ratio studiorum" ', dans *L'Education des jésuites (XVIe-XVIIIe siècles)*, éd. Marie-Madeleine Compère (Paris, 1978).

David, Odette, *L'Autobiographie de convenance de Mme d'Epinay, écrivain-philosophe des Lumières: subversion idéologique et formelle de l'écriture de soi* (Paris, 2007).

Debru, Claire, 'Le Magasin des enfants (1756) ou le conte de fées selon une gouvernante: pratiques de la réécriture chez Mme Le Prince de Beaumont', dans *Le Conte merveilleux au XVIIIe siècle: une poétique expérimentale*, éd. Régine Jomand-Baudry et Jean-François Perrin (Paris, 2002).

Deccottignies, Jean, 'A l'occasion du deuxième centenaire de la naissance d'Ann Radcliffe: un domaine "maudit" dans les lettres françaises aux environs de 1800', *Revue des sciences humaines* 116 (1964), p.447-75.

Defrance, Anne, *Les Contes de fées et les nouvelles de Mme d'Aulnoy, 1690-1698: l'imaginaire féminin à rebours de la tradition* (Genève, 1998).

Deguise, Alix S., 'Mme Leprince de Beaumont: conteuse ou moraliste?', dans *Femmes savantes et femmes d'esprit: women intellectuals of the French eighteenth century*, éd.

Roland Bonnel et Catherine Rubinger (New York, Paris, 1994).

Delon, Michel, 'Cartésianisme et féminisme', *Europe* 56 (octobre 1978), p.73-87.

–, *L'Idée d'énergie au tournant des Lumières, 1770-1820* (Paris, 1988).

–, 'La marquise et le philosophe', *Revue des sciences humaines* 182 (1981), p.65-78.

–, Robert Mauzi, Sylvain Menant, *Littérature française, 6: de l'Encyclopédie aux Méditations* (Paris, 1984).

D'Enfert, Renaud, *L'Enseignement du dessin en France: figure humaine et dessin géométrique, 1750-1850* (Paris, 2003).

Didier, Béatrice, *L'Ecriture-femme* (1981; Paris, 1991).

Domenech, Jacques, 'Emile avant Emile: Rousseau et Mme d'Epinay, entre fiction et théorie', dans *Emile, ou De la practabilité de l'éducation*, éd. Pol Dupont et Michel Termolle (Mons, 2005).

Dow, Gillian, '*The good sense of the readers has encouraged the translation of the whole*: les traductions anglaises des œuvres de Mme de Genlis dans les années 1780', dans *La Traduction des genres non romanesques au XVIIIe siècle* (Metz, 2003).

Doyon, Julie, 'A "l'ombre du père"? L'autorité maternelle dans la première moitié du XVIIIe siècle', *Clio* 21 (2005), p.162-73. Revue en ligne: http://clio.revues.org/1459?.

Dumesnil, Françoise, 'Recherches sur la valeur du roman français au XVIIIe siècle comme témoin de l'éducation des filles', thèse de doctorat, Paris, 1973.

Duchet, Michèle, *Anthropologie et histoire au siècle des Lumières* (Paris, 1977).

Duprat, Catherine, 'Des Lumières au premier XIXe siècle: voie française de la philanthropie', dans *Philanthropies et politiques sociales en Europe, XVIIIᵉ-XXᵉ siècles,* éd. Colette Bec, Catherine Duprat, *et al.* (Paris, 1994).

–, *Le Temps des philanthropes. Tome 1: La Philanthropie parisienne des Lumières à la Monarchie de Juillet* (Paris, 1993).

Easlea, Brian, *Science et philosophie: 1450-1750,* trad. Nina Godneff (1980; Paris, 1986).

Egerton Brydges, Samuel, 'Mrs Chapone', *Censura Literaria* 5 (1807), p.308-20.

Erhard, Jean, *L'Idée de nature en France dans la première moitié du XVIIIᵉ siècle* (Paris, 1994).

–, *Lumières et esclavage: l'esclavage colonial et l'opinion publique en France au XVIIIᵉ siècle* (Bruxelles, 2008).

Escarpit, Denise, *La Littérature d'enfance et de jeunesse en France* (Paris, 1981).

Farge, Arlette, *Dire et mal dire: l'opinion publique au XVIIIᵉ siècle* (Paris, 1992).

Fauchery, Pierre, *La Destinée féminine dans le roman européen du dix-huitième siècle: 1713-1807, essai de gynécomythie romanesque* (Paris, 1972).

Favet, Grégoire, *Les Syndics de Genève au XVIIIᵉ siècle: étude du personnel politique de la République,* dans *Les Cahiers de la Société d'histoire et d'archéologie de Genève* 6 (1998).

Gilson, Etienne, 'Introduction', dans René Descartes, *Discours de la méthode* (1970; Paris, 1989).

Godenne, René, *Histoire de la nouvelle française aux XVIIᵉ et XVIIIᵉ siècles* (Genève, 1970).

–, 'La nouvelle française', dans *Etudes sur la nouvelle française* (Genève et Paris, 1985).

Gojosso, Eric, *Le Concept de république en France, XVIᵉ-XVIIᵉ siècle* (Aix-en-Provence, 1998).

Goncourt, Edmont et Jules Goncourt, *La Femme au XVIIIᵉ siècle* (1862; Paris, 1982).

Goubert, Pierre et Daniel Roche, *Les Français et l'Ancien Régime,* t.1, *La Société et l'Etat* (1984; Paris, 1991).

Granderoute, Robert, 'De "L'éducation des filles" aux "Avis d'une mère à sa fille": Fénelon et Mme de Lambert', *Revue d'histoire littéraire de la France* 1 (1987), p.15-30.

–, *Le Roman pédagogique de Fénelon à Rousseau* (Genève et Paris, 1985).

Grandière, Marcel, *L'Idéal pédagogique en France au XVIIIᵉ siècle,* SVEC 361 (1998).

Grassi, Marie-Claire, 'Le discours des "éducatrices" en France entre 1760 et 1830', *Igitur* 1 (janvier-juillet 1993), p.85-96.

Gréard, Octave, *L'Education des femmes par les femmes, études et portraits: Fénelon, Mme de Maintenon, Mme de Lambert, J.-J. Rousseau, Mme d'Epinay, Mme Necker, Mme Roland* (Paris, 1886).

Grell, Chantal, 'France et Angleterre: l'héritage du Grand Siècle', dans *L'Education des jeunes filles nobles en Europe, XVIIᵉ-XVIIIᵉ siècles* (Paris, 2004).

Grosperrin, Bernard, *Les Petites Ecoles sous l'Ancien Régime* (Rennes, 1984).

Guellouz, Suzanne, *Le Dialogue* (Paris, 1992).

–, 'Mme de Maintenon et le dialogue', *Albineana* 10-11 (1999), p.229-44.

Habermas, Jürgen, *L'espace public: archéologie de la publicité comme dimension constitutive de la société bourgeoise,* trad. Marc Buhot de Launay (1962; Paris, 1997).

Hadjadj, Dany, 'L'anecdote au péril des dictionnaires', dans *L'Anecdote: actes du colloque de Clermont-Ferrand, 1988,* éd. Alain Montandon (Clermont-Ferrand, 1990).

Harouel, Jean-Louis, 'La police, le parlement et les jeux de hasard à Paris à la fin de l'Ancien Régime', dans *Etat et société en France aux XVIIe et XVIIIe siècles: mélanges offerts à Yves Durand*, éd. Jean-Pierre Bardet *et al.* (Paris, 2000), p.301-15.

Hauthuille, Alban d', *Les Courses de chevaux* (Paris, 1982).

Havelange, Isabelle, 'Des livres pour les demoiselles, XVIIe siècle-1re moitié du XIXe siècle', dans *Lectrices d'Ancien Régime*, éd. Isabelle Brouard-Arends (Rennes, 2003).

–, 'La littérature à l'usage des demoiselles, 1750-1830', thèse de doctorat de 3e cycle, Paris, 1984.

–, et Carl Havelange, 'Voir? Les formes du regard dans la littérature à l'usage de demoiselles au XVIIIe siècle', dans *Le Livre d'enfance et de jeunesse en France*, éd. Jean Glénisson et Ségolène Le Men (Bordeaux, 1994).

–, et Ségolène Le Men, *Le Magasin des enfants: la littérature pour la jeunesse, 1750-1830* (Montreuil, 1988).

Hébrard, Jean, 'La scolarisation des savoirs élémentaires', *Histoire de l'éducation* 38 (mai 1988), p.7-58.

Hentsch, Alice A., *De la littérature didactique du Moyen Âge s'adressant spécialement aux femmes* (1903; Genève, 1975).

Hoffmann, Paul, *La Femme dans la pensée des Lumières* (1977; Genève, 1995).

Hölzle, Dominique, 'Ecriture parodique et réflexion politique dans trois contes' *Féeries* 3 (2006), p.87-103.

Huguet, Françoise, *Les Livres pour l'enfance et la jeunesse de Gutenberg à Guizot* (Paris, 1997).

Jacobs, Eva, 'Diderot and the education of girls', dans *Woman and society in eighteenth-century France: essays in honour of John Stephenson Spink*, éd. Eva Jacobs, W. H. Barber, Jean Bloch *et al.* (Londres, 1979).

Jansen, Paule, *De Blaise Pascal à Henry Hammond: Les Provinciales en Angleterre* (Paris, 1954).

Jasmin, Nadine, *Naissance du conte féminin. Mots et merveilles: les contes de fées de Mme d'Aulnoy, 1690-1698* (Paris, 2002).

Julia, Dominique, 'L'éducation révolutionnaire: fille de Sparte ou héritière des Lumières', dans *L'Enfant, la famille et la Révolution française*, éd. Marie-Françoise Lévy (Paris, 1990).

–, 'Livres de classe et usages pédagogiques', dans *Histoire de l'édition française*, éd. H. J. Martin et R. Chartier, t.2, *Le Livre triomphant, 1660-1830* (1984; Paris, 1990).

–, *Les Trois Couleurs du tableau noir. La Révolution* (Paris, 1981).

Killen, Alice M., *Le Roman terrifiant ou roman noir, de Walpole à Anne Radcliffe et son influence sur la littérature française jusqu'en 1884* (1967; Genève, 2000).

Kleinert, Andreas, 'La vulgarisation de la physique au siècle des Lumières' *Francia* 10 (1982), p.303-12.

Knibielher, Yvonne, et Catherine Fouquet, *Histoire des mères du Moyen Âge à nos jours* (Paris, 1977).

Krakeur, Lester Gilbert, 'A forgotten participant in the attack on the convent: Madame de Genlis' *Modern language notes* 2 (february 1937), p.89-95.

Krief, Huguette, 'Femmes dans l'agora révolutionnaire ou le deuil d'un engagement: Olympe de Gouges, Constance Pipelet, Germaine de Staël', dans *Littérature et engagement pendant la Révolution française: essai polyphonique et iconographique*, éd.

Isabelle Brouard-Arends et Laurent Loty (Rennes, 2007).

L'Aminot, Tanguy, et Kiyoji Kisaki, *Bibliographie mondiale des écrits relatifs à Jean-Jacques Rousseau. Volume premier: 'Emile, ou De l'éducation'* (Montmorency, 1989).

Laboulais, Isabelle, 'La géographie dans les arbres encyclopédiques de la seconde moitié du XVIIIe siècle', dans *Géographies plurielles: les sciences géographiques au moment de l'émergence des sciences humaines (1750-1850)*, éd. Hélène Blais et Isabelle Laboulais (Paris, 2006).

Latapie, Sophie, 'Enseigner l'histoire sainte à la manière des précepteurs catholiques: la pédagogie du récit d'après Mme Leprince de Beaumont', *RHLF* 3 (2007), p.559-70.

Larrère, Catherine, *L'Invention de l'économie au XVIIIe siècle, du droit naturel à la physiocratie* (Paris, 1992).

Latrobe, Jean-Patrick, 'Contribution à l'enseignement élémentaire au XVIIIe siècle: les écoles des sœurs d'Ernemont', *Cahiers d'histoire de l'enseignement* 6 (1978), p.5-86.

Lavallée, Théophile, *Histoire de la maison royale de Saint-Cyr, 1686-1793* (Paris, 1853).

Lebrun, François, Marc Venard, Jean Quiénart, *Histoire générale de l'enseignement et de l'éducation en France*, t.2, *De Gutenberg aux Lumières* (Paris, 1981).

Le Lay, Colette, 'Astronomie des dames', *Dix-huitième Siècle* 36 (2004), p.303-12.

Lelièvre, Claude, et Christian Nique, *Bâtisseurs d'écoles* (Paris, 1994).

Lelièvre, Françoise, et Claude Lelièvre, *Histoire de la scolarisation des filles* (Paris, 1991).

Le Meur, Cyril, 'Mademoiselle Le Masson Le Golft dans sa petite Ithaque: le parcours intellectuel d'une Havraise au tournant des Lumières', *Dix-huitième Siècle* 36 (2004), p.345-60.

Lescure, Alexandre Mathurin de, *Les Femmes philosophes* (Paris, 1881).

Lespinasse, Pierre, *La Miniature en France au XVIIIe siècle* (Bruxelles et Paris, 1929).

Lilti, Antoine, 'La femme du monde est-elle une intellectuelle?', dans *Intellectuelles: du genre en histoire des intellectuels*, éd. Nicole Racine et Michel Trebisch (Bruxelles et Paris, 2004).

–, *Le Monde des salons: sociabilité et mondanité à Paris au XVIIIe siècle* (Paris, 2005).

Linon-Chipon, Sophie, et Daniela Vaj (éd.), *Relations savantes: voyages et discours scientifiques* (Paris, 2006).

Luppé, Albert de, *Les Jeunes Filles dans l'aristocratie et la bourgeoisie à la fin du XVIIIe siècle* (Paris, 1924).

–, *Une jeune fille au XVIIIe siècle: lettres de Geneviève de Malboissière à Adélaïde Méliand, 1761-1766* (Paris, 1925).

Mall, Laurence, *Emile ou les Figures de la fiction*, *SVEC* 2002:04.

Marchand, Philippe, 'La part maternelle dans l'éducation des garçons au XVIIIe siècle', dans *Femmes éducatrices au siècle des Lumières: discours et pratiques* (Rennes, 2007).

Manson, Michel, 'Continuités et ruptures dans l'édition du livre pour la jeunesse à Rouen de 1700 à 1900, dans *Le Livre d'enfance et de jeunesse en France*, éd. Jean Glénisson et Ségolène Le Men (Bordeaux, 1994).

Martin, Christophe, *Espaces du féminin dans le roman français du dix-huitième siècle*, *SVEC* 2004:01.

Masseau, Didier, 'Adèle et Théodore de Mme de Genlis', dans *Roman de formation, roman d'éducation dans la littérature française et dans les littératures étrangères*, éd. Philippe Chardin (Paris, 2007).

–, *Les Ennemis des philosophes: l'antiphilosophie au temps des Lumières* (Paris, 2000).

–, 'La Littérature enfantine et la Révolution: rupture ou continuité?', dans *L'Enfant, la famille et la Révolution française*, éd. Marie-Françoise Lévy (Paris, 1990).

Mauzi, Robert, *L'Idée de bonheur dans la littérature et la pensée française au XVIIIe siècle* (1960; Genève, Paris, Gex, 1979).

Mazzolini, Renato G., 'Les Lumières de la raison: des systèmes médicaux à l'organologie naturaliste', dans *Histoire de la pensée médicale en occident*, t.2, *De la Renaissance aux Lumières*, éd. Mirko D. Grmek (Paris, 1997).

Meyer, Jean, *L'Education des princes en Europe du XVe au XIXe siècle* (Paris, 2004).

Michaud, Louis-Gabriel (éd.), *Biographie universelle ancienne et moderne: histoire par ordre alphabétique de la vie publique et privée de tous les hommes qui se sont fait remarquer par leurs écrits, leurs actions, leurs talents, leurs vertus ou leurs crimes*, 1811-1828 (Paris, Madame C. Desplace, s.d.).

Mongenot, Christine, 'Les *Conversations* de Mme de Maintenon: dire et parler pour apprendre le monde', dans *Théâtre et enseignement XVIIe-XXe siècles*, éd. Marie-Emmanuelle Plagnol-Diéval (Créteil, 2003).

–, 'De Mme de Maintenon aux auteurs de théâtres d'éducation: avatars ou mutations de la "conversation pédagogique" ', dans *Femmes éducatrices au siècle des Lumières: discours et pratiques*, éd. Isabelle Brouard-Arends et Marie-Emmanuelle Plagnol-Diéval (Rennes, 2007).

Montandon, Alain, 'Préface', dans *L'Anecdote: actes du colloque de Clermont-Ferrand, 1988*, éd. Alain Montandon (Clermont-Ferrand, 1990).

Mornet, Daniel, *Les Sciences de la nature en France au XVIIIe siècle* (1911; Genève, 2001).

–, *Le Sentiment de la nature en France de J.-J. Rousseau à Bernardin de Saint-Pierre: essai sur les rapports de la littérature et des mœurs* (1907; New York, 1971).

Mortier, Roland, *Clartés et ombres du siècle des Lumières* (Genève, 1969).

–, 'Pour une poétique du dialogue: essai de théorie d'un genre', dans *Literary theory and criticism*, éd. Joseph P. Strelka (New York, 1984).

Nières, Isabelle, 'Les contes du *Magasin des enfants* de Mme Leprince de Beaumont', dans *Ouvrages de dames, miroirs de femmes: les contes. Autour du tricentenaire des Contes de Perrault*, éd. Denise Dupont-Escarpit (Bordeaux, 1998).

Nordman, Daniel, 'La géographie, œil de l'histoire', *EspaceTemps* 66-67 (1998), p.44-54.

Oursel, Noémi-Noire, *Une Havraise oubliée: Marie Le Masson Le Golft, 1749-1826* (Evreux, 1908).

Peiffer, Jeanne, 'L'engouement des femmes pour les sciences au XVIIIe siècle', dans *Femmes et pouvoirs sous l'Ancien Régime*, éd. Danielle Haase Dubosc et Eliane Viennot (Paris, 1991).

Pellegrin, Nicole, 'Lire avec des plumes ou l'art – féminin? – de l'extrait à la fin du XVIIIe siècle', dans *Lectrices d'Ancien Régime*, éd. Isabelle Brouard-Arends (Rennes, 2003).

Perrel, Jean, 'Les écoles de filles dans la France d'Ancien Régime', dans *The Making of Frenchmen: current directions in the history of education in France, 1679-1979*, éd. Donald N. Baker et Patrick J. Harrigan (Waterloo, 1980).

Philips, Patricia, *The Scientific lady: a social history of women's scientific interests, 1520-1918* (Londres, 1990).

Picco, Dominique, 'Les demoiselles de Saint-Cyr (1698-1793)', thèse de doctorat, Paris, 1999.

Plagnol-Diéval, Marie-Emmanuelle, 'De l'anecdote vertueuse à la nouvelle édifiante: naissance d'un genre au tournant des Lumières', dans *La Nouvelle dans la langue française aux frontières des autres genres, du Moyen Âge à nos jours*, éd. Vincent Engel et Michel Guissard (Ottignies, 1997).

–, 'L'éducation du prince selon Mme de Genlis: les textes à l'épreuve de l'Histoire', dans *L'Institution du prince au XVIIIe siècle*, éd. Gérard Luciani et Catherine Volpilhac-Auger (Ferney, 2002).

–, 'Merveilleux ou rationnel: *Les Veillées du château* de Mme de Genlis', dans *Le Partage des savoirs, XVIIIe-XIXe siècles*, éd. Lise Andriès (Lyon, 2003).

–, *Madame de Genlis et le théâtre d'éducation au XVIIIe siècle*, SVEC 350 (1997).

Prévot, Jacques, *La Première Institutrice de France, Mme de Maintenon* (Paris, 1981).

Propp, Vladimir, *Morphologie du conte*, trad. Marguerite Derrida, Tzevan Todorov et Claude Khan (1928; Paris, 1970).

Pujol, Stéphane, *Le Dialogue d'idées au dix-huitième siècle*, SVEC 2005:06.

Py, Gilbert, *Rousseau et les éducateurs: étude sur la fortune des idées pédagogiques de Jean-Jacques Rousseau en France et en Europe au XVIIIe siècle*, SVEC 356 (1997).

Raaphorst, Madeleine R., 'Adèle versus Sophie: the well-educated woman of Mme de Genlis', *Rice University studies* 1 (1978), p.41-50.

Ratcliff, Marc J., 'Naturalisme méthodologique et science des mœurs animales au XVIIIe siècle', *Bulletin d'histoire et d'épistémologie des sciences de la vie* 1 (1996), p.17-29.

Raynard, Sophie, *La Seconde Préciosité: floraison des conteuses de 1690 à 1756* (Tübingen, 2002).

Rey, Roselyne, 'Naissance de la biologie et redistribution des savoirs', *Revue de synthèse* 1-2 (janvier-juin 1994), p.167-97.

Reynaud, Denis, 'Problèmes et enjeux littéraires en histoire naturelle au dix-huitième siècle', thèse de troisième cycle, Lyon, 1988.

Reynaud, Marie-Antoinette, *Mme Le Prince de Beaumont: vie et œuvre d'une éducatrice*, (Paris, 2002).

Robain, Jean-Marie, *Mme Leprince de Beaumont intime, avec ses principaux contes et des documents inédits* (Genève, 2004).

Robert, Raymonde, *Le Conte de fées littéraire en France de la fin du XVIIe à la fin du XVIIIe siècle* (Nancy, 1981; Paris, 2002).

Roelens, Maurice, 'L'art de la digression dans l'*Entretien d'un père avec ses enfants*', *Europe* 405-06 (1963), p.172-82.

–, 'Le dialogue d'idées au XVIIIe siècle', dans *Histoire littéraire de la France*, VI, 1715-1794 (Paris, 1976).

–, 'Le dialogue philosophique, genre impossible?', *Cahiers de l'association internationale des études françaises* 24 (mai 1972), p.43-58.

Roger, Jacques, 'L'histoire naturelle et les sciences de la vie', dans *Essais et notes sur l'Encyclopédie de Diderot et D'Alembert* (Milan, 1979).

Rogers, Rebecca, *Les Bourgeoises au pensionnat: l'éducation féminine au XIXe siècle* (Rennes, 2007).

–, 'L'impensable mixité de l'enseignement secondaire féminin en France au XIXe siècle', dans *La Mixité dans l'éducation: enjeux passés et présents*, éd. Rebecca Rogers (Lyon, 2004).

Rouez, Sonia, 'Les pratiques de la

lecture chez les visitandines aux XVIIe et XVIIIe siècles', dans *Visitation et visitandines aux XVIIe et XVIIIe siècles*, éd. Bernard Dompnier et Dominique Julia (Saint-Etienne, 2001).

Rousselot, Paul, *Histoire de l'éducation des femmes en France*, 2 vol. (Paris, 1883).

Sabattier, Jacqueline, *Figaro et son maître: maîtres et domestiques à Paris au XVIIIe siècle* (Paris, 1984).

Saillard, Gustave, *Essai sur la fable en France au dix-huitième siècle* (Toulouse, 1912).

Schwartz, Leon, 'Madame d'Epinay's *Emilie*: a woman's answer to Rousseau's *Emile*', dans *Transactions of the Seventh international congress of the Enlightenment*, SVEC 264 (1989).

Seguin, Maria Susana, 'Les femmes et les sciences de la nature', *Dix-huitième Siècle* 36 (2004), p.333-43.

Sermain, Jean-Paul, *Le Conte de fées, du classicisme aux Lumières* (Paris, 2005).

Sgard, Jean, 'L'anecdote émouvante en 1775', dans *Gazettes et informations politique sous l'Ancien Régime*, éd. Henri Duranton et Pierre Rétat (Saint-Etienne, 1999).

Sonnet, Martine, 'L'éducation des filles à l'époque moderne', *Historiens et géographes* 393 (février 2006), p.255-67.

–, 'L'éducation des filles à Paris au XVIIIe siècle', *Problèmes d'histoire de l'éducation* (Rome, 1988), p.53-78.

–, *L'Education des filles au temps des Lumières* (Paris, 1987).

–, 'Le savoir d'une demoiselle de qualité: Geneviève Randon de Malboissière (1746-1766)', *Memorie dell'Academia delle scienze di Torino, Classe di scienze morali, storiche e filologiche* 3 (2000), p.167-85.

Snyders, Georges, *La Pédagogie en France aux XVIIe et XVIIIe siècles* (Paris, 1964).

Stroev, Alexandre, 'L'art d'être grand-mère: les écrits pédagogiques de Catherine II', dans *Femmes éducatrices au siècle des Lumières: discours et pratiques*, éd. Isabelle Brouard-Arends et Marie-Emmanuelle Plagnol-Diéval (Rennes 2007).

Taton, René (éd.), *Enseignement et diffusion des sciences en France au XVIIIe siècle* (Paris, 1986).

Timmermans, Linda, *L'Accès des femmes à la culture sous l'Ancien Régime* (Paris, 2005).

Todorov, Tzvetan, *L'Esprit des Lumières* (Paris, 2006).

Tonneau, Olivier, 'Diderot et Socrate: la maïeutique et ses entraves', dans *Correspondance, dialogues, history of ideas*, SVEC 2005:07, p.125-34.

Trénard, Louis, 'Moyens de diffusion de la réflexion politique', dans *Modèles et moyens de la réflexion politique au XVIIIe siècle* (Villeneuve d'Ascq, 1977), t.1.

Trigon, Jean de, *Histoire de la littérature enfantine de ma mère l'Oye au roi Babar* (Paris, 1950).

Tyl, Pierre, 'Mme d'Epinay, son salon et ses œuvres littéraires', thèse de doctorat, Paris, 1993.

Vasquez, Lydia, 'Histoire d'une adaptation impossible: le rêve "ilustrado" d'un renouveau éducatif', *Cahiers d'histoire culturelle* 4 (1997), p.63-82.

Weigand, Georg, *J. G. Schummel: Leben und Schaffen eines Schriftstellers und Reformpädagogen* (1925; Hildesheim, 1975).

Weinreb, Ruth, Plaut, *Eagle in a gauze cage: Louise d'Epinay femme de lettres* (New York, 1991).

Wilkins, Kay S., 'Children's litérature in eighteenth-century France', SVEC 176 (1979), p.429-44.

Zysberg, André, *La Monarchie des Lumières, 1715-1786* (Paris, 2002).

Index des noms